kommunikation audiovisuell
Beiträge aus der Hochschule
für Fernsehen und Film München

Für die Hochschule herausgegeben von
Prof. Dr. Michaela Krützen

Band 42

Hochschule für Fernsehen
und Film (HFF) München
Kommunikations- und Medienwissenschaft
Frankenthaler Str. 23
D-81539 München

Reihe »kommunikation audiovisuell«

Die Hochschulschriftenreihe »kommunikation audiovisuell« wurde 1981 von Prof. Dr. Karl Friedrich Reimers begründet. Als Ordinarius an der *Hochschule für Fernsehen und Film* (HFF) war er bis 2001 Herausgeber dieser Reihe.

Im Wintersemester 2001/02 veränderte sich mit der Emeritierung von Prof. Dr. Reimers und der Neuberufung von Prof. Dr. Michaela Krützen das Profil der Abteilung »Kommunikationswissenschaft und Ergänzungsstudium«: Zusätzlich zu ihrer sozialwissenschaftlichen Ausrichtung erhielt sie einen geisteswissenschaftlichen Schwerpunkt. Dies manifestiert sich auch in der Umbennennung der Abteilung, die jetzt den Namen »Kommunikations- und Medienwissenschaft« trägt.

Trotz dieser Neuorientierung bleibt die Reihe »kommunikation audiovisuell« ihrem schon 1981 formulierten Anspruch treu, zwischen Medienwissenschaft und Medienpraxis vermitteln zu wollen. Diese Traditionslinie fortzuführen ist Ziel der Herausgeberin.

Anselm C. Kreuzer

Filmmusik in Theorie und Praxis

UVK Verlagsgesellschaft mbH

Das vorliegende Buch basiert auf einer 2008 vom Institut für Musikwissenschaft der Universität zu Köln angenommenen Dissertation zur Erlangung des Doktorgrades der philosophischen Fakultät.

Bibliografische Information der Deutschen Nationalbibliothek
Die Deutsche Nationalbibliothek verzeichnet diese Publikation in der
Deutschen Nationalbibliografie; detaillierte bibliografische Daten
sind im Internet über http://dnb.d-nb.de abrufbar.

ISSN 1433-6960
ISBN 978-3-86764-094-7

Das Werk einschließlich aller seiner Teile ist urheberrechtlich geschützt. Jede Verwertung außerhalb der engen Grenzen des Urheberrechtsgesetzes ist ohne Zustimmung des Verlages unzulässig und strafbar. Das gilt insbesondere für Vervielfältigungen, Übersetzungen, Mikroverfilmungen und die Einspeicherung und Verarbeitung in elektronischen Systemen.

© UVK Verlagsgesellschaft mbH, Konstanz 2009

Einbandgestaltung: Susanne Fuellhaas, Konstanz
Coverfoto: iStockphoto, © Olivier Blondeau
Satz: Claudia Wild, Stuttgart
Druck: Bookstation GmbH, Sipplingen

UVK Verlagsgesellschaft mbH
Schützenstr. 24 · D-78462 Konstanz
Tel. 07531–9053–0 · Fax 07531–9053–98
www.uvk.de

Inhaltsverzeichnis

I. Einleitung: Zielsetzung des vorliegenden Buchs 9

II. Ansatz und Methode 17

    1) Begriffsdefinitionen 17

    2) Wissenschaft und Praxis und ihre gemeinsame Basis 18

    3) Der holistische Ansatz und sein pragmatisches Potenzial 26

    4) Ansätze bisheriger Studien zur Filmmusik und ihre Relevanz für das vorliegende Buch 35

III. Die Film(musik)praxis 39

IV. Wahrnehmungspsychologische und kommunikationstheoretische Grundlagen 47

    1) Bewusste vs. unbewusste Wahrnehmung und die Tücken in der verbalen Kommunikation über Filmmusik 47

    2) Subjektivität vs. Objektivität und ihre Zusammenführung in der Intersubjektivität 55

    3) Kognition vs. Emotion und die Verschmelzung im Kognitiv-Unbewussten 58

    4) Bildwirkungen vs. Tonwirkungen und deren kognitive wie emotionale Faktoren 64

    5) Zeichen vs. Resonanz und die Wechselwirkung aus beidem ... 71

V. Das Drei-Dimensionen-Modell 81

VI. **Theorien zur Filmmusik im Lichte der Filmpraxis, dargestellt anhand des Drei-Dimensionen-Modells** 97

    1) Theorien mit überwiegendem Bezug zur vertikalen Dimension 97

    die vertikale Dimension in fünf Stufen 98

      Paraphrasierung, Polarisierung und Kontrapunktierung 106

      bipolare Funktionsmodelle 116

      vertikale Aspekte erster Systematisierungsversuche 118

      empirisch-experimentelle Studien 119

2) Theorien mit überwiegendem Bezug
zur horizontalen Dimension 132

      die horizontale Dimension in drei Stufen 132

      Leitmotivik im Lichte der Psychologie 139

      Bewertung von Musikwirkung 148

      Filminterpretation aufgrund horizontaler Strukturen 153

      Zeitmanipulation durch Filmmusik 155

3) Theorien mit überwiegendem Bezug zur Tiefendimension 164

      die Tiefendimension in sechs Stufen 166

      Theorien über Phänomene der Tiefendimension 169

      empirisch-experimentelle Studien 173

4) Holistisch ausgerichtete Theorien sowie Theorien,
die ohne eigenes holistisches Fundament holistisch
interpretierbar sind 179

      Funktionsmodelle, die die Wirkung einbeziehen 181

      räumliche Verortung der Musik und Diegese 195

      emotionale Perspektive der Musik –
      filmische Identifikation und die mit ihr verbundenen
      psychologischen Rezeptionsphänomene 203

      Identifikationsbestreben und Suspense 228

      narrative und nicht-narrative Emotionen 233

      Implikationen für die Filmpraxis 235

VII. **Resümee** 241

VIII. Anhang 249
    1) Literaturverzeichnis 249
    2) Verzeichnis der Fachbegriffe und Schlagwörter 264
    3) Danksagung 267

I. Einleitung: Zielsetzung des vorliegenden Buchs

Der Wunsch nach einer gegenseitigen Bereicherung von Wissenschaft und Praxis ist in manchen Fachgebieten selbstverständlich. Ein praktizierender Arzt kann seinen Beruf nicht verantwortungsvoll ausüben, wenn er nicht über die wissenschaftliche Forschung im Bilde ist. Ein Forscher auf dem Gebiet der Medizin verfehlt sein Ziel, wenn er der medizinischen Praxis nichts beisteuern kann. Auch ist er sich meist darüber im Klaren, dass die Wissenschaft nicht im Alleingang über Prioritäten von Forschungsanliegen entscheiden kann. Das Leben wartet bei der Schaffung neuer Probleme nicht auf die Lösung alter Probleme, und die wichtigsten Impulse für die Forschung kommen unmittelbar aus der Lebenspraxis.

Die wissenschaftliche Film(musik)forschung ist lange Zeit eher wenig empfänglich für Impulse aus der Lebenspraxis gewesen. In geisteswissenschaftlichen Fächern, hier überwiegend vertreten durch die deutsche und angloamerikanische Film- und Musikwissenschaft, wurde Filmmusik aufgrund der Herkunft des Films von Varieté, Spielhallen und »niederer« Unterhaltung zunächst gemieden, dann aus abwertender Distanz beschrieben und erst langsam lebensnah erforscht. Das ist kurios, wenn man beachtet, dass der Psychologe Hugo Muensterberg (1916), einer der ersten mit dem Film befassten Wissenschaftler, in seinem Buch The Photoplay die besondere Chance hervorgehoben hatte, eine neue Kunstform von Anfang an wissenschaftlich reflektieren zu können. Muensterbergs spielerische Offenheit scheint jedoch nicht selbstverständlich zu sein. Albrecht Riethmüller (1997: 1172) bemerkt treffend:

> »Für viele Musiker und Musikfachleute, die selbst mit dem Medium Tonfilm nicht befasst sind, scheint die Rolle der Musik im Tonfilm noch 70 Jahre nach dessen Aufkommen etwas Unbewältigtes und die Musik im Film (›Filmmusik‹) etwas Abseitiges, wenn nicht gar Nichtswürdiges zu sein. Die an der Filmmusik Beteiligten wiederum, so wird weithin geargwöhnt, ›tun es eben‹, ohne viel zu erklären, was sie da tun.«

Claudia Gorbman (2001: 13) bestätigt dies:

> »Genauso wie der Film als verrufene, bastardisierte Kunstform von den Universitäten ausgeschlossen war […], war auch die Filmmusik, die in ihrer Kontextabhängigkeit und tiefen Verankerung im Populären scheinbar

ebenfalls eine Bastardkunst ist, gezwungen, viele Jahre lang geduldig an die Pforten der Universitäten zu pochen, bis ihr schließlich zögernd Einlass gewährt wurde.«

Somit entstand eine Kluft zwischen dem sich schnell entwickelnden Film und der langsam hinterherhinkenden Wissenschaft.

Die Scheu vieler Geisteswissenschaftler gegenüber dem »Populären« – vermeintlich »Niederen« und »Trivialen« – scheint ein Phänomen der Moderne und des 20. Jahrhunderts zu sein und darf allmählich als überwunden gelten. Insbesondere hatte der Philosoph Theodor W. Adorno unter dem Dach der »Kritischen Theorie« der Frankfurter Schule durch brillant formulierte Schriften eine Haltung geprägt, die sehr rigide »obere« von »niederer« Musik und Kunst unterscheidet. Während Adorno (1975) sich aber mit »niederen« Gattungen – das waren für ihn Schlager, Jazz, Operetten, Musicals, Hollywood-Filme – durchaus auseinandergesetzt und einiges an Talent sowie Einfallsreichtum auf dem seiner Meinung nach gesamtgesellschaftlich falschen künstlerischen Sektor anerkannt hatte, wandte sich der größere Teil eines sich an Adorno klammernden Intellektuellentums im Habitus sozialer Höherstellung vom Populären demonstrativ ab.

Eine derart elitäre Haltung liegt aber keinesfalls in der Natur der Geisteswissenschaften. Gerade diese haben sich mit vielschichtigen und komplexen Fragen des Lebens, auch ungeachtet sich wandelnder Etiketten von Wert und Würde, zu befassen. Die »weichen« Wissenschaften gehen, wie der Musikwissenschaftler Uwe Seifert (1995) herausstellt, mit »harten« Problemen um. Sie sollen Dinge erhellen, die in den Tiefen der Menschlichkeit wurzeln und oft schwieriger zu fassen sind als messbare Naturphänomene. Viele Film(musik)praktiker meinen allerdings gegenwärtig, dass die Geisteswissenschaften der Lebenskomplexität, der sich Praktiker tagtäglich stellen, wenig gerecht würden. Der Hollywood-Komponist Hans Zimmer äußert es so:

»Ja, ich habe mir mal so eine Filmmusik-Vorlesung an einer amerikanischen Hochschule angehört. Und da dachte ich: das hat ja nichts mit der Realität zu tun. Ich habe dann selbst versucht, ein paar Vorlesungen zu halten, merkte aber sehr schnell, dass ich genauso schlecht dran war, wie die ganzen Professoren – denn das, was man am Ende des Tages wirklich braucht, kann man nur durch die Praxiserfahrung bekommen. Man muss an einen Film rangelassen werden, man muss arbeiten, die Fehler machen, die man eben anfangs macht, ohne dass die Filmstudios es da sofort mit der Angst zu tun kriegen.« (http://www.planet-interview.de/interviews/pi.php?interview=zimmer-schneider)

Die Frage nach dem Grund dieser Kluft zwischen Wissenschaft und Film(musik)praxis sowie die Erörterung von Möglichkeiten zu mehr gegenseitiger Bereicherung bilden einen wiederkehrenden Themenkomplex im vorliegenden Buch. Es wird deutlich werden, dass abweichende Kommunikationsweisen – und auch wechselseitige illusorische Erwartungen – zu Barrieren führen. Grundsätzliche Unvereinbarkeiten bestehen hingegen nicht, wenn akzeptiert wird, dass die Wissenschaft nicht mit den Anspruch hat, eine »bessere Praxis« zu sein und die Praxis keinen Anspruch auf »bessere Wissenschaftlichkeit« erhebt. Eine mit Filmmusik befasste Wissenschaft bezieht sich auf die Praxis, ohne dabei ihren spezifischen Blickwinkel aufzugeben. Die Film(musik)praxis kann davon profitieren. Sie braucht stringente Formulierungen und Theorien[1] als Kommunikations- und Problembewältigungshilfen. Filmmusik gedeiht schließlich nicht in völliger Selbstbestimmtheit eines autonomen Komponisten, der seine Erfahrungen und Tiefen – einem romantischen Topos entsprechend – zutiefst subjektiv sublimiert. In den meisten Fällen ist Filmmusik Auftragsarbeit inmitten eines interaktiven und kommunikativen Personengeflechts. Authentisches Kreativschaffen findet statt, jedoch als Teil eines Gemeinsinns, der nicht nur durch den Komponisten bestimmt wird und daher einer Bündelung durch theoretische Rahmenvorstellungen bedarf.

Das vorliegende Buch wendet sich an Wissenschaftler, Praktiker und Liebhaber der Filmmusik. Es bietet eine zugleich philosophisch reflektierende und praxisnahe Aufarbeitung wissenschaftlicher Errungenschaften zur Filmmusik. Die Ausgangslage dafür ist gut, denn die von Roy M. Prendergast (1977) durch seine Schrift *Film Music: A neglected Art* prominent gemachte These einer Vernachlässigung der Filmmusik durch die Wissenschaft darf mittlerweile als veraltet gelten. Es gibt eine Vielzahl von Büchern und Artikeln über Filmmusik. Arbeiten, die kurz nach Prendergasts Buch erschienen, sind zwar häufig einwenig krampfhaft von dem Bemühen getragen, die Filmmusik als kunstfähigen wie wissenschaftswürdigen Gegenstand zu etablieren. Traditionelle musik- und filmhistorische Perspektiven

---

1 Das Wort »Theorie« kommt von griechisch »theorein« und bedeutet »Gottesschau«. Es kann auch im Sinne von Anschauen, Überlegen, Zuschauen oder Betrachten aufgefasst werden. Theorien sind demnach Anschauungen, Überlegungen und Lehrmeinungen zur Realität. Wissenschaftliche Methodik kann zwar die innere Widerspruchsfreiheit von Theorien gewährleisten, nicht jedoch ihre Gültigkeit. Dies unterstreicht der Wissenschaftstheoretiker und Philosoph Karl Popper (1935) mit der Auffassung, dass Theorien in einem kreativen Akt frei erfunden werden dürften und sollten, um im evolutionären Selektionsprozess infolge vieler Widerlegungsversuche bestehen bleiben oder ausgesiebt werden zu können.

werden darin nicht auf ihre Brauchbarkeit für die Filmmusik überprüft. Das äußert sich etwa darin, dass Filmmusik als untergeordnete Größe in einem an sich »optischen« Medium – dem Film – angesehen wird (vgl. Nick 1955: 195). Aber spätestens seit den 1980er Jahren wird Filmmusik – infolge von Arbeiten wie *Filmmusik – Eine systematische Beschreibung* von Helga de la Motte-Haber und Hans Emons (1980) – als genuin audiovisuelles Medium aufgefasst und interdisziplinär erforscht. In den 1990er Jahren setzte sogar ein »Boom« der Film(musik)forschung ein.[2] Ebenfalls werden seit dieser Zeit viele Praxisbücher zur Filmmusik veröffentlicht. Auch sie werden im vorliegenden Buch reflektiert.[3]

Praxisnähe im wissenschaftlichen Schreiben über Filmmusik kann indes nicht vorneweg mit Leichtverständlichkeit gleichgesetzt werden. Manche theoretische Überlegung zu dem vielschichtigen Gebiet der Filmmusik ist komplexer Natur. Die Erörterung ihrer Praxisrelevanz setzt einige Bereitschaft zu abstraktem Denken und der Auseinandersetzung mit Modellen voraus. Die Durchdringung des Aspekts »Praxisnähe« vor dem Hintergrund des philosophischen Diskurses ist – scheinbar paradox – in manchen Facetten besonders abstrakt und »theoretisch«, kann aber helfen, der Kluft zwischen Filmmusik-Wissenschaft und -Praxis auf tieferer als symptomatischer Ebene zu begegnen. Dies ist notwendig, denn es herrscht – trotz nunmehr weitgehend vorurteilsfreier Film(musik)forschung – immer noch wenig *Anschlussfähigkeit* der

---

2   Wichtige Werke dieses Booms sind etwa Chion (1994) mit einer phantasievollen und weitsichtigen theoretischen Erörterung der Rolle von Ton und Musik im Film, Maas/Schudack (1994) mit einer auf die Didaktik des schulischen Musikunterrichts ausgerichteten Aufarbeitung des Themas Filmmusik, Behne (1994a, 1994b und 1999) mit empirischen Untersuchungen zur Wahrnehmung von Film und Filmmusik sowie Überlegungen zu einer Filmmusiktheorie, die den Rezipienten einbezieht, Brown (1994) mit einer narratologisch ausgerichteten Analyse von Techniken und Stilmerkmalen der Musik innerhalb bekannter Filme, Keller (1996) mit einer journalistisch auf die Filmkomponistenszene ausgerichteten Bestandsaufnahme zur Filmmusik, Miller Marks (1997) mit eingehenden Analysen von Einzelbeispielen der Musikkomposition für den Stummfilm, Bullerjahn (2001) mit einem umfassenden Überblick über die Grundlagen der Wirkung von Filmmusik und insbesondere den Stand der empirischen Film(musik)forschung, Kreuzer (2003) mit einer detaillierten Einzelfallanalyse der dramaturgischen Stilmittel und Techniken von Filmmusik, Flückiger (2001) mit einer detailreichen historischen und theoretischen Erörterung des Sounddesigns im Film sowie Cohen (2001, 2002, 2005) mit kognitionspsychologischen Studien zur Filmmusik.

3   Folgende Praxisbücher werden berücksichtigt: Bronner/Hirt (2007), Karlin/Wright (1990), Kungel (2004), Oliver (1999), Rona (2000), Schneider (1997a), Wehmeier (1995), Weidinger (2006) und Wüsthoff (1999). Zur Praxis des Drehbuchschreibens: Field (1992), McKee (2001) und Seger (1989).

wissenschaftlichen Film(musik)forschung zur Film(musik)praxis.[4] Dies liegt nicht an der Komplexität der wissenschaftlichen Forschung, sondern mehr an deren ungeklärter Perspektive. Oft wird in wissenschaftlichen Studien nicht ersichtlich, welchen Kenntnisstand Autoren selbst über die Film(musik)praxis haben und welchen »Maßstab« sie bei der Theoriebildung anlegen. Eher im Nebel liegen dann für die Leser fassliche Gründe des sich einschleichenden Verdachts, dass manche theoretische Betrachtung auf aberwitzigen Vorstellungen über die Film(musik)praxis basiert. Auch sind Forscher bisweilen unentschieden, ob sie ästhetisch werten, systematisch theoretisieren oder allgemein philosophisch betrachten, respektive, ob sie ihr persönliches Anliegen offen zu erkennen geben wollen. Wenn ein Autor aber etwa die kommerzielle Film(musik)praxis für bestimmte Praktiken kritisiert, ist es nicht unerheblich, ob dieser dem kommerziellen Film wohl gesonnen ist und den Versuch einer »Hilfestellung« unternimmt, oder ob er ihn – einem etwaigen persönlichen Geschmacksurteil vielleicht nur verdeckt entsprechend – abschätzig betrachtet. Erschwerend kommt die inkonsistente Verwendung von Begriffen, die sich weder in wissenschaftlichen Arbeiten noch mit gebräuchlichen Begriffen in der Praxis decken, hinzu (vgl. Bullerjahn 1999).

Das so bedingte gegenwärtige Defizit der Filmmusikforschung gipfelt darin, dass es eine umfassende Filmmusiktheorie, die durch eine innere Systematik über manche Inkonsistenz in den bestehenden Studien hinweghelfen könnte, nicht gibt. Filmmusiktheorie besteht »bislang in nichts als disparaten Anmerkungen«, stellt der Musikwissenschaftler Werner Klüppelholz (1998: 295) fest. Es scheint, als hätte sich bis heute nicht viel geändert.

Bei dieser Lücke setzt das vorliegende Buch an. Dies setzt voraus, *dass* es überhaupt möglich ist, wissenschaftlich über Filmmusik zu schreiben. Es wird hier somit nicht der Auffassung Hansjörg Paulis (1981:13) entsprochen, der einst forderte: »Wer über Filmmusik schreibt, muss [...] vorweg klar machen, dass, was er treibt, mit Wissenschaft nicht viel zu tun hat.« Pauli selbst hat wissenschaftlich wie praktisch wertvolle Erklärungshilfen für die Filmmusik geliefert. Die Überprüfbarkeit von Aussagen, ein Hauptanspruch an wissenschaftliches Schreiben, besteht auch in der Filmmusikforschung, allerdings unter einer Bedingung: Basis der Überprüfung sind nicht allein Methodik, Darstellung und »Logizität« einer Darstellung. Manchmal kann es nur die eigene *Erfahrung* eines Lesers mit der Filmmusik sein, die eine nicht anders als vage leistbare Darlegung plausibel – oder eben abwegig – macht. Es wird also ein gewisser (lebens)praktischer Bezug zur Filmmusik vorausgesetzt. Dieser kann

---

4   Mangelnde Anschlussfähigkeit beklagen etwa Krützen (2000: 19–28), in der Filmwissenschaft und Gembris (1999: 36), in der Musikwissenschaft.

in Erfahrung mit dem Filmemachen oder Filmmusik-Komponieren bestehen oder auch einfach in einem ausgeprägten Interesse an der Filmmusik. Ohne einen leidenschaftlichen Zugang des Lesers zur Filmmusik dürften sich indes manche Zusammenhänge nicht vollkommen erschließen.

Vertiefung: Wie die Wissenschaft Erfahrung auswertet

Zum einen erfolgt wissenschaftliches »Erfahren« von Zusammenhängen über empirische Experimente. Erfahrung ist dann nicht unmittelbar von der subjektiven Einschätzung abhängig, sondern – erhofftermaßen – objektiviert. Die Empirie wurde für den musikalischen Bereich paradigmatisch von dem Soziologen Alphons Silbermann (1957) vertreten, der sich in seiner Forschung ganz auf die statistisch zu erfassenden Anhaltspunkte musikalisch-sozialer Interaktion konzentrierte. Die Filmmusikforschung betreibt verstärkt seit den 1980er Jahren empirische Forschung. In ihrem Standardwerk *Grundlagen der Wirkung von Filmmusik* gibt Claudia Bullerjahn (2001) einen umfassenden Überblick zum Forschungsstand, der etwa bewusste und unbewusste Wahrnehmung von Filmmusik, Aufmerksamkeitsbeeinflussung und Filmstrukturierung durch Musik, emotionale Einfühlung und Aktivierung sowie Beeinflussung von Gedächtnisleistungen sowie Assoziations- und Urteilsbildungen durch Filmmusik umfasst. Bei näherer Betrachtung einzelner solcher Studien fällt jedoch auf, dass es nur sehr basale Wirkungsphänomene sind, die als empirisch bewiesen gelten können.

Zum anderen wird auch subjektive Erfahrung über die Intuition des Forschers einbezogen, etwa durch spekulatives Theoretisieren. Dieser »verstehende« Ansatz ist Grundlage der Hermeneutik – der Auslegung von Beobachtungen am Leben, am Menschen und am Kunstwerk. Der Philosoph und Psychologe Wilhelm Dilthey (1923: 1314) erklärte die Hermeneutik – nicht ohne Gegenkritik – zur Grundmethode der Geisteswissenschaften: »Die Natur erklären wir, das Seelenleben verstehen wir.« Für viele Nuancen der Film(musik)gestaltung und Film(musik)wirkung sind die menschlichen Sinnesorgane und Einschätzungen, so kann man wohl sagen, sensibler als empirische Fragebögen oder Blutdruckmessungen. Scharfsinnige Beobachter und Kenner der Filmmusik haben erstaunlich beständige Theorien zu deren Gestaltung, Ästhetik und Wirkung entwickelt. Zwei der bedeutendsten Autoren, die die Filmmusik intuitiv theoretisiert haben, sind der Regisseur Sergej Eisenstein sowie der Journalist, Soziologe und Filmwissenschaftler Siegfried Kracauer. Eisenstein baut in der Theorie auf seine Erfahrung als Regisseur; Kracauer (1985: 215) nennt »impressionistische Beobachtungen« als seine Basis.

In diesen beiden Personen spiegeln sich die beiden vorgeschlagenen Zugänge zur Filmmusik: Praxiserfahrung und leidenschaftliche Rezeption.

Im vorliegenden Buch wird der Versuch unternommen, Theorien und empirische Forschungen zur Filmmusik intuitiv verstehend in Bezugnahme auf Erfahrungen des Verfassers aus eigener Praxis im Bereich der Auftragskomposition von Film-, Fernseh- und Medienmusik zu interpretieren. Die bestehende Filmmusikforschung wird praxisnah durchleuchtet und zusammengeführt. Anhand eines neu vorgestellten ganzheitstheoretisch fundierten Modells über Film und Filmmusik – »Drei-Dimensionen-Modell« – wird ein Leitfaden durch unterschiedliche Theorien, die sich auf Filmmusik beziehen oder beziehen lassen, geschaffen. Mit dem Modell soll ein für Praktiker und Wissenschaftler gleichermaßen geeigneter Zugang zur Filmmusik und zu ihrer Theorie entstehen.

II. Ansatz und Methode

> Filmmusik ist »ein Thema, wo buchstäblich
> alles mit allem zusammenhängt«
> Werner Klüppelholz

1) Begriffsdefinitionen

Zentral für das später im vorliegenden Buch vorgestellte Drei-Dimensionen-Modell sind die drei singularischen Sammelbegriffe »Produzent«, »Film« und »Rezipient« sowie einige Ableitungen daraus.

Mit dem Begriff **Produzent** wird das gesamte an der Filmherstellung beteiligte Personengefüge bezeichnet. Dazu gehören etwa: Regisseur, Produzent (in der alltäglichen Bedeutung des Wortes), Filmkomponist, Cutter, Kameramann, Kostümbildner und Redakteur. Jeder einzelne Aufgabenträger in diesem Gefüge wird als **Filmpraktiker** bezeichnet. Der Produzent ist das System aus vielen Personen, das in seiner Gesamtheit durch die Intention getragen ist, einen Film zu erschaffen.

Der Begriff **Film** bezeichnet den Filmstreifen als festen Gegenstand und zugleich die Filmvorführung im Kino, im Fernsehen oder in einem anderen Medium.

Der **Rezipient** umfasst als Sammelbegriff die Gesamtheit der Menschen, die einer Filmvorführung beiwohnen und darüber hinaus auch alle Menschen, die als Filmkonsumenten in Frage kommen. Ein einzelner Mensch, der eine Filmvorführung erlebt, wird als **Rezipierender** bezeichnet.

Die Begriffe Produzent, Film und Rezipient stehen in ständiger Interdependenz; sie werden dynamisch aufeinander bezogen: Der Produzent wird bei der Erschaffung eines Films von dem gedachten Rezipienten beeinflusst, auf dessen Akzeptanz er bei der Erschaffung in gewisser Weise angewiesen ist. Somit ist der Produzent immer auch ein Rezipierender. Der Rezipient wirkt in einem weiter gefassten Sinne wiederum immer auch auf den Produzenten ein, da er allein schon durch die Wahl des Films, den er rezipiert, Einfluss auf die zukünftige Gestaltung von Film hat. Deutlich zeigt sich diese Wechselwirkung beim interaktiven Fernsehen, das auf dem Vormarsch ist.[5] Der Rezipient wird wiederum über den Film vom Produzenten beeinflusst. Der Film wird also durch den Produzenten wie den Rezipienten mitbestimmt.

---

5   Bernays (2007: 160) sieht den Trend zu interaktiven Kommunikationsformen als einen Auswuchs der zunehmenden Digitalisierung und spricht prophetisch von einem »digitalen Audiolifestyle«, der stark durch Unmittelbarkeit und Emotionalität geprägt sei.

Die drei Begriffe Produzent, Rezipient und Film fließen allesamt in den Begriff **Filmsystem** ein. Dieses umfasst die Produktion, Vorführung und Rezeption von Film sowie alle vom Film ausgehenden und auf den Film einwirkenden Kräfte. Die **Filmpraxis** bezeichnet vor allem den Prozess der Produktion von Film, der wiederum eine genaue Kenntnis der Rezeptionsweisen voraussetzt. Somit umfasst die Filmpraxis nicht nur den Produzenten und den Film, sondern auch den Rezipienten. Anknüpfend an eine Definition der musikalischen Praxis des Musiksoziologen Kurt Blaukopf (1996: 6) umfasst die Filmpraxis »alle Handlungen und Unterlassungen« im filmischen Bereich, und zwar im Zusammenhang mit der Produktion, Distribution und Rezeption von Film. Teils wird auch – zur besonderen Hervorhebung filmmusikalischer Aspekte – der Begriff **Film(musik)praxis** verwendet. Für andere Bereiche des Lebens dient der Begriff **Praxis**.

Filmmusik ist Musik, die mit der Absicht im Film eingesetzt wird, die Gesamtintention des Films zu unterstützen und zum Erleben des Films beizutragen. Sie ist auf dem Filmstreifen in kodierter Form manifest, erklingt bei der Filmvorführung und besteht in Form einer Vorstellung beim Produzenten. Unerheblich ist, ob die Musik ursprünglich für den Film komponiert wurde. Auch Musik, die vom Produzenten für den Film aus bestehendem Repertoire ausgewählt wurde, ist in diesem Sinne Filmmusik.

2) Wissenschaft und Praxis und ihre gemeinsame Basis

Trotz des nunmehr über hundert Jahre alten Film-Erfahrungsschatzes verblüfft es immer wieder, zu welch verschiedenen Eindrücken Filmbilder führen können, wenn sie mit unterschiedlichen Musiken unterlegt werden. Wohl kein Spezialist des Films oder der Filmmusik ist jemals so versiert, dass er Wirkungen immer mit letzter Sicherheit voraussagen könnte. Hört man Filmmusiken ohne Bilder, kann es sein, dass man den Tönen ihre Macht über das Erleben gar nicht zutraut; teils bestimmen für sich genommen wenig eindrucksvolle musikalische Versatzstücke im audiovisuellen Kontext eine gewaltige Gesamtwirkung mit. Teils allerdings stellen sich opulente Musiken mit pompösem Charakter (»Schmachtfetzen«), denen man vorneweg große Wirkung unterstellen möchte, im Film als störend heraus. In anderen Fällen sind es wiederum gerade solch opulente Musiken, die mit den Bildern und Tönen des Films eindrucksvoll harmonieren, während subtilere Ansätze »schwach« wirken.

Auch Musik-Klischees, mit denen die Filmpraxis stets spielt, sind hinsichtlich ihrer Wirkung im audiovisuellen Kontext nicht immer leicht einzuschätzen. Einerseits brauchen Filme diese Klischees, um den Erfahrungsschatz des

Rezipienten zu mobilisieren, andererseits besteht die Gefahr einer übermäßigen Abhängigkeit von den Klischees. Etwa gibt es Tabellen, die nahe legen, welches Musikinstrument für welche Art von Filmcharakter passend sei; wer nach solchen Regeln Film(musik) macht, kann jedoch kaum hoffen, damit die Gunst des Rezipienten zu erreichen.
Filmmusik ist somit immer eine Sache des Experimentierens. Der Komponist und Musikwissenschaftler Norbert Jürgen Schneider (1990: 84) beschreibt die Herausforderung an den Filmkomponisten treffend:

»Um verständlich zu sein, benutzt er vorhandene Ordnungen. Um wahr zu sein, muss er sie aber gleichzeitig in Frage stellen. Um ästhetischen Lustgewinn zu vermitteln, muss er Erwartungshaltungen und tendenziell eine Vorhersehbarkeit provozieren. Um dem ideologischen Leerlauf eines bloß noch rituellen Vollzugs von Bekanntem zu entgehen, muss er die Vorhersehbarkeit unterlaufen.«

Der versierte Film(musik)praktiker ahnt somit intuitiv, welche Musik für eine Filmszene gebraucht wird und wo ein Klischee noch anwendbar ist bzw. wo besser ein Bruch mit Klischees eintreten sollte. Fast immer wird er gängigen Richtlinien in Teilen zuwiderhandeln, um eine neue und eigene Qualität in den Film zu bringen und den Rezipienten nicht zu langweilen. Allerdings möchte er ihn auch nicht überfordern.

Für einen ersten Eindruck, wie solche Abwägungen wissenschaftlich-theoretisch erfasst werden, kann hier die von Leon Festinger (1957) formulierte Theorie der »Kognitiven Dissonanz« angewandt werden: Miteinander unvereinbare Gedanken, Meinungen, Einstellungen und Wünsche innerhalb der Psyche eines Menschen erzeugen Festinger zufolge einen inneren Konflikt, der den Menschen veranlasst, seine Meinungen zu modifizieren, sein Verhalten zu ändern oder neue Ideen zu entwickeln. Jedes Individuum strebt nach einer Konsistenz – Festinger nennt dies »Kognitive Konsonanz« – in sich selbst. Ein filmmusikalischer Klischeebruch kann als Inkonsistenz aufgefasst werden: Der Rezipient hat – freilich nicht unbedingt bewusst – die kognitive Einstellung, unter den gegebenen Umständen im Film könne eine bestimmte Art von Filmmusik passen. Hört er nun aber eine Filmmusik, die seiner Einstellung deutlich widerspricht, kann sich daraus das Empfinden von innerer Inkonsistenz – Kognitiver Dissonanz – ergeben. Der Rezipient setzt sich in der Folge verstärkt mit seiner »unpassenden« Einstellung auseinander und entwickelt Strategien zur Auflösung der Kognitiven Dissonanz. Vielleicht gibt er sich der Erwartung hin, bald doch eine Musik zu hören, die seiner

Einstellung entspricht. Oder er beginnt, seine Einstellung zu ändern. In jedem Fall versucht er, die Kognitive Dissonanz aufzulösen, denn sie führt, so Festinger, zu einem psychischen Unbehagen. Jede Person neigt bei Kognitiver Dissonanz dazu, Situationen und Informationen zu vermeiden, die diese verstärken könnten.

Diese theoretische Betrachtung legt nahe, dass es nicht das Ziel des Produzenten sein kann, jegliche Gewohnheitsbrüche zu vermeiden. Vielmehr besagt sie, dass es Filmpraktikern darum geht, ein für ihre Intentionen richtiges Maß an Kognitiver Dissonanz zu begünstigen.

> Veranschaulichung: Kognitive Dissonanz in der Filmrezeption
>
> Im Film *A Clockwork Orange* [UK 1971, R: Stanley Kubrick, M: Walter Carlos] werden brutales Gemetzel und Vergewaltigungen darstellt und nicht etwa nur stilisiert, sondern »voll ausgekostet«. Dazu erklingt beschwingter Wiener Walzer. Der Rezipient muss zwei widerstreitende Einstellungen einen: seine annehmbare allgemeine Einstellung »Vergewaltigung ist abscheulich« und die vom Film nahegelegte Einstellung »Vergewaltigung hat etwas Festliches«. Höchstwahrscheinlich werden sich die meisten Rezipierenden in einem Karussell widersprüchlicher Beurteilungen drehen und nicht unmittelbar entscheiden können, wie die Inkonsistenz zu aufzulösen ist. Gewiss muss der Film die Einstellung »Vergewaltigung hat etwas Festliches« auf verführerische Weise vermitteln, so dass überhaupt erst eine Dissonanz zwischen zwei starken »Kognitionen« auftreten kann. Zwar geht es in *A Clockwork Orange* keineswegs darum, Gewalt zu verherrlichen, auch nicht darum, den Wiener Walzer zu parodieren. Jedoch wird, indem die Einstellung »Vergewaltigung hat etwas Festliches« zunächst mit musikalischen Mitteln nahegebracht wird, verhindert, dass Rezipierende sich vorschnell ihrem unmittelbaren Moralempfinden hingeben: Sie sollen nicht kategorisch annehmen, der Vergewaltiger müsse die »böse« Person des Films sein. Später im Film soll sich schließlich offenbaren: Diejenigen, die den Vergewaltiger bestrafen, sind moralisch nicht besser als der Vergewaltiger selbst.

In der Anwendung der Theorie der Kognitiven Dissonanz zeigt sich ein deutlicher Unterschied zwischen Wissenschaft und Praxis: Während die Wissenschaft ein Problem – hier das Finden des richtigen Maßes filmischer Brüche mit allgemeinen Einstellungen – beschreibt und auf psychische Verarbeitungsmechanismen zurückführt, hat die Filmpraxis mit dem Problem schlichtweg umzugehen. Der Filmpraktiker kann sich nicht aller psychischen Mechanismen bewusst sein; er muss vor allem handeln und einen stimmigen Film schaffen. Die Frage, *wie* Film(musik)wahrnehmung funktioniert ist dabei weniger wichtig als die Frage, *ob* der Film in der Wahrnehmung des Rezipienten funktionieren kann. Die wissenschaftliche Tendenz, das Unerklärbare aus der »Darstellung« herauszuhalten, wäre für den Praktiker verheerend. Er arbeitet vielmehr überwiegend aus einem intuitiven Gespür heraus. Was in der Veranschaulichung am Beispiel von *A Clockwork Orange* vortrefflich funktioniert, kann auf theoretische Weise kaum verallgemeinert werden. Die Wissenschaft ist nicht in der Lage, das Gespür des Filmpraktikers durch Methodik zu ersetzen; sie kann nicht für zukünftige Filme aufzeigen, welche Art von Kognitiver Dissonanz vonnöten ist.

Dieser Unterschied zwischen Wissenschaft und Filmpraxis hat immer bestanden. Die Dringlichkeit für Filmpraktiker, Präferenzen, Eigenheiten und Wünsche des Rezipienten intuitiv zu berücksichtigen, wächst in der zunehmenden globalen Angebotsvielfalt. Als auf dem Medienmarkt – in Deutschland etwa vor der Ära des Privatfernsehens – vergleichsweise wenig Angebot herrschte, konnten Produzenten eher davon ausgegangen, dass der Rezipient Filme tendenziell annimmt, weil sie ihm vorgesetzt werden. In der heutigen Angebotsvielfalt wählt der Rezipient jedoch umso eher Filme aus, die seinen – oft unbewussten – Wünschen genauestens entsprechen. Der bloße Unterhaltungswert des Film- oder Fernsehens trägt heute weniger denn je, und der Einfluss einzelner quasi-monopolistischer Instanzen ist gesunken: Ein Produzent kann sich nicht mehr als Hoheit verstehen, die die Rezeptionsweisen und Präferenzen der Gesellschaft bestimmt. Er muss – infolge der »Mediamorphose« (Blaukopf 1989) – vielmehr flexibler und adaptiver werden.

In einem knappen philosophischen Exkurs kann diese mediale und zugleich gesamtgesellschaftliche Entwicklung in den Kontext eines gegenwärtigen Paradigmenwechsels gestellt werden. Dabei wird an Überlegungen der Zukunftsforscher Alexander Bard und Jan Söderqvist (2006) angeknüpft, die beide Musik- und Medienpraktiker sind. Sie haben sich vor dem Hintergrund von Praxiserfahrung und Studium der Philosophiegeschichte Gedanken darum gemacht, inwieweit sich die Gesellschaft durch Vernetzung und Globalisierung ändert. Dabei kommen sie zu dem Schluss eines einschneidenden Wandels: Die Weltordnung entwickelt sich vom Totalismus hin zum Mobilismus.

Im **Totalismus** sind das Streben des Einzelnen sowie das Streben von Institutionen innerhalb der Gesellschaft durch die Hoffnung motiviert, Ideale des Ego in der Welt gegen die herrschenden Kräfte durchzusetzen. Der Mensch fühlt sich als ein vom Ganzen der Welt und Gesellschaft abgegrenztes Wesen und hat das Ziel, sich durchzusetzen anstatt sich in ein Miteinander einzufügen, auch wenn er taktische Allianzen schmiedet und ein scheinbares

Miteinander pflegt. Dies entspricht einer Haltung, die der Sprach- und Kulturforscher François Jullien (1999: 15–16) im Vergleich mit dem ostasiatischen Denken als eine feste Gewohnheit des modernen Westens herausstellt. Ganz allgemein sei das Leben im Westen über Jahrhunderte hinweg von der Haltung geprägt, dass man als Individuum Ziele, Modelle und Schemata vorformuliere, um sie anschließend »umzusetzen«. Man messe den Erfolg seines Handelns getreulich daran, inwieweit die Resultate vorherigen Erwartungen entsprechen. Mittel zur Umsetzung der eigenen Erwartungen seien technische Standards, Definitionen und Regeln.[6] So gehe allerdings eine Offenheit des Einzelnen für die sich ungeplant ergebenden Gelegenheiten und Vorzüge des Lebens verloren. »Ursprüngliches« trete hinter festen Maßgaben zurück.

Nach dem **Mobilismus** sind Menschen durch den Wunsch motiviert, die wirkenden Kräfte an sich heranzulassen, mit ihnen im Einklang zu stehen und von ihnen zu profitieren. Menschen wollen demnach nicht Vor- oder Abbilder der Welt schaffen, sondern Haltungen entwickeln, die sinnvoll auf den Mechanismen der Welt aufbauen und helfen, an den Möglichkeiten der Welt erfolgreich teilzuhaben. Erfolg wird nicht so sehr an Vorstellungen gemessen. Der Einzelne konstruiert keine fixen Ideale über sein Leben in der Zukunft, sondern vertraut, dass er im Einklang mit seiner Umgebung Zuwachs und Verbesserung erfahren wird. Dies entspricht einer Vorstellung, die im chinesischen Denken eher selbstverständlich ist. Jullien (1999: 32) stellt heraus, dass der »chinesische Weise« sich eher auf den Verlauf der Dinge konzentriert, in die er eingebunden ist und nicht vorab einen Idealverlauf – ein Schema – definiert.

Vertiefung zum Totalismus und Mobilismus

Jullien beschreibt das, was Bard/Söderqvist als Totalismus bezeichnen, als eine stark auf die technische Produktion von »Dingen« abzielende Haltung, deren Vorbild die (traditionelle) Wissenschaft sei: Auf der Ebene der technischen Umsetzung eines Schemas könne die Wissenschaft methodisch dessen Wirksamkeit leicht beweisen. Auch Bohm (1987: 46) betont, die westliche Gesellschaft habe »das Schwergewicht auf die Herausbildung von (maßabhängiger) Wissenschaft

---

6 Dass ebensolche Phänomene typisch für die abendländische Kultur sind und in engem Zusammenhang mit ihrer Wissenschaftsdominanz stehen, besagt auch eine zentrale These des Soziologen Max Weber. Er nannte das Prinzip, nach dem der Westen seine Macht in der Welt ausbreitet, die »Rationalisierung«: Technisch und bürokratisch standardisierte Verfahrensweisen gewännen immer mehr an Bedeutung und ließen sich auch im Bereich von Kunst und Musik nachweisen (vgl. Weber 1924 und 1972).

und Technologie gelegt«. Aber diese technische Ebene entspreche nicht der vollen Bandbreite des Lebens. Dass es auf der technischen Ebene möglich ist, das Handeln in Kategorien des Denkens zu bemessen, schafft, so könnte man interpretieren, eine *scheinbare* Gewissheit, die Welt durch den rationalen Geist beherrschen zu können. Dort, wo die Beherrschung gelingt, geht sie zu Lasten eines Ganzheitsgefühls des Einzelnen und der Gesellschaft, da gewisse – rational nicht erfassbare – Anteile des Menschen unterdrückt werden. Ganz deutlich zeigt sich die Beschränktheit des dominant rationalen Denkens, wie Jullien (1999: 23–24) aufzeigt, in der Kriegswissenschaft: Der Krieg selbst enthülle »allenfalls die Sackgassen, in die die Konzeption des wirksamen Handelns führt.« Einen Krieg theoretisch-rational vorauszuplanen sei nicht möglich, und die Kriegswissenschaft sei durch »ihre einseitige Sichtweise, unzugänglich für Kräfte und Wirkungen und ausschließlich materiell«. Theoretisierung sei »nicht in der Lage, ›das wirkliche Leben zu beherrschen‹«.

Die Ebene des »wirklichen Lebens« scheint im ostasiatischen Denken zentral zu sein, da dieses, wie Bohm (1987: 46) herausstellt, stärker auf Religion und Philosophie ausgerichtet ist und das Unermessliche betont, »das, auf keinem rationalen Wege benannt, beschrieben oder verstanden werden kann«. Nach Jullien (1999) ist das westliche Denken mehr auf das »Herstellen« von Dingen ausgerichtet, das ostasiatische Denken hingegen eher auf das, was man im Leben »vollbringt«. Folgt man Bard/Söderqvist, ist die westliche Gesellschaft aber nunmehr im Begriff, sich zunehmend auf das »Vollbringen« auszurichten und das Totalistische zugunsten des Mobilistischen abzulegen. Das von Max Weber festgestellte Prinzip der Rationalisierung könnte allmählich einer neuen Gesellschaftsdynamik weichen. Es ist allerdings gegen Bard/Söderqvists Vermutung kritisch einzuwenden, dass der neue »Mobilismus« ein versteckt totalistisches Modell sein könnte: Die Gesellschaft folgte dann dem vorab definierten Ideal, »mobilistischer« zu werden. Jullien sieht eine solche Möglichkeit und stellt die nicht abschließend zu beantwortende Frage, inwieweit es jemals gelungen sein könnte, dem Schema des Formulierens von Idealen zu entkommen. Ungeachtet dieser Frage jedoch ist der Paradigmenwechsel hin zu mehr Mobilismus ein Gegenwartsphänomen, das eine Veränderung der Dynamik zwischen wissenschaftlicher Theorie und Praxis bewirkt.

Die Hinwendung der Gesellschaft zum »Mobilismus«, verbunden mit einer Abwendung von starren »wissenschaftlich-technischen« Lebenseinstellungen, bedeutet keinesfalls, dass die Wissenschaft an Gewicht verlöre. Das zeigt sich auch im Bereich Filmmusik. Die Wichtigkeit wissenschaftlich-theoretischen Kommunizierens über Filmmusik gerät immer mehr in den Blickpunkt der Filmpraktiker. Zu erkennen ist dies etwa daran, dass seit Mitte der 1990er Jahre bei Fernsehsendern und Filmproduktionsfirmen immer häufiger Musikberater (Music Supervisors, Musikredakteure) tätig sind, die mit der Konzeption von Filmmusik, der Auswahl von Komponisten sowie auch mit der Wahrung einer auditiven »Corporate Identity« des jeweiligen Unternehmens betraut sind.[7] Sie sorgen dafür, dass eine Filmmusik nicht nur die Handlung eines Films unterstützt, sondern auch in ein generelles Erscheinungsbild passt, das etwa eine Produktionsfirma oder ein Fernsehsender über den einzelnen Film hinaus von sich vermitteln möchte. Musikberater sollen kraft ihrer musikalischen und eben oft auch musikwissenschaftlichen Expertise zwischen den meist freischaffend arbeitenden Komponisten und anderen Filmpraktikern vermitteln. Ihre Arbeitsweise ist, wenn auch sinnvoller Weise nicht im streng akademischen Sinne, vergleichend und abwägend. Sie müssen in der Lage sein, Phänomene der Filmmusik greifbar darzustellen und konzeptuell vorauszudenken. Sie bedienen sich mitunter wissenschaftlicher Theorien, Denkweisen, Verbalisierungen, Modelle und Ansichten.

Gerade unter solchen an der Schnittstelle zur Wissenschaft positionierten Filmpraktikern – es gibt sie auch jenseits des Musikbereichs, etwa als »Art Directoren« im Bereich Grafik und Animation – kristallisiert sich mehr und mehr die Vorstellung heraus, dass das Wirkungsganze des Films mehr ist als die Summe von Einzelwirkungen. **Ganzheitlichkeit** – hier zunächst noch nicht weiter definiert – wird immer mehr zum Schlagwort in der Filmpraxis. Man ist sich darüber bewusst, dass es problematisch ist, Filmbilder und Filmmusik unabhängig voneinander zu gestalten, um sie später zu einem stimmigen Ganzen zusammenzusetzen. Filmpraktiker heben – mit einem aristotelischen Begriff – die »Übersummativität« der Filmrezeption hervor: Gesamtwirkungen sind mehr als die Summe von Einzelwirkungen und können daher nicht rational berechnet werden; die Wirkung eines Films ist mehr als die Summe der einzelnen Wirkungen aller vorkommenden Bilder und Töne.

Veranschaulichung: Ganzheitlichkeit und Übersummativität

Ganzheitlichkeit und Übersummativität kommen in einem recht einfachen Experiment deutlich zum Ausdruck, das der Verfasser in verschiedenen Seminaren durchgeführt hat: Den Teilnehmern wird ein aufgenommenes Geräusch vorgespielt, das von dem Auflegen eines Telefonhörers stammt. Die Teilnehmer werden gefragt, was dieses Geräusch »bedeute«. Sie sind immer sehr unentschieden,

---

7 Beim ZDF gibt es beispielsweise seit 1996 eine Musikredaktion für die im Auftrag des Senders produzierten Fernsehspiele. Bei RTL gibt es seit 1999 einen Music Supervisor. Auch Filmproduktionsfirmen wie Teamworxx beschäftigen Music Supervisors.

> da das Geräusch sehr uncharakteristisch klingt. Es könnte einem Tastendruck auf einer alten Computertastatur entsprechen, einem Türgriff oder einer Schublade. Ein Telefonhörer wurde fast nie in Betracht gezogen. Anschließend wird das aufgenommene Geräusch eines mit »Besetzt-Zeichen« tutenden Telefons vorgespielt. Dieses Geräusch ist eindeutig. Die Teilnehmer revidieren sofort ihre vorherige Einschätzung und sagen, dass es sich vorher um einen aufgelegten (oder auch abgenommenen) Telefonhörer gehandelt haben müsse. Hier zeigt sich, dass es nicht eng umrissene Einzelwirkungen sind, die sich zu einer Gesamtwirkung addieren, sondern dass die Einschätzung einer Einzelwirkung ganzheitlich von den umgebenden Reizkomponenten abhängt. Wird nun einer anderen Versuchsgruppe zuerst das »Besetzt-Zeichen« vorgespielt und anschließend das Geräusch des aufgelegten Telefonhörers, um die Teilnehmer dann zu fragen, was sie wahrgenommen haben, so antworten sie meist sehr spontan: Jemand hat einen Anruf getätigt, es war besetzt, und er hat aufgelegt. Diese »Geschichte« ist eindeutig mehr als die Summe der zwei Geräusche, also ein Resultat der Übersummativität.

Der Ganzheitsgedanke war Anfang des 20. Jahrhunderts mit der Schule der Lebensphilosophie aufgekeimt. Der Philosoph Wilhelm Dilthey steht für die Auffassung, dass ein »Verstehen« nicht nur mit dem Verstand erfolge, sondern die Gesamtheit der Gemütskräfte einbeziehe. Von der Gestalttheorie wurde der Ganzheitsgedanke auf viele Wissenschaftszweige übertragbar gemacht, stand aber besonders im deutschsprachigen Raum eher im Schatten traditionell erkenntnistheoretischer – das Bewusstsein des Menschen auf ein Erkennen der äußeren Realität zurückführenden – Anschauungen. Im Bereich der Musik hatte Ernst Kurth (1931: 31) bereits in seiner *Musikpsychologie* darauf hingewiesen, dass für das »wissenschaftliche Schauen irgendeine Erscheinung, z. B. ein Kunststil, nicht bloß aus »der Analyse der Bestandteile ableitbar« sei, »da mit deren Zusammenwirken die neue, nur intuitiv erfassbare Einheit einsetzt« und eine wissenschaftliche Betrachtung daher auch der Intuition bedürfe. Jedoch scheint sich der Ganzheitsgedanke erst seit etwa 10 bis zwanzig Jahren in der Film- und Musikwissenschaft verstärkt durchzusetzen.

Beispielhaft für eine Ganzheitsperspektive in der Film(musik)theorie ist die Ansicht des Komponisten und Musikwissenschaftlers Michel Chion (1994: 5). Es entstehe bei der Filmrezeption oft der Eindruck, die Musik verdopple eine Bedeutung der Bilder. Man sei sich bei solchen Schlüssen aber oft nicht darüber bewusst, dass die Musik selbst die Bedeutung, die man den Bildern zuschreibe, durch ihre Expressivität mitgeformt habe. Chion macht deutlich, dass die einfache gedankliche Herauslösung der Filmmusik aus der Ganzheit des Films zu Fehlschlüssen führen kann. Der Filmpsychologe Dirk Blothner (1999: 29) formuliert ebensolches Ineinandergreifen von Wirkungsteilen für das ganzheitliche Kinoerlebnis. Es sei falsch, zu sagen, Bilder und Töne lösten bei den Rezipierenden einzelne Empfindungen, Gefühle und Gedankengänge aus, die sich dann zu einer Gesamtwahrnehmung addierten; man werde der Wirkung des Kinos nur gerecht, wenn man diesen Prozess von vornherein als ein Ganzes verstehe.

Will man Filmmusik erforschen, muss der Film als Einheit von Bildern und Tönen betrachtet werden. Solch ganzheitliche Perspektive ist zugleich eine systemische (vgl. Hornschuh 2000): Filmmusik ist Teil des *Systems* aus Bildern, Dialogen, Effekten, Schnitten und Geräuschen – eben dem Film. Selbstverständlich ist eine ganzheitliche Betrachtung nicht unproblematisch. Die Filmwissenschaftlerin Monika Suckfüll (1997: 9) gibt zu Recht zu bedenken: »Die Reduktion des ästhetisch gestalteten Gesamtkunstwerks auf isolierte Stimuli ist gleichzeitig Ziel und Problem der empirischen Forschung zum Medium Film.« Wer über Filmmusik schreibt, wird immer versuchen, die Filmmusik gedanklich als einen vom Filmganzen trennbaren Anteil wahrzunehmen, denn sonst könnte er nur über *Film,* nicht über Film*musik* schreiben. Jedoch gilt es, eine *Rahmenvorstellung* von Ganzheitlichkeit wahren. Anderenfalls könnten sich Betrachtungen allzu sehr in Einzelheiten verlieren, die nicht in eine Ansicht über das Filmganze eingegliedert werden. Der Musikwissenschaftler Jobst P. Fricke (1998: 161) fordert entsprechend, der »Eingebundenheit der Phänomene in ein Netz von Interdependenzen« vermehrt Rechnung zu tragen. Claudia Gorbman (2001: 22) unterstreicht diesen Gedanken für die Film(musik)forschung und kritisiert die bisherige Beschäftigung mit »Screen Music« für ihren mangelnden Einbezug der Kontexte, in die Musik eingebunden ist.

Der Ganzheitsgedanke ist ein Fundament auch für das vorliegende Buch und wird nachfolgend detailliert ausgeführt.

3) Der holistische Ansatz und sein pragmatisches Potenzial

Der Ganzheitsgedanke wird durch den wissenschaftlich üblicheren Begriff des Holismus vertieft. Ganzheitlichkeit und Holismus werden in späteren Erörterungen weitgehend synonym gebraucht, wobei Ganzheitlichkeit eher auf die Praxis angewandt wird und Holismus vorwiegend auf den philosophischen Diskurs. Der mittlerweile weit gefächerte Holismus wird für das vorliegende Buch auf die Prämissen des südafrikanischen Politikers und Philosophen Jan Christiaan Smuts [1870–1950], der den Begriff Holismus 1925 prägte, zentriert.[8]

---

8 Die Auswirkungen der Überlegungen von Smuts auf den philosophischen Diskurs zeigten erst im Abstand vieler Jahre, besonders in der Diskussion um Schriften von Williard van Orman Quine [1908–2000].

»Holismus« stammt von dem griechischen Wort »hólos« (»ganz«) ab. In seiner Schrift *Holism and Evolution*, auf die hier anhand der 1938 veröffentlichten deutschen Übersetzung *Die Holistische Welt* des Wissenschaftshistorikers Adolf Meyer [1893–1971] eingegangen wird, beschreibt Smuts den Holismus als eine Auffassung vom Wesen der Welt und eine zusammenhängende Theorie von Natur- und Geisteswissenschaften. Das holistische »… Prinzip besagt […], dass die Wirklichkeit von Grund auf holistisch ist und dass alle Daseinsformen, in denen dieses Prinzip zum Ausdruck kommt, danach streben, Ganze zu sein oder holistisch in mehr oder minder starkem Maße zu sein.« (Smuts 1938: X) Smuts' Überlegungen sind physikalisch, biologisch und evolutionstheoretisch geprägt, lassen sich jedoch auf drei Ebenen zusammenfassen und dann auf mannigfaltige Lebensbereiche anwenden: Erstens ist Holismus eine Art der Wahrnehmung von Dingen, zweitens eine Eigenschaft der Dinge selbst und drittens ein Streben der Dinge (vgl. Blankertz/Doubrawa 2005: 151).

Auf der wahrnehmungsbezogenen *ersten Ebene* besagt der Holismus, dass der Mensch Wahrnehmungen von Einzelteilen nicht einfach addiert, sondern sie im Sinne einer verbindenden Ordnung interpretiert, die dem Ganzen innewohnt. Dies entspricht einer Grundauffassung, die die vielen Zweige der Gestaltpsychologie verbindet. Bereits 1890 kommt sie bei dem Philosophen Christian von Ehrenfels [1859–1932] zum Tragen. Von Ehrenfels (1890: 249–292) schreibt einer musikalischen Melodie eine Gesamtqualität zu, die sich nicht aus den Qualitäten der einzelnen Töne, sondern aus deren Anordnungsprinzip ergebe. In der Philosophie wird heute sinnverwandt auch von Bedeutungsholismus oder semantischem Holismus gesprochen. Anstoß dazu gab mitunter Donald Davidson (1990: 47), der das Kompositionalitätsprinzip des Mathematikers und Philosophen Gottlob Frege (vgl. 1892), ein Wort habe nur im Zusammenhang eines Satzes eine Bedeutung, unter Berufung auf den Holismus ergänzt: »… in der gleichen Einstellung hätte er hinzufügen können, nur im Zusammenhang der Sprache habe ein Satz (und daher ein Wort) Bedeutung.« Es wird das Zeichensystem als das Ganze hervorgehoben, das sich der Mensch als ein »System von Überzeugungen oder Repräsentationen« (Bertram/Liptow 2002: 7) aus dem Zusammenhang einzelner Wörter und Sätze erschließt. Eine Sonderform des Bedeutungsholismus ist der von Quine (1961) mitgeprägte Theorienholismus: Eine Theorie kann nicht für sich allein bestätigt oder widerlegt werden, sondern nur im größeren Theorienkontext.

Auf der *zweiten Ebene* ist der Holismus eine den Dingen innewohnende Eigenschaft. Jeder Gegenstand ist ein über die bloße Anhäufung von Atomen und Molekülen hinausgehendes Ganzes mit einem inhärenten Ordnungsprinzip. Smuts (1938: X) entwickelte diese Überlegung in Abgrenzung von dem Gros der Naturwissenschaften:

> »Die orthodoxe Wissenschaft hat sich [...] zu sehr ausschließlich mit der Zergliederung und mit der synthetischen Wiederherstellung des Lebenden und der nichtlebenden Dinge aus ihren analytisch gewonnenen Elementen befasst, und sie hat dabei eine überaus wichtige Seite der Wirklichkeit übersehen, und zwar insofern, als das Ganze stets mehr ist als seine Teile oder Elemente, selbst wenn sie allesamt zusammengenommen werden.«

Diese Annahme über die Dinge wird in der Philosophie auch als Anatomismus – im Gegensatz zum Atomismus – bezeichnet: »Atomistisch ist eine Bestimmung dann, wenn sie ohne allen Zusammenhang mit anderen Elementen geschieht, anatomisch hingegen, wenn ein solcher Zusammenhang gegeben ist.« (Bertram/Liptow 2002: 9) Die Organe eines Lebewesens bedingen das Lebewesen im anatomistischen Sinne nicht allein durch die Häufung ihrer Atome und Moleküle. Während auf dieser zweiten Ebene den Dingen also eine holistische Eigenschaft *unterstellt* wird, bezieht sich die erste Ebene auf die holistische *Wahrnehmung* der Dinge. Was wahrgenommen wird, muss dabei nicht isomorph (»eins-zu-eins«) von den Eigenschaften der Dinge abhängen.

Auf der *dritten Ebene* ist der Holismus ein evolutionäres Prinzip. Dinge und Menschen streben nach Vervollständigung. Sie »wollen« etwas werden, was sie noch nicht sind. Alle Daseinsformen streben nach mehr Ganzheit, einer höheren und komplexeren Eigenschaft ihrer selbst. Das imaginäre Endziel dieser Entwicklung hätte zur Folge, dass jedweder Unterschied zwischen dem Einzelnen und dem größeren Ganzen aufgehoben wäre. Jedes in dieser Evolution entstehende wesenhaft Neue kann sich aus den Teilen eines älteren Ganzen, aus dessen Werkstoff, zusammensetzen. Smuts (1938: X) versucht aufzuzeigen,

> »dass neue, in stärkerem Maße komplexe Ganze durch einen Vorgang, der als allmähliches Auftauchen, Hervortreten oder Sichtbarwerden bezeichnet werden kann, vom Boden der älteren einfacheren, vielleicht beständigeren und in sich gefestigteren Ganzen aus entstehen.«

Der Holismus kann in diesem Sinne als eine implizite Ordnung aufgefasst werden, der sich die äußere Ordnung immer weiter annähert. Hier mögen in psychologischer Hinsicht der Wille des Individuums zu Selbstbestimmung, Selbstverwirklichung und Wachstum assoziiert werden.

Smuts (1938: XI) beschreibt den Holismus zusammenfassend als eine Auffassung, die die »Kluft zwischen der Erfahrung, die wir von und über diese Welt haben, und dem abstrakten mechanistischen System der Wissenschaft« überwinden soll. Dies entspricht der Intention des vorliegenden Buches.

Der holistische Ansatz bringt trotz des vereinenden Gedankens handfeste Herausforderungen mit sich. Eine holistische Konstruktion wie das später vorgestellte Drei-Dimensionen-Modell kann eine Ganzheit nämlich nur unterstellen und andeuten, sie aber nicht abschließend präzise benennen oder beweisen. Die Konstruktion selbst ist nämlich Teil der Ganzheit, auf die sie sich bezieht. Die Herausforderung beim Lesen des vorliegenden Buchs besteht also darin, unterschiedliche Theorien im Sinne eines größeren Ganzen zu verstehen, auch wenn hierfür keine klassischen »Beweise« erbracht werden können. Vielmehr werden viele Verständnishilfen gegeben, insbesondere das Drei-Dimensionen-Modell. Bestehende Ansätze zur Filmmusiktheorie werden in ein »verallgemeinertes Gefüge«, einen »Rahmen« eingeflochten, getragen von der Hoffnung auf einen Zuwachs an Einsicht. Das dabei entstehende Ganze der Filmmusiktheorie könnte »eine Synthese oder eine Einheit von Teilen [sein], die so weit geht, dass sie die Tätigkeiten und Wechselbeziehungen dieser Teile beeinflusst, ihnen einen besonderen Ausdruck gibt und sie zu etwas Anderem macht als dem, was sie in einer Kombination ohne diese Einheit oder Synthese gewesen sein würden.« (Smuts 1938: 132) Filmmusik holistisch zu betrachten ist also ein Gedankenexperiment.

Vertiefung: Vermeintliche Holismen in der Filmpraxis

Filmpraktiker berufen sich oft auf Ganzheitlichkeit. Allerdings folgen sie dabei bisweilen dennoch fragmentierenden – Einzelteile des Ganzen als unabhängig voneinander betrachtenden – Ansätzen. Etwa wird oft unbeholfen über den Anteil von Musik und Ton am Filmerlebnis spekuliert. Wenn der Hollywood-Komponist Hans Zimmer bekundet: »Die Musik ist für einen Film sehr wichtig. Ich würde sagen, das macht ungefähr 50 Prozent der Geschichte aus« (zit. nach Hornschuh 2000: 35), ist zu fragen, ob für den Rezipienten tatsächlich 50 Prozent der Geschichte übrig blieben, wenn man die Musik allein – ohne Bilder, Dialoge und Geräusche – hörte. Die Tatsache, dass Musik dem Film meist als letztes Gestaltungsmittel zugefügt wird, verleitet allzu leicht zu dem Irrglauben, die durch Musikzusatz entstehende Wirkungssteigerung sei mit der Musikwirkung gleichzusetzen. Randy Thom (1938) bemerkt treffender: »Sound is NOT there to ›help the visuals‹. That is kindergarden filmmaking. Anybody saying that ›film is a visual medium‹ is being foolish and naive. Sound, when given half a chance, is no less important to the audience's experience than the picture.«

Jede Analyse von Filmen birgt die Gefahr, Ursachen für Wirkungen in isolierten Einzelmerkmalen zu sehen. Besonders heikel wird es, wenn Ursachenbenennungen in »Erfolgsformeln« kulminieren. Erfolgsformeln sind modellhafte Zusammenstellungen von Merkmalen, die jeder Film haben »muss«, um erfolgreich zu sein. Etwa behauptet die Regisseurin Sue Clayton 2002, ein perfekter Film bestehe aus: 30 % Action, 17 % Comedy, 13 % Gut/Böse, 12 % Liebe/Sex/Romantik, 10 % Spezialeffekte, 10 % Plot und 8 % Musik. Abgesehen davon, dass in keiner Weise klar wird, wie diese Anteile bemessen werden – quantitativ haben fast alle Filme mehr als 8 % Musik –, wird zum einen negiert, dass mit der Bandbreite der genannten Attribute längst nicht alles abgedeckt ist, was einen Film ausmacht und zum anderen wiederum eine summative Addition von Merkmalen vorausgesetzt (vgl. http://news.bbc.co.uk/1/hi/entertainment/film/3023511.stm). Hinter den *meisten* Erfolgsformeln verbirgt sich wohl der verführerische Kurzschluss, Erfolg sei das Ergebnis einer ausreichend hohen Summe von Erfolgsmerkmalen. Das jedoch widerspricht dem holistischen Denken, wie insbesondere mit folgender Bemerkung Smuts' (1938: 128) deutlich wird: »Das Ganze bildet [...] den Kausalitätsbegriff völlig um. Wenn eine äußere Ursache auf ein Ganzes wirkt, so ist die resultierende Wirkung nicht allein auf die Ursache zurückzuführen, sondern sie hat sich in dem Vorgang umgeformt. Das Ganze scheint den äußeren Reiz zu absorbieren und zu metabolisieren und ihn seiner Eigentätigkeit anzugleichen. Die daraus sich ergebende Reaktion ist dann nicht mehr die passive Wirkung des Reizes oder der Ursache, sondern erscheint als Tätigkeit des Ganzen.«

Ein problematisches Kausalitätsdenken ist auch dort oft anzutreffen, wo angewandte Medienforschung (empirische Marktforschung) in der Filmpraxis mit dem Anspruch eingesetzt wird, die Gestaltung von Filmen von Anfang an methodisch zu begleiten und vor allem zu *bestimmen*. Medienforschung im Allgemeinen dient der methodischen Untersuchung von weitgehend ausgestalteten Filmen auf ihr Erfolgspotenzial an einer Testgruppe von Rezipierenden (vgl. Darkow 2006). Jedoch ist es beispielsweise problematisch, einen noch nicht mit Musik unterlegten Film an einem Testpublikum zu erproben, schließlich fehlt mit der Musik ein Attribut, das seinen Erfolg später ganzheitlich mitbestimmt. Es nützt dann nichts, Probanden etwa »nur« nach der Schlüssigkeit der erzählten Geschichte zu fragen, denn die Wahrnehmung der Geschichte ist nicht unabhängig von der Musik. Befragungen eines Testpublikums über einzelne Merkmale des Gefallens und Missfallens von Filmen in einem sehr frühen Stadium, wie sie etwa Bettina Bewer Zimmer (2000) fordert, leiten das Testpublikum an, isolierte Faktoren als ursächlich anzusehen und das ganzheitliche Rezeptionserlebnis zu missachten. Wären die Ergebnisse solcher Medienforschung immerhin als vage Hinweise auf mögliche Stärken und Schwächen eines Films deutbar, kommt es jedoch unter dem alltäglichen Erfolgsdruck beim Produzenten häufig zu irrigen

Handlungen. Etwa werden Medienforscher gebeten, gezielt in die Filmgestaltung einzugreifen. Ihnen werden Drehbücher mit der Bitte zur Überarbeitung vorgelegt, ohne dass ihr schreiberisches und kreatives Talent erwogen würde. Sie sollen die Gestaltungsmerkmale anderer Erfolgsfilme in den vorgelegten Drehbüchern bestätigen oder – wenn ihr Fehlen festgestellt wird – einflechten. Ausgangsbasis solcher Begutachtungen und Überarbeitungen sind meist standardisierte Erfahrungswerte, etwa entlang Zimmers (2006) Frage: »Welche Inhalte bieten langfristig eine Garantie für das Zuschauerinteresse?« Letztlich jedoch besteht die Gefahr, dass Methodik einen Ideenreichtum erdrückt.

Eine andere Spielart problematischer Kausalitäten besteht darin, dass erfahrene Filmpraktiker aufgrund ihres ausgewiesenen Erfolgs in der Vergangenheit fortan als Berater, Ratgeber oder »Gurus« auftreten. Selbst nicht – oder nicht mehr in voller Intensität – kreativ-gestalterisch arbeitend schätzen sie das Erfolgspotenzial der kreativen Errungenschaften Anderer ein und geben Gestaltungs-»Tipps«. Allzu oft aber messen sie das Neue an de – vermeintlichen – Kriterien ihres ehemaligen Erfolgs und somit in möglicher Weise schon veralteten Begriffen. Sie verfallen leicht in schematisches Denken und neigen dazu, das was sie selbst einst über probate Muster hinaus erfolgreich schufen, nachgerade in feste Modelle zu pressen und aus einem kreativen Ruhemodus heraus nicht mehr erwägen oder zu spüren, ob Geltungsbereiche ihrer Ideen abgelaufen sind. Eine fragwürdige Gestaltungstheorie kommt beispielsweise schon zum Ausdruck, wenn der Regisseur Günter Höver aus eigener Erfahrung ableitet, Filme mit Leitmotivtechnik würden besser behalten als andere (vgl. Schneider 1990: 198). So einleuchtend solch Lehrsatz wirken mag, so trügerisch ist er, denn er kann den eigenen Geltungsbereich nicht benennen. Problematisch ist es auch, wenn der Komponist Klaus Wüsthoff (1999) seinem Ratgeber *Die Rolle der Musik in der Film-, Funk- und Fernsehwerbung* den Untertitel »mit Kompositionsanleitungen für Werbespots und einer Instrumentaltabelle der Gebrauchsmusik« gibt und versucht, die Frage zu beantworten: »Wie muss Werbemusik gebaut sein, nach welchen Kriterien wird sie komponiert, um größtmögliche Wirkung zu erzielen?« (Wüsthoff 1999: 7) Die Psychologie mahnt zur Vorsicht: Dass eine Theorie ein Phänomen plausibel beschreibt, heißt keineswegs, dass sie auch prognostisch nützlich ist, also Zukünftiges zu postulieren vermag (vgl. Bortz/Döring 2006: 15–17).

Gestaltungstheorien für Filmmusik sollten vor diesem holistischen Hintergrund als Hilfsangebote, nicht jedoch als Maßgaben für die Praxis verstanden werden. Die Entscheidung über die Art der Annahme solcher Angebote liegt letztlich in einer über die Kategorien des rationalen Denkens hinausgehenden Weisheit, die nach Jullien (1999: 17) auch als »Klugheit« bezeichnet werden könnte und nicht integraler Teil des Angebots ist. Bewährte Prinzipien können eines Tages – wenn dogmatisch verstanden – im Wege stehen. Der Drehbuchberater Robert McKee (1997: 6) formuliert es einfach: »No one can teach what will sell, what won't, what will be a smash or a fiasco, because *no one knows*.«

Im Holismus liegt ein **pragmatisches Potenzial**: Theorien beziehen ihren Wert nicht aus sich selbst, sondern aus ihrer Nützlichkeit für »das Ganze«, also auch die Praxis und das allgemeine Leben. Diese Auslegung des Holismus findet ihre Grundlegung in der Philosophie des *Pragmatismus*, dessen inzwischen weit gefächerte Schule hier in Grundzügen dargelegt wird. Sie wird als philosophisches Fundament herangezogen, um dem Defizit der Film(musik)forschung – mangelnde Anschlussfähigkeit an die Praxis – nicht nur mit gegenwartsbezogenen Überlegungen zu begegnen, sondern mit Gedankengut, das sich in der Diskussion ähnlicher Probleme schon über mehr als hundert Jahre herausgebildet hat. Das Fundament hilft so, eine grundsätzliche Denkart zu etablieren, damit manche im vorliegenden Buch unberücksichtigte Facette der Filmmusik vom Leser leicht ergänzt werden kann.

Der Begriff »Pragmatismus« wird 1898 von dem Psychologen und Philosophen William James [1842–1910] in den Eröffnungssätzen eines Vortrags unter Berufung auf eine Schrift des Mathematikers und Philosophen Charles Sanders Peirce [1839–1914] von 1878 eingeführt. Peirce selbst hatte den Begriff um 1870 in Diskussionen im »Metaphysical Club« in Boston entwickelt (vgl. Dewey 1986: 21).[9] Der *Pragmatismus* ist zu einer gewichtigen philosophischen Schule des 20. und beginnenden 21. Jahrhunderts geworden.

Insbesondere der Psychologe und Philosoph John Dewey [1859–1952] entwickelt Anfang des 20. Jahrhunderts den Pragmatismus weiter. Er setzt bei Peirces Vorstellung an, dass jede Art von Begriffsbildung einzig und allein in dem Verhältnis einer rationalen Formulierung zum Verhalten und Leben liegt. Nichts, das nicht im Ursprung auf Erfahrung (»experiment«, vgl. S. 14) beruht, kann danach irgendein Verhältnis zum Verhalten oder Leben beanspruchen. Wenn man alle denkbaren experimentellen Phänomene definieren könnte, die aus der Bestätigung oder der Widerlegung eines dem Begriff zugrunde liegenden Konzepts resultieren, hätte man eine komplette Definition des Konzepts (Dewey 1923: 301–302). Daraus folgt einerseits, dass Begriffe nie abschließend definiert sind, andererseits, dass Definitionen ohne praktische Bedeutung überflüssig sind.

---

9 Peirce distanziert sich jedoch infolge der Bekanntmachung des Begriffs durch James später von dem Begriff des Pragmatismus und bittet in dem Aufsatz »Was heißt Pragmatismus?« darum, die Geburt des reduzierteren Wortes ›Pragmatizismus‹ ankündigen zu dürfen. Peirce ist zu diesem Zeitpunkt mit bestimmten Implikationen des Pragmatismus anderer Philosophen nicht mehr einverstanden; besonders widerstrebt ihm die starke Betonung der »Nützlichkeit«. Er plädiert stärker für mathematische Logik, während etwa James eher psychologisch orientiert ist und den Willen, etwas zu glauben, hervorhebt (vgl. Peirce 1923: 307–308).

Richard Rorty [1931–2007], einer der gegenwärtig meistgelesenen Pragmatisten, der von John Dewey stark geprägt ist und sich in Abgrenzung von manchen Vorstellungen Deweys zusammen mit dem Philosophen Donald Davidson [1917–2003] einem Neo-Pragmatismus zurechnet, formuliert entsprechend: »Wenn etwas in praktischer Hinsicht keinen Unterschied macht, sollte es nach pragmatistischer Auffassung auch in philosophischer Hinsicht keinen Unterschied machen.« (Rorty 2003: 27)

Das Gemeinsame in der pragmatistischen und neopragmatistischen Strömung liegt darin, dass absolut wirkende philosophische Begriffe wie »Wahrheit« und »Erkenntnis« solchen Begriffen weichen, die auf eine Bewährung philosophischer Überlegungen im Handeln abzielen. Während – traditionell aufgefasst – die »Wahrheit« einer Aussage darin besteht, das An-Sich-Sein der Dinge in der Gegenwart zu beschreiben, suchen (Neo-)Pragmatisten nach Begriffen für eine Hervorhebung möglicher zukünftiger Bedeutung und Relevanz einer Behauptung. Im Unterschied zu Peirce und James, die beide »Realisten« sind und eine »hypothetische Realität« als Bezugspunkt philosophischer Überlegungen annehmen, geben Neopragmatisten die Vorstellung einer »Realität« indes ganz auf. Rorty (2003: 7) fordert, »die Unterscheidung zwischen Schein und Wirklichkeit zugunsten einer Unterscheidung zwischen nützlicheren und weniger nützlichen Redeweisen fallenzulassen.« Er schlägt anstelle von »Wahrheit«, »Erkenntnis« oder »Behauptbarkeit« den Begriff der »Hoffnung« vor und distanziert sich von der noch bei Dewey vorherrschenden Vorstellung, »es gebe so etwas wie eine ›wissenschaftliche Methode‹, deren Anwendung die Wahrscheinlichkeit der Wahrheit der Überzeugungen des Betreffenden erhöhe…« (Rorty 1994: 26–27).

Nach Rorty ist davon auszugehen, dass eine strenge Einhaltung wissenschaftlicher Methoden keinesfalls sicher zu einer »wahren« Darstellung führt. Die Hoffnung auf eine Verbesserung der Welt durch gedankliche Vorstellungen ersetzt nach neopragmatistischer Auffassung die Weltverbesserung durch »wahre« Ideen in Form von fixen Normen. Für (Neo-)Pragmatisten ist das Herstellen gesellschaftlicher Übereinkunft wichtig: Sie ist, wie Dewey (1923) bereits herausstellt, eher Triebfeder der Wissenschaft als das Erkennen des An-Sich-Seins der Dinge. Viele Theorien, die heute »falsch« zu sein scheinen, hatten eine Nützlichkeit in ihrer Zeit. Für einen gewissen Zeitraum war es nützlich, die Erde als Scheibe zu betrachten; die entsprechende Theorie erfüllte die Funktion einer gesellschaftlichen Übereinkunft. Niemand kann ausschließen, dass auch unsere heutigen Vorstellungen über die Erdbeschaffenheit eines Tages überholt sein werden.

> **Vertiefung: Phantasie und Leidenschaft im Pragmatismus**
>
> Im Pragmatismus hat Phantasie einen hohen Stellenwert: Da der Einzelne nicht die »Wirklichkeit« erkennt, wie sie ist, sondern eine Vorstellung entwickelt, die im Leben nützlich sein kann, ist Phantasie über die Logik hinaus wichtig, um Vorstellungen entwickeln zu können. Rorty (1994: 25) betont: »Man sollte sich nicht mehr darum kümmern, ob das, was man glaubt, gut fundiert ist, sondern sich allmählich darum kümmern, ob man genügend Phantasie aufgebracht hat, um sich interessante Alternativen zu den gegenwärtigen Überzeugungen auszudenken.« Auch solle man die platonische Kluft zwischen »Vernunft« und »Leidenschaften« überwinden (Rorty 1994: 73). Mit solchem Denken gehe, so bemängeln Kritiker des Pragmatismus, ein »ethischer Subjektivismus und Relativismus« (Dewey 1986: 41) einher, der »zum Niedergang der Kultur, bis hin zur (unbeabsichtigten) Bereitung des Weges für den Faschismus« (Ebd.) führen könne. Die aus dem Pragmatismus resultierende Unverbindlichkeit von Wertvorstellungen sowie der grenzenlose Individualismus werden von Kritikern als normatives Defizit gesehen. (Neo-)Pragmatisten geben indes die traditionell »wissenschaftliche« Haltung auf, man erzeuge um so »wahrere Erkenntnisse«, je »vernünftiger« und leidenschaftsloser man seinem Gegenstand begegne. Ein zwanghaftes Normieren-Wollen der Gesellschaft sowie eine Unterdrückung von Leidenschaften können, so die pragmatistische Position, ebenso zum Faschismus führen. Mit der Betonung der Phantasie muss hervorgehoben werden, dass der Autor eines wissenschaftlichen Buchs selbst mitsamt seiner Phantasie Teil des Ganzen ist, das er darlegt. Er kann nichts beschreiben, ohne sich und sein Lebensumfeld zu spiegeln. Der Leser des vorliegenden Buchs erhält also nicht allein Gegenstandsbeobachtungen, sondern auch Einblicke in die Erfahrung und Beschränkung seines Verfassers.

Der (Neo-)Pragmatismus schließt eine Lücke, die Smuts Smuts (1938: 1) im traditionell wissenschaftlichen Denken bemängelt, nämlich die Geschiedenheit der Phänomene Materie, Leben und Geist: »Es muss [...] zwischen diesen drei Begriffen, die der Erfahrung entstammen und die sich alle drei offensichtlich im Menschen treffen und überschneiden, wirkliche Bindeglieder geben.« (Neo-)Pragmatisten versuchen, die Philosophie als Sphäre des Geistes an das Leben und die Materie rückzukoppeln. Bei der später im vorliegenden Buch erfolgenden Zusammenführung bestehender Filmmusiktheorien im Drei-Dimensionen-Modell wird es in diesem Sinne darum gehen, Überschneidungen der Theorien vor dem Hintergrund des Schöpferischen in der Filmpraxis zu ergründen. Es besteht die Hoffnung, dabei »neue Gesichtspunkte aufzudecken, die zur Formulierung allgemeinerer Prinzipien und umfassenderer Verallgemeinerungen führen könnten.« (Smuts 1938: 6)

Dabei werden keine absoluten Kategorien formuliert. Der Filmmusiker Michel Chion (1994: 75) entspricht dieser Haltung, wenn er rhetorisch fragt: »Why reject a valuable distinction simply because it isn't absolute? It is a mistake to see things in a binary, all-or-nothing logic.«

Die Hervorhebung des pragmatischen Potenzials unterstreicht das Anliegen des vorliegenden Buchs, der Filmmusik mit einer Haltung zu begegnen, die der schillernden und sich dynamisch entwickelnden Film(musik)praxis keine Grenzen setzt, sondern kreative Chancen aufzeigt sowie erweitert und ihrerseits adaptiv für Einflüsse aus der Praxis ist.

4) Ansätze bisheriger Studien zur Filmmusik und ihre Relevanz für das vorliegende Buch

Mit Blick auf die Aufarbeitung von Studien zum Thema Filmmusik wird vorab umrissen, welche unterschiedlichen – stets mit subjektiver Intuition einhergehenden – Perspektiven in diesen Studien zum Tragen kommen. Es gibt im Wesentlichen vier Ausrichtungen des wissenschaftlichen Schreibens über Filmmusik:

Erstens liegen **historische** Betrachtungen vor.[10] Ausgewählte Filme werden in den Kontext eines rekonstruierten Zeitgeschehens gestellt. Das Subjektive kommt dabei vielfältig zum Tragen. So muss der Forscher auswählen, welche Filme er für würdig befindet, als Beispiele historischen Fortschritts herangezogen zu werden. Er muss den historischen Prozess zersplittern, um Wesentlichkeitsmerkmale der Entwicklung aufzuzeigen; schließlich ist der Einbezug sämtlicher Filme in eine Betrachtung schlicht unmöglich. Auch muss der Forscher phantasiereich sein, um eine Entwicklung zwischen den ausgewählten »Stationen« der Geschichte entwerfen zu können. Tradition, Originalität und Fortschritt sind wichtige Kategorien des historischen Denkens. Das Wirken gesellschaftlicher Kräfte muss vom Forscher im Film strukturell deutlich gemacht werden. Somit kommt der historische Forscher nicht umhin, Werke zu analysieren und verstehend zu interpretieren. Damit geht die historische in eine weitere Ausrichtung über.

Nach dieser zweiten – **hermeneutischen** – Ausrichtung, versucht der Forscher, intuitiv und spekulativ die Strukturen der untersuchten Filme zu deuten

---

10 Historische Studien zur Filmmusik sind etwa Limbacher (1974), London (1937), Miller Marks (1997), Pauli (1981), Prendergast (1977), Schmidt (1982), Thiel (1981) und Thomas (1995). Wesentlich breiter ist das Spektrum der Arbeiten über die Geschichte des Films, die die Filmmusik nur am Rande einbeziehen. Zu nennen wären beispielsweise Toeplitz (1973), und Thompson/Bordwell (1994).

und auszulegen sowie unterschiedliche Werke miteinander zu vergleichen.[11] Insbesondere versucht er, den von dem Erschaffer eines Films intendierten »Sinn« auf einer expliziten Ebene fasslich zu machen. Während diese Art der Betrachtung fast immer auch Bestandteil historischer Betrachtungen ist, ist es umgekehrt gangbar, rein hermeneutische Studien ohne historischen Blickwinkel durchzuführen. So können einzelne Filme ohne historischen Kontext auf ihre innere Struktur hin untersucht und interpretiert werden. Beispielsweise wird untersucht, in welchem Verhältnis musikalische Brüche und Farbwechsel zueinander stehen. Die Subjektivität des Forschers kommt in der Auswahl der signifikanten Merkmale innerhalb eines Films zum Tragen, denn es ist ihm unmöglich, alle Einzelheiten des Films in die Betrachtung einfließen zu lassen. Auch die Deutungen sind hochgradig subjektiv. Man könnte ohne große Übertreibung annehmen, dass ein Film im Zuge hermeneutischer Beschreibungen in erster Linie eine Stimulanz für die Phantasie des Forschers ist und der Forscher mindestens ebensoviel über sich selbst wie über den Film schreibt. Dieser Forschungsbereich führt wiederum in einen weiteren.

In diesem dritten Bereich der **theoretischen** Studien werden nicht – wie bei den hermeneutischen Studien – einzelne Filme betrachtet, sondern systematische Aspekte der Einbindungs- und Wirkungsmöglichkeit von Filmmusik formuliert.[12] Filme werden hier nicht unbedingt in Gänze analysiert und interpretiert. Sie dienen vielmehr als Beispiele zur Verdeutlichung von Systematik. Es wird beispielsweise spekuliert, welche Funktionen und Wirkungen Filmmusik im Rahmen filmischer Werke annehmen kann. Die Subjektivität des Forschers liegt in der Formulierung von Ansichten, die auf Verallgemeinerung abzielen und in der Wahl spezifischer Beobachtungen und

---

11 Hermeneutische Studien zur Filmmusik sind etwa zu finden bei la Motte-Haber/Emons (1980), Kloppenburg (1986), Kreuzer (2003), Miller Marks (1997) und Rieger (1996). An dieser Stelle werden nur Arbeiten erwähnt, die sich ausgiebig mit einzelnen Filmen befassen. Viele andere Bücher befassen sich auf hermeneutische Weise mit einer Vielzahl von Filmen, wobei die Filme jedoch nur in Einzelaspekten beschrieben und nicht umfassend ausgedeutet werden.

12 Autoren theoretischer Studien zur Filmmusik sind etwa Klaus-Ernst Behne, Michel Chion, Sergej Eisenstein, Claudia Gorbman, Helga de la Motte-Haber, Zofia Lissa, Hansjörg Pauli und Norbert Jürgen Schneider. Autoren der Filmtheorie im Allgemeinen, die die Filmmusik am Rande einbeziehen, sind etwa: Rudolf Arnheim, Walter Benjamin, David Bordwell, Siegfried Kracauer, Christian Metz, Etienne Souriau und Kristin Thompson. An dieser Stelle gelingt – verglichen mit den Einstufungen historischer und hermeneutischer Arbeiten – eher eine Benennung von Autoren, die sich längerfristig auf die Theorie der Filmmusik spezialisiert haben. Im Falle der historischen und hermeneutischen Arbeiten handelt es sich hingegen eher um einzelne Bücher, die die Forschung prägen.

Erfahrungen als Basis der Verallgemeinerungen. Er benötigt Phantasie, um Wirkungsprinzipien, die er vielleicht aus anderen Lebensbereichen kennt, auf den konkreten Gegenstand zu übertragen. Insbesondere werden in diesem Bereich Modelle entworfen, etwa zur Struktur, Funktion und Wirkungsweise von Filmmusik. Inwieweit solche Modelle gültig und beständig sind, kann nie mit letzter Gewissheit festgestellt werden. Entscheidend ist eher, dass die Modelle nützlich erscheinen im Umgang mit Filmmusik. Oft werden theoretische Anschauungen durch methodische Erhebungen belegt. Somit schließt diese Ausrichtung an einen weiteren Bereich an.

Der vierte – **empirisch-experimentelle** – Bereich dient der Überprüfung theoretischer Annahmen zu Funktion und Wirkung von Filmmusik auf methodischem Weg (Induktion, Analogie, gezielte Beobachtung, Versuche).[13] Es wird beispielsweise durch Befragungen oder physiologische Messungen an Testpersonen überprüft, ob sich Aspekte der Filmmusikrezeption durch Messmethoden erfassen und durch Datenverarbeitung systematisieren lassen. So soll der subjektiven Wahrnehmung und Mutmaßung des Forschers eine kontrollierbare und über verschiedene Studien hinweg stabile Instanz gegenübergestellt werden. Subjektivität kommt freilich hier in gleichem Maße zum Tragen, denn ob Testgruppen und –personen repräsentativ sind und ob Testergebnisse tatsächlich die getroffenen theoretischen Annahmen verifizieren, kann ebenso wenig abschließend bewertet werden wie die Frage, ob die empirisch-experimentell erforschten Fragen auch Fragen der Gegenstandspraxis sind. In jedem Fall braucht der Forscher Phantasie, um etwa wirkungsvolle Test-»Settings« zu entwerfen.

Die vier Bereiche werden im vorliegenden Buch als sich ergänzend aufgefasst. Im Zentrum stehen *theoretische* Betrachtungen, insbesondere Modelle zur Filmmusikfunktion und Filmmusikwirkung. Da sich die Modelle häufig aus den Ergebnissen empirisch-experimenteller Studien speisen, werden auch letztere herangezogen, allerdings nur insoweit, wie sie zur Untermauerung oder Widerlegung von Theorien dienen. Für eine umfassende Darstellung empirisch-experimenteller Filmmusikstudien wird auf Bullerjahn (2001) verwiesen. Historische und hermeneutische Betrachtungen fließen am Rande auch ein. Hermeneutische Studien sind insofern interessant, als sie verallge-

---

13 Autoren empirisch-experimenteller Studien zur Filmmusik sind etwa Klaus-Ernst Behne, Marilyn Boltz, Claudia Bullerjahn, Manfred Clynes, Annabel J. Cohen, Helga de la Motte-Haber, Scott David Lipscomb und Helmut Rösing. Einige Psychologen haben einzelne Studien veröffentlicht, die die experimentelle Empirie im Bereich der Filmmusik beeinflusst haben. Zu nennen wären etwa Klaus R. Scherer und Dolf Zillmann.

meinerbare Eigenschaften von Filmen und Rezeptionsweisen verdeutlichen. Historische Studien sind interessant, wenn sie plausibel machen, dass ein Phänomen wiederholt in der Filmmusik auftritt. Wenn etwa immer wieder über die »Unhörbarkeit« (vgl. S. 190) von Filmmusik geschrieben wird, ist da wohl etwas, das theoretisch näher zu betrachten wäre.

Nicht umfassend werden solche Arbeiten einbezogen, die einzig auf Gesellschaftsnormierung und ästhetische Wertung zielen. Einige Arbeiten über Filmmusik – insbesondere aus den 1960er und 70er Jahren – sind von Dogmen geprägt, deren Modell die von Theodor Adorno zusammen mit dem Komponisten Hanns Eisler in den 1940er Jahren verfasste Schrift *Komposition für den Film* ist (vgl. S. 10). In der Schrift werden »Vorurteile und schlechte Gewohnheiten« (Adorno/Eisler 1977: 35) Hollywoodscher Filmmusik angeprangert. Indem die Autoren fordern, man hätte sich bei der Schaffung von Filmmusik »vom Dilettantismus der so genannten Inspiration zu befreien« (Adorno/Eisler 1977: 123), versuchen sie, den schöpferischen Akt Anderer – totalistisch – ihren eigenen fixen Idealen zu unterwerfen. Der Musiksoziologe Tibor Kneif (1988: 192) kritisierte solche Haltung zu Recht als aristokratischen Hochmut. Die Musikpsychologin Helga de la Motte-Haber (2002: 150) stellt treffend fest, dass eine ästhetische Theorie wie die Adornos ein »elaboriertes System von Glaubenssätzen« ist, das dazu veranlasst, Gegenstände der Erfahrung in bestimmter Weise aufzufassen. Im vorliegenden Buch wird – dem entgegen – davon ausgegangen, dass jeder Mensch wertvolle und »gültige« Geschmacksurteile über Musik und Film fällt. Die Wissenschaft kann erforschen, *wie* solche Urteile gefällt werden und auch, auf welcher ästhetischen Grundlage sie basieren, hat jedoch kein Vorrecht, sie anhand von akademischen Zwangsmaßstäben zu entwerten.

Die Bezugnahme auf Studien aus der Psychologie und Soziologie ist weitgehend spontan: Nicht jeder erforschte und potenziell für die Filmmusik relevante Bereich kann einbezogen werden. Was Adolf Meyer in seinem Vorwort zu Smuts' *Die holistische Welt* sagt – »Alles hängt von allem ab und mit allem zusammen« (Smuts 1938: XXXIII) –, gilt, wie Klüppelholz (1998: 295) umformuliert, auch für Filmmusik: Filmmusik ist »ein Thema, wo buchstäblich alles mit allem zusammenhängt«.

III. Die Film(musik)praxis

> »You never get a second chance to
> make a first impression«
> Sprichwort

Da Möglichkeiten für einen wechselseitigen Anschluss von Theorie und Praxis der Filmmusik gesucht werden, gilt es, grundlegende Verfahrensweisen der Film(musik)praxis vorab zu umreißen.[14] Es kann hier freilich kein allumfassendes Bild gezeichnet werden; die Film(musik)praxis ist in stetem Wandel und folgt keinem starren Schema. Es sollen aber beispielhafte Einblicke in den Prozess der Entstehung von Filmmusik gewährt werden.

Während Filmkomponisten bis in die 1970er Jahre noch überwiegend Partituren schrieben, die dann mit Orchestern oder kleineren Musik-Ensembles eingespielt wurden, wird heute der überwiegende Anteil von Musik am Computer erstellt. Ausgangspunkt hierfür sind die Entwicklungen des Sampling sowie des Sequencing. Sampling ermöglicht es, natürliche Klänge in digitalisierter Form abzuspeichern, zu bearbeiten und ausgelöst von einer Klaviatur wiederzugeben. Der erste in Serie hergestellte Sampler wurde 1979 von der australischen Firma CMI-FAIRLIGHT SYSTEMS vorgestellt (Kreuzer 2003: 112–113). Sequencing bedeutet, die auf einer Klaviatur erzeugten Steuerbefehle für Synthesizer oder Sampler im EDV-System zu speichern und abzurufen, so dass der Spielvorgang elektronisch wiederholt und die Steuerbefehle modifiziert und korrigiert werden können. Ein entscheidender Schritt zur Verbreitung des Sequencing war 1983 die Einführung des Industriestandards MIDI (Musical Instruments Digital Interface) zur Übertragung von Steuerdaten. Bis heute ist der MIDI-Standard gebräuchlich, allerdings ist sie allmählich im Verschwinden begriffen, da es immer weniger notwendig ist, eigenständige Klangerzeuger mit einem Computer anzusteuern. Vielmehr befinden sich die meisten Klangerzeuger heute in Form von Software-Modulen im Computer selbst. »Sample-Libraries« bieten die Klänge jedes Einzelinstruments eines Orchesters in guter Qualität und spieltechnischer Vielfalt, so dass der Komponist elektronisch auf diese Klänge zurückgreifen und sie zum Klangbild eines Orchesters zusammenführen kann. Unter weiterer Zuhilfenahme elektronischer Raumsimulatoren entstehen so fertige Musikproduktionen ohne real eingespielte Instrumente.

---

14 Der Betrachtungsschwerpunkt liegt im Bereich der deutschen Praxis. Jedoch scheinen die Aussagen weitestgehend übertragbar auf andere westeuropäische Länder sowie die USA. Vgl. zur Filmpraxis in den USA auch Karlin/Wright (1990) sowie Rona (2000).

Dass solche am Computer erstellten Musiken mehr denn je »glaubwürdig« klingen, liegt nicht allein daran, dass die Qualität der verwendeten Klänge sowie die Raffinesse, mit der diese eingesetzt werden, stetig verbessert werden. Viele Musiken werden überdies seit den 1980er Jahren nicht mehr nach dem Vorbild des Orchesterklangs komponiert, sondern folgen einer eigenen Ästhetik des elektronischen Klangs. Wegweisend hierfür sind die in den 1990er Jahren von Hans Zimmer komponierten Musiken für die Thriller *Black Rain* [USA 1989, Regie: Ridley Scott] und *Crimson Tide* [USA 1995, Regie: Tony Scott]. Zimmer versucht hier nicht, eine der Orchesterpraxis entlehnte Spielästhetik so realistisch wie möglich mittels Sample-Technik umzusetzen, sondern ausgehend von den technischen Möglichkeiten einen eigenen, neuen ästhetischen Weg zu gehen (Kreuzer 2003: 115–116). Musik »darf« bzw. »soll« demzufolge sogar bei gewisser Stilistik ein Stück weit »synthetisch« klingen, da sich die spezifische Wirkung so am besten einstellt. Gleichwohl geht der Trend seit den späten 1990er Jahren wieder mehr in Richtung einer Grundsatzentscheidung: Wenn Musiken überwiegend orchestral konzipiert sind, sollen sie auch »echt« klingen und vom Orchester eingespielt werden. Mit elektronischer Klangerzeugung werden – zumindest in teuren Produktionen – nur die Teile beigesteuert, die gezielt elektronisch klingen sollen.

So ist Filmmusik heute von einer seit den 1950er Jahren stetig gewachsen Vielfalt geprägt: Seit dieser Zeit herrscht eine weitgehende Offenheit für die unterschiedlichsten Stilistiken, während zuvor – insbesondere in Hollywood – eine Vorliebe für die spätromantische Musikästhetik dominierte. Elemente aus Rock, Jazz sowie der zeitgenössischen Avantgarde fließen heute zusammen mit allen anderen denkbaren Musikrichtungen selbstverständlich in die Filmmusik ein.

Der Einsatz des Computers hat die Arbeitsweise in der Filmmusik nicht nur ästhetisch verändert: Die Musikproduktion ist deutlich schneller und flexibler geworden. Produzenten sind es heute gewohnt, dass ein Komponist in kürzester Zeit auf Änderungen im Anforderungsprofil reagieren kann. Fast selbstverständlich ist es mittlerweile, dass Komponisten minutenlange Musiken zur Not auch in wenigen Stunden »sendefertig« produzieren können. Noch in den 1950er und 1960er Jahren wurden Filmmusiken vor der ersten Beurteilung häufig komplett aufgenommen. Die wirtschaftliche Hemmschwelle, Änderungen zu verlangen, lag da entsprechend hoch. Heute ist es selbstverständlich, dass Änderungen an der Musik bis zum Tag der Filmtonmischung (hier wird die Musik mit den anderen Ton-Ebenen wie Dialog und Originalton final gemischt) möglich sind. Das bedeutet ein hohes Maß an Interaktivität. Filmkomponisten klagen bisweilen darüber, dass sie kaum noch eine längere Strecke eines Films ungestört vertonen können, ohne dass bereits Zwischenergebnisse durch die Produzenten verlangt und Änderungen vorgenommen werden. Filmmusikkomposition ist also mehr denn je interaktiv. Durch die Einbindung des Internet können Musiker zusammenarbeiten, ohne in einem gemeinsamen Studio zu sein.

Filmmusik wird häufig lange im Voraus geplant. Bevor für einen Film die erste Musik hörbar vorliegt, muss sich der Produzent Gedanken darüber machen, welche Art von Musik eingesetzt und welches Konzept der Umsetzung gewählt werden könnte. Es hängt sowohl von inhaltlichen als auch von budgetären Bedingungen ab, was hier möglich und sinnvoll erscheint. Die Musik-Planung ist nicht nur aus organisatorischen Gründen mehr als eine Nebenüberlegung in der Entstehungsphase des Films, denn die Einplanung von Musik erfordert – ganzheitlich gedacht – das Einräumen von Spielräumen für die Musik. Ein Film, der von vornherein ohne Musik gedacht ist, wird anders konzipiert, gestaltet und geschnitten als ein Film, für den es Musik geben soll. Musik ist mehr als ein Mittel zur Ausbesserung anderweitig nicht funktionierender Passagen. Wer Musik einplant, kann Szenen entwerfen, die dezidiert nur mit Musik – dann aber auf ästhetisch ganz besondere Weise – funktionieren. Der Gestaltungsspielraum wächst dadurch. Filmpraktiker (etwa der Regisseur) wollen nicht nur auf Musik warten, sondern sich auch durch sie inspirieren lassen und gewissermaßen im Werdungsprozess eines Films bereits mit der Musik »schwanger gehen«, um sie ganzheitlich einbeziehen zu können.

Liegt ein Film in einer weitgehend festen Abfolge von Einstellungen vor – als Rohschnitt oder Feinschnitt –, wird die Musik-Planung konkreter. Häufig finden vor dem Beginn der Auskomposition zwischen Regisseuren und Komponisten gemeinsame Erörterungen erster Entwürfe satt. Teils wird auch der gesamte Film gemeinsam gesichtet, um zu bestimmen, an welchen Stellen – per Timecode (durchlaufendes Zeitraster) festgelegt – Musik mit welcher Intention zu erklingen hat. Dies geschieht in der sogenannten Spotting-Session. Häufig wird ein Film-Rohschnitt auch vor dem Einbezug des Komponisten vom Regisseur oder Cutter mit einer bestehenden Musik unterlegt, die andeuten soll, welche Intentionen und Richtungen gewünscht sind. Diese später durch eine neu komponierte Musik zu ersetzende Musik wird als Temp-Track oder Mockup bezeichnet. Sie dient nicht nur dem Komponisten als Anhaltspunkt, sondern hilft auch dem Cutter, der die Filmaufnahmen in eine zeitliche Abfolge bringt, einen Film in Bedachtheit auf das Hinzutreten von Musik sinnvoll zu strukturieren.

Der Temp-Track wird in der Filmpraxis als Fluch und Segen zugleich angesehen. Einerseits ermöglicht er – im Falle einer präzisen und bereits gut getroffenen Auswahl von Musik – ein schnelles Gespür für die einzelnen Szenen. Andererseits kann eine schlecht ausgewählte Musik den Komponisten in die Irre leiten. Auch ist es möglich, dass der kreative Handlungsspielraum des Komponisten eingeengt wird, weil er nicht die Gelegenheit bekommt, seine eigene Klangfarbe für einen Film zu finden. Häufig misst etwa ein Regisseur eine speziell komponierte Musik am vorherigen Temp-Track, weil er sich an diesen gewöhnt hat und keine Variation mehr duldet. In anderen Fällen wird der Temp-Track vom Komponisten aus Bequemlichkeit oder Einfallslosigkeit plagiiert.

Nicht immer findet eine ausführliche Besprechung zwischen Regisseur und Komponist statt. Teils wird auch ein sogenanntes Briefing für den Komponisten verfasst, in dem ihm mitgeteilt wird, welche Zielsetzungen mit dem Einbezug von Musik verbunden sind. Der Komponist erhält Informationen wie etwa:

- Inhalt des Films
- Zielgruppe/Veröffentlichungsrahmen
- Anmutung des Films
- gewünschte ungefähre Stilrichtung der Musik
- vergleichbare Filme/Wunsch nach Nähe oder Abgrenzung
- Umfang der Musikproduktion (z. B.: welche Teile eines Films brauchen Musik?)
- Musikbudget
- Zeitplan (wann soll ein Entwurf fertig sein? Wann ist die Abnahme?)

Solche Informationen werden häufig in kurzer schriftlicher Form oder auch in Gesprächen übermittelt. Es werden damit Richtlinien festgelegt, wie ein Film wirken soll und was die Musik dazu beitragen könnte.

Zieht man das Fernsehen hinzu, so wächst die Bedeutung eines solchen Briefings. Im Bereich von Magazin- und Informationssendungen mit häufigen Ausstrahlungen ist es teils üblich, dass sich verschiedene Filmpraktiker (etwa Set-Designer, Grafikdesigner, Regisseur, Redakteur, Musikberater, Komponist) zu einem gemeinsamen Briefing-Gespräch zusammenfinden. Es werden so Austausch angeregt und Inspiration gefördert. Als Bindeglieder dieses Austausches werden immer häufiger auch Musikberater (Music Supervisors) in die Filmmusik-Entstehung eingebunden. Sie sollen zwischen den Positionen von Regie, Redaktion und Komponist vermitteln.

Auch ein Musikberater gilt als Fluch und Segen zugleich. Einerseits kann er helfen, Reibungsverluste in der Kommunikation etwa zwischen Regisseur und Komponist zu minimieren. Andererseits kann er seinerseits zusätzliche Missverständnisse verursachen. Es ist nicht immer vorteilhaft, wenn der Regisseur den Komponisten nicht eigens instruiert, sondern einen Musikberater »zwischenschaltet«. Selbst wenn der Musikberater nur eine zusätzliche Instanz ist und die »eigentlichen« Absprachen zwischen Regisseur und Komponist stattfinden, gibt es in der Filmpraxis nicht selten Interessen- und Meinungskonflikte, die daher rühren, dass mit dem Musikberater ein zusätzliches – und für den Komponisten letztlich verkomplizierendes – Glied in die Kommunikationskette gelangt. Bisweilen vermischt ein Musikberater die Intentionen des Regisseurs auf unglückliche Weise mit seinen eigenen und trägt so dazu bei, dass das Kompositionsergebnis dem Regisseur später missfällt. Selten nämlich hat der Musikberater eine Befugnis zur »Abnahme« der Musik, oft jedoch die Befugnis zum »Briefing«. In jedem Fall soll der Musikberater dem eventuell erst spät im Produktionsprozess ausgewählten Komponisten helfen, den Informationsvorsprung seiner Auftraggeber aufzuholen, die sich vieles von dem, was der Komponist nachgerade und gebündelt erfährt, sukzessiv und somit erlebnishafter erarbeitet haben. Der Musikberater bildet eine Brücke und einen Ansprechpartner für den Komponisten.

Einer Spotting-Session oder einem Musik-Briefing geht die Auswahl des Komponisten voraus. Diese geschieht entweder aufgrund von dessen bereits bekannten Vorarbeiten oder aber durch einen »Pitch«[15]. Der Pitch ist ein Wettbewerb, in dem verschiedene Komponisten gebeten werden, ausgewählte Passagen eines Films (oder auch den ganzen Film) zu vertonen, wobei der anschließende Auftrag an den Komponisten geht, dessen Musik den besten Gesamteindruck macht und »überzeugt«. Teils – aber nicht immer – wird den am Pitch beteiligten Komponisten ein vorläufiges Briefing gegeben. Alternativ (oder zusätzlich) wird dem Komponisten ein Drehbuch vorgelegt, so dass er musikalische Stimmungen am Inhalt des Films ausrichten kann. Nicht immer werden alle an einem Pitch beteiligten Komponisten genau gleich »gebrieft«. Manchmal werden auch – zur Erzielung einer größeren Bandbreite auf der Palette der angebotenen Musiken – unterschiedliche Maßgaben kommuniziert.

Nach all der Instruktions- und Vermittlungsarbeit beginnt die eigentliche kreative Arbeit des Komponisten, wenn sie nicht schon – im Falle eines Pitches – vor der Auftragserteilung begonnen hat. Der Komponist findet nach seiner individuellen Methode und Arbeitsweise die passenden musikalischen Themen und Klänge für den Film und arbeitet sie zu einer kohärenten Film-

---

15 Der Begriff Pitch stammt aus der Werbebranche und Architektur.

musik (auch Score genannt) aus. Kaum ein Komponist hat eine standardisierte Arbeitsweise. Jeder Film ist anders, und immer geht der Komponist wieder teils »naiv« an die Kompositionsarbeit heran. Er probiert vieles und verwirft vieles, um nach und nach seinen Weg der Musikgestaltung zu finden. Es gibt keine Methode, die sicher zum Ziel führt. Nicht der sauber gegangene Weg wird am Ende gewürdigt, sondern das Ergebnis, wie auch immer es entstanden ist. Es kennzeichnet die Film(musik)praxis, dass Erklärungen zur Musik beim Auftraggeber kaum ins Gewicht fallen. Eine Filmmusik, die erst der Erklärung des Komponisten über ihre Intention und Wirkungsweise bedarf, wird im nicht experimentell ausgerichteten Normalfall kaum Anklang finden, denn der spätere Einsatz im Übertragungsmedium kennt auch keinen erklärenden Begleittext.

Über Filmmusik wird somit in der Filmpraxis weniger diskutiert als einfach entschieden. Das Ergebnis der kreativen Arbeit wird in der Musik-Abnahme von Verantwortlichen auf Produzentenseite beurteilt. Ob Musik »zündend« und überzeugend ist, kann nicht nach objektiven Kriterien entschieden werden, sondern danach, ob die Auftraggeber des Komponisten mit der Musik intuitiv einverstanden sind und ihr das Potenzial beimessen, den gewünschten Erfolg zu unterstützen.[16] Hier kommt wiederum der Aspekt des Situationspotenzials zum Tragen: Keinesfalls kann davon ausgegangen werden, dass die Musik – einem rein technischen Verständnis folgend – in der Abnahme am vorherigen Briefing gemessen wird.

Häufig wird eine Musik, die genau die Anforderungen des Briefings erfüllt, dennoch abgelehnt. Erstens ist es möglich, dass die Kriterien »sauber« erfüllt wurden, ohne dass die Musik im Ganzen individuell, stimmig und mitreißend wirkt. Zweitens kann sich ein Briefing nachgerade als Irrtum herausstellen. Nicht selten stellt der Verfasser eines Briefings erst nach Fertigstellung der Musik fest, dass er irrige Anforderungen formuliert hat. Teilweise allerdings werden wohl Briefings nur formuliert, weil sie üblich sind, ohne dass ihnen jedoch eine tragende implizite Idee innewohnt. Das ist etwa vergleichbar mit dem wissenschaftlichen Phänomen überzeugender Formulierungen ohne Gegenstandsbezug: Rhetorik erweckt den Anschein einer tiefen Bezogenheit auf Erlebnisse, Intentionen, Intuitionen und Einsichten.

Da es in der kreativen Filmpraxis nicht um die gewissenhafte Erfüllung von Aufgaben geht, sondern um die Schaffung eines stimmigen Ganzen, sind jede Abmachung und jedes Briefing hinfällig, sobald am konkreten Ergebnis spür-

---

16 In seinem *Handbuch Musik im Fernsehen* dokumentiert Rolf Wehmeier (1995) diverse Fälle von Redaktionskommentaren zu vorgelegten Musiken, die Einblicke in den praktischen Ablauf geben.

bar wird, dass die aufgestellten Kriterien nicht zu einer breiten Übereinstimmung unter den Filmpraktikern führen. Der Komponist hat im Einzelfall die Chance, finanziell über solch eine Angelegenheit zu verhandeln, kann jedoch keine Akzeptanz aufgrund von getreuer Dienstleistung einfordern. Inhaltlich muss er in jedem Fall eine neue Ausrichtung finden oder einem anderen Komponisten Platz machen. Kaum ein Filmpraktiker kann es sich erlauben, eine Musik aus formalen Gründen abzunehmen, nur weil sie genau seinen Vorgaben entspricht, ohne dass sie im Gesamtkontext stimmig wirkte.

Somit ist es nicht selbstverständlich, dass der Prozess des Planens, Briefens und Abnehmens von Filmmusik mit der einmaligen Abfolge dieser drei Schritte abgeschlossen ist. Häufig findet eine Abnahme im ersten oder zweiten Durchlauf noch nicht statt, und der Komponist muss – mit einem verfeinerten und modifizierten Briefing – neu an die kompositorische Aufgabe herangehen. Ein Musik-Briefing kann also niemals alleinige Grundlage von Kommunikation zwischen Komponist und Auftraggeber sein. Es kann immer nur eine Ergänzung sein zu dem, was kreative Arbeit zum größten Teil ausmacht, nämlich ein intuitives Sich-Verstehen sowie ein vertrauensvoller Umgang der Beteiligten miteinander. Nur wenige – und für sich genommen wenig aussagekräftige Worte – zu einem Film und zur Musik können im Falle einer impliziten Übereinkunft der Beteiligten den Grundstein zu beeindruckenden und stimmigen Ergebnissen liefern; selbst die ausgefeiltesten Worte nützen nichts, wenn es keinerlei implizite Übereinkunft gibt. Kreative Energie manifestiert sich selten in Begriffen und Kategorien, sondern in der individuellen Art und Weise, wie diese angewandt werden. Der Transfer kreativer Energie geschieht ganzheitlich und über die verbale Kommunikation hinaus in allen dem Menschen eigenen Ausdrucksformen.

Erst wenn die Musik des Komponisten abgenommen ist, wird sie in aller Regel mit den Bildern und Tönen des Films durch feine Anpassung von Lautstärkeverhältnissen verwoben. Dies findet in der Tonmischung (auch: Filmtonmischung) statt, die meist nicht mehr dem Komponisten obliegt. Oft liefert der Komponist vorher zu Demonstrationszwecken eine Testmischung ab. Jedoch ist es meist ein Mischtonmeister, der – häufig in Anwesenheit von Redaktion, Produktion und Regisseur, teilweise auch in Anwesenheit des Komponisten – für ein stimmiges Verhältnis der auditiven Elemente sorgt. Diese Mischung (auch Filmmischung genannt) findet meist in speziellen Film-Mischstudios statt, die ganz auf diese Art von Arbeit spezialisiert sind.

Nicht selten werden in dieser Phase noch leichte Änderungen in Form von Verschiebungen oder Auslassungen einzelner Musikpassagen vorgenommen. Mitunter lässt sich feststellen, dass beispielsweise Dialoge und Musiken interferieren, also sich gegenseitig maskieren oder »reiben«. Auch passen Soundeffekte, die dem Komponisten bei der Musikkomposition noch nicht vorlagen und von einem Sounddesigner parallel zu den Filmbildern angelegt wurden, teils nicht optimal mit den Musiken zusammen. Meist können solche Probleme durch geschickte Mischung und Frequenzfilterungen ausgeglichen werden, aber manchmal ist die Nachlieferung neuer oder modifizierter Musiken erforderlich. Irrtümer der Musikproduktion können also auch in diesem letzten Stadium noch festgestellt werden. Manchmal fällt erst in der Filmtonmischung auf, dass einzelne Musiken zu opulent oder zu filigran geraten sind. Der Personenkreis, der bei der Mischung anwesend ist, entspricht nicht immer dem, der das Briefing verfasste.

Der häufige Wechsel im Personengefüge könnte als Inkonsequenz gewertet werden, dient aber in der Filmpraxis häufig ganz gezielt der gegenseitigen Kontrolle einzelner Beteiligter. Man weiß aus Erfahrung, dass der Eindruck einer Musik-Bild-Ton-Kombination sich stets verändert, je öfter man diese entsprechende Kombination wahrnimmt. Da es letztlich darum geht, beim Rezipienten einen guten ersten Eindruck zu machen, werden auch gegen Ende eines jeden Projekts mitunter Filmpraktiker hinzugezogen, die nicht die ganze Werdephase miterlebt haben, da sie nicht befangen sind durch selbst getroffene Vorgaben, die sich als irrig erweisen könnten.

Somit folgt der Produzent meist mehr oder weniger dem Leitsatz, dass man niemals eine zweite Chance hat, einen ersten Eindruck zu machen. Die Wahrnehmungsveränderungen und Umdeutungen sind – ebenso wie die vielen beim Briefing von Musik möglichen Missverständnisse – in Grundzügen alle psychologisch und theoretisch erklärbar. Die entsprechenden Grundlagen werden im folgenden Kapitel gelegt.

IV. Wahrnehmungspsychologische und kommunikationstheoretische Grundlagen

> »Wahrheit ist die Art von Irrtum, ohne
> welche eine bestimmte Art von
> lebendigen Wesen nicht leben könnte«
> Friedrich Nietzsche

Der Ausgangspunkt für eine Anknüpfung von Theorien zur Filmmusik an die Film(musik)praxis ist das interdependente – wechselseitig abhängige – Verhältnis zwischen dem Film sowie dem Produzenten und Rezipienten (vgl. S. 17). Dieses soll wahrnehmungspsychologisch und kommunikationstheoretisch untermauert werden. Eine Grundannahme ist dabei, dass jeder Mensch, der einen Film rezipiert, sich seine eigene »Wahrheit« über den Film konstruiert. Niemals sind die *Wahr*nehmungsweisen unterschiedlicher Menschen exakt gleich, allerdings haben sie häufig dennoch einiges gemeinsam.

1) Bewusste vs. unbewusste Wahrnehmung und die Tücken in der verbalen Kommunikation über Filmmusik

Betrachtet man die verschlungenen Wege, auf die sich Filmpraktiker begeben, um Stimmigkeit und Schlüssigkeit in ihren Filmen zu erreichen, sowie die Häufigkeit, mit der Gestaltungsleitlinien beim Filmemachen verworfen werden, kann es kaum eine wichtigere Voraussetzung für den wissenschaftlichen Umgang mit Film und Filmmusik geben als die weitgehende Unbewusstheit von Wahrnehmung und Bewertung. Wohl jeder Filmkomponist weiß wie es ist, zu versuchen, Maßgaben seines Auftraggebers umzusetzen, und sich dabei gar nicht so sicher zu sein, ob es hinter den gewichtigen Worten des Auftraggebers eine ebenso gewichtige *empfundene* Intention jenseits des bloßen Erfolgswillens gibt.

Die Ansicht, dass Maßgaben desjenigen, der einen Filmkomponisten instruiert, eine getreue Umsetzung nicht immer wert sind, liegt psychologisch durchaus nahe. Kaum ein Mensch weiß exakt, woran es liegt, wenn er den einen Film als besonders stimmig, den anderen als eher unstimmig empfindet. Gründe des Empfindens liegen großenteils im Unbewussten und werden oft nur scheinbar reflektiert. So kann auch der Auftraggeber eines Komponisten nicht immer genau wissen, welcher Rahmen angemessen ist, um eine stimmige Bild-Musik-Verbindung zu erreichen. Wer Filme gestaltet muss sich seinem Empfinden hingeben, ohne vorher wissen zu können, wohin ihn dieses führen wird. Vorab-Maßgaben sind da nicht unproblematisch. Dies ist ein Moment aller Kreativität und gilt für den Filmliebhaber, den Filmpraktiker wie den auf Film spezialisierten Wissenschaftler.

Es muss, wie Behne (1994a) hervorhebt, beim Kommunizieren über Filmmusik bedacht werden, dass man, wenn man Wahrnehmungen verbalisiert, möglicherweise durch Halbwissen und Alltagstheorien oder auch durch falsch angewandtes Expertenwissen auf Irrwege geleitet wird (vgl. Behne 1994a: 74 und Bortz/Döring 2006: 31). Das verbreitete Klischee, Filme seien durchgehend mit Musik unterlegt und gute Filmmusik »höre« man nicht, führt bei Zuschauerbefragungen leicht zu irrigen rationalen Bekundungen (vgl. S. 49). Sie machen, wenn sie einen Film stimmig fanden, gern die Aussage, der Film sei von Anfang bis Ende mit – freilich sehr passender – Musik unterlegt gewesen. Häufig berichten Zuschauer auch über beängstigende Wirkungen von Musik im Film oder einfach davon, wie schön eine Filmmusik gewesen sei. Wahrscheinlich wissen sie jedoch nicht, ob sie einen Gesamteindruck des Films der Musik zugeordnet haben, oder ob es tatsächlich die Musik war, die bei ihnen das Erlebnis ausgelöste.

Die Mehrheit der Psychologen geht heute davon aus, dass der größte Teil an Wahrnehmung und Bewertung ohne »rationale« Einsicht in die dabei ablaufenden Prozesse geschieht. Wir finden eine bestimmte Situation im Leben angenehm oder unangenehm; wie das Urteil zustande kommt und weshalb es sich vielleicht von den Urteilen anderer Menschen unterscheidet, wissen wir nicht; wir können nur mutmaßen. Viele Details eines Films – etwa Teile der Filmmusik – werden ebenfalls unbewusst rezipiert, bewertet und zu einer nur in Teilen rational durchdrungenen »Wahrheit« über den Film verdichtet. Die bewusster wahrgenommenen Komponenten des Films werden allzu leicht fälschlich zu Ursachen für bestimmte Wirkungen und Wahrnehmungen erklärt.

Filmpraktiker neigen daher bisweilen dazu, Ursachen für Stärken und Schwächen eines Films vor allem in den Details zu suchen, derer sie sich am meisten bewusst sind, je nach ihrer persönlichen Spezialisierung. Ein Filmmusikkomponist könnte geneigt sein, das »Nicht-Funktionieren« oder auch die gewaltige Wirkung eines Films in der Musik begründet zu sehen, während ein Drehbuchschreiber vielleicht eher das Drehbuch verantwortlich macht. Allgemein scheinen Menschen geneigt, das, was sie gut verbalisieren und theoretisieren können, in ihrer Beobachtung und Bewertung zu fokussieren. Ihr Sprach- und Theorienschatz drängt gewissermaßen auf Erfüllung.

Psychologen haben dies in der Geruchsforschung festgestellt: Die Wiedererkennung von Geruchsreizen fällt Probanden im Experiment leichter, wenn die Geruchsreize zuvor mit angemessenen Bezeichnungen versehen wurden. Auch die Präsenz eines Bildes, das eine Geruchsquelle veranschaulicht, scheint die

Wiedererkennung eines später allein dargebotenen Geruchsreizes zu begünstigen. Wird jedoch durch Zusatzaufgaben bei den Probanden die Speicherung von Sprach- oder Bildinformationen beeinträchtigt, sinkt die Wiedererkennung. Die allgemeine Schwierigkeit der Geruchsbenennung wäre demnach weniger auf die sensorische Unfähigkeit zur Geruchsunterscheidung zurückzuführen als vielmehr darauf, dass kaum ein Mensch über eine ausreichende Geruchssprache verfügt (vgl. Perrig/Wippich/Perrig-Chiello 1993: 92).

Ähnlich ist es, wenn eine von Fernsehzuschauern als störend laut empfundene Filmmusik, die die Verständlichkeit von Dialogen beeinträchtigt, den verantwortlichen Filmpraktikern kaum negativ auffällt. Sie kennen die Dialoge bereits und schließen, wo Musik zu laut ist, Wahrnehmungslücken unbewusst. Schon durch das mehrmalige Sichten eines Films entsteht leicht dieser Effekt; ein Experiment von Jacoby/Allen/Collin/Larwill (1993) belegt, dass Hintergrundgeräusche beim Identifizieren von Sätzen als weniger laut empfunden werden, wenn die Sätze zuvor schon einmal gehört wurden.

Auf Filmmusik sind eher wenige Menschen spezialisiert. So wie der Mensch über keine facettenreiche Geruchssprache verfügt, ist er auch eher selten im Besitz einer sicheren (Film-)Musiksprache. Handlung und Dialoge eines Films hingegen sind mit dem allgemeinen Sprachschatz gut zu erfassen und werden daher leichter erinnert. Häufig ist einem Rezipierenden nicht einmal bewusst, dass überhaupt Musik erklingt und sein Erleben beeinflusst. Studien zeigen, dass eine Einschätzung des Anteils von Musik im Film kaum mit dem tatsächlichen Anteil korreliert (Bullerjahn 2001: 165). In einer Befragungsstudie von Behne (1994a: 71–85, Grafik: Ebd.) ergab sich eine deutliche Diskrepanz zwischen tatsächlichem und geschätztem Musikanteil im Film *Masken* [F 1987, R: Claude Chabrol (vgl. Abb. 1)].

Die Unbewusstheit von Reizverarbeitung und Bewertung begründet eine in der Schwierigkeit: Wenn ein Filmpraktiker Handlungsanweisungen für die Behebung bestimmter Mängel eines Films gibt, fällt es ihm trotz seiner Spezialisierung schwer, konkret zu werden. Zwar sollte davon ausgegangen werden können, dass ein versierter Filmpraktiker ein gutes Maß an Bewusstheit nicht nur für spezifisch filmische Wirkungsursachen, sondern auch für das »Filmganze« hat, jedoch bleibt er dennoch größtenteils der Unbewusstheit seiner Wahrnehmung verhaftet. Häufig ist daher die Arbeitsweise von Filmpraktikern, die mit Filmmusik zu tun haben, eine »empirische«: Sie probieren verschiedene Musiken in ihrer Wirkung aus, vergleichen Angebote verschiedener Komponisten, beziehen neue – noch unvoreingenommene – Personen in den Produktionsprozess ein. Sie *experimentieren* fortwährend, bis sich ein »Aha-Erlebnis« einstellt.

50 Wahrnehmungspsychologische und kommunikationstheoretische Grundlagen

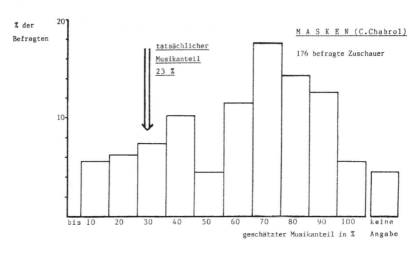

Abb. 1: Probandenbefragung zum Musikanteil eines Films (Behne 1994a)

Zum Bewussten und Unbewussten in der Filmrezeption gibt es einige empirische Untersuchungen. Scott David Lipscomb (1995) setzt infolge einiger Experimente bewusste und unbewusste Filmaufmerksamkeit (shift vs. no shift of attentional focus) in einem Modell so in Beziehung (Grafik: Ebd.: 17):

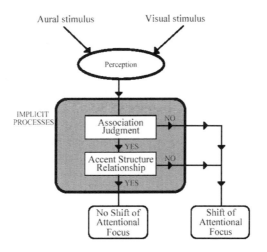

Abb. 2: Aufmerksamkeitsmodell (Lipscomb 1995)

Lipscomb skizziert, dass im Rezeptionsprozess zwei implizite Urteile gefällt werden: Einerseits ein Assoziationsurteil (»Association Judgement«), basierend auf dem generellen Erfahrungsschatz des Rezipierenden; andererseits ein Urteil, das auf Vermessung (mapping) von Akzentstrukturen beruht (»Accent Structure Relationship«). Im ersten Urteil werden Wahrnehmungen mit Speicherungen von Erlebnissen in Beziehung gesetzt. Im zweiten Urteil werden Wahrnehmungen aufeinander bezogen. Darüber hinaus vermutet Lipscomb, dass bei angemessener Zuordnung von musikbezogenen Assoziationen und einem »konsonanten« Verhältnis von auditiven und visuellen Akzentstrukturen die Wahrnehmung auf einer unbewussten Ebene bleibt, »No Shift of Attentional Focus« (vgl. auch Bullerjahn 2001: 167–168). Im Falle eines unpassenden Verhältnisses – einer Interferenz – zwischen auditiven und visuellen Akzentstrukturen kommt es Lipscomb zufolge eher zum Erreichen der Bewusstseinsebene (»Shift of Attentional Focus«).

Lipscombs Modell begründet, dass in der Filmrezeption oft die vernommenen »Fehler« und unpassenden Aspekte der Musik in die Sphäre der bewussten Wahrnehmung treten, während eine sehr gut passende Musik häufig, wenngleich keinesfalls immer, unbewusst verarbeitet wird. Vieles an Beobachtung und Erfahrung spricht für Lipscombs Theorie. Häufig erfährt man, dass Dinge so lange unbewusst und unauffällig bleiben, wie keine »Reibungen« auftreten. Freilich kann aus Lipscombs Modell keine generelle Wahrnehmungsweise für die Filmmusik abgeleitet werden. Sie ist aber ein plausibler Beitrag zur Erforschung des Bewusstseins in der Film(musik)wahrnehmung. Für den Praktiker ist dieser Hinweis auf den Zusammenhang zwischen »Reibung« von Bild und Ton und einer verstärkt bewussten Musikwahrnehmung interessant. Der Effekt könnte sowohl gezielt im Hinblick auf eine Bewusstmachung einer bestimmten Musik genutzt werden als auch im Hinblick auf die Vermeidung eines Auffällig-Werdens von Musik. Lipscombs Modell kann auch als ein Didaktischer Anstoß an Filmpraktiker verstanden werden, ihr Bewusstsein über solche Bereiche der Filmgestaltung zu trainieren, die eben nicht innerhalb seiner Spezialisierung liegen. Für einen Filmmusikkomponisten kann es hilfreich sein, einen Film gezielt auch mal aus der Perspektive eines Drehbuchautoren zu sehen. Für einen Regisseur kann es interessant sein, sich zeitweise mal ganz auf die bewusste Musikwahrnehmung zu konzentrieren.

> **Vertiefung: Alltagstheorien**
>
> Als eindrucksvollen Beleg für den gewichtigen Einfluss alltagstheoretischer Annahmen berichtet Behne (1999: 17) ein Experiment, das der Psychologe Kenneth H. Baker (1937b) durchgeführt hat: Baker tat vor seinen Probanden so, als hätten bisherige Experimente über die Auswirkungen von Hintergrundmusik bestimmte Ergebnisse erbracht. In einer Gruppe wurde behauptet, laut früherer Studien hätte sich Musik förderlich auf andere Tätigkeiten ausgewirkt. Einer zweiten Gruppe wurde von einem negativen Ablenkungseffekt der Musik berichtet. Einer dritten Gruppe wurde ein über die Zeit sich wandelnder Effekt dargelegt: Musik wirke sich anfangs ablenkend, infolge Gewöhnung jedoch anregend aus. Das Experiment wurde mit sieben Gruppen durchgeführt, die an insgesamt zehn Tagen abwechselnd mit und ohne Musik eine Zählaufgabe (20mal für je 30 Sekunden von einer gegebenen zweistelligen Zahl nacheinander in 6er, 7er, 8er und 9er Schritten aufwärts zählen) bewältigen mussten. Rückmeldungen über die Vortagsergebnisse wurden in einigen Gruppen musikspezifisch, in anderen ohne Aufschlüsselung gegeben. Die Ergebnisse: »In zwei Kontrollgruppen (ohne manipulative Suggestionen) ergaben sich keine systematischen Unterschiede zwischen Musik- und Ruhe-Bedingungen; bei behaupteten negativen bzw. positiven Auswirkungen der Musik zeigten sich hingegen entsprechende Unterschiede an neun von 10 Tagen; wurde jedoch ein verlaufsspezifischer Effekt der Musik behauptet (anfangs störend/später förderlich), so schnitten die Vpn in der Tat zunächst schlechter, ab dem 5. Tag jedoch stets besser ab.«
>
> An Bakers Studie ist zu kritisieren, dass die Probanden Psychologiestudenten waren. Es ist zu vermuten, dass solche – im Vergleich zur durchschnittlichen Bevölkerung – eher geneigt sind, an psychologische Theorien zu glauben und ihr Verhalten an den Theorien auszurichten. Dennoch zeigt das Experiment, dass Theorien einen Einfluss auf messbare Wahrnehmungen haben können.

Nun sind es aber nicht nur Alltagstheorien, die verbale Bekundungen von Menschen über Filme »verzerren«. Auch Expertenwissen und wissenschaftliche Theorien können das Sprechen über Film und Filmmusik stark beeinflussen. Im schlimmsten Fall könnte es sogar passieren, dass der fortwährende Zuwachs an – eher angelesenem – Expertenwissen zu einem Zuwachs an unentdeckten und fachkundlich getarnten Irrungen führt.

Jedes Urteil über die Wirkung von Filmmusik setzt die hoch komplexe Erwägung voraus, wie ein Film mit anderer Musik gewirkt hätte. Nur wenn die Erwägung das *Empfinden* einbezieht, kann sie fruchtbar sein. Oft aber sucht wohl der analysierende Verstand vorschnell nach klaren Kausalursachen für ein Erlebnis durch Konstruktion bloßer »logischer Widerspruchsfreiheit« zu anderen bewussten Annahmen. So kommt es bei der Beurteilung von Filmmusik zur willkürlichen Auswahl vereinzelter Reize aus dem ganzheitlichen Reizgefüge des Films. In der Lernpsychologie wird so etwas als einseitige Attribution bezeichnet (Edelmann 2000: 254–255). Reize werden willkürlich zur Untermauerung eines logisch stimmigen Beurteilungskomplexes herangezogen und – meist unbewusst – zugunsten einer logischen Darstellbarkeit von Urteilsbegründungen ihres zuvor wirksamen Ganzheitszusammenhangs beraubt.

Musik- und Bildkonnotationen laden sich im Unbewussten gegenseitig auf und werden dem Bewusstsein als Einheit zugänglich. Die Benennung einer Wirkungsursache im Gefüge des Filmganzen auf *entweder* der Musik- *oder* der Bildebene ist daher problematisch. Dies verdeutlicht eine Befragungsstudie von Lipscomb (vgl. Bullerjahn 2001: 168): Im Anschluss an eine Kinovorstellung des Spielfilms *Gorillas im Nebel – Die Leidenschaft der Dian Fossey* [USA 1988, R: M. Apted, M: M. Jarre] wurden Zuschauer zu drei Filmszenen befragt. Eine Szene davon enthielt keine Musik; die Zuschauer sollten für alle Szenen angeben, ob ihnen Musik bewusst geworden sei. Im Falle der musiklosen Szene waren sich etwa 30 % mehr Personen einer (angeblichen) Musikunterlegung bewusst als im Falle der tatsächlich mit Musik unterlegten Szenen (vgl. Bullerjahn 2001: 168). Wechselseitige Aufladung von Bild und Ton bestätigt auch eine Befragungsstudie von Hans-Günther Bastian (1986: 172). Probanden äußerten mehrheitlich, keine Musikunterlegung wahrgenommen zu haben, obwohl eine solche vorhanden war.

Eine Beurteilung der Rolle von Musik in der Filmwahrnehmung geschieht, wenn von Probanden erbeten, wohl oft um der Beantwortung selbst willen. Ein Laie kann die Frage, mit wie viel Filmmusik ein Film unterlegt war, selten fundiert beantworten, da er sich solche Fragen im Alltag gewöhnlich nicht stellt. Vergleichbar damit kann ein Passant schwerlich einschätzen, wie viele Schritte er in den letzten fünf Minuten gegangen ist; er ist es nicht gewohnt, so etwas zu beurteilen. In diesem Sinne sind viele empirische Experimente zur Filmmusik problematisch, die mit der Methodik der *direkten Befragung* arbeiten (vgl. S. 144). Es kommen bei der Beantwortung von Testfragen kopflastige oder einfach halbherzige Direktiven der Probanden ins Spiel, die mehr über ihre Glaubenssätze als über ihr Empfinden verraten.

Vertiefung: Rhetorik in Wissenschaft und Filmpraxis

In gewissem Sinne durchzieht die »direkte Befragung« als Methode die Filmpraxis. Filmpraktiker fragen einander – und ausgewählte Rezipierende –, woran es gelegen hat, dass ein Film so erfolgreich war; sie fragen auch nach der Rolle der Musik. Freilich ergeben sich im Abgleich der Meinungen »tiefergründige« Ansichten als durch die Formalbefragung von Probanden. Jedoch haben auch Praktiker damit zu kämpfen, dass die Sprache stark von dem Prinzip der linear-kausalen Ursachenbenennung geprägt ist und zu Benennungen verleitet, die wenig Bezug zum Gegenstand des Interesses haben. Unzählige Wörter wie »deshalb«, »darum«, »aufgrund«, »weil« etc. dienen dazu, einzelne Aussagen auf »ursächliche« Aussagen zurückzuführen. Ein enges Netz an Kausalitäten ist ein Schlüssel zu einer wirkungsvollen Rhetorik. Innerhalb dieses Netzes werden einzelne Aussagen oder Aussagenteile wenig angezweifelt, wenn sie formal eng mit unbezweifelten Allgemeinplätzen verbunden sind. Werden in unbezweifelte Aussagen über einen Film Argumente über den – tendenziell im Unbewussten liegenden – Bereich der Wahrnehmung von Filmmusik geschickt eingestreut, werden sie leicht als zutreffend gewertet. Die Schein-Kausalitäten werden aber allzu leicht in die Praxis der Produktion umgesetzt. Erst das Ergebnis des Handelns befördert dies zutage; ein Problem, dem sich auch die Wissenschaft zu stellen hat, das aber dort zunächst weniger brisant scheint, da sie selbst oft die Konsequenzen ihrer Behauptungen »nicht spürt«. Der Unterschied der Praxis zur reinen Rhetorik ist, dass durch die nacheinander gegangenen Schritte ein stimmiges Ganzes *in Erscheinung treten* soll, während es bei der Rhetorik zunächst ausreicht, dass hinter kausal verdichteten Aussagen ein stimmiges Ganzes zu sein *scheint*.

Aus einem stimmigen Filmganzen Kausalitäten für die zukünftige Praxis abzuleiten, ist – zusammenfassend gesagt – mit Schwierigkeiten verbunden, da die noch in der Produktion maßgeblichen Kausalitäten in einem stimmigen Film nahezu komplett hinter seiner Wirkung *als Ganzes* zurück treten. Im besten Fall gelangt ein Rezipierender zu dem Urteil, keines der Gestaltungsdetails eines Films könne ohne eine Verschlechterung des Gesamteindrucks geändert werden. Der rezeptiv-ästhetische Bann eines Films hängt wohl damit zusammen, dass seine Gestaltung über die abgewogene Anhäufung von »Wunschursachen« hinaus ein qualitatives »Mehr« entstehen lässt. Psychologisch liegt die Vermutung nahe, dass ein stimmiges Werk unser Unbewusstes umfassend anzusprechen vermag und hinter den Vorhang einer rationalen Kausalitäts-Rhetorik gelangt. Jeder Filmpraktiker kennt wohl das Phänomen, dass in einem Film jede Gestaltung »richtig und stimmig« erscheint – und sich also jedweder rational fassbaren Schwäche entzieht – und dennoch nicht zu überzeugen vermag. Das macht es so faszinierend und zugleich so tückisch, über Film und Filmmusik mit Worten zu kommunizieren.

2) Subjektivität vs. Objektivität und ihre Zusammenführung in der Intersubjektivität

Der Produzent macht eine Gratwanderung. Er muss einerseits filmische Ausdrucksmittel wählen, die vom Rezipienten »verstanden« werden. Andererseits würde das Geheimnisvolle und Attraktive des Films schwinden, wenn er nicht ausgiebigen Gebrauch von impliziten und weniger eindeutigen Ausdrucksmitteln machte. Eine objektive Darlegung von »Fakten« im Film vermag kaum zu faszinieren. Es geht bei der Schaffung von Film um das Finden einer indirekten, vielschichtigen, offenen und doch zielgerichteten »Sprache«. Bei der Wahl der sprachlichen Mittel für einen Film besteht jedoch stets die Gefahr, dass sie missverstanden werden. Jeder Mensch kann das Angedeutete, Symbolische potenziell anders auffassen. Da passiert es leicht, dass der Empfänger eine ganz andere Botschaft als die vom Sender intendierte vernimmt. Der Produzent sollte also zielsicherer einschätzen können, welche Ausdrucksmittel als Teile des Filmganzen sinnvoll sind.

Dem Spannungsfeld zwischen Missverständlichkeit und übermäßiger Eindeutigkeit in der Filmsprache hat sich im Blick auf die Filmmusik auch die Wissenschaft zu stellen. Es ist wichtig, Anteile von Subjektivität und Objektivität in der Film(musik)rezeption zu erörtern. Dies führt geradewegs in die Auseinandersetzung mit zwei gegensätzlichen Rezeptionsmodellen, die sich in vielen Variationen immer wieder in Auseinandersetzungen mit Literatur, Kunst und Medien – und auch in der Lernpsychologie – finden.

Einerseits kann das Verhältnis von »Stimulus und Reaktion« als ein objektives, statisch festgelegtes angesehen werden: Stimuli – Bilder und Töne – gelangen vom Film zum Rezipienten und führen zu einer vorhersagbaren Reaktion bzw. Auffassung. Andererseits kann ebendieses Verhältnis als subjektiv und individuell determiniert gelten: Stimuli des Films werden vom Rezipienten bewertet, strukturiert, verknüpft und unvorhersagbar interpretiert.

Wissenschaftlich dominierte lange Zeit – naturwissenschaftlich geprägt – ein Objektivismus. Seine Vorzüge liegen auf der Hand: Er ist einfach, weil er die Individualität von Menschen tendenziell negiert und somit die Illusion nährt, menschliches Verhalten sei mechanisch abhängig von Umweltreizen und daher vorhersagbar. In der Lernpsychologie wird diese Denktradition auch als instruktiver Ansatz bezeichnet: Der Lehrer steuert die Wahrnehmung des passiven Schülers durch Reizvorgaben. Dass diese Vorstellung jedoch zu kurz greift, bedarf keiner aufwändigen Erörterung. Es steht außer Frage, dass ein Film auf verschiedene Menschen unterschiedlich wirken kann und Schüler – jeder weiß es aus eigener Erfahrung – auf Instruktionen von Lehrern nicht immer gleich reagieren. Der Mensch ist keine reine Reaktionsmaschine.

So hat sich in geisteswissenschaftlichen Disziplinen in den 1980er Jahren eher der Subjektivismus durchgesetzt. In nahezu allen Filmtheorien wird mittlerweile hervorgehoben, dass Filmrezeption von individuellen Determinanten abhängt. Erst die subjektive Bewertung von Stimuli führt zu einer konkreten Auffassung. Bilder und Töne aus dem Film sind lediglich Angebote an jeden Rezipierenden, sie mit Sinn zu versehen. Die Handlung des Films ist nicht objektiv fassbar, sondern ist ein Konstrukt. Neuere Film- und Musiktheorien betonen diese Art von *Konstruktivität* (Fricke 1998) in der Wahrnehmung. Stimuli aus dem Film werden unter Zuhilfenahme von allgemeinem »Weltwissen« aufgearbeitet, verbunden, ergänzt und mit Sinn versehen. Dies entspricht dem Denkansatz des Konstruktivismus: Jeder Rezipierende ist ein Individuum, das aktiv zum Lerngeschehen und zu seinem Erleben beiträgt.

Bisweilen wird unter Theoretikern ein radikaler Konstruktivismus (völliger Subjektivismus) vertreten, demzufolge der Mensch gänzlich unvorhersehbar auf Umweltreize reagiert. Mit dieser Auffassung ist oft das *Ideal* einer völligen Selbstbestimmtheit und Autonomie des Denkens und der Freiheit des Geists verbunden. Solch eine Auffassung kann aber der Film(musik)rezeption nicht angemessen sein. Kaum wäre Filmrezeption sonst vergleichbar zwischen verschiedenen Menschen. Die Filmpraxis jedoch »lebt« davon, viele Menschen vereinheitlichend anzusprechen. Der radikale Konstruktivismus lässt ebenso wie der Objektivismus viele in der Praxis und im Leben vorzufindende Graustufen zugunsten eines strengen Paradigmas schwinden; radikalkonstruktivistisch ist eine Kommunikation zwischen Produzent und Rezipient, bei der der Produzent auf ein bestimmtes Verständnis einer gegebenen Handlung baut, schlicht nicht anzunehmen, wie bei Kepplinger (1989: 9) anklingt:

»Es gibt keine objektive Realität, über die die Massenmedien berichten könnten. Daraus folgt, dass man diese Realität weder erkennen, noch mit der Berichterstattung vergleichen kann. Die Berichterstattung spiegelt die Realität weder angemessen noch unangemessen. Sie stellt vielmehr ein Konstrukt dar, das nichts anderes reflektiert als die Arbeitsbedingungen von Journalisten.«

Nach objektivistischer Gegenauffassung wird dieser Realitätsbezug statisch dargestellt, wie Bentele (1983: 156) deutlich macht:

»Nachrichten sind Mitteilungen über Tatsachen, Sachverhalte oder Ausschnitte von Wirklichkeit. Es wird davon ausgegangen, dass die Tatsachen, Sachverhalte, die zusammen die Realität ausmachen, weitgehend unabhängig von irgendwelchen Beobachtern (z. B. Journalisten) existieren. Als solche können sie von Journalisten wahrgenommen und adäquat wiedergegeben bzw. abgebildet werden.«

An derart pointierten Positionen wird deutlich, dass sowohl radikal konstruktivistische (subjektivistische) als auch objektivistische Direktiven – ohne eine gewisse Relativierung – zu Betrachtungen führen, die um sich selbst kreisen und für den Filmpraktiker unbedeutend sind, weil der ihn interessierende Gegenstand – der Film samt seines Erfolgs beim Rezipienten – Beiwerk wird.

Der konstruktivistische Ansatz wird plausibel, wenn betont wird, dass unterschiedliche Rezeptionsweisen bei verschiedenen Menschen *möglich,* jedoch nicht *zwingend* sind. So eignet er sich, das objektivistische Denken zu integrieren. Geht man nämlich davon aus, dass zwei Individuen »ähnlich« sind, etwa weil sie aus dem gleichen Kulturkreis stammen, vergleichbar sozialisiert sind und auch ähnlich alt, intelligent und gebildet, kann nach eine Ähnlichkeit ihrer Rezeptionsweisen angenommen werden.

Die theoretische Lösung des Objektivismus-Subjektivismus-Problems besteht in der Verbindung beider Ansätze durch eine mutmaßliche (hypothetische) »Realität«. Die objektivistische Komponente kommt in der *Annahme* zur Geltung, dass es grundsätzlich so etwas wie eine Realität gibt. Die subjektivistische Komponente wirkt mit der Vorstellung, dass die Realität von keinem Menschen objektiv und eindeutig erkannt wird. Jeder Mensch stellt sich ein und dieselbe Realität anders vor. Jedoch kann im sozialen Gefüge und der stetigen Kommunikation eine *Annäherung* der Vorstellungen verschiedener Menschen stattfinden. Vorstellungen über die Realität werden also fortwährend verfeinert und modifiziert, getragen von der Hoffnung, die Realität dadurch immer besser zu erfassen bzw. immer besser mit ihr im Einklang zu stehen. So entsteht dann ein annähernder *Konsens* über die mutmaßliche Realität.[17] Auch eine Filmhandlung kann als hypothetische Realität aufgefasst werden und wird somit *konsensfähig*: Jeder Rezipierende stellt Vermutungen über die Handlung eines Films an. Bei einer gewissen kulturell-sozialen Ähnlichkeit unter den Rezipierenden kann von einer relativ ähnlichen Handlungskonstruktion ausgegangen werden.

---

17 Hier besteht eine unmittelbare Analogie zu Smuts' erster Holismus-Ebene, der zufolge der Mensch Wahrnehmungen von Einzelteilen nicht einfach addiert, sondern sie im Sinne einer verbindenden impliziten Ordnung interpretiert, die dem Ganzen innewohnt (vgl. S. 23).

Diese Vorstellung – **Intersubjektivität** – ist wichtig für das später im vorliegenden Buch vorgestellte Drei-Dimensionen-Modell. Sie kennzeichnet den erkenntnistheoretischen Ansatz des Rekonstruktivismus (vgl. Bentele 1993: 167). Wegweisend für die rekonstruktivistische Filmtheorie ist das Werk *Narration in the Fiction Film* von David Bordwell (1985). Konsequent bezieht Bordwell die *Aktivität* des Rezipienten in seine Überlegungen ein: Der Rezipient strebt aktiv danach, eine plausible Handlung zu konstruieren (»drive-to-goal«-Prinzip). Die Aktivität darf allerdings nicht mit bewusster Handlung oder Denkaktion verwechselt werden.

3) Kognition vs. Emotion und die Verschmelzung im Kognitiv-Unbewussten

Ein Film wird auf allen dem Menschen gegebenen Wahrnehmungs- und Urteilsebenen verarbeitet. Einerseits versucht ein Rezipierender bewusst oder unbewusst, Informationen zu verknüpfen, um sich die Handlung des Films zu erschließen. Andererseits lässt er sich mit seinem Empfinden und Fühlen auf den Film ein; er vollzieht Empfindungen der handelnden Figuren nach und begibt sich gefühlsmäßig in die Handlung hinein. Es ergeben sich damit zwei Rezeptionsmodi. Der erste soll als kognitiv, der zweite als emotional bezeichnet werden.

Die diesen Modi zugrundeliegenden psychologischen Basisbegriffe – **Kognition** und **Emotion** – stimmig anzuwenden, fällt der Filmwissenschaft schwer. Bordwell (1989) gibt zu bedenken, es sei eines der Hauptprobleme der kognitiven Filmtheorie, ein Verhältnis zwischen der Kognition in der Filmrezeption und emotionalen Effekten des Films herzustellen. Selbst die Psychologie hat erhebliche Schwierigkeiten, Kognition und Emotion zu definieren. Insbesondere der Begriff Emotion scheint nicht griffig, obwohl seine Definition häufig versucht wurde, nachdem der Philosoph William James (1884: 188) in seinem Aufsatz »What is an Emotion?« beklagt hatte, Psychologen hätten dieser Frage zu wenig Aufmerksamkeit geschenkt. Sloboda/Juslin (2005: 770) sind der Ansicht, die Frage, was eine Emotion sei, habe bis heute keine definitive Antwort erfahren. Jeder Mensch weiß, was eine Emotion ist, bis er sie definieren soll (Fehr/Russel 1984: 464). »Emotionen« werden – umgangssprachlich wie wissenschaftlich – in engem Zusammenhang zu »Gefühlen« gesehen, jedoch sind Psychologen nicht immer mit letzter Konsequenz entschieden, ob sie die Begriffe gleichsetzen oder trennen sollen (so etwa Birbaumer/Schmidt 2006: 690).

Um mit zentralen Begriffen der psychologischen Film(musik)forschung – insbesondere mit den Begriffen Gefühl, Emotion, Kognition und auch Stimmung – arbeiten zu können, sollen sie hier vorab für ihren Gebrauch im vorliegenden Buch umrissen werden. Die Definitionen ersetzen freilich nicht einen generellen Konsens, den die Psychologie bislang nicht herstellen konnte.

Kognition schließt alle bewussten und unbewussten Vorgänge ein, die bei der Informationsverarbeitung ablaufen. Über Kognitionen erlangt der Organismus Kenntnis von seiner Umwelt. Wahrnehmung, Vorstellung, Denken, Urteilen, Sprache oder Wissenserwerb fallen darunter (Edelmann 2000: 114). Jeder Rezipierende ist kognitiv aktiv und fügt die von Filmstimuli ausgelösten Einzelwahrnehmungen zu einem größeren Ganzen zusammen. Auch Musik wird in weiten Teilen kognitiv verarbeitet. Beispielsweise werden Bezüge zwischen verschiedenen Abschnitten der Musik hergestellt, und die Musik wird mit Bildinhalten verknüpft.

Emotionen treten »in der Regel als Reaktionen auf positiv verstärkende Reize (Freude) oder deren Unterbleiben (Frustration – Wut) oder aber als Reaktion auf bestrafende aversive Reize (Angst) oder deren Unterbleiben (Erleichterung) auf.« (Birbaumer/Schmidt 2006: 690) Sie dienen dem Individuum zur Bewertung seiner Umwelt und regulieren seine Bedürfnisse. Sie können als hedonisch positiv oder negativ eingestuft werden, je nachdem, ob sie als erstrebens- oder vermeidenswert empfunden werden (Ebd.). Es ist davon auszugehen, dass auch das Erfüllen und Enttäuschen von Erwartungen – verbunden mit Spannung und Entspannung – während der Filmrezeption zu mehr oder weniger starken Emotionen führt, wenngleich dieses Wechselspiel wohl noch keine vollständige Emotion ausmacht (Sloboda/Juslin 2005: 784).

Dies sind zunächst knappe Begriffseinführungen. Insbesondere die Emotionen sind zu differenzieren. In der Psychologie werden unterschiedliche Arten von Emotionen genannt, ohne dass es diesbezüglich einen völligen Konsens gäbe. Birbaumer/Schmidt nennen **primäre Emotionen**, die zahlenmäßig begrenzt und scharf voneinander abgegrenzt sind. Diese Kategorie wird hier aufgegriffen. Sie geht auf die einflussreiche psychoevolutionäre Theorie von Robert Plutchik (1980) zurück, der die acht Emotionen Furcht, Zorn, Ekstase, Kummer, Billigung, Abscheu, Neugierde und Erstaunen als grundlegend herausstellte (vgl. Krech/Crutchfield 1992: 60). Birbaumer/ Schmidt nennen als primäre Emotionen: Glück, Freude, Trauer, Furcht, Wut, Überraschung und Ekel.[18] Es handele sich dabei um »angeborene Reaktions-

---

18 Ein alternatives Konzept zur Bestimmung von Emotionen geht nicht von solchen Grundkategorien aus, sondern sieht Emotionen als angeordnet innerhalb von Dimensionen. Etwa kann zweidimensional auf den Achsen aktiv-passiv und negativ-positiv eine Zuordnung von Emotionen vorgenommen werden. (Sloboda/Juslin 2005: 774–777) Wie die Autoren anmerken, wird dieser dimensionale (im Gegensatz zu dem im vorliegenden Buch gewählten kategorialen) Ansatz von zahlreichen Forschern nicht als gegensätzliches und dem

muster, die in vielen Kulturen gleich ablaufen« (Birbaumer/Schmidt 2006: 690) und sich auf motorischer, physiologischer sowie psychologischer Ebene äußern können. Unter dem bedeutungsgleichen Begriff »Basisemotion« führen Sloboda/Juslin (2005: 773) aus:

> »Jede Basisemotion kann funktionell definiert werden als Schlüssel zur Bewertung von Ereignissen, die im Zusammenhang mit dem Erreichen eines bestimmten Ziels von Bedeutung sind und die im Verlauf der Evolution häufig aufgetreten sind [...]. Demzufolge können Basisemotionen als eine Form der Anpassung zur Bewältigung von Notfallsituationen betrachtet werden, die keine zeitintensive Verarbeitung erfordert.«

Hinsichtlich einzelner primärer Emotionen (= Basisemotionen) nehmen verschiedene Autoren, wie sich zeigt, unterschiedliche Benennungen vor und sind sich hinsichtlich der Anzahl nicht vollkommen einig. Ein Konsens scheint jedoch hinsichtlich des generellen Konzepts solch angeborener Reaktionsmuster zu bestehen. Birbaumer/Schmidt (2006: 690) definieren primäre Emotionen weiter: »Ihre Dauer überschreitet selten Sekunden. Dies ist die Zeit, die maximal für die ununterbrochene Dauer eines Gefühls angegeben und in der *gleichzeitig* verstärkte physiologische Reaktionen (z. B. Herzratenanstieg) gemessen werden.« Hier kommt der Begriff des Gefühls auf eine Weise zum Tragen, die erahnen lässt, dass damit eine reine Begleitreaktion der primären Emotionen gemeint ist. Entsprechend schreiben Birbaumer/Schmidt (2006: 691) auch über »unwillkürliche (primäre) Gefühle«.

Primäre Gefühle können umrissen werden als kurz anhaltende und – in den selben Kategorien wie primäre Emotionen – voneinander abgegrenzte Reaktionsmuster, die zeitgleich mit primären Emotionen auftreten. Im Unterschied zu primären Emotionen bezeichnen primäre Gefühle allein die »episodenhaften« Begleiterscheinungen der Emotionen, etwa einen Herzratenanstieg, das subjektive spontane Empfinden des Einzelnen oder auch den nach außen gekehrten – kommunikativ bedeutungsvollen – Ausdruck, nicht jedoch die »innere Bedeutung« – etwa eine Tendenz zur Hingabe oder Aversion – für das Individuum. Psychologen sprechen daher – statt vom primären Gefühl – manchmal auch von der »Gefühlsepisode« mit charakteristischem Verlauf (Salisch/Kunzmann 2005: 4).

---

kategorialen Ansatz widersprechendes Modell gesehen, sondern als dessen Ergänzung. Zusätzlich legen die Autoren einen »Prototypenansatz« zur Bestimmung von Emotionen dar, der den kategorialen mit dem dimensionalen Ansatz verbindet und Emotionen als mehr oder weniger direkt auf gewisse Prototypen zurückgehend definiert (Ebd.).

Zwischen primären Emotionen und primären Gefühlen besteht je nach Beschreibungskontext nicht immer die Notwendigkeit zur strengen Unterscheidung: Ein primäres Gefühl basiert auf einer spezifischen primären Emotion, und primäre Emotionen gehen mit spezifischen primären Gefühlen einher. Das erklärt die manchmal synonyme Verwendung der Begriffe in der Literatur. Primäre Gefühle – »Gefühle im engeren Sinne« (Bullerjahn 2001: 189) – sind direkte Entsprechungen zu primären Emotionen.

Allerdings hat der Mensch die Möglichkeit, die für andere Individuen äußerlich erkennbaren Anteile primärer Gefühle zu modifizieren. Dies ist der eigentliche Grund der Trennung zwischen »Emotion« und »Gefühl«. Jeder Mensch kann die nach außen sichtbaren Charakteristika primärer Gefühle ein Stück weit unterdrücken. Es kommen dann, falls ein Ersatz für den unterdrückten Gefühlsausdruck geschaffen wird, die **sekundären Gefühle** ins Spiel. Sie sind durchsetzt von willkürlich erzeugten Erscheinungen (Birbaumer/Schmidt 2006: 691) und unterliegen der Kontrolle durch den Willen sowie durch unbewusste Strategien. Sie dienen dem Individuum zum »Überspielen« der nach außen gekehrten Erscheinung primärer Gefühle, die private Intentionen »enttarnen« könnten. Sie sind somit komplexe und subtile Kommunikatoren wie etwa ein künstliches Lächeln (vgl. Birbaumer/Schmidt 2006: 695–696).

Auf rein physiologischer Ebene – jenseits des äußerlich erkennbaren Erscheinungsbilds – liegen im Falle äußerlich erkennbarer sekundärer Gefühle aber immer noch Anteile primärer Gefühle vor, die die zugrunde liegenden primären Emotionen subtil spiegeln, etwa in Form von Herzratenanstieg. Auch das Alltagsphänomen, dass ein Mensch bei einem künstlichen Lächeln unbeabsichtigt rot im Gesicht wird, ist ein Indiz für weiterhin vorhandene primäre Gefühle in Entsprechung zu primären Emotionen. Wohl aber haben Menschen – je nach Charakter und Sozialisationsgrad – die Möglichkeit, ihre sekundären Gefühle zu kultivieren. Sie können bisweilen täuschend echt »falsche Gefühle« vortäuschen (vgl. Salisch/Kunzmann 2005: 2–4).

In Abgrenzung von den primären Emotionen ist die Kategorie der **sekundären Emotionen** gebräuchlich. Es handelt sich dabei um »komplexe Emotionen« (Sloboda/Juslin 2005), eine erlernte Art des Umgangs mit primären Emotionen: Die Regulation von primären Emotionen ändert sich mit zunehmendem Lebensalter und Zivilisationsgrad, etwa durch Bewertungen und Regeln der sprachlichen Benennung oder Verhaltensregeln. Wenn eine Regulation nicht nur spontan und einmalig stattfindet, sondern sich feste, wiederkehrende Regulations-*Muster* bilden, die der vom Individuum empfundenen Prägnanz und Dringlichkeit primärer Emotionen nahe kommen, wird – so soll angenommen werden – die Kategorie der sekundären Emotionen erfüllt. Etwa können Neid und Schadenfreude als sekundäre Emotionen angesehen werden. Sekundäre Emotionen korrelieren nicht so eindeutig wie primäre Emotionen mit einem zugehörigen Gefühlsausdruck, jedoch kann es zu durchaus spezifischen Ansammlungen primärer Gefühle kommen, die auf sekundäre Emotionen äußerlich erkennbar hindeuten, wenn sie nicht durch sekundäre Gefühle kaschiert werden.

Im vorliegenden Buch wird der Begriff der Emotion meist in Zusammenfassung primärer und sekundärer Emotionen angewandt. Gefühle sind – sofern nicht näher differenziert – als primäre wie sekundäre Gefühle zu verstehen.

Emotionen und Gefühle sind von **Stimmungen** zu trennen. Birbaumer/ Schmidt (2006: 690) definieren Stimmungen als »länger anhaltende (Stunden, Tage) emotionale Reaktionstendenzen, die das Auftreten einer bestimmten Emotion wahrscheinlich machen (gereizte Stimmung führt z. B. häufiger zu Ärger)«, selbst jedoch ohne unmittelbar messbare physiologische und motorische Auswirkungen bleiben. Während primäre Emotionen immer physiologisch messbare Auswirkungen haben, wurzeln Stimmungen subtiler in der Gesamtbefindlichkeit; sie sind Tönungen des Erlebens als Bezugsrahmen für Erlebnisse (Bullerjahn 2001: 189). Der Psychologe und Psychiater Richard J. Davidson (1994: 54) vertritt etwa die Sichtweise: »Emotions bias action, wheras moods bias cognition.«

Als Sammelbegriff für sowohl Emotionen, Stimmungen und Gefühle sowie darüber hinaus auch für ästhetische Urteile wird in mancher Literatur – aber nicht zentral im vorliegenden Buch – der Begriff **Affekt** verwendet.[19] Sloboda/Juslin (2005: 267) führen ein Kapitel »Affektive Prozesse: Emotionale und ästhetische Aspekte musikalischen Verhaltens« auf. Der Begriff wird in neuerer Literatur allerdings eher selten benutzt.

In der musik- und filmwissenschaftlichen Erörterung kognitiver und emotionaler (»affektiver«) Filmrezeption wurde lange eine Dichotomisierung vorgenommen: Forscher gingen von einem »Entweder-Oder« anstelle eines »Sowohl-Als-Auch« aus. So formuliert Helga de la Motte-Haber (la Motte-Haber/Emons 1980: 218):

»Je stärker der affektive Einbezug, desto geringer die kognitive Verarbeitung. Zielt der Soundtrack ausschließlich auf Stimulation, so spricht er sehr primitive Verhaltensmechanismen an. Dennoch ist eine komplizierte Wahrnehmungsstruktur wahrscheinlicher als jene, die der Gedanke an

---

19 Schon bei Sigmund Freud (etwa 1999a: 118–119) taucht der Begriff »affektiv« häufig als Sammelbegriff auf.

lediglich unwillkürlich erfolgende Reaktionen des Zuschauers nahelegt. Nicht nur voller Schaulust, sondern gepackt, erregt, ›mobilisiert‹, dem Nervenkitzel hingegeben, schwindet dem Publikum gleichwohl kaum das Bewusstsein für den fiktiven Charakter der Sensation. Zugleich distanziert, unbeteiligt verharrend und mitgerissen, genießt es erlebnishungrig sich selbst: Der Kinobesucher spielt seine Rolle so, als ob es die eines Kinozuschauers wäre.«

In Filmtheorien wurde bis in die 1980er Jahre hinein das Emotionale sogar als ein Nebeneffekt des Kognitiven behandelt, den man in der Erklärung von Narration vernachlässigen könne. Ähnliches äußert Bordwell (1985: 30):

»As a perceptual-cognitive account, this theory does not address affective features of film viewing. This is not because I think that emotion is irrelevant to our experience of cinematic storytelling – far from it – but because I am concerned with the aspects of viewing that lead to constructing the story and its world. I am assuming that a spectator's comprehension of the films' narrative is theoretically separable from his or her emotional responses.«

Die Dichotomisierung ist der Erklärung von filmischer Narration jedoch nicht angemessen. Psychologen sehen Kognitives und Emotionales heute eher als ineinander verschränkt (vgl. S. 49). Der Emotionsforscher Joseph LeDoux (2001) schlägt daher die umfassende Anwendung des von dem Psychologen John Kihlstrom (1987) geprägten Begriffs des **Kognitiv-Unbewussten** vor:

»Zwar ist am kognitiv Unbewussten noch vieles unklar, doch soviel scheint sicher: Ein Großteil des mentalen Geschehens spielt sich außerhalb der bewussten Wahrnehmung ab. Wir können durch Introspektion Zugang zum Ergebnis der Verarbeitung (in Gestalt des bewussten Inhalts) haben, aber nicht in allen Fällen führt die Verarbeitung zu einem bewussten Inhalt. Wenn die Reizverarbeitung nicht in Gestalt eines bewussten Inhalts zum Bewusstsein gelangt, kann sie gleichwohl implizit oder unbewusst [...] gespeichert werden und später auf Denken und Verhalten bedeutenden Einfluss haben.« (LeDoux 2001: 37).

Dem entspricht Behne (1994a: 74) aus musikwissenschaftlicher Sicht:

»Ich gehe [...] davon aus, dass im Prozess des Filmerlebens bewusste und unbewusste sowie kognitive und emotionale Anteile auf eine bisher nicht erklärbare Art und Weise ineinander verschränkt sind...«

Emotionen spielen solch neueren Ansichten zufolge stets über das Kognitiv-Unbewusste systemisch zusammen. Birbaumer/Schmidt (2006: 690) unterstreichen diese Ansicht mit biologischem Fokus und stellen fest, dass die Verbindungen emotionaler Hirnstrukturen zu den darüber und darunter lokalisierten so eng sind, dass »in unserem Erleben die Untrennbarkeit aller Gedanken, Vorstellungen und Verhaltensweisen von ihren emotionalen Begleitreaktionen [entsteht, A. K.], die aber eben keine Begleiterscheinungen unseres Denkens, sondern deren integraler Bestandteil sind.« Wahrnehmen, rationales Denken und Urteilen sind stets von Emotionen *und* Kognitionen geleitet. Man entspricht heute tendenziell eher einer Haltung, die William James (1997: 390–391) schon 1901 vertrat:

»Es ist der Eindruck, dass unser normales Wachbewusstsein, das rationale Bewusstsein, wie wir es nennen, nur ein besonderer Typ von Bewusstsein ist, während um ihn herum, von ihm durch den dünnsten Schirm getrennt, mögliche Bewusstseinsformen liegen, die ganz andersartig sind.«

Kognitive Aktivität spielt in vielen Sphären des Bewusstseins sowie des Unbewussten eine Rolle und kann daher weder auf intellektuelle und rationale Prozesse eingeengt noch von Emotionen strikt getrennt werden. Das bewusste Denken ist – so kann heute recht sicher angenommen werden – nur die Spitze eines Eisbergs aus Unbewusstem. Dies ist von zentraler Wichtigkeit für spätere Überlegungen.

4) Bildwirkungen vs. Tonwirkungenund deren kognitive
   wie emotionale Faktoren

Bilder und Töne können Emotionen auslösen. Die Emotionen äußern sich teilweise als unmittelbare Reaktionen und Empfindungen eines Rezipierenden. Häufiger aber gelangen sie als subtile und kaum einzeln vernommene Teilwirkungen in den »Pool« des Kognitiv-Unbewussten. Etwa verhelfen einzelne Bilder oder Töne dazu, kognitive Verbindungen zwischen gleichzeitigen oder vorangegangenen Eindrücken zu schaffen. Sie beeinflussen die Wahrnehmung, ohne unbedingt bemerkt zu werden. Unvorhersehbar speist sich aus dem Pool des Kognitiv-Unbewussten das bewusste Erlebnis[20], das ein Rezipierender im Gegensatz zu einzelnen Wahrnehmungen deutlich vernimmt. All dies geht aus den vorherigen Überlegungen zu Emotion und

---

20 Das filmische Erlebnis soll verstanden werden als das Gesamtresultat aus kognitiven und emotionalen Verarbeitungsprozessen.

Kognition hervor (vgl. S. 49). Kracauer (1985: 217) scheint die hier vertretene Auffassung von Bild- und Tonwirkungen bereits 1964 vorausgesetzt zu haben, indem er »organische Spannungen, namenlose Erregungen« annahm, die durch den Film begünstigt würden.

Dass jedweder Stimulus des Films das Kognitiv-Unbewusste beeinflusst und somit kognitive und emotionale Auswirkungen zugleich hat, ist für die Film(musik)forschung jedoch keine Selbstverständlichkeit. Teilweise werden Kognition und Emotion pauschal mit bestimmten Ebenen des Films assoziiert. Etwa wird behauptet, Dialoge und Bilder eines Films seien für das kognitive Verständnis – oft irreführend mit »inhaltlichem« Verständnis gleichgesetzt –[21] wesentlich, während Musik und Farben das emotionale – auch affektive oder gefühlsmäßige – Erlebnis bedingten. So schreibt Wüsthoff Wüsthoff (1999: 5) in Bezug auf Werbemusik:

»Sprachinformationen erhalten durch das Hinzutreten von Musik eine viel tiefergehende Wirkung, da sich unser Gefühl beteiligen kann. [...] Um eine optimale Wirkung im Werbespot zu erzielen, muss daher ein sinnvoller und kontinuierlicher Zusammenhang hergestellt werden zwischen den optischen und den akustischen Ereignissen, wobei Musik für die Gefühlskomponente hauptverantwortlich ist.«

Rechnet man das von Wüsthoff angesprochene Gefühl dem Bereich der emotionalen Wirkungen von Musik zu, bedarf es keiner aufwändigen Argumentation, die Allgemeingültigkeit der Aussage zu widerlegen. So kann das Lesen eines Romans ohne filmische Stilmittel außerordentlich spannend und emotional anregend sein, während die Verfilmung eines langweiligen Drehbuchs – und manchmal auch die schlechte Verfilmung eines guten Drehbuchs – allein durch Musik kaum an tiefer und nachhaltiger emotionaler Wirkung gewinnt, selbst wenn durch die zugefügte Musik hin und wieder spontan Emotionen eintreten.

Veranschaulichung: wenig Musik – große Wirkung

Viele emotional »packende« Filme kommen sogar, das kann der These Wüsthoffs entgegengehalten werden, mit recht wenig Musik aus. Im Horrorfilm *Rosemary's Baby* [USA 1968, R: Roman Polanski, M: Krzystof Komeda] beispielsweise wer-

---

21 Inhalte ergeben sich vielmehr stets in Abhängigkeit von kognitiven und emotionalen Faktoren. Das folgt aus dem Konzept des Kognitiv-Unbewussten. Vgl. S. 61.

> den Musiken sparsam und anfangs eher nur zwischen den Dialogen anstatt zu deren Untermalung eingesetzt. Die besondere Emotionalität des Films resultiert mitunter daraus, dass ein musikalisches »Teufelsthema«, das im Kontrast zum Main Title des Films ständig seine Gestalt wechselt, in der zweiten Filmhälfte immer öfter auftritt und erst gegen Ende häufiger auch Szenen untermalt (Kreuzer 2007, Druck i. V.). Musik ist hier – wie in vielen anderen Filmen, Werbespots und sonstigen audiovisuellen Kontexten – ein Element der Dramaturgie und nicht nur einfach Mittel zum vordergründig-direkten Hervorrufen von Emotionen. Es ist hier auch nicht davon auszugehen, dass die »Sprachinformationen« des Films eine tiefergehende Bedeutung erhielten, wenn sie häufiger mit Musik unterlegt wären. Die Emotionalität eines Films ist schlicht nicht gleichzusetzen mit der Summe der von ihm hervorgerufenen Einzel-Emotionen.

Die Zuordnung der Musik zu der unbewussten und »emotionalen« Komponente eines Films gegenüber der vermeintlich bewussten und »kognitiveren« Bild- oder Sprachkomponente ist zu einem Klischee unter Filmpraktikern und Werbestrategen geworden. Sie scheint zunächst sogar durch empirische Studien bestätigt. So untersuchten Holicki/Brosius (1988: 189–204) den Einfluss von Filmmusik auf die Wahrnehmung einer Filmhandlung. Sie gingen von drei Filmen aus, in denen die Akteure eine jeweils andere Verhaltenstendenz hatten (fröhlich, ruhig oder aggressiv). Jede Filmfassung war mit drei Musiken kombiniert, die wiederum als fröhlich, ruhig oder aggressiv eingestuft worden waren. Probanden sollten die Filme, die jeweils am Höhepunkt des Konflikts abbrachen, auf ihre Weiterentwicklung einschätzen. Die Auswertung ergab, dass die Musik im Vergleich zu dem sichtbaren Verhalten der Akteure nur wenig Einfluss auf die Wahrnehmung und Beurteilung der Akteure, der Handlung und des Konflikts hatte, sich der Einfluss der Musik hingegen eher auf die »affektiven Reaktionen« erstreckte, indem die Filmmusik deutlich die Beurteilung der Spannung und Stimmung im Film beeinflusste.

Die von Holicki/Brosius gewählte Methodik ist für die Erforschung einer Beeinflussung der Wahrnehmung des visuellen Geschehens durch Musik geeignet, nicht jedoch für eine Erwägung des umgekehrten Effekts: Die Filme waren – so scheint es – von vornherein so konstruiert, dass der Konflikt visuell hervortrat und die Musik ihn nur ergänzte. Dass die Probanden die nicht dargestellte Weiterentwicklung der Handlung beurteilen sollten, ändert nicht, dass die Einfädelung der Handlung visuell geschah und die Probanden folglich dem visuellen Prinzip folgten, sich also im »Weiterdenken« der Handlung auf die gesehenen Bilder stützten. Es scheint, als sei in der Studie ein »Primat des Bildes« (vgl. S. 12) für die Narration *vorausgesetzt* worden.

Bei näherem Hinsehen wird deutlich, dass die meisten in derartigen Studien angewandten Untersuchungsdesigns von vornherein eine Beeinflussung des Bilderlebens – als vermeintlich primärer narrativer Komponente des Films – durch Musik voraussetzen und eine Beeinflussung der Musik durch Bilder gar nicht erfassen. So entsteht leicht der Eindruck, Musik sei ein unbewusster emotionaler Faktor, der das bewusster – und als vorrangiges Narrationselement – wahrgenommene Bild »einfärbe«. Auch wenn solche Effekte sicherlich bestehen, wird durch ihre übermäßige Hervorhebung lediglich ein Teilphänomen der Wechselwirkung von Musik und Bildern in der Filmrezeption beschrieben. Die Beeinflussungen der Musikwahrnehmung durch Bilder sowie der Narration durch Musik würde eine narrativ tragende Rolle der Musik schon bei der Konstruktion eines Films, also ein anderes Untersuchungsdesign voraussetzen: Die bewussten Komponenten eines Films werden tendenziell in experimentellen Arrangements von Probanden dort gesucht, wohin die Aufmerksamkeit aufgrund der Gestaltung der Materialien sowie durch die Untersuchungsdesigns und Fragestellungen gelenkt wird.

Die Psychologin Annabel Cohen, die das Zustandekommen des Filmerlebnisses in vielen empirisch-experimentellen Studien untersuchte und daraufhin ihr häufig zitiertes »Congruist-Associationist-Model« (Kongruenz-Assoziations-Modell) entwarf, sieht Filmmusik durch zwei Komponenten konstituiert: Eine affektiv-emotionale[22] Komponente und eine akustisch-strukturelle. Ein Rezipierender neigt Cohen zufolge dazu, die affektive Komponente zu fokussieren und die akustisch-strukturelle Komponente zu »vergessen«: Er extrahiert emotionale »Informationen«, wendet sich dabei aber von der akustisch-strukturellen Komponente der Musik ab, da seine Verarbeitungskapazität limitiert ist und er sich eher auf emotionale Details konzentriert, die ihm beim Verständnis der Filmhandlung helfen können. Damit scheint Cohen (2001: 259, Grafik: ebd.) die These der Unbewusstheit von Musikwahrnehmung zu stützen (vgl. Abb. 3).

Cohen geht für ihr Modell von der Annahme aus, dass ein Mensch jeden Tag Assoziationen von Erlebtem und emotionalen Erfahrungen im Langzeitgedächtnis (entsprechend des in Abb. 3 angeführten LTM = Long Term Memory) speichert. Emotionale und visuelle Informationen aus Filmen sind Teil dieses Gedächtnisses. Die filmischen Stimuli, die sich im Wesentlichen den Bereichen Sprache (Speech surface), Bilder (Visual surface) und Musik (Music surface) zuordnen lassen, werden vom Rezipierenden jeweils im Sinne einer Akzentstruktur sowie einer inhärenten Bedeutung aufgeschlüs-

---

22 Bei Cohen werden die Begriffe des Affektiven und des Emotionalen nicht trennscharf eingesetzt.

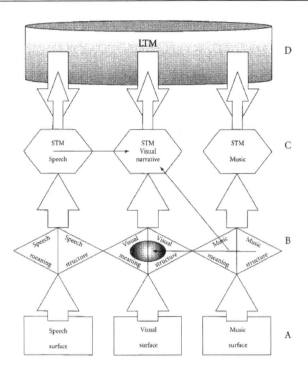

Abb. 3: Kongruenz-Assoziations-Modell (Cohen 2001)

selt und führen zu Inhalten des Kurzzeitgedächtnisses (STM = Short Term Memory), in dem auch der Sitz des Bewusstseins vermutet wird. Diese Inhalte werden in Beziehung gesetzt zu Inhalten des Langzeitgedächtnisses (vgl. Perrig/Wippich/Perrig-Chiello 1993: 26): Es findet eine wechselseitige Beeinflussung sowohl im Bottom-Up-, als auch im Top-Down-Modus statt: Teils werden Inhalte des Kurzzeitgedächtnisses denen des Langzeitgedächtnisses angepasst, teilweise wird das Langzeitgedächtnis erweitert und modifiziert durch Inhalte des Kurzzeitgedächtnisses. Hier kommen die für die menschliche Wahrnehmung zentralen und in späterem Zusammenhang breiter einzubettenden Größen der Assimilation und Akkomodation ins Spiel (vgl. S. 133). Durch die drei längeren Pfeile symbolisiert Cohen, wie das »Visuell-Narrative« durch Sprache und Musik beeinflusst wird: Akustische Strukturen der Musik gelangen Cohen zufolge bei einer Konzentration des Rezipierenden auf das Visuell-Narative gar nicht erst in das Kurzzeitgedächtnis, sondern werden unmittelbar mit visuellen Strukturen in Beziehung gesetzt und beeinflussen somit die Wahrnehmung des Bildes auf einer unbewussten Ebene.[23] Die inhärente Bedeutung der Musik jedoch wird vom Rezipierenden bewusster wahrgenommen und in Beziehung mit den Inhalten des visuellen Kurzzeitgedächtnisses gesetzt. Musik als ein Ganzes aus strukturellen Merkmalen und emotionalen Inhalten gelangt somit Cohen zufolge eher nicht ins Kurzzeitgedächtnis und gerät in Vergessenheit. Sprache hingegen gelangt als Ganzes ins Kurzzeitgedächtnis und wird dann erst in Beziehung gesetzt mit dem Visuell-Narrativen (vgl. Cohen 2001: 262). Professionelle Musiker, besonders Filmmusikprofis, bilden tendenziell eine Ausnahme, da sie sich stärker auf die akustisch-strukturellen Merkmale konzentrieren.

Das Problem bei Cohen besteht darin, dass letztlich nur das »Visuell-Narrative« operationalisiert wird. Leicht könnte man anhand ihres Modells auf die Idee kommen, das Narrative an sich und die Filmwahrnehmung im Allgemeinen seien visuell dominiert. Vielfach sind Cohens Studien möglicherweise in dieser Hinsicht missverstanden worden.[24] Das »Visuell-Narrative« erscheint bei näherem Hinsehen jedoch lediglich als ein Begriff, der vorab für die Erforschung der Beeinflussung der Bildwahrnehmung durch emotionalisierende Musik gewählt wurde, nicht jedoch für die Erklärung der Natur des Narrativen an sich oder des Stellenwerts der Musik am emotionalen Teil des Filmerlebnisses herhalten kann.

Man könnte in leichter Modifikation von Cohens Modell ebenso das »Sprachlich-Narrative« oder das »Musikalisch-Narrative« formulieren und untersuchen, inwieweit sich emotionalisierende Bilder auf die Wahrnehmung auswirken. Filmische Narration, wie sie in der Filmpraxis relevant ist, ist nicht als ein »Visuell-Narratives« zu fassen, sondern – ganzheitlich – grundsätzlich als ein »Audiovisuell-Narratives«. Cohens Modell plausibilisiert – und beweist sogar, wenn man die zugrunde gelegten Experimente mit betrachtet –, dass Musiken starken Einfluss auf die Bildwahrnehmung haben. Aber es schließt gegenteilige Effekte, etwa die Beeinflussung der Musikwahrneh-

---

23 Dass Musik Cohens Grafik zufolge im Kurzzeitgedächtnis (STM) angesiedelt wird, stellt nur eine *prinzipielle* Möglichkeit der Musikwahrnehmung dar. Die Pfeile sollen andeuten, welche Art von Informationsverarbeitung im Hinblick auf das Visuell-Narrative abläuft.

24 Eine Tendenz der Überbewertung des Visuellen in der Filmwahrnehmung kritisieren auch Lipscomb/Tolchinsky (2005: o. S.). Die Überbewertung resultiert vielleicht auch aus einer überholten Maxime, die etwa bei Edmund Nick (1955: 195) zum Ausdruck kommt: »In ihren besten Manifestationen kann sie [die Filmmusik, A.K.] sich über die Rolle einer bloßen Hilfskraft hinaus zu einer der Optik ebenbürtigen Potenz erheben und als wichtiges Korrelat der visuellen Vorgänge bemerkbar machen. Im Allgemeinen aber wird sie nur hingenommen werden, ohne eigentlich wahrgenommen zu werden, weil in erster Linie das Bildwerk die Aufmerksamkeit fesselt.«

mung durch das Bild, nicht aus. Das Modell beschreibt lediglich einen von mehreren systemisch verschränkten Modi der audiovisuellen Wahrnehmung.

In einer gewissen – aus ganzheitlicher Warte fragwürdigen – Grundausrichtung vieler Psychologen, es sei eher die Musik, die das Bilderleben beeinflusse, als dass die Bilder auch das Musikerleben beeinflussten, scheint derzeit ein Manko der empirisch-experimentellen Film(musik)forschung zu bestehen, die vor allem im angloamerikanischen Raum betrieben wird. In ihrer umfassenden Abschlussarbeit aus dem Jahr 2007 stellt Brittany Ebendorf (2007: 2) fest: »While many studies have explored music's effect on the perception of the visuals, the consideration of the reverse is more limited.« Experimentell konnte sie belegen, dass ebenso eine Beeinflussung des emotionalen Musikerlebens durch Bilder stattfinden kann.[25] Musik wurde positiver beurteilt, wenn auch positive visuelle Attribute präsentiert wurden und negativer, wenn auch negative visuelle Stimuli präsentiert wurden. Ebendorfs Studie unterstreicht, dass die These, Musik sei für den emotionalen Teil des Filmerlebnisses verantwortlich, während Bilder für das kognitive Verarbeiten maßgeblich seien, als generelles Diktum unhaltbar ist. Auch einige andere von Ebendorf referierte Studien weisen auf Möglichkeiten der Beeinflussung von Musikwahrnehmung durch Bilder hin (Ebendorf 2007: 37–45).[26]

---

25 Ebendorf kombinierte Videos und Fotomontagen, im Pretest als positiv bzw. negativ beurteilt, mit fünf ca. 90sekündigen unbekannten, im Stimmungsgehalt als ambivalent eingestuften und im Erregungsniveau mittelmäßigen Instrumentalmusiken. So entstanden zehn Stimulus-Sets. Jedes davon umfasste alle fünf Melodien: eine kombiniert mit negativer Montage (A oder B), die andere mit positiver Montage (A oder B), die folgende mit negativem Video (A oder B), eine weitere mit positivem Video (A oder B) und die letzte als Kontrollgruppe ohne Videos. Jeweils zwei bis vier Probanden wurden den Sets zugeordnet und nach der Vorführung jedes einzelnen der fünf Songs per Fragebogen um Einstufungen hinsichtlich Gefallen, Emotion und Erregungsniveau gebeten. Weiter sollten die Probanden den Songs Adjektive zuordnen, die die Musiken beschreiben könnten. Die Adjektive standen – durch Literatur evaluiert – in assoziativem Zusammenhang mit positiven/negativen Emotionen sowie starker/schwacher Erregung. Anschließend sollten die Probanden anhand skalierter Vorgaben Tempo, Rhythmus, Tonalität, Lautstärke und Harmonik der Musiken einschätzen (Ebendorf 2007: 37–45).

26 In einer von Klaus-Ernst Behne (1994c) durchgeführten Studie wird die Beurteilung verschiedener gefilmter Musikdarbietungen untersucht: Zu identischen Musikfassungen werden jeweils unterschiedliche Bilder von spielenden Pianisten oder Pianistinnen montiert, teils die Original-Aufnahmen, teils Aufnahmen von Doubles, die synchron zu den gleichen Musik-Versionen spielten. Es zeigten sich verhaltene Unterschiede in der Beurteilung der Musik in Abhängigkeit von den Bildern und deutlichere Unterschiede hinsichtlich der geschlechterspezifischen Zuordnung von musikalischen Attributen: Als »dramatisch« wurde die Musik eher bei gezeigten Spielerinnen eingestuft, als »präzise« eher bei Spie-

Experimentell belegt ist ferner ohnehin, dass Bilder allein – ohne jede musikalische Komponente – äußerst emotional wirken können. Das berichtet der Psychologe Gary Bente (Bente/Fromm 1997: 40) im Zuge der Untersuchung sozio-emotionaler Wirkungen des Affektfernsehens:

»Aus der Face-to-Face-Kommunikationsforschung ist seit langem bekannt, dass gerade den visuell vermittelten Aspekten des menschlichen Verhaltens – also Erscheinungsbild, Mimik, Gestik und Körperhaltung – eine zentrale Bedeutung für die interpersonelle Eindrucksbildung, die Definition sozialer Beziehungen und die Regulation des emotionalen Interaktionsklimas zukommt. Dabei wird diesen ›nonverbalen‹ Aspekten des Kommunikationsverhaltens nicht nur eine besonders unmittelbare und nachhaltige, sondern auch eine äußerst subtile Wirkung zugesprochen, die sich oft unterhalb der Schwelle bewusster Registrierung vollzieht und der man sich dementsprechend auch nur schwer entziehen kann.«

Schon aus diesem Grunde wäre es verwunderlich, wenn die von Bildern ausgelösten Emotionen nicht das Musikerleben beeinflussten.

Es kann also zusammengefasst werden, dass die emotionalen Wirkungen von Bildern und Musiken sich stets gegenseitig beeinflussen und es keine grundsätzliche Dominanz von Bildern oder Musik gibt.

5) Zeichen vs. Resonanz und die Wechselwirkung aus beidem

Eine verbreitete – hier nicht bezweifelte – Meinung, wonach der Musik etwas Emotionales anhafte, führt leicht dazu, Theorien, die einen Einfluss der Musik auf die Bildwahrnehmung belegen, einseitig zu verstehen und sie zur Idealisierung von Musik heranzuziehen, wie sie etwa auch Reinhard Kungel (2004: 16) betreibt: »So kann ein einziger Akkord ein Gefühl stärker ausdrücken als so mancher Roman.« Bei näherem Hinsehen wird deutlich, dass die Kategorien von Gefühlen oder Emotionen, die solchen – häufig gezogenen – Vergleichen zugrunde gelegt werden, hinsichtlich Musik einerseits und Roman andererseits, unterschiedliche sein müssen. Kaum kann die narrative Tiefe und nachhaltige Emotionalität eines Buches durch die Wirkung eines einzigen Akkords übertroffen werden. Kaum kann ein Buch – insofern

---

lern. Die Untersuchung stellt einen Versuch dar, die Beeinflussung des Musikerlebens durch Bilder zu erforschen, jedoch ist sie nicht spezifisch auf die Attribution von emotionalen Wirkungen des Bildes zur Musik ausgerichtet. Vgl. zur Untersuchung Behne.

stimmt Kungels Aussage – ein spontanes Gefühl wie ein einzelner Akkord auslösen. Beides scheint schlicht unvergleichbar.

Musik kann einerseits Emotionen über einen unmittelbaren und vom kognitiven Verarbeiten weitgehend losgelösten Modus auslösen. Diesen Modus meinen wohl auch Sloboda/Juslin (2005: 769):

»Es ist wohl nicht zu leugnen, dass jede Art musikalischer Beschäftigung des Menschen von affektiven Prozessen begleitet ist. Häufig ist behauptet worden, die universelle Attraktion der Musik sei durch die Allgegenwart und Stärke der durch sie ausgelösten affektiven Reaktionen begründet.«

Solch unmittelbares Auslösen von Emotionen scheint stattzufinden, wenn von der Wirkung eines einzelnen Akkords gesprochen wird. Oft allerdings wird dieser Modus – verkürzt – allein in Betracht gezogen, wenn über musikalisch ausgelöste Emotion gesprochen wird. Emotionalität in der Musik- und Filmrezeption resultiert jedoch andererseits auch aus einer weniger unmittelbaren Verarbeitung, vergleichbar damit, wie sich Emotionen beim Lesen eines Buches einstellen: Die Buchstaben und Wörter vermögen uns nicht unmittelbar zu berühren. Aber indem wir die Buchstaben und Wörter zu Sätzen, Zusammenhängen und schließlich Narrationen zusammenfügen, eröffnen sich uns emotionale Welten. Auch in der Musik gibt es Anteile, die uns nicht unmittelbar berühren und erst interpretiert werden müssen oder aber einfach auf *andere Weise* berühren, wenn sie im Kontext mit Bildern und anderen Informationen interpretiert werden.

Der erste – unmittelbare – Modus des Auslösens von Emotionen basiert auf einer emotionalen **Resonanz** auf Gehörtes und Gesehenes, der zweite – mittelbare – Modus basiert auf kognitiver Interpretation von Gesehenem und Gehörtem als **Zeichen**.

Der Begriff der **Resonanz** als Folge der Bewegung von Bild und Ton taucht bereits bei Kracauer (1985: 216) auf: »Bewegung ist das A und O des Mediums. Nun scheint ihr Anblick einen ›Resonanz-Effekt‹ zu haben, der im Zuschauer kinästhetische Reaktionen wie zum Beispiel Muskelreflexe, motorische Impulse und ähnliches auslöst.« Dass sich die Bewegung von Musik unmittelbar auf einen Rezipierenden übertragen kann, stellen auch Musikwissenschaftler fest. Teilweise wird dafür der Begriff des »Symbolischen« in der Musik verwendet. Schering (1990: 41) beispielsweise schreibt über den gehörten »Klangzug der musikalischen Erscheinung«:

»Als bloßes akustisches Phänomen ist er zunächst jeder Symbolbedeutung bar. Aber entweder sofort, d.h. zwangsweise, oder allmählich tritt zu ihm als zweiter Bewusstseinsvorgang das Erkennen des Tonzugs als ›Kundgebung einer vitalen Bewegtheit‹. Er wird Sinnbild irgendeiner, wenn auch sprachlich nicht fixierbaren bewegten Innerlichkeit. Auf das Prinzip der melodischen Bewegung oder ›Veränderung in der Zeit‹ gegründet, liegt hier also spezifische Affekt- oder Stimmungssymbolik vor.«

Sloboda/Juslin (2005) bringen das unmittelbare Auslösen von Emotionen durch Musik mit Intensitätsqualitäten innerhalb der Musik in Verbindung: Ihr Verlauf könne einen entsprechenden Intensitätsverlauf in der emotionalen Reaktion bedingen.[27]

Mit der Auffassung von Musik als **Zeichen** indes befasste sich der Musikwissenschaftler Vladimir Karbusicky (1990: 17–18) ausgiebig und stellt heraus, dass eine Auffassung der Musik als Zeichensystem nicht ausreicht:

»Die Tendenz, die Elemente der Musikstruktur a priori als Zeichen anzusehen, hat sich gefestigt durch die Übernahme der Modelle aus der linguistisch orientierten Semiotik. Die Vertreter dieser Modellbildung per analogiam gehen stillschweigend von der Prämisse aus, dass in der Musik alles auch bedeutungstragend sein muss – wie in der Sprache. Da die konstitutiven Funktionen der Musik dieser Bestimmung widersprechen, werden die Tonelemente als ›nicht bezeichnende Zeichen‹ oder gar als ›sich selbst bezeichnende Zeichen‹ gedeutet. Solche Kontradiktionen könnten vermieden werden, wenn Musikelemente zunächst als Klangrealien betrachtet würden, die durch die Einnahme in sinnvolle Ganzheiten eine hierarchische Ordnung bekommen. Einige werden sich in Komplexe reihen, die schon auf gewisse ›Bedeutungen‹ hindeuten, andere bleiben immer nur strukturfüllend.«

---

27 Sloboda/Juslin (2005: 784) nennen die so entstehenden Emotionen »intrinsische Emotionen«, da sie allein aus dem Verlauf der Musik herrühren und keines externen Bezugssystems bedürfen. Die Übertragung von musikalischer Intensität auf das emotionale Empfinden ist vermutlich maßgeblich für die physiologisch messbare Aktivierung von Rezipierenden (vgl. S. 108). Ein symbolisches Verständnis von Musik steht nicht zwangsläufig im Einklang mit der biologischeren Sicht von Sloboda/Juslin (2005). Jedoch hat Musik in jedem Falle – dies bezeugen beide Sichtweisen – die Kraft zum direkten und unmittelbaren Auslösen von Emotionen. Im vorliegenden Buch wird davon ausgegangen, dass das symbolische Verständnis der Musik im Sinne Scherings lediglich eine andere Darstellungsweise eines Rezeptionsphänomens ist, das auch – biologischer – als Phänomen der Resonanz beschrieben werden kann. Da aber andere Autoren – etwa Tibor Kneif (1990) – musikalische Symbole eher im Bereich der Konventionalisierung anstelle von Resonanz ansiedeln, wird auf den Begriff des Symbolischen fortan verzichtet.

Karbusicky geht davon aus, dass manche musikalische Struktur ihren »Sinn« nicht durch das Tragen einer Bedeutung erhält, sondern durch ihren Beitrag zur Struktur des musikalischen Ganzen. Die Auffassung von Musik als Zeichen ist weit verbreitet, wie Kneif (1990: 134) herausstellt:

> »In musikalischen Kritiken wie in der wissenschaftlichen Literatur werden vielfach Ausdrücke verwendet, die Musikwerken – mehr stillschweigend als explizit – den Charakter eines Zeichens beilegen. Beispiele dafür sind Redewendungen wie ›die musikalische Sprache Bachs‹, Fragen wie ›Was will der Komponist mit seinem Werk sagen?‹, ferner Behauptungen wie ›Das Stück schildert Gefühle der Verlassenheit‹ und ›In der Musik spricht sich die jeweilige Gesellschaft aus‹.«

Kneif (1990: 134) definiert weiter:

> »Ein wesentliches Merkmal von Zeichen besteht nämlich darin, dass sie als wahrnehmbare, sonst aber beliebige Objekte – wie Lautfolgen, Schriftzüge, Ölfarbstoffe – mit dem Vorsatz verwendet werden, andere Gegenstände zu repräsentieren.«

Erstmals hatte der Philosoph und Psychologe Wilhelm Dilthey um 1910 nach einer »musikalischen Bedeutungslehre« verlangt und damit das Zeichenhafte in der Musik betont (Dilthey 1979: 220–224).

Vertiefung: ikonische und indexiale Zeichen

Es kann zwischen zwei Arten von Zeichen unterschieden werden: »Zeichen vom Typ Ikon« und »Zeichen vom Typ Index«. Ikonische Relationen zwischen einem Zeichen und den davon ausgelösten Emotionen ergeben sich durch Formähnlichkeiten der jeweiligen Zeichenstruktur mit »irgendeinem Ereignis mit einer emotionalen Tönung« (Sloboda/Juslin 2005: 785):[28] »So teilt laute und schnelle Musik mit einem Ereignis, das mit großer Kraftanstrengung einhergeht, durchaus einige Merkmale, so dass in diesem Fall eine hochgradig energiegeladene Emotion, wie z. B. Aufregung, zu erwarten ist. Einige Autoren haben behauptet, Musik ahme

---

28 Auch Karbusicky (1990: 12) nennt Beispiele für ikonische Relationen: »Im Ersten Satz der 1. Symphonie Gustav Mahlers erklingt z. B. eine fallende Quarte als Kuckucksruf, also ein Ikon.« Er beschreibt zudem die Unbeständigkeit von Zeichenqualitäten in der Musik. Vgl. Ebd. Die Kategorien »Ikon« und »Index« gehen auf Charles S. Peirce zurück. Vgl. Karbusicky (1990: 33). Vgl. zu Peirce auch S. 48 des vorliegenden Buchs.

bloß die allgemeine Form einer Emotion nach, wie z. B. das Muster von Anspannung und Entspannung; andere gehen davon aus, dass Musik sogar Merkmale ganz bestimmter Emotionen nachzuahmen vermag [...].« (Sloboda/Juslin 2005: 785) Kneif (1990: 135) definiert das Ikon als »ein Zeichen infolge einer gewissen Ähnlichkeit zwischen der Zeichengestalt und der bezeichneten Sache; ikonische Zeichen in der Musik ergeben sich etwa aus der Nachahmung von Vogelrufen, von Schlachtengeräusch, Blitz und Donner.« Im Falle von Zeichen des Typs Ikon findet eine kognitive Interpretation des Zeichens in Form eines Vergleichs mit außermusikalischen Strukturen statt, und so wird der »Emotionsgehalt« des Zeichens ermittelt.[29] Indexiale Relationen zwischen einem Zeichen und den ausgelösten Emotionen ergeben sich aufgrund von erlernten assoziativen Beziehungen der Zeichen zu »einer großen Spannbreite außermusikalischer Faktoren« (Kneif 1990: 135).[30] Musikalische – oder auch andere – Reize werden mit emotionalen Inhalten assoziiert und bekommen über die Kontingenz dieser Zuordnung eine Bedeutung, die kognitiv entschlüsselt wird. Im Unterschied zu ikonischen Zeichen müssen indexiale Zeichen somit keine Ähnlichkeit zu dem aufweisen, was sie bezeichnen; der Bezug muss lediglich erlernt sein.[31]

Zeichen bedürfen, bevor sie zu emotionalen Reaktionen führen, der kognitiven Interpretation. Eine sich infolge von Resonanz einstellende Emotion bedarf hingegen nicht der Kognition. Entsprechend unterscheiden die Emotionspsychologen Mandl/Reiserer (2000: 95) Theorieansätze, die den Einfluss von Emotionen auf kognitive Teilprozesse erklären, sowie Theorieansätze, die den Einfluss von Kognitionen auf emotionale Reaktionen erklären (vgl. auch Bullerjahn 2001: 196).

Der erste Ansatz – Zeichenansatz – ist Bestandteil fast aller kognitionspsychologischen Betrachtungen von Musik. Der zweite Ansatz – Resonanzansatz – wird häufig im Zusammenhang mit musikalischen Archetypen herangezogen, wenn es also darum geht, Musik als von allen Menschen verstehbare Sprache herauszustellen. Diese Vorstellung geht zurück auf Vorstellungen

---

29 Ikonische und indexiale Relationen scheinen in direktem Zusammenhang mit dem bereits vorgestellten Modell Lipscombs (vgl. S. 47) zu stehen. Das »Assoziationsurteil« nach Lipscomb käme den ikonischen Relationen gleich.
30 Karbusicky (1990: 15) nennt Beispiele für Zeichen vom Typ Index in einer »Etüde« von Friedrich Smetana von 1861: »Die [...] Akkorde mit den seufzend fallenden Sekunden in der Oberstimme sind ein *Index der Emotionalität*, der Rührung, der Nostalgie (Smetana komponierte das Werk in Schweden, der Heimat entfernt, die weit südlich jenseits des Meeres lag).«
31 Kneif (1990: 138) indes meint, dass der Index nicht zu den Zeichen gehöre. Seine diesbezügliche Definition wird im vorliegenden Buch nicht geteilt.

Friedrich von Hauseggers (1885), der in seiner Schrift *Die Musik als Ausdruck* unter Berufung auf Charles Darwin die Verbindung zwischen affektgetöntem Aufschrei, Sprachmelodie und Musik aufzeigt und die Bedeutung der expressiven Schicht der Musik hervorhebt (vgl. la Motte-Haber 1985: 53, Bullerjahn 2001: 196 sowie Karbusicky 1979: 183). Musikalische Archetypen sind Lautstrukturen mit dem Potenzial, unmittelbar Emotionen auszulösen. Etwa wird auf sie anhand des bekannten Phänomens des in allen Kulturen nahezu gleich tönenden sogenannten Babysingsangs, der je nach Ausprägung bei der Mutter zu bestimmten emotionalen Reaktionen des Kindes führt, geschlossen. Vermutet wird, dass beim Erwachsenen dieselben klanglich-melodischen Grundformen eine Rolle im Rahmen der emotionalen Komponenten sprachlicher Kommunikation spielen, in Bezug auf Stimmlage und Bewegungsrichtung der Sprachmelodie (vgl. Bruhn/Oerter 1998: 316–317). Der Psychologe Klaus R. Scherer (1982) hat eine Analogie zwischen vokalen und musikalischen Ausdrucksformen emotionaler Erregung experimentell belegt. Neurophysiologisch konnte belegt werden, dass Musik Atmung, Herzschlag, Tonus der Gefäßmuskulatur, den galvanischen Hautwiderstand sowie EEG-Ströme im Gehirn unmittelbar verändern kann (vgl. S. 120 sowie Schneider 1997a: 349–368, Sturm 1999: 38).

Musik kann in beiden Modi wahrgenommen werden: Einerseits weckt Musik aufgrund ihrer Schwingung unmittelbar Emotionen durch Resonanz, andererseits weckt sie mittelbar Emotionen, indem sie als Zeichen interpretiert und auch kognitiv zu den Bildern und der Handlung in Beziehung gesetzt wird. Das, was die Musik in der Filmrezeption an Emotionen aus Resonanz bewirkt, ist nur ein Teil dessen, was wir schließlich als die Emotionalität des Filmerlebnisses betrachten. Das emotionale Erlebnis von Musik und Film lässt sich, wie in Abb. 4 schematisiert, durch eine Interdependenz beider Ansätze beschreiben (vgl. Abb. 4).

Jeder Reiz – etwa sprachlich, visuell oder musikalisch – kann vom Rezipierenden als Zeichen oder Schwingung aufgefasst werden. Im Falle von Zeichen kann eine spezifische Emotion sich erst infolge kognitiver Verarbeitungsprozesse einstellen. Im Falle von Schwingungen entsteht durch ihre Resonanz beim Wahrnehmenden unmittelbar und schon losgelöst vom kognitiven Verarbeiten eine Emotion, die dann wiederum kognitiv weiter verarbeitet wird (vgl. S. 232 und die »Schockeffekte« in der Filmmusik). Jedwede Kognition oder Emotion kann weiter verarbeitet werden und neue Kognitionen wie auch Emotionen auslösen. Kognitionen sind dieser Sichtweise zufolge sowohl Ursache als auch Folge von Emotionen. Emotionen sind sowohl Ursache als auch Folge von Kognitionen (vgl. Wuss 1991: 38–39).

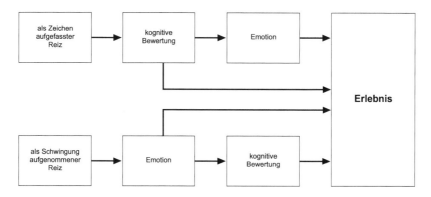

Abb. 4: Zwei Modi des Entstehens von Emotionen durch Musik

Emotion und kognitive Bewertung bilden nicht nur eine einmalige Abfolge, sondern können im nahezu unendlichen – in der obigen Schematisierung nur durch wenige Schritte angedeuteten – Prozess der Reizverarbeitung immer wieder ineinander greifen und an einer unbestimmten Stelle der Kette dann zu dem subjektiven Eindruck eines Erlebnisses führen. Die spezifische filmische Emotionalität wird dem Film also nicht durch die Musik beigefügt, sondern entsteht im Ganzen von Musik, Sprache, Bildern, Originaltönen und anderen Gestaltungsteilen.

Betrachtet man Musik – im Sinne der in Abb. 4 *oben* angedeuteten Auffassungsweise – als Zeichensystem, so ist dabei zu differenzieren, ob eine konkrete Musik als sicheres Zeichen oder aber als vager semantischer Anhaltspunkt aufgefasst wird. Der Grad der Intersubjektivität von musikalischen Zeichen kann stark variieren. Es ist zu vermuten, dass manche musikalische Zeichen – ähnlich sprachlichen Codes – überaus stabil sind: Hohe Geigen-Cluster (viele nah beieinander liegende und durch ihre Gleichzeitigkeit sich reibende Töne) stehen beispielsweise stabil für Angst und Spannung. Oboen-Melodien in Moll stehen in gewissem Kontext verlässlich für Melancholie. Entsprechend geht Wolfgang Thiel (1981: 91) von musikalischen Strukturtypen mit relativ konstanten Gestaltungselementen aus, die sich bereits in der Geschichte der Oper herausgebildet haben und »beim Hörer relativ stabile Assoziationen auslösen.« Andere musikalische Zeichen sind eher vage und können folglich nicht so unmittelbar emotionalisieren.

> **Vertiefung: Archetypen und Universalia im Bereich der Musik**
>
> Im Bereich der stabilen und hochgradig intersubjektiven Zeichen verschwimmt die Grenze zu den Archetypen: Wenn fast jeder Mensch eine Musik in ähnlicher Weise auffasst, ist kaum noch auszumachen, ob diese Eindeutigkeit eher auf Resonanz oder auf Zeichenhaftigkeit beruht, denn je fester ein Zeichen verankert ist, desto schneller gelingt dessen Interpretation. So wie ein Mensch unmittelbar und fast reflexartig auf ein – zweifellos erlerntes und somit zeichenhaftes – Schimpfwort reagiert, reagiert er auf manche Filmmusik reflexartig, auch wenn keine biologisch-archetypische Reaktion auf einen Reiz erfolgt. Hier greifen dann Reaktionsprozesse, die denen der Pawlowschen Konditionierung ähneln.[32] Eine derart direkte Reaktion unterscheidet sich im Rezeptionseffekt nur wenig von einer archetypischen Reaktion auf einen Reiz.
>
> Diese Verschwommenheit zwischen »konditionierten« und archetypischen Reiz-Reaktionen umrahmend könnte somit auch von musikalischen *Universalia* gesprochen werden, die sich in der Zone archetypischer Lautstrukturen und fest erlernter bzw. konditionierter Reiz-Reaktionen bewegen und graduell in den Bereich speziellerer Ausdrucksformen – als Gegenpol zu den Universalia – einmünden (vgl. Rötter 2005: 294). Es scheint das Wesen von Filmmusik zu sein, häufig von solchen Universalia Gebrauch zu machen. Dieser Gebrauch ist allerdings nicht durchgehender und ausschließlicher Art. Vielmehr wird das Eindeutige der Universalia auf eine oft recht subtile Weise in das Ganze der Filmmusik eingebunden. Keinesfalls kann Filmmusik auf diese Universalia reduziert werden, so, wie das Gericht eines Meisterkochs nicht auf die darin enthaltenen Grundnahrungsmittel reduziert werden kann.

Claudia Gorbman stellt, passend zu den beiden grundlegenden Auffassungsweisen von Filmmusik (Schwingung vs. Zeichen), drei Wege fest, wie Musik das filmische Erlebnis durch Bedeutungen beeinflussen kann: Erstens sei da eine **rein musikalische Bedeutung**, die aus den komplexen syntakti-

---

[32] Der Begriff der Konditionierung geht auf die 1905 von Ivan Pawlow durchgeführten Experimente zurück: Ein Hund wurde einer Messung des Speichelflusses als Reaktion auf bestimmte Reize unterzogen. Dem Hund wurde zunächst Futter vorgehalten (unkonditionierter Reiz, UCR), worauf er die angeborene Speichelfluss-Reaktion zeigte (unkonditionierte Reaktion, UCR). Auf das Läuten einer Glocke (konditionierter Reiz, CR) zeigte der Hund zunächst keinerlei Speichelfluss-Reaktion. Pawlow kombinierte dann die beiden Reize (UCR + CR), worauf der Hund mit Speichelfluss reagierte (UCR). Nach mehrmaligem Wiederholen dieser Reizpräsentation reagiert der Hund schon auf das Glockenläuten. Diese Reaktion nannte Pawlow konditionierte Reaktion (CR) (vgl. Zimbardo 1983: 178).

schen Verbindungen musikalischer Töne resultiere. Muster von Spannung und Entspannung vermittelten eine organisierte Struktur, die eine inhärente Bedeutung habe, auch wenn diese nicht einfach in andere Ausdrucksformen (etwa explizite Sprache) übersetzt werden könne. Diese Art der Bedeutung kommt der Resonanz aufgrund von Musik gleich. Zweitens sei da ein **kulturell gewachsener musikalischer Code**, dem zufolge Musik mit bestimmten Stimmungen und Gedanken assoziiert werde. Die Wahrnehmung eines solchen Codes kommt der intersubjektiven Interpretation musikalischer Reize als Zeichen gleich. Drittens sei da ein **cinematischer Code**, dem zufolge die Bedeutung von Musik aus der speziellen Platzierung der Musik innerhalb des filmischen Kontexts erwachse. Dieser Code basiert sowohl auf der Interpretation musikalischer Reize als Zeichen als auch der Interpretation in Folge von Resonanz. Hier kommt also die Interdependenz zum Tragen. Ein cinematischer Code kann sich erst durch die vielfache interdependente Rezeption audiovisueller Stimuli herausbilden (vgl. Gorbman 1987).[33] Passend zu holistischen Prämissen beschreibt Gorbman das Verhältnis zwischen Musik und Bildern im als gegenseitige Beeinflussung (Ebd: 15).

Metaphorisch lässt sich zusammenfassen: Musik kann manchmal einem winzigen Augenzwinkern gleich kommen, das den Ernst eines sachlich wirkenden Redners ins Komische kippen lässt. Das Augenzwinkern selbst kann wohl kaum als alleiniger Träger der sich einstellenden Emotionen aufgefasst werden, wäre es doch ohne den Kontext der Rede eher wirkungsschwach. In vielen Fällen jedoch sind es ausgeprägte und sehr direkte emotionale Wirkungen von Musik, die das Filmerlebnis einfärben und unvergleichlich intensiv werden lassen. Keinesfalls haltbar ist jedoch die These, Musik sei für den emotionalen Teil des Filmerlebnisses grundsätzlich hauptverantwortlich. Das Filmerlebnis ist stets ein Ganzheitliches aus Bildern, Tönen sowie den mit ihnen und ihren Verbindungen assoziierten Gedanken und Emotionen. Die Kognition ist als prozesshafte Bedingung für Assoziationsleistungen stets am Filmerlebnis beteiligt. Etwa verschmelzen verschiedene emotionale Teilreaktionen kognitiv zu komplexeren emotionalen Erlebnissen; oder es entsteht aus der kognitiven Verbindung bereits gespeicherter Gedächtnisinhalte mit neu aufgenommenen Informationen eine emotionale Reaktion; oder eine emotionale Reaktion infolge einer archetypischen Struktur wird hinsichtlich

---

33   Die ersten beiden Kategorien Gorbmans gehen sinngemäß zurück auf eine Ansicht des Musikwissenschaftlers Leonard B. Meyer (1956), der bei Musik zwischen interner Bedeutung (hervorgerufen durch die Struktur der Musik selbst) und externer Bedeutung (hervorgerufen durch gespeicherte Assoziationen) unterschied.

ihrer Bedeutung im Filmkontext analysiert. Viele weitere Arten der Verbindung von Kognition und Emotion und der Entstehung eines filmischen Erlebnisses sind denkbar.

V. Das Drei-Dimensionen-Modell

»Manche Leute sagen, dass das, was im Film passiert, unwirklich sei. Aber tatsächlich ist es so, dass das, was dir im Leben passiert, unwirklich ist. Im Film sehen die Gefühle immer so stark und echt aus, aber wenn dir selber etwas passiert, kommt es dir vor, als sähest du das alles nur auf dem Bildschirm, und du fühlst rein gar nichts.«
Andy Warhol

»Realität im Film ist eine naturalistische Interpretation. Das Filmbild, überlebensgroß, ist nicht real. Seine Realität gewinnt es aus dem Zusammenwirken der intellektuellen und affektiven Komponenten des Films. Oft ist es die musikalische, die ihm Realität verleiht. Das mag paradox erscheinen, denn die Musik ist von den filmischen Ausdrucksmöglichkeiten die am wenigsten naturalistische.«
Leonard Rosenman

Den Grundlagen folgend wird nun das Drei-Dimensionen-Modell des Films und der Filmmusik entwickelt. Um zu dem Modell zu führen, das auf einer intuitiven Idee des Verfassers beruht, soll an bestehende Ansätze zur Filmmusiktheorie angeknüpft werden.

Einen geeigneten Ausgangspunkt bietet Klaus-Ernst Behne (1994a: 71–85) durch seine »Bausteine zu einer kognitiven Theorie der Filmmusik« (Ebd.: 80). Er nimmt zwei Verarbeitungsmodi für auditive und visuelle Filmstimuli an. Der **erste Modus** ist eher stimmungsbetont und betrifft das passive Erleben eng gefasster Bilder und Einstellungen zusammen mit Musik: »... Anmutungsqualitäten dominieren, kognitive Aktivitäten stehen nicht unbedingt im Vordergrund, wir ›lassen‹ Gesichter, Körper oder Landschaften auf uns wirken.« (Ebd.) Der **zweite Modus** ist eher aktiv und handlungsorientiert und zielt auf das zusammenfassende Interpretieren von Einstellungsfolgen ab. Hier ist die »...Wahrnehmung gerichteter, detailorientierter, hypothesen-

geleitet, wir suchen nach Bausteinen, die sich zu einer ›besten‹ Interpretation zusammenfügen, nur so können narrative Strukturen entstehen.« (Ebd.)
Im ersten Modus wird der vernommene Ausdrucksgehalt der Musik mit den gleichzeitig wahrgenommenen Filmbildern verbunden. Im zweiten Modus werden die Assoziationen der aktuell gesehenen Filmpassagen mit den Eindrücken aus früheren Passagen verbunden und interpretierend zusammengefasst. »Beide Modi können sich im Verlauf eines Films abwechseln, partiell auch überlagern.« (Behne 1994a: 79) Behne konkretisiert:

»Der erste Wahrnehmungsmodus ist in gewissem Maße noch dem Betrachten von Photographien verwandt, beim Film (genauer, beim Betrachten einer Einstellung) kommt aber die Bewegung (der Person, von Objekten, der Kamera) hinzu, die Inhalte dieser Form der filmischen Wahrnehmung können so unter Umständen intensiver dargestellt und vermittelt werden. Die für den zweiten Modus typischen psychischen Prozesse knüpfen zwar an alltägliche visuelle Wahrnehmung an, sind aber in Wirklichkeit eine späte, durch die Eigengesetzlichkeit der Filmmontage erzwungene Leistung in der Wahrnehmungsgeschichte des Menschen. [...] Der zweite Modus ist in stärkerem Maße durch filmische Konventionen geprägt, aktiviert Schemata, die wir von Film gelernt haben, impliziert Wissen um die formalen filmischen Mittel.« (Ebd.)

Der erste Modus beruht auf dem Phänomen der Intermodalität: Es gibt in der Wahrnehmung stets eine »assoziative Verknüpfung bzw. Analogiebildung zwischen disparaten Sinnesreizen« (Rösing 1998: 10). »Wahrnehmung kann [...] nie ausschließlich akustisch oder optisch sein. Es kommt immer zu einer intermodalen Zusammenschau.« (Ebd.)

Ausgehend von Behnes Theorie wird ein weiterer Anknüpfungspunkt gewählt, um zum Drei-Dimensionen-Modell zu führen. Dieser liegt in Überlegungen des Regisseurs Sergej Eisenstein, der sich in seinem Aufsatz »Die Vertikalmontage« (Eisenstein 2006: 238, entstanden 1940–1941) mit Möglichkeiten simultaner Verknüpfungen von Bildern und Tönen befasst. Die Bezeichnung solcher Verknüpfungen als »vertikal« ist aus der Notation mehrstimmiger Musik abgeleitet: Zwischen Tönen, die gleichzeitig zu erklingen haben, lässt sich im Notenbild eine vertikale Verbindung ziehen (in Abb. 5: Schema I). Eisenstein (2006: 245) stellte sich für seine Theorie eine »Ton-Bild-Partitur« (Schema II) mit einer »zusätzliche Zeile« (vgl. Abb. 5) vor.
Der für Behnes ersten Modus maßgebliche Aspekt der *simultanen* Bild-Ton-Verknüpfung steht, wie unmittelbar deutlich wird, in Analogie zu Eisensteins

Das Drei-Dimensionen-Modell 83

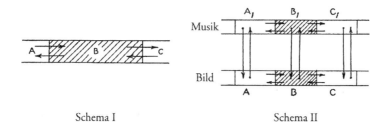

Abb. 5: Ton-Bild-Partitur nach Eisenstein (Eisenstein 2006: 245). Die Buchstaben A, B und C bezeichnen Strukturmerkmale innerhalb der Bilder, die auf gewisse Weise in den Buchstaben A1, B1 und C1 jeweils eine Korrespondenz in der Musik finden. Die von Eisenstein erörterten speziellen Möglichkeiten der vertikalen Verknüpfung von Bild und Ton interessieren an dieser Stelle zunächst noch nicht.

simultanen Verknüpfungen zwischen Bild und Ton. Jedoch unterscheiden sich Eisensteins und Behnes theoretische Ansätze grundlegend: Eisenstein befasst sich mit Bild-Ton-Verknüpfungen auf dem Filmstreifen, während Behne sich mit Simultanverknüpfungen in der Wahrnehmung befasst. Eisenstein setzt beim Verhältnis des Films zu seinem Produzenten an, Behne beim Verhältnis des Films zum Rezipienten. Es kann kein Zweifel darüber bestehen, dass der erste Wahrnehmungsmodus nach Behne in direktem Zusammenhang zur Vertikalmontage nach Eisenstein steht, denn die Montage gemäß Eisenstein ist die *Reizgrundlage* für die Wahrnehmung, wie sie Behne beschreibt: Der Rezipient nimmt exakt solche Bilder und Töne simultan wahr, die durch den Produzenten vertikal montiert wurden. Jedoch gibt es keine direkte kausallogische Übersetzung einer Vertikalmontage in einen Wahrnehmungseffekt und wiederum keine direkte Möglichkeit, einen Wahrnehmungseffekts auf eine bestimmte Vertikalmontage zurückzuführen. Die Wirkung lässt sich nicht aus der Summe wahrgenommener Reize errechnen; aus einer Wirkung lässt sich nicht auf die Beschaffenheit der Reizgrundlage rückschließen.

Beide Perspektiven – von Behne und Eisenstein – werden nun im Blick auf das Drei-Dimensionen-Modell vereint. So entsteht die erste Dimension des Modells; sie wird als **vertikale Dimension** bezeichnet. In ihr können Bilder und Töne einerseits als im Film gegenständlich vorhanden – montiert – beschrieben werden. Dies entspricht der zweiten Ebene des Holismus nach Smuts: Holismus ist eine den Dingen innewohnende Eigenschaft; jeder Gegenstand ist ein über die bloße Anhäufung von Atomen und Molekülen hinausgehendes Ganzes mit einem inhärenten Ordnungsprinzip. Andererseits kann in der vertikalen Dimension aber auch das wahrnehmungsbedingte Resultat des Films auf Rezipientenseite beschrieben werde. Dies entspricht der ersten Ebene des Holismus: Der Mensch addiert nicht einfach Wahrnehmungen von Einzelteilen, sondern interpretiert sie im Sinne einer verbindenden Ordnung.

Der zweite Modus nach Behne beschreibt das zusammenfassende Interpretieren, also die zeitlich-konsekutive Komponente der Filmrezeption (zweite Holismus-Ebene). Auch Eisenstein beschreibt eine zeitlich-konsekutive Komponente, nämlich als Abfolge von Bildern und Tönen, die im Film manifest sind (erste Holismus-Ebene). Beide Perspektiven werden für das Drei-Dimensionen-Modell wiederum vereint. So entsteht als zweite Dimension die **horizontale Dimension**. Taucht ein Filmmusikthema beispielsweise mehrfach im Film auf, so ist eine entsprechende horizontale Struktur im Film vorhanden, die in der Wahrnehmung des Rezipienten zu einer kognitiven Analogiebildung führen kann, aber nicht muss. Der Begriff des Horizontalen tritt auch bei Eisenstein zur Beschreibung des zeitlich-konsekutiven Fortschreitens des Films auf und stammt wiederum aus der Musiknotation: Zwischen zwei aufeinander folgenden Tönen gleicher Höhe lässt sich eine horizontale Verbindung denken. Überdies bestehen horizontale Bezüge nicht nur in einem einzelnen Film und seiner Wahrnehmung. Es gibt solche auch im Vergleich vieler Filme miteinander. Die ganze Entwicklungsgeschichte des Films könnte – als Teil der ganzen Entwicklungsgeschichte überhaupt – als ein horizontaler Prozess aufgefasst werden. Mit dieser Annahme kommt die dritte Ebene des Holismus nach Smuts zum Tragen: Der Holismus ist ein evolutionäres Prinzip. Dinge, Menschen und auch Filme streben stetig nach Vervollständigung. Sie »wollen« etwas werden, was sie noch nicht sind bzw. was keiner vor ihnen war.

Die vertikale und die horizontale Dimension sind nunmehr durch eine Zusammenführung zweier Perspektiven entstanden. Das hat nicht den Sinn, Unterschiede zwischen den Perspektiven zu nivellieren. Vielmehr soll zwischen den Perspektiven fortan *systematisch* unterschieden werden. Dafür wird nunmehr die dritte Dimension – **Tiefendimension** – des Drei-Dimensionen-Modells entworfen. Sie hilft, zu benennen, ob im Blick auf einen Film bzw. dessen Produktion oder Rezeption auf der ersten oder der zweiten Holismus-Ebene angesetzt wird: Je nachdem, ob vertikale bzw. horizontale Bild-Ton-Bezüge als im Film manifest oder aber als wahrnehmungsbedingt angesehen werden, wäre eine unterschiedliche Position in der Tiefendimension erreicht. Werden die Bezüge als wahrnehmungsbedingt angesehen, kann in der Tiefendimension wiederum unterschieden werden, ob die Wahrnehmung beim Produzenten oder Rezipienten stattfindet. Dies wird noch eingehend erläutert.

Es kann bis hierhin zunächst – vereinfacht – festgehalten werden: In der vertikalen Dimension werden simultane Verknüpfungen zwischen Bildern und Tönen im Film sowie intermodale Verknüpfungen von Bildern und Tönen in der Wahrnehmung des Rezipienten und Produzenten beschrieben. In der horizontalen Dimension werden sukzessive Anordnungen von Bildern und Tönen im Film sowie kognitive Verknüpfungen sukzessiver Wahrnehmungen beim Rezipienten und Produzenten beschrieben. Die Unterscheidungen zwischen den jeweiligen Ebenen (Film oder Wahrnehmung) sowie zwischen Produzenten- und Rezipientenwahrnehmung finden in der Tiefendimension statt.

Zur weiteren Erklärung der Tiefendimension sind zusätzliche Grundlagen notwendig. Das filmische *Erlebnis* – als Resultat der Wahrnehmung – ist eng an eine *Handlung* des Films geknüpft. Selbst in einem nicht-narrativen Film könnte man im übertragenen Sinne von einer Handlung sprechen, da der Rezipient stets Wahrgenommenes aufeinander bezieht und zu einer für ihn sinnvollen Abfolge zusammenfasst. Um diesen Aspekt zu erfassen, wird im Blick auf das Drei-Dimensionen-Modell die Vorstellung eines **virtuellen Raums** der Wahrnehmung entwickelt. Dieser virtuelle Raum ist eine über die Wahrnehmung der physischen Realität hinausgehende Bewusstseinssphäre. Nimmt ein Rezipierender die Bilder und Töne eines Films nicht bloß als »sinnlose« Anhäufung von Bildern und Tönen, sondern im Sinne einer Handlung des Films wahr, befindet er sich bereits im virtuellen Raum seiner Wahrnehmung. Jeder Rezipierende muss eine Vielzahl von Schnitten, Montagen, Sprüngen und ästhetischen Andeutungen, die im Film manifest sind, »überwinden«, um zur Handlung des Films vordringen zu können. Er muss also auf der Ebene der Phantasie die Bilder und Töne zu einem virtuellen Zeit-Raum-Kontinuum vereinen. Der virtuelle Raum ist somit ein Raum der Fiktionen und erdachten Kausalitäten zwischen einzelnen Ereignissen des Films. Er ist vergleichbar mit einer Vorstellung Kracauers, der das Spezifische einer filmischen Erzählung darin sieht, dass der Rezipierende durch die Anordnung der Bilder und Töne seine intellektuelle Zensur unwillkürlich ablegt und in ein anderes – »reduziertes« – Bewusstsein gleitet: Filme »weisen in dem Maße über die physische Welt hinaus, in dem die Aufnahmen oder Aufnahmefolgen, aus denen sie bestehen, vielfältige Bedeutungen mit sich führen.« (Kracauer 1985: 109)

Nicht nur beim Rezipienten, auch beim Produzenten gibt es einen virtuellen Raum. So kann der Produzent keine sinnvolle Abfolge von Bildern und Tönen wählen, wenn er nicht ebenfalls von einer Bewusstseinssphäre der Phantasie ausgeht und seine alltägliche intellektuelle Zensur mindert. Auch diese Perspektive klingt bei Kracauer an. Schon die Fotografie – als Grundlage für den Film – sei nicht nur reproduzierte Wirklichkeit, sondern setze »die schöpferische Fantasie des Künstlers bei der Gestaltung des ihm gegebenen Materials voraus.« (Kracauer 1985: 28) Anders als der virtuelle Raum des Rezipienten entsteht der virtuelle Raum des Produzenten also nicht unbedingt durch Wahrnehmung schon vorhandener Strukturen im Film, sondern beruht auf einer Idee dessen, was der Film später einmal an Vorstellungen auslösen soll. Der Produzent hat in diesem Sinne eine Phantasie über eine Filmhandlung; der Rezipient bildet wiederum eine Phantasie über die Handlung. Die Phantasien des Produzenten und Rezipienten müssen nicht deckungsgleich sein, sondern stehen in einem relativen Kongruenzverhältnis. Der virtuelle Raum ist somit eine intersubjektive Phantasie, die vom Produzenten und Rezipienten im Sinne einer die Handlung sowie die Handelnden und den Handlungsraum vereinigenden Kontinuität geteilt wird.[34]

Zum virtuellen Raum gibt es einen Gegenpol. Er wird als **Lebenswelt** bezeichnet. Gemeint ist damit jene Ebene, die bei Kracauer als »physische Welt« anklingt. Während der virtuelle Raum eine Phantasie über die Filmhandlung ist, ist die Lebenswelt das physisch erlebbare Umfeld eines Menschen samt der daraus resultierenden Wahrnehmungen und Erinnerungen. Sitzt ein Mensch im Kinosessel, ist dieser Sessel inmitten des Kinosaals Teil seiner Lebenswelt; er kann ihn berühren. Auch wenn er nicht alle Gegenstände des Kinosaals einfach berühren kann, hat er dennoch eine unmittelbare Sinnesverbindung mit ihnen, im Gegensatz zu Gegenständen, die im Film gezeigt werden, deren sinnlicher Reiz potenziell nur in der Zeit bestand, als sie gefilmt wurden. Die Lebenserinnerungen des Rezipienten sind aber wiederum als »physisch« aufzufassen und somit Teile der Lebenswelt, da sie auf Situationen beruhen, in denen er eine ebenso direkte Sinnesverbindung mit Situationen hatte. Selbst die Annahmen eines Rezipierenden über sein zukünftiges Handeln tragen diese physische Komponente in sich, da sie auf ein potenzielles unmittelbares Erlebnis abzielen. Die Annahmen eines Rezipierenden über die Filmhandlung hingegen haben keine physische Manifestation, da Filmfiguren nicht berührt werden können. Zwar ist es denkbar, einen Schauspieler zu berühren, jedoch ist der Schauspieler dann nicht mehr Teil des virtuellen Raums und somit virtuell nicht mehr *identisch*. Er ist dann Teil der Lebenswelt.

---

34 Der virtuelle Raum steht in engem Zusammenhang mit der Theorie der Diegese (vgl. S. 174).

Bei der Filmrezeption verlässt der Rezipient das Bewusstsein seiner Lebenswelt und gelangt in den virtuellen Raum. Die Tiefendimension des Drei-Dimensionen-Modells beschreibt, so kann nunmehr präzisiert werden, *Bewusstseinsebenen* der Wahrnehmung. Befindet sich etwa der Rezipierende im Bewusstsein, gerade im Kino auf einem Sessel neben anderen Kinobesuchern zu sitzen, ist er auf der Bewusstseinsebene seiner Lebenswelt. Er könnte dabei zwar durchaus auf den Film achten, der gerade läuft, aber er nimmt die Bilder und Töne nicht so sehr im Sinne einer Filmhandlung wahr, sondern eher als Teile der audiovisuellen Kulisse des Kinosaals. Fiebert ein Rezipierender hingegen mit den Filmakteuren, um vorübergehend auch mal zu vergessen, dass er sich gerade in einem Kino auf einem Sessel befindet, ist er auf der Bewusstseinsebene des virtuellen Raums. In diesem Zustand kann er zwar durchaus auch mal daran denken, dass er sich in einem Kino befindet, aber er nimmt die Bilder und Töne des Films vorwiegend im Sinne einer Filmhandlung wahr. Auch kann in der Tiefendimension beschrieben werden, dass ein Rezipierender sich weder im Bewusstsein seiner Lebenswelt noch im Bewusstsein des virtuellen Raums befindet, sondern analytisch über die Art und Weise der Verbindung auditiver und visueller Elemente im Film nachdenkt. Er wäre dann auf der Ebene des Bewusstseins von dem Film selbst.

Die Tiefendimension beschreibt ein Kontinuum verschiedener Bewusstseinsebenen zwischen dem Produzenten und dem Rezipienten. Der Schnittpunkt dieses Kontinuums ist der Film selbst. Analog zur Lebenswelt des Rezipienten gibt es also auch eine Lebenswelt des Produzenten: Der Produzent kann mit seinem Bewusstsein entweder in den virtuellen Raum (also in seine Phantasie) hintauchen oder aber mit seiner Lebenswelt befasst sein. Mit seiner Lebenswelt wäre er etwa befasst, wenn er über die technische Montage von Bildern mit Tönen nachdenkt. Abb. 6 veranschaulicht die Tiefendimension unter Einbezug des virtuellen Raums und der Lebenswelt.

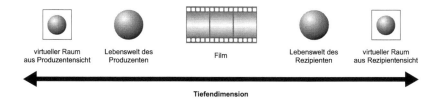

Abb. 6: die Tiefendimension des Drei-Dimensionen-Modells. Der Doppelpfeil bedeutet einen Wechselbezug, eine Interdependenz zwischen den durch die Symbole angedeuteten Bewusstseinsebenen der Wahrnehmung.

Der Rezipient kann sich im Bewusstsein des Films (Strukturen audiovisueller Reizkombinationen), seiner Lebenswelt (Kinosessel, Fahrt zum Kino, allgemeine Lebenssituation, Erinnerungen, Pläne, ...) und des virtuellen Raums (Filmhandlung, Filmfiguren) befinden und sich zwischen diesen Bewusstseinsebenen bewegen. Der Produzent kann sich zwischen ebensolchen Bewusstseinsebenen bewegen (vgl. Abb. 7).

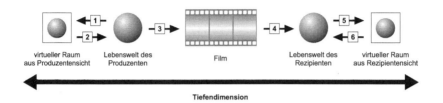

Abb. 7: Kommunikationsweg vom Produzenten zum Rezipienten

1) Der Produzent geht von seiner physisch erlebbaren Lebenswelt sowie von den Erinnerungen an Erlebtes aus und entwickelt daraus mit Hilfe seiner Phantasie Vorstellungen über einen virtuellen Raum (»eine alternative Realität«).
2) Diese Vorstellung eines virtuellen Raums beeinflusst wiederum die Lebenswelt des Produzenten: Er entschließt sich, einen Film zu realisieren.
3) Der Produzent produziert einen Film, in dem implizit seine Vorstellungen des virtuellen Raums anklingen sollen.
4) Der Film sendet während der Vorführung Stimuli zum Rezipienten, der sie zunächst als Teil seiner Lebenswelt wahrnimmt.
5) Aufgrund von kognitiver Arbeit erschließt sich der Rezipient aus seinen Wahrnehmungen der filmischen Stimuli einen virtuellen Raum.
6) Der virtuelle Raum beeinflusst schließlich wiederum die Lebenswelt des Rezipienten, da er aufgrund der neu gewonnenen Vorstellungen und Phantasien sein Handeln in Teilen anders ausrichten kann.

Die Tiefendimension ist mit der vertikalen und horizontalen Dimension interdependent: Filmrezeption und -produktion spielen sich immer in allen drei Dimensionen ab (vgl. Abb. 8).

Das Drei-Dimensionen-Modell

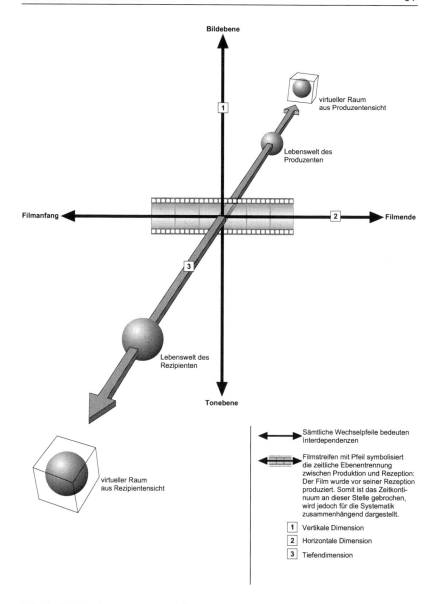

Abb. 8: das Drei-Dimensionen-Modell

Die »Tonebene« umfasst alles Akustische im Film, etwa Musik, Dialog, Originaltöne und Soundeffekte.

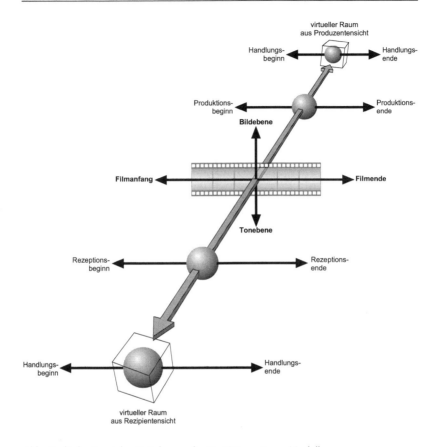

Abb. 9: die horizontalen Zeitebenen des Drei-Dimensionen-Modells

Da die Tiefendimension (als Verbindung zwischen dem virtuellen Raum aus Rezipientensicht und dem virtuellen Raum aus Produzentensicht gezeichnet) Bewusstseinsebenen der Wahrnehmungen beschreibt, wird deutlich: Die Zeit, in der sich der Film ereignet (Filmanfang bis Filmende) ist in der Wahrnehmung eine andere als die Zeit zwischen Rezeptionsbeginn und Rezeptionsende. Der Rezipient schätzt die Filmdauer subjektiv anders ein als dessen tatsächliche Dauer. Die Zeit zwischen Handlungsbeginn und Handlungsende ist wiederum eine andere. Sie kann – in der Einschätzung des Rezipienten – beispielsweise Jahre umfassen, während die Filmdauer nur zwei Stunden beträgt. Die Produktionszeit (zwischen Produktionsbeginn und Produktionsende) wird vom Produzenten deutlich anders aufgefasst als die tatsächliche Dauer des Films, selbst wenn in einem konstruierten Fall die Produktion in Echtzeit stattfindet (Filmherstellung durch direktes Mitschneiden einer »realen« Handlung). Die Zeit zwischen Handlungsbeginn und Handlungsende wird vom Produzenten wiederum anders eingeschätzt.

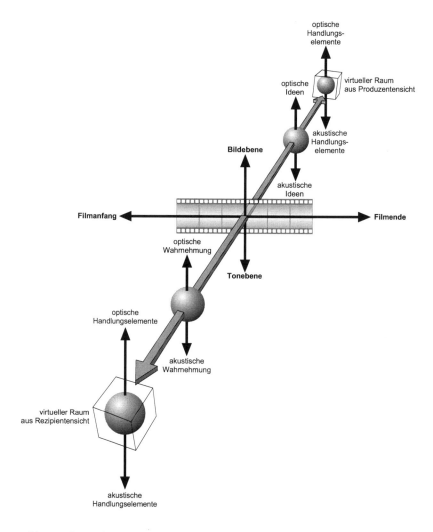

Abb. 10: die vertikalen (Simultan-)Ebenen des Drei-Dimensionen-Modells

> Was der Rezipient optisch und akustisch wahrnimmt, ist infolge von Intermodalität nicht gleichzusetzen mit den Stimuli der Bild- und Tonebene. Was der Rezipient dem virtuellen Raum als optische und akustische Handlungselemente zuweist, ist nicht exakt vorherzusagen. Was der Produzent an optischen und akustischen Ideen aufgrund seiner Vorstellung von optischen und akustischen Handlungselementen entwickelt, unterscheidet sich von den tatsächlich auf dem Filmstreifen montierten Komponenten der Bild- und Tonebene.

Bis hierher wurde das Drei-Dimensionen-Modell auf den Film, den Rezipienten und den Produzenten als ganzheitliches System – das Filmsystem – bezogen. Da es im vorliegenden Buch schwerpunktmäßig auf einen spezifischen Aspekt des Filmsystems angewendet wird, nämlich die Filmmusik, soll die Einbindung der Filmmusik in das Filmsystem anhand des Drei-Dimensionen-Modells veranschaulicht werden. Dies geschieht anhand einer Metapher: Filmmusik ist wie eine Brücke, die dem Rezipienten hilft, von der Bewusstseinsebene seiner Lebenswelt in die Bewusstseinsebene der Wahrnehmung eines virtuellen Raums zu gelangen. Musik beeinflusst das Erleben von Bildern und wird in ihrer Wahrnehmung wiederum von den Bildern beeinflusst (vgl. Abb. 11).

So wie es die Aufgabe einer Brücke ist, einen Passanten über einen Fluss von einem Ufer zu dem gegenüber liegenden Ufer zu führen, ist es Aufgabe der Filmmusik, den Rezipienten von seiner Lebenswelt abzulösen und in den virtuellen Raum eintauchen zu lassen. Als »Brücke« kann Filmmusik eine solche Funktion nur erfüllen, wenn sie einen Stützpunkt am Ufer der Lebenswelt hat: Das musikalische Idiom – ihre Eigenart, Gestaltungsweise, Anmutung, Stilistik – muss für den Rezipienten aussagekräftig sein; der Rezipient muss die Filmmusik ansatzweise mögen oder zumindest »verstehen«. Nur so kann beispielsweise in einer Komödie durch Musik signalisiert werden, dass ein für sich genommen ernster Dialog ironisch gemeint ist. Als »Brücke« muss die Musik also dort ansetzen, wo der Rezipient in seinem Musikverständnis in der Lebenswelt steht. Dann wiederum braucht die Filmmusik einen Stützpunkt im virtuellen Raum. Sie muss also sinnvoll in die Filmstruktur integriert sein. Der gewünschte Komik-Effekt wird überdies nicht eintreten, wenn der mit Musik verbundene Dialog als solcher vom Rezipienten gar nicht verstanden wird. Der »Brücke« fehlt dann der Stützpunkt am Ufer des virtuellen Raums.

Solch verbindende Funktion bedingt, dass die Ufer mit dem Aufbau einer Brücke einen Teil ihrer vorherigen Eigenschaften einbüßen. Die Brücke wird Teil des Systems, in das sie eingreift. Hier kommt die Montage (vertikale Dimension) ins Spiel. Die Ufer sind mit Brücke nicht mehr so wie vorher; sie

Das Drei-Dimensionen-Modell

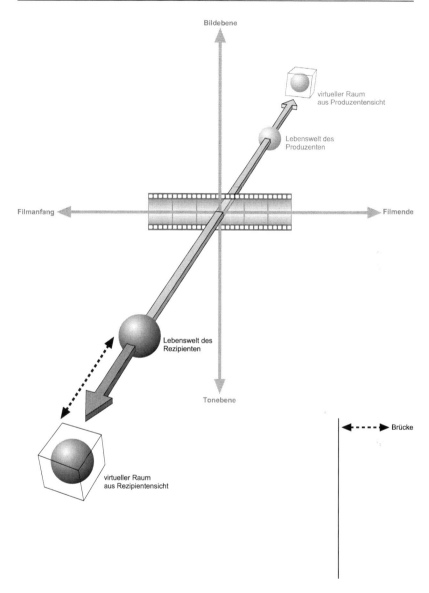

Abb. 11: Musik als Brücke zwischen der Lebenswelt des Rezipienten und dem virtuellen Raum aus Rezipientensicht; grau werden hier und im Folgenden die Bereiche des Modells gezeichnet, die von den jeweils integrierten Theorien weitgehend unberührt bleiben

werden zu Ufern mit Brücke. Jede Brücke hat darüber hinaus eine individuelle Erscheinungsform, die mit den Ufern, aus denen sie kommt und zu denen sie führt, verschmilzt. Jenseits der gleichen Grundfunktion jeder Brücke (Hilfsmittel zur Überquerung eines Flusses) können unterschiedliche Brücken recht verschiedene Eindrücke und Wirkungen hervorrufen. Filmmusik hilft somit nicht nur, beispielsweise einen Witz in einer Komödie zu erleben und zu verstehen. Sie tritt vielmehr gleichzeitig selbst in Erscheinung. Auch kann eine Brücke – je nach Perspektive – die Sicht auf das Ufer versperren. Dies trifft metaphorisch zu, wenn Musik akustisch mit dem Dialog »interferiert«, also dessen Verständlichkeit herabsetzt, obwohl es ihre eigentliche Intention im Sinne der ersten (Tiefen-) Dimension ist, den Dialog nachvollziehbarer zu machen. Die Reize – hier musikalische Reize –, die eine Brückenfunktion erfüllen sollen, sind selbst nicht mehr aus der ganzheitlichen Wahrnehmung herauszuhalten. Auch kann Musik den Rezipienten gezielt von Bildinhalten ablenken. Die Brücke versperrt in diesem Sinne die Sicht auf Teile des Ufers. So dienen filmische Stimuli manchmal nicht primär dazu, Information zu liefern oder Struktur zu schaffen, sondern gewissermaßen als Ballaststoffe in den Wahrnehmungskanälen die Verarbeitung anderer Reize zu verlangsamen. Etwa soll man im Krimi nicht zu schnell auf des Rätsels Lösung kommen, damit die Spannung gedehnt werden kann. Was sich als Brücke in den virtuellen Raum tarnt, dient dann eigentlich dazu, Teile des virtuellen Raums zu überdecken.

Darüber hinaus dient eine Brücke nicht nur zur Verbindung zweier Ufer, um nach Erfüllung ihrer Funktion aus dem Gedächtnis desjenigen zu verschwinden, der sie benutzt hat. Ein Passant wird vielmehr nicht nur zwei Ufer in Erinnerung behalten, sondern auch die Brücke. Später kann ihn dann der bloße Anblick der Brücke potenziell an das erinnern, was er an den beiden Ufern erlebt hat. Der Rezipient, der häufig über dieselbe »Brücke« zu seinem Freund, dem Protagonisten, gegangen ist, wird schließlich allein durch den Anblick der Brücke an seinen Freund erinnert, auch wenn dieser gar nicht mehr ihm gegenüber steht (horizontale Dimension). Die Erinnerung kann Assoziationen und Emotionen wecken. Ein geschickt etabliertes musikalisches Thema für den Protagonisten kann ein Hinweis auf diesen sein. Musik, die einst dazu diente, einen Witz in einer Komödie zu konstituieren, kann später in neuen Zusammenhängen mit diesem Witz in Verbindung gebracht werden. In der Wahrnehmung mischen sich beim erneuten Erklingen dieser Musik dann nicht nur inhärente Konnotationen der Musik mit der aktuellen Szene, sondern es fließen auch die Assoziationen an die vorherige Szene mit ein. Grundlage hierfür sind kognitive Beziehungsgeflechte zwischen wiederkehrenden Musikbausteinen (Themen, Motive, Klänge). Die betreffende Wirkweise ereignet sich nach dem Brückenmodell in der horizontalen Wirkungsdimension. Musik fungiert als Vehikel für außermusikalische Konnotationen. Jeder andere Reiz des Films kann ebenfalls in dieser horizontalen Dimension aufgefasst werden. Der Protagonist, der einmal mit einem Revolver in der Jackentasche gezeigt wurde, wird fortan nicht nur als diese Person erinnert, sondern als Person mit Revolver. Filmrezeption ist ein Prozess der stetigen Umdeutung und Verknüpfung von aufeinander folgenden Darstellungen.

VI. Theorien zur Filmmusik im Lichte der Filmpraxis, dargestellt anhand des Drei-Dimensionen-Modells

Anhand des Drei-Dimensionen-Modells werden nunmehr Theorien zur Filmmusik praxisnah interpretiert und ausgelegt. Es wird ein differenziertes Bild der Genauigkeit, Relevanz, Anwendbarkeit und Tragweite einzelner Theorien angestrebt. Mit der Betrachtung wird gleichzeitig das Drei-Dimensionen-Modell selbst weiter ausgeleuchtet.

Als **erstes** werden Theorien mit überwiegendem Bezug zur vertikalen Dimension beschrieben. Diese Einstufung bedeutet nicht, dass es keinerlei Auswirkungen der betreffenden Theorien in den anderen Dimensionen gäbe. Jedoch ist der *praktische Nutzen* dieser Theorien hauptsächlich in der vertikalen Dimension zu verstehen. Als **zweites** werden Theorien mit überwiegendem Bezug zur horizontalen Dimension beschrieben. Auch diese Theorien sind immer am Rande durch Aspekte der anderen Dimensionen mitgeprägt. Als **drittes** werden Theorien mit überwiegendem Bezug zur Tiefendimension beschrieben. Diese sind niemals ganz ohne die vertikale und horizontale Dimension sinnvoll zu betrachten; jedoch liegt ihr Schwerpunkt in der Tiefendimension. Als **viertes** werden holistisch ausgerichtete Theorien sowie Theorien, die ohne eigenes holistisches Fundament holistisch interpretierbar sind beschrieben. Sie sind nicht schwerpunktmäßig auf einzelne Dimensionen beziehbar. Ein Grund dafür kann sein, dass die Theorien ihrerseits holistisch ausgerichtet sind. Ein weiterer Grund kann darin bestehen, dass die Theorien keinerlei Systematik aufweisen, die mit der Systematik des Drei-Dimensionen-Modells harmoniert und dennoch auf die gleiche Ganzheit bezogen scheinen wie das Drei-Dimensionen-Modell. Insbesondere »Sammelsurien« der Filmmusikfunktionen (Auflistungen ohne Systematik) können nicht auf einzelne Dimensionen bezogen, jedoch holistisch interpretiert werden.

1) Theorien mit überwiegendem Bezug zur vertikalen Dimension

Die vertikale Dimension des Drei-Dimensionen-Modells beschreibt sämtliche Aspekte der simultanen Verknüpfung von Bildern mit Tönen. Die Montage von Bildern und Tönen durch den »Cutter« zählt ebenso dazu wie das Zusammenwirken von Bildebene und Tonebene in der Wahrnehmung. Filmmusik als Teil der Tonebene in der vertikalen Dimension zu betrachten bedeutet daher, ihr momentanes Zusammenfallen mit Dialogen, Geräuschen und Bildern punktuell und losgelöst vom größeren Kontext des filmischen Verlaufs zu betrachten.

die vertikale Dimension in fünf Stufen

Die historisch erste umfassende Theorie mit Ansatzpunkten in der vertikalen Dimension stammt von Sergej M. Eisenstein. Sie stammt aus einer Zeit, in der der Regisseur in Russland noch nicht mit dem Tonfilm arbeiten konnte. Er entwickelte gedanklich Möglichkeiten, das in den USA seinerzeit schon Praxis gewordene »ton-bildliche Phänomen« (Eisenstein 2006: 238) zu beschreiben.[35] In seinem Aufsatz »Die Vertikalmontage« [1940–1941] beleuchtet Eisenstein, welche Möglichkeiten zur Montage von Bild und Ton bestehen. Der in Abb. 12 schwarz gezeichnete Bereich deutet diesen Ansatzpunkt an.

Eisenstein nimmt an, Verknüpfungen zwischen Bildern und Tönen gingen von einem »einheitlichen impulsgebenden Grundbild« aus. Dieses – gedachte – Grundbild ist eine den Verknüpfungen innewohnende implizite Intention, vergleichbar etwa mit der Grundemotion, von der bei einem Menschen sowohl Gestik als auch Intonation ausgehen. Musik und Bild folgen einer sie einenden Intention des Produzenten. Es geht demnach bei der Montage von Bild und Ton um das Finden der passenden Elemente, so dass ein intendierter Gesamteindruck und eine Gesamtaussage entstehen können. Inmitten von Bildern und Tönen muss der Rezipient einen lebendigen Gesamteindruck bekommen. Eisenstein bezieht den Produzenten und den Rezipienten ein. Das einheitliche impulsgebende Grundbild entspricht dem virtuellen Raum aus Produzentensicht, der lebendige Gesamteindruck dem virtuellen Raum aus Rezipientensicht. Es kommt also auch die Tiefendimension bei Eisenstein zum Tragen, allerdings nicht in allen ihren Facetten (vgl. Abb. 13).

Der aus der Montage verschiedener Elemente resultierende Gesamteindruck kann »buchstäblich beinahe alle Sphären menschlicher Sinne durchlaufen« (Eisenstein 2006: 241). Eisenstein findet dieses Prinzip der Wirkung von Montage schon im Roman vor und nennt folgende sechs Sphären, die auch auf die audiovisuelle Montage im Film zu übertragen sind:

»1. *Taktile* (schweiß-triefend nasse Rücken);
2. *Olfaktorische* (Schweißgeruch, der an den Geruch von Raubtieren erinnert);

---

35 Eisensteins Schriften entspringen, ebenso wie seine Filme, dem politisch-ideologischen Kontext des damaligen Sowjetrussland. Daher sind seine Formulierungen durchsetzt von ideologischen Zielen. Diese werden hier jedoch nicht weiter thematisiert.

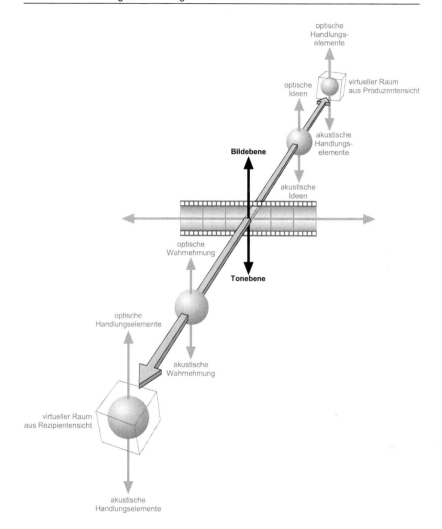

Abb. 12: Bild-Ton-Montage im Drei-Dimensionen-Modell

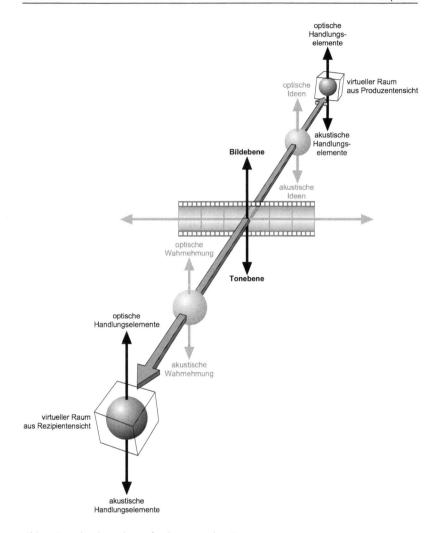

Abb. 13: Einbindung der Tiefendimension bei Eisenstein

3. *Visuelle:*
Licht (tiefer Schatten und die glänzenden Körper der Ringer, die sich ins helle Licht des Rings bewegen; die Knöpfe der Polizeiuniformen und ihre Säbelgriffe, die aus der Dunkelheit aufblitzen).
Farbe (bleiche Gesichter, aschblonde Schnurrbärte, sich von den Schlägen einfärbende Körperstellen);
4. *Akustische* (das Schnalzen der Schläge);
5. *Motorisch bewegte* (Bewegung auf den Knien sowie das Pendeln der Köpfe);
6. *Emotionale in der Dramaturgie* des ›Spiels‹ (herausfordernde Blicke) usw.«

Vertikalmontage im Film bedeutet in diesem Sinne, dass Bilder und Töne so übereinander gelegt sein müssen, dass sich daraus eine bestimmte Wirkung ergibt. Eisenstein setzt voraus, dass aufgrund einer vom Produzenten geschickt gewählten Kombination von Bildern und Tönen eine Vorstellung des Produzenten (im Sinne des virtuellen Raums aus Produzentensicht) unmittelbar und regelrecht leibhaftig (im Sinne des virtuellen Raums aus Rezipientensicht) wahrgenommen wird. Der Gesamteindruck des Rezipienten kann nach Eisenstein so realistisch sein, dass er auch andere als die vom Film darstellbaren Komponenten enthält, etwa einen Geruchseindruck.

Bei der Erörterung, auf welche Weise Bilder und Töne montiert sein sollten, damit sich beim Rezipienten ein angemessener Gesamteindruck einstellt, geht Eisenstein von fünf verschiedenen Stufen der »äußeren Synchronität« von Bild und Ton aus. Synchronität steht dabei für eine gewisse Art von stimmigem Bezug. Aufgrund der äußeren Synchronität der Bild-Ton-Montage kann sich in der Rezeption eine »innere Synchronität« einstellen, die nach Eisenstein dann anzunehmen ist, wenn inmitten von Bildern und Tönen das »Grundbild« als ein über die äußere Synchronität hinausgehendes Ganzes als einem gemeinsamen »Nenner von Bild und Ton« (Eisenstein 2006: 248) hervortritt.

Äußere Synchronität besteht nach Eisenstein auf der ersten – einfachsten – Stufe, wenn beispielsweise zu der Ansicht eines Stiefels im Film ein Schrittgeräusch erklingt. Hier tönt zu einem gefilmten Gegenstand sein natürliches Geräusch, etwa »der quakende Frosch […], das Rattern von Rädern einer Droschke auf dem Straßenpflaster«. Bei dieser Art der Montage fehlt nach Eisenstein ein vom Produzenten künstlerisch absichtsvoll hergestellter Bezug zwischen Bild und Ton, der über eine Analogie zur Lebenswelt hinausgeht. Jeder Mensch ist es gewohnt, in seiner Lebenswelt ein Schrittgeräusch zu hören, wenn ein Mensch mit dem Stiefel auftritt. Solche Bild-Ton-Verbindung wird auf einfacher Ebene als »synchron« empfunden. Ihr wohnt nach Eisenstein keine besondere künstlerische Gestaltungskraft inne. Von dieser Überlegung ausgehend differenziert Eisenstein (2006: 248–251) zwischen unterschiedlichen Arten der Bild-Ton-Verknüpfung, die – von diesem einfachen Fall ausgehend – zunehmend künstlerisch komplex werden:

Die **»faktisch-inhärente«** (oder **»landläufig-natürliche«**) **Synchronität** entspricht der bereits beschriebenen ersten Stufe und liegt jenseits einer künstlerischen Betrachtung.

Eine **metrische Synchronität** als künstlerisch absichtsvolle Verbindung von Bild und Ton bildet die zweite Stufe und liegt im einfachsten Falle vor, wenn Bild und Ton einem gemeinsamen Rhythmus folgen. Die Bilder folgen einem musikalischen Rhythmus, der gleichzeitig zu hören ist. Sie sind also zur Musik montiert. Eisenstein nimmt hier ein niedriges Stadium von Synchronität an und spricht von einer »metrischen« Übereinstimmung von Bildern und Tönen.

Von dieser metrischen Übereinstimmung ausgehend sieht Eisenstein als dritte Stufe eine **rhythmische Synchronität** in Form synkopischer Beziehungen von Bild und Ton bis hin zu einem »rhythmischen Kontrapunkt«. Ein solcher besteht, wenn Disharmonien von Betonungen, Längen, Wiederholungsfrequenzen etc. absichtsvoll eingesetzt werden. Bild- und Tonrhythmus stehen also in einem komplexen absichtsvollen Verhältnis.

Als weitere – vierte – Steigerungsstufe nennt Eisenstein die **melodische Synchronität**, derzufolge sich aus dem Verhältnis von Bildern und Tönen eine melodische Bewegung ergibt. Er beruft sich dabei auf Henry Lanz, der im Bezug auf eine Melodie annahm: »Streng genommen ›hören‹ wir überhaupt keine Melodie. Wir sind nur entweder in der Lage oder nicht in der Lage, ihr zu folgen, was allein von unserer Fähigkeit oder Unfähigkeit zeugt, eine Reihe von Tönen in eine Einheit höherer Ordnung zu bringen.« (Henry Lanz 1931, zit. nach Ebd.: 249).[36] Eisenstein geht davon aus, dass Bilder und Töne hinsichtlich einer sich aus ihnen ergebenden linearen Bewegung in absichtsvollem Bezug stehen können.

Als letzte Steigerung der Synchronität und fünfte Stufe versteht Eisenstein die **tonale Synchronität** als einen absichtsvollen Bezug zwischen dem Charakter einzelner Geräusche und dem Charakter einzelner Bilder. Bild und Ton korrespondieren auf dieser Ebene hinsichtlich ihrer Schwingungsfrequenz.

---

36 Hier kommt eine Komponente des Bedeutungsholismus (vgl. S. 24) ins Spiel.

Einfach ausgedrückt können etwa helle Bilder mit hohen Tönen harmonieren. Auch könnte diese Korrespondenz absichtsvoll gebrochen werden.[37]

Insbesondere die vier von Eisenstein als künstlerisch eingestuften Synchronitäten (metrisch, rhythmisch, melodisch, tonal) können jeweils eher konsonant oder dissonant[38] sein. Im Falle von Konsonanz entsprechen sich die Abläufe von Bildern und Tönen auf der jeweiligen Ebene, im Falle von Dissonanz wird absichtsvoll ein Bruch der Entsprechung hergestellt. Voraussetzung für eine Synchronität ist nach Eisenstein lediglich, dass das Verhältnis »kompositorisch begründet« ist (Ebd.: 250).

Tritt aus der vom Produzenten gewählten Bild-Ton-Verknüpfung das »Grund-Bild« des Films hervor, das selbst nicht vom Film abgebildet werden kann, so stellt sich »innere Synchronität« ein. Hier vereint sich die plastische Gestaltung ganz mit der tonalen. Bild und Ton symbolisieren in ihrem absichtsvollen Bezug, so kann anhand des Drei-Dimensionen-Modells interpretiert werden, eine über die Lebenswelt hinausgehende Vorstellung. Das filmkünstlerische Moment besteht darin, dass der Produzent Bild-Ton-Verknüpfungen so wählt, dass der Rezipient sie als »synchron« empfindet. Aus der Kluft zwischen einer nicht bekannten Bild-Ton-Verbindung und dem sich dennoch einstellenden Synchronitätseindruck resultiert Eisenstein (2006) zufolge etwas Geheimnisvolles. Dieses kann mit dem virtuellen Raum aus Rezipientensicht in Verbindung gebracht werden. Die Vereinigung von Bildern und Tönen im Hinblick auf innere Synchronität geschieht nach Eisenstein über das Bindeglied der Bewegung: Durch die gezielte Anordnung von Bildern und Tönen in der Bewegung werden der »*Sinn* ihrer assoziativen Verbindungen sowie ihre *Methode* begreifbar« (Ebd.: 248) gemacht.

Eisensteins fünf Synchronitätsstufen sind prinzipielle Möglichkeiten, vertikale Bild-Ton-Verknüpfungen zu verstehen. Ein gewisses horizontales Moment kommt dabei über den Aspekt der Bewegung zum Tragen, jedoch geht Eisenstein nicht darauf ein, inwieweit sich aus der Abfolge unterschiedlicher Vertikalmontagen horizontale Strukturen im Film oder horizontale Wahrnehmungsprozesse ergeben. Somit ist Eisensteins Theorie in der horizontalen Dimension nicht anwendbar. Auch sagen die fünf Stufen nichts darüber aus, auf welche Weise sich der Rezipient eine Filmhandlung oder

---

37 Vgl. zu solchen Farben-Klang-Beziehungen auch das Kapitel »Synästhesien und Chromophonien« in la Motte-Haber/Emons (1980: 49–55). Emons beschreibt als Beispiel den russischen Maler Leopold Survage [1879–1968], der es um 1912 in seinem Projekt »Rythmes colorés pour le cinéma« anstrebte, dass Farbe im Film die Rolle des Tons in der Musik übernimmt.

38 Der Begriff der Dissonanz wird von Eisenstein nicht explizit angeführt, liegt jedoch als Pendant zur Konsonanz auch im Sinne Eisensteins nahe.

Ähnliches erschließen kann, denn Eisenstein setzt nicht bei der Narration an, sondern bei der Ästhetik. Mit seiner Theorie kann beschrieben werden, ob Bilder rhythmisch absichtsvoll zur Musik montiert werden oder ob Übereinstimmungen in den Helligkeitsgraden von Bildern und Tönen bestehen. Auch Bewegungen in den Bildern könnten in Bezug zu musikalischen Bewegungen gesetzt werden, wie es Eisenstein selbst anhand einer Szene aus seinem Film *Alexander Newski* [USSR 1938] visualisiert (s. Abb. 14). Es kommt anhand der unterlegten Musiknoten unmittelbar zum Ausdruck, wie musikalisch-melodische Bewegungen mit den Bewegungen innerhalb der Bilder synchronisiert sind. Der Verlauf der Noten spiegelt geradezu die Verläufe prägnanter Bildereignisse wider. Solch eine unmittelbare vertikale Korrespondenz von Bildern und Tönen steht jedoch selten im Blickpunkt eines narrativen Films, weshalb die vertikale Dimension nachfolgend durch weitere Theorien ausgedeutet werden muss (Eisenstein 2006: 266–269, Grafik: Ebd.).

Für eine Beschreibung narrativer Techniken sind Eisensteins Kategorien viel zu molekular. Sie beziehen sich auf Kleinst-Teile des Films (Einzelbilder und Einzeltöne). Um narrative Strukturen beschreiben zu können, müssten

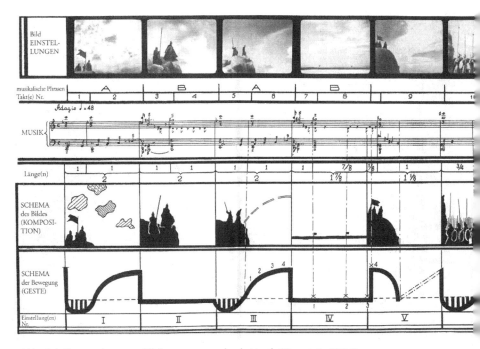

Abb. 14: Untermalung von Bildbewegungen durch Musik (Eisenstein 2006)

Bilder gruppiert, zu organischen Teilaussagen zusammengefasst betrachtet und wiederum in Bezug zu anderen Gruppen gesetzt werden. Das gelingt mit Eisensteins Theorie nicht.

Hier liegt auch die eher beschränkte Anwendbarkeit der Kategorien Eisensteins in der Filmpraxis begründet. Für den Filmpraktiker mag es auf der Ebene filmisch-ästhetischer Grundlagen interessant sein, die fünf Verbindungsmöglichkeiten zu reflektieren. Jedoch vermögen die Kategorien kaum das zu fassen, was vor allem im narrativen Film überwiegend angestrebt ist, nämlich das erzählerisch stimmige Ineinandergreifen von Sequenzen. Eisensteins »inneres Bild« ist zwar der Ebene des virtuellen Raums zuzuordnen, dem auch die Filmhandlung zugeordnet ist, jedoch ist es wesentlich abstrakter und punktueller als die Filmhandlung: Es beschreibt ein auf den Moment der Filmrezeption bezogenes Residuum aus Bildern und Tönen, das von der Vorstellung einer Filmhandlung noch weit entfernt ist. Die Tiefendimension kommt also, wie schon beschrieben, nur rudimentär zum Tragen. Sie wird reduziert auf eine ästhetische Kommunikation zwischen Produzent und Rezipient.

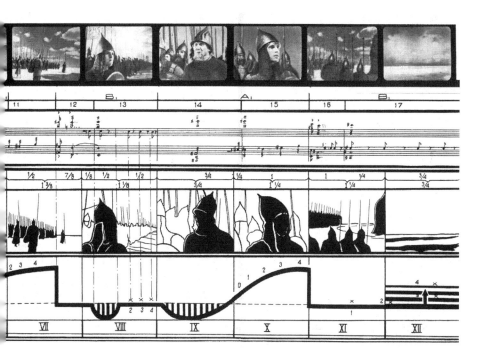

Gleichwohl ist auch diese ästhetische Komponente wichtig in der Filmpraxis. Da sie nach intuitiven Kriterien bestimmt wird, kann es zur Erweiterung festgefahrener ästhetischer Strukturen interessant sein, die Möglichkeiten der Bild-Ton-Montage in Eisensteins Sinne theoretisch zu durchdringen. Zur Ausdeutung des Drei-Dimensionen-Modells sind die fünf Kategorien überdies nützlich, da sie präzise das vertikale Prinzip selbst beschreiben. Sämtliche weitergehenden Theorien zur vertikalen Dimension bedürfen demgegenüber zumindest eines gewissen rudimentären Einbezugs horizontaler Faktoren. Die Zuschreibung eines musikalischen Aussagegehalts zu einer Filmfigur beispielsweise kann über Eisensteins Kategorien nicht erfolgen und bedarf der Betrachtung eines gewissen filmischen Abschnitts, in dem sich ein Aussagegehalt überhaupt erst manifestieren kann. Ein solcher Filmabschnitt ist nicht nur durch vertikale Montage, sondern auch durch horizontale Struktur definiert.

Für die nachfolgende Darstellung weiterer Theorien in der vertikalen Dimension muss bemerkt werden, dass bereits eine graduelle Abkehr von der umrissenen strikt punktuellen Auffassung des Vertikalen stattfindet.

Paraphrasierung, Polarisierung und Kontrapunktierung

Eines der bekanntesten und meistbesprochenen Modelle zur Art und Weise, wie Musik und Bilder verknüpft sein können, wurde von Hansjörg Pauli (1976: 91–119) vorgestellt. Es ist geeignet, die vertikale Dimension des Drei-Dimensionen-Modells in einer für die heutige Filmpraxis handhabbaren Relativität auszudeuten. Weitaus organischer als Eisensteins Kategorien setzt es an und begreift den Film eher in Kleinstsequenzen als in molekularen Bild-Ton-Verknüpfungen.

Nach Pauli lassen sich die Beziehungen der Musik zum Filmbild auf drei Kategorien zurückführen: **Paraphrasierung**, **Polarisierung** und **Kontrapunktierung** des Filmbildes. Ein Filmbild meint dabei nicht unbedingt ein einziges Bild, sondern eine kurze geschlossene Abfolge mehrerer Bilder.

Paraphrasierend ist »...eine Musik, deren Charakter sich direkt aus dem Charakter der Bilder, aus den Bildinhalten, ableitet.« Polarisierend ist »... eine Musik, die kraft ihres eindeutigen Charakters inhaltlich neutrale oder ambivalente Bilder in eine eindeutige Ausdrucksrichtung schiebt.« Kontrapunktierend ist »...eine Musik, deren eindeutiger Charakter dem ebenfalls eindeutigen Charakter der Bilder, den Bildinhalten klar widerspricht.«

Die Kategorien sind anschaulich und unmittelbar brauchbar. **Paraphrasierung** im Sinne Paulis erinnert an die filmmusikalische »Mickey-Mousing«-

Technik. Hier werden Bildbewegungen simultan mit musikalischen Bewegungen untermalt.[39]

> **Veranschaulichung: Paraphrasierung**
>
> Filme aus der frühen Studio-Ära Hollywoods wie *King Kong* [USA 1933, R: Merian C. Cooper/Ernest B. Schoedsack; M: Erich Wolfgang Korngold] sind exemplarisch: Während sich die Protagonistin Anne von dem Felsen herunterseilt, auf dem der Affe Kong sie gefangen hielt, sinkt die Tonlichkeit der Musik in opulenten Orchestergirlanden ebenfalls aus höchsten Höhen in die Tiefenlagen. Kaum erlangt Kong das Seil und zieht es nach oben, klettert auch die Musik wieder in die Höhenlagen, synchron zum Bild. In Cartoons hat sich diese Art der Bild-Musik-Verknüpfung bis heute gehalten. Es kann hier von einem hohen Grad musikalischer Redundanz gesprochen werden: Die Musik setzt den Bildern interpretatorisch nicht viel hinzu. Sie verdoppelt vielmehr das Bildgeschehen.

Paraphrasierung bezeichnet aber nicht allein solch offenkundige Bewegungsuntermalungen, sondern allgemeiner eine Musik, die dem Stimmungsgehalt der Bilder entspricht. In Action-Filmen beispielsweise werden Verfolgungsjagden meist mit Musik unterlegt, die die Dramatik des Bildgeschehens unterstreicht und stark mit den Bewegungen der Bilder geht. Auch die Unterlegung einer Kuss-Szene mit »Liebesmusik« wäre eine Paraphrasierung. Paraphrasierende Musik steigert in erster Linie den Erlebniswert von Filmszenen, fügt aber interpretatorisch nicht viel hinzu: Auch ohne die Musik könnte der Rezipient recht eindeutig verstehen, was die Bilder aussagen sollen. Paraphrasierung wird auch als »deskriptive Technik« oder »musikalische Illustration« bezeichnet (vgl. Bullerjahn 2001: 75 und Lek 1987: 235).

Die **Polarisierung** der Filmbilder durch Musik findet vor allem statt, wo Bilder keinen klaren Aussagegehalt haben. Musik tritt hinzu, um die Interpretation in eine bestimmte Richtung zu lenken und ungünstige Deutungen auszuschließen. Die Eingangsszene des Films *Mulholland Drive* [USA 2001, R: David Lynch] beispielsweise zeigt eine Autofahrt im Dunklen. Man weiß

---

[39] Dass Musik anderweitige »Texte« paraphrasieren kann, wird in der Musikwissenschaft oft thematisiert, etwa in Bezug auf die musikalische Vertonung von Worten oder bestimmte Formen der Mehrstimmigkeit. Georgiades (1954: 17) beschreibt beispielsweise ein theologisch-liturgisches »Bedürfnis, den unantastbaren Text gleichzeitig mit seiner deutenden Paraphrasierung vorzutragen.« Auch hebt er hervor, man könne, die »Mehrstimmigkeit als eine Art musikalischer Paraphrasierung der gegebenen einstimmigen liturgischen Melodie betrachten.«

nicht, was die Fahrt bedeutet und wohin sie führt. Der Film könnte eine Komödie sein, ein Thriller, ein Drama etc. Es ist besonders die verhalten düstere Musik, die in Richtung Thriller oder Drama deutet. Polarisierung findet häufig in solchen Introduktionsszenen statt, aber auch andere Situationen sind denkbar: Zeigen die Bilder einen regungslos dreinblickenden Menschen, kann die Musik ausdrücken, in welcher Stimmung er sich befindet.[40]

> Veranschaulichung: Polarisierung
>
> Im Film *Hannibal* [USA 2001, R: Ridley Scott, M: Hans Zimmer] etwa zeigt die Protagonistin Clarice Starling einen Gesichtsausdruck, der viele Interpretationen offen ließe, wenn nicht die subtile, spannungsvolle und angsterfüllte Musik spürbar werden ließe, dass Clarice in höchster innerlicher Aufruhr ist: Sie hat einen Brief des Kannibalen Hannibal Lecter vor sich auf dem Schreibtisch.

Eine **Kontrapunktierung** von Filmbildern durch Musik findet statt, wenn Bilder und Musik gegensätzlichen Inhalts sind. Eine weinende Frau, unterlegt mit lustiger Musik, führt zu einer Interpretation, die in keiner der beiden Ebenen (Bild oder Musik) direkt ausgedrückt wird.

> Veranschaulichung: Kontrapunktierung
>
> Im Film *Mulholland Drive* wird ein fröhliches Rentnerpaar im Taxi gezeigt. Die alten Leute sind bester Hoffnung, dass die junge Betty, die sie auf einer Zugfahrt nach Hollywood kennengelernt haben, dort Karriere als Schauspielerin machen wird. Gleichzeitig hört man eine düstere und ängstigende Musik, die das eindeutige Gegenteil verheißt: Die naive Hoffnung Bettys soll sich ins Gegenteil kehren.

Die Kategorie der Kontrapunktierung geht zurück auf Eisenstein/Pudovkin/ Alexandrov (1984), die forderten, im Film bevorzugt Musik zu verwenden, die dem Bild entgegengesetzt ist. Allerdings bezogen sich die Autoren eher

---

40   Holicki/Brosius (1988: 204) stellen empirisch-experimentell fest: »Der Einfluss der Musik auf die Wahrnehmung der Filmstimmung war besonders groß, wenn das Verhalten der Akteure keinen ausgeprägten, eindeutigen Eindruck vermittelte. In solchen Fällen wirkte die Musik polarisierend.« Rötter (2005: 281–282) berichtet ebenfalls von einem Experiment, das die Polarisierung von Filmbildern durch Musik belegt.

auf einen Kontrapunkt der Bewegungen: Langsame Bewegungen prallen auf schnelle Sequenzen. Eisensteins Hauptmittel in seinen eigenen Filmen war entsprechend der Kontrast; sein Ziel war es, ein dialektisches Verhältnis zwischen den verschiedenen Darstellungsebenen des Films zu schaffen. Pauli hingegen bezieht sich eher auf den emotionalen Gehalt von Bild und Musik: Die Aussage der Musik steht – unabhängig von der Bewegung – im Widerspruch zur Aussage des Bildes. In diesem Sinne könnte auch die weitgehende Unabhängigkeit der Musik von den Bildern als kontrapunktisch aufgefasst werden: Musik hat keinerlei Bezug zu den Bildern im Hinblick auf Aussagequalitäten.[41]

Die drei Kategorien Paulis setzen – wie schon Eisensteins fünf Stufen der Synchronität – bei der Montage des Films an: Sie beschreiben, auf welche Weise Bilder und Töne zusammengesetzt sind. In der Filmpraxis sind die Kategorien insbesondere für den Produzenten brauchbar. Sie helfen, zu beschreiben, auf welche Weise eine Musik bestehenden Filmbildern hinzugefügt werden soll: Soll die Musik den Charakter der Bilder doppeln, ausdeuten oder umdeuten? In erster Linie beschreiben die Kategorien, mit welchem Funktionshintergrund »akustische Ideen« des Produzenten auf Basis bereits bestehender Filmbilder in die Gestaltung des musikalischen Teils der Tonebene einfließen können, und wie sich die so entstandene musikalische Tonebene zum Bild verhält (vgl. Abb. 15).

Der Rezipient kann anhand der drei Kategorien erörtern, mit welcher Funktionsabsicht Musiken den Bildern bei der Produktion hinzugefügt wurden. Er spekuliert darüber, welchen Aussagegehalt die Bilder ohne Musik hätten und welchen Aussagegehalt die Musik den Bildern hinzufügt.

Paulis Modell ist sowohl für die Schaffung (Synthese) als auch für die Analyse von Filmen im Hinblick auf Filmmusik anwendbar. Es bestehen jedoch Einschränkungen, da es im Wesentlichen vertikal ausgerichtet ist: Die Kategorien beschreiben Möglichkeiten, in welchem punktuellen Verhältnis Musik zu Filmbildern stehen kann. Zwar sind die Kategorien nicht so streng punktuell wie die fünf Stufen Eisensteins. Aber es bleibt dennoch unberücksichtigt, dass es im Filmrezeptionsprozess ständige Umdeutungen im zeitlichen Verlauf (horizontale Dimension) gibt. So könnte einem regungslosen Gesicht

---

41 Eine spezielle Art der Kontrapunktierung kann in der »Baukasten-Technik« gesehen werden: Kurze musikalische Fragmente werden mittels Wiederholung zu Mustern zusammengestrickt, die dann baukastenartig zu einer ganzen Komposition verarbeitet werden (vgl. Bullerjahn 2001: 93). Es handelt sich hier um eine experimentelle Kompositionsweise, die in der Praxis des kommerziellen Films selten Anwendung findet.

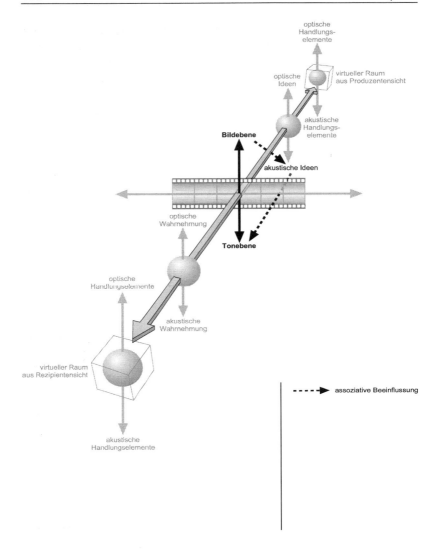

Abb. 15: Ansatzpunkt von Paulis Modell im Drei-Dimensionen-Modell

eine heitere Stimmung aufgrund der vorherigen Filmpassagen zugeschrieben werden. Wenn der Rezipient aus den vorherigen Szenen (horizontale Wahrnehmung) weiß, dass der gezeigte Akteur in einer heiteren Stimmung ist, stellte sich ein Hinzutreten trauriger Musik anders dar als wenn er die

Szene isoliert (rein vertikal) betrachtete: Eine traurige Musik zum dem für heiter befundenen Akteur wäre vor dem horizontalen Hintergrund dann nicht mehr polarisierend, sondern kontrapunktierend. Beachtet man weiter, dass beispielsweise auch die Kameraführung als Stilmittel des Films ihre jeweilige Bedeutung nicht allein momentbezogen, sondern kontextuell entfacht, wird die Gemengelage noch schwieriger. Einen solchen Fall beschreibt Kracauer (1985: 165) für das Zusammenspiel von Bildern und Dialogen: »Der Filmregisseur bringt etwa das Gesicht des Sprechenden in Nahaufnahme, um dadurch den manifesten Inhalt seiner Worte schweigend einzuschränken.« Während eine zur Nahaufnahme erklingende Musik punktuell als paraphrasierend aufgefasst werden kann, könnte sie aufgrund vorheriger Kamera-Einstellungen als kontrapunktisch eingestuft werden.

In der Anwendung des Modells ergibt sich somit eine Unschärfe. Kaum jemals wird in der Filmpraxis ein Einzelbild des Films isoliert betrachtet. Wenn ein Filmkomponist aufgefordert wird, den Aussagegehalt der Bilder zu polarisieren, stellt sich also die Frage, ob hier tatsächlich allein der Aussagegehalt der Bilder die Vertonungsbasis ist, oder ob er sich aus den vorherigen Szenen ergibt. Hier gemahnt das Wissen um die Ganzheitlichkeit von Wahrnehmung zur Vorsicht: Für einen Regisseur, der genauestens mit den inneren Regungen der Figuren eines Films vertraut ist, mag es subjektiv eindeutig sein, welche Stimmung in einer kurzen Sequenz transportiert wird. Dem Filmkomponisten mag sich diese Stimmung aber vielleicht nicht offenbaren, weil er später hinzugezogen wurde und nicht über das gleiche Hintergrundwissen verfügt. Während der Komponist bemüht ist, den Bildern polarisierend das einzuhauchen, was nach seiner Wahrnehmung fehlt, empfindet der Regisseur dieselbe Musik dann als paraphrasierend, weil doch das ausgedrückt wird, was für ihn klar aus den Bildern selbst hervorgeht.

Die Tiefendimension bleibt im Pauli-Modell ebenfalls weitgehend unberücksichtigt. Vorausgesetzt wird, dass es keine Diskrepanz zwischen dem Produzenten sowie dem Rezipienten gibt. Ob jedoch eine Musik als paraphrasierend, polarisierend oder kontrapunktierend eingestuft wird, hängt nicht nur von ihrer strukturellen Verbindung mit den Bildern ab. Je nachdem, ob die Musik stilistisch geeignet ist, beim Rezipienten eine gewisse Stimmung hervorzurufen, könnte die Beurteilung variieren. Solche Differenzen treten in der Filmpraxis häufig auf, wenn eine »moderne« Musik verlangt wird. Wenn im Film jugendliche Akteure thematisiert werden, verlangt man für die jugendlichen Charaktere beispielsweise häufig – so die Intention – »jugendlich klingende« Musiken. Diskrepanzen ergeben sich jedoch schnell, da die Filmpraktiker in der Regel älter sind als die Jugendlichen der Gegenwart. Was für sie »jugendlich« klingt, klingt für die tatsächliche Jugend oft schon altbacken. Aus solchen »tiefendimensionalen« Diskrepanzen könnten wiederum die Kategorisierungen beeinflusst werden: Eine Musik, die den jugendlichen Gestus der Filmszenen aus Sicht der Produzenten paraphrasiert, wird von den jugendlichen Rezipienten als kontrapunktierend empfunden, weil sie ihrem Empfinden nach nicht zum Bildgeschehen passt.

Auch ist es möglich, dass eine vom Produzenten als fröhlich eingestufte Musik vom Rezipienten gar nicht als solche empfunden wird. Eine als polarisierend intendierte Musik würde dann als paraphrasierend aufgefasst, da ihre Aussage vom Rezipienten anders verstanden wird. Auch kann eine Musik so sehr mit den Dialogen interferieren, dass die beabsichtigte Wirkung sich in der Tiefendimension zerschlägt: Eine Musik, die eigentlich in der Lage wäre, die Dialoge zu kontrapunktieren, versagt, weil sie das, was sie kontrapunktieren soll, zu weit überdeckt. Filmpraktiker bemerken dies teils nicht, weil sie die Dialoge gut kennen und sie trotz der Überlagerung deutlich zu hören glauben (vgl. S. 173). Die Filmpraxis begegnet diesem Problem häufig damit, dass in der Filmmischung Filmpraktiker hinzugezogen werden, die vorher nicht in den Werdeprozess eines Films eingebunden waren und ihn deswegen unvoreingenommener rezipieren können.

Ein häufiges Missverständnis im Bereich der »Paraphrasierung« entsteht unter Filmpraktikern auch, wenn bei der Kommunikation über Filmmusik nicht klar wird, welcher Aspekt der Bilder paraphrasiert werden soll. Wird ein Akteur während der Autofahrt mit einer Handbewegung gezeigt, so könnte Musik die Handbewegung oder die Autofahrt paraphrasieren. Ebenso könnte in einer anderen Auslegung die im Hintergrund sichtbare Landschaft mit ländlicher Musik musikalisch paraphrasiert werden. Dieser möglichen Unschärfe begegnet Pauli durch eine zusätzliche Unterscheidung zwischen **Vordergrundparaphrasierung** und **Hintergrundparaphrasierung** (inhaltlicher Vordergrund: Handlung; inhaltlicher Hintergrund: Ort und Zeit der Handlung). Obwohl man in der Filmpraxis kaum über Vordergrund- und Hintergrundparaphrasierung spricht, schärft diese Unterscheidung das Bewusstsein für mögliche Missverständnisse, etwa in Spotting-Sessions. Fast immer geht es dort auch um die Frage, welche ausgewählten Aspekte des Films durch die Musik unterstützt werden sollen. Vielleicht soll Musik niemals die Traurigkeit des einen Handlungsstrangs verstärken, hingegen immer die ironische Komponente.

Die Kategorie der Kontrapunktierung ist vergleichbar vielschichtig.[42] Grundlagen einer Differenzierung der dem Bild entgegengesetzten Filmmu-

---

42 Es ist zu beachten, dass der Begriff Kontrapunkt in deutschsprachigen Arbeiten fast durchweg im Sinne einer dem Bild auf inhaltliche oder bewegungstechnische Weise ent-

sik bietet Vera Grützner (1975) mit der Feststellung, dass mit Kontrapunktik – auch Grützner wurde wohl von Eisenstein inspiriert – in filmischen Zusammenhängen drei unterschiedliche Phänomene gemeint sind. Erstens ist da das polyphone Wechselspiel zwischen den verschiedenen Gestaltungsmitteln. Diese Idee erscheint als Analogie zum Kontrapunkt im polyphonen Musikwerk. Hier sind die beteiligten Stimmen gleichwertig und voneinander unabhängig, indem beispielsweise zur selben Zeit unterschiedliche Rhythmen und Bewegungsrichtungen von den Einzelstimmen übernommen werden. Zweitens kann Kontrapunktik im Sinne von »Bild-Musik-Montagen mit rhythmischen Verschiebungen bezogen auf die Einstellungsfolge« verstanden werden. Die Musik hat dann einen ähnlichen Verlauf wie die Bilder, wird jedoch zeitversetzt zu den Bildern montiert; Eisenstein hatte eine Vorliebe für solche Verbindungen. Drittens kann Kontrapunktik als »Widersprüchlichkeit der Aussagen von Bild- und Tonsphäre, die als Einheit eine neue, höhere Aussagequalität gewinnen«, verstanden werden. Dann stehen nicht Bewegung und Kontur der Musik im Vordergrund, sondern deren Konnotation. Es ist eine Musik denkbar, die völlig bewegungssynchron zu den Bildern verläuft (und auf dieser Ebene nach Pauli paraphrasierend wäre), während ihre Anmutung den Bildern dennoch zuwider läuft.[43] Solche Fälle können nur erfasst werden, wenn die Tiefendimension des Drei-Dimensionen-Modells umfassend herangezogen wird; dies geht über das Pauli-Modell hinaus.

Praktische Vor- und Nachteile des Pauli-Modells bestehen gleichermaßen darin, dass es allein das Verhältnis von Musik zum Einzelbild (oder kurzen Sequenzen) beschreibt. Pauli (1981: 188–190) selbst distanzierte aufgrund der Grenzen seines Modells daher bereits 1981 von diesem;[44] er zweifelte an der Disparatheit seiner Kategorien:

---

gegengesetzten Musik verwendet wird, während »counterpoint« angloamerikanisch eher die grundsätzliche Eigennatur von Musik gegenüber dem Bild beschreibt. Angloamerikanisch wäre also jede Musik Teil eines kontrapunktisch zum bild stehenden akustischen Gefügest: »In our view, film music is one component of a sonic fabric that includes the musical score, ambient sound, dialogue, sound effects, and silence. The functions of these constituent elements often overlap or interact with one another, creating a harmonious counterpoint to the visual image.« (Lipscomb/Tolchinsky 2005: keine Seitenangaben)

43   Auch Hans Christian Schmidt (1982: 96) weist auf die Problematik des kontrapunktischen Begriffs hin, da musikalische Kontrapunkte in der Regel »nicht von außen her an die Bilder gegensätzlichen Charakters herangetragen, sondern im Sinne eines natürlichen, unverbildeten Mitfühlen-Könnens aus diesen abgeleitet« seien.

44   Ein jüngeres Modell Paulis, das diesen neuen Prämissen folgt, wird an späterer Stelle unter den holistisch ausgerichteten Modellen beschrieben werden (vgl. S. 161).

»Wenn ein Komponist [...] zu schnellen Bewegungsabläufen langsame Musik setzt oder zu langsameren schnellere, so in aller Regel nicht, um den Betrachter auf Distanz zu rücken, sondern gerade umgekehrt, um identifikationshemmende Mängel im Erzähltempo zu beheben, um Partien, die bei der Inszenierung verhastet wurden, zu bremsen, oder verschleppte zu beschleunigen. Mit einem Eingriff, der phänomenologisch als Kontrapunktierung qualifiziert werden muss, bewirkt er dramaturgisch, was sonst die Paraphrasierung beabsichtigt. [...] meine Anstrengung, zwischen Hintergrundparaphrasierung und Kontrapunktierung [...] säuberlich zu trennen, war ohne Frage tapfer und honett. Bloß halte ich sie heute für durchaus unfruchtbar. Die Wirkungen sind mir wichtiger geworden als die Ursachen.«

Vergleichbar kritisiert Schneider (1990: 89):

»Musik kann im Film in unterschiedlichen Funktionen eingesetzt werden. Eine systematische Beschreibung gelingt nur schwer. Der Grund [...] liegt in der wesenhaften Vielschichtigkeit von Musik. Jedes Benennen einer Funktion stellt eine Auswahl unter mehreren Funktionen dar: ob einige Takte Musik nun polarisierend oder paraphrasierend, kontrapunktierend oder kommentierend sind, – wer will dafür wirklich die Hand ins Feuer legen?«

Vor dem Hintergrund von Erfahrungswissen zeichnet sich ab, dass Paulis Modell für Filmpraktiker mit seinen Einschränkungen allerdings nicht an Wert verliert; in der Beschränkung liegt vielmehr eine Chance. In Reflektion seiner Grenzen ist das Modell als Tool geeignet, die Film(musik)konzeption zu erleichtern. Dies bestätigt Norbert Jürgen Schneider (1997a: 24) in seinem Praxisbuch *Komponieren für Film und Fernsehen:* »Bild und Ton können in vielerlei Beziehungen stehen. Die Kategorisierung in ›Polarisieren‹, ›Paraphrasieren‹ und ›Kontrapunktieren‹, wie sie Hansjörg Pauli formuliert hat, halte ich für geeignete Analysekriterien.« Andreas Weidinger (2006: 15–16) unterscheidet in seinem Ratgeber-Buch *Filmmusik* zwischen den musikalischen Möglichkeiten »mit der Handlung spielen«, »gegen die Handlung spielen« und »den Subtext der Handlung spielen«. Paulis Kategorien finden keine Erwähnung, auch nicht die Schwierigkeiten der entsprechenden Dreiteilung, jedoch wird offensichtlich im Sinne von Paulis Modell argumentiert.

Mit etwas Fingerspitzengefühl und dem Wissen um die stetige Mitwirkung horizontaler und tiefendimensionaler Aspekte ist Paulis Modell präzise zur Formulierung von Handlungsanweisungen brauchbar. Es kann beispielsweise in der Phase des Musik-Briefings eingesetzt werden. Insbesondere bei kurzen Filmen und Vorspann-Vertonungen (auch Werbemusiken) eignet es sich gut;

hier fällt schließlich die horizontale Dimension nicht so sehr ins Gewicht, da in kurzen Spots weniger Zeit für Umdeutungen ist. Auch im Blick auf einzelne Filmszenen lassen sich die Kategorien gut anwenden.

An dieser Stelle deutet sich bereits an, was sich im vorliegenden Buch erhärten soll: Die Eingeschränktheit mancher Modelle und Theorien im ganzheitlichen Sinne ist kein Anzeichen für praktische Irrelevanz. Ein holistisches Modell wiederum – etwa das Drei-Dimensionen-Modell – vermag Praktikern bei der täglichen Arbeit nicht *unmittelbar* als Tool zu helfen. Es hilft vielmehr, die Chancen und Risiken bestimmter Tools besser einzuschätzen; damit hat es einen *mittelbaren* Nutzen.

Interessant ist im Blick auf das Pauli-Modell zudem, dass Nicholas Cook in seiner Schrift *Analysing musical multimedia* im Jahr 1998 eine entsprechende Klassifizierung der Wechselverhältnisse unterschiedlicher Medien (im Sinne von Einzelmedien: Bilder, Töne, etc.) vorschlägt: Conformance, Complementation und Contest (Cook 1998). Dieses Modell wird im angloamerikanischen Raum seither als neu gehandelt, etwa von Lipscomb/ Tolchinsky (2005: o. S.): »Cook's model is quite useful, both as an analytical tool and as a means of providing a consistent and coherent vocabulary for the discussion of dynamic inter-media relationships.«

Zudem steht das Pauli-Modell im Einklang mit aktuellen empirischen Prämissen. Es harmoniert mit der Annahme, dass ein Rezipierender unbewusst Einschätzungen über Kongruenz und Assoziierbarkeit von Bild und Ton leistet. Kongruenz und Assoziierbarkeit repräsentieren, wie Cohen im Jahr 2001 anhand ihres bereits vorgestellten »Congruence-Associationist-Model« herausstellt (vgl. S. 67), primäre Wege, nach denen das Gehirn operiert: Einerseits gibt es immanente Gruppierungsprinzipien, nach denen Bilder und Töne als kongruent oder nicht kongruent empfunden werden. Andererseits geschieht eine Assoziation aufgrund gelernter Verbindungen (Cohen 2001: 258–259). Anhand des Pauli-Modells kann zwar nicht unterschieden werden, ob beispielsweise eine Paraphrasierung aufgrund von Kongruenz zwischen Bild und Ton oder aufgrund erlernter Assoziation angenommen wird. Beide Zuordnungsprinzipien werden eher als ein Ganzes aufgefasst. Gerade dieses Ganze aber scheint den für die Filmpraxis relevanten filmmusikalischen Interpretationskriterien zu entsprechen. In den Grundlagen des Drei-Dimensionen-Modells war von einer intermodalen Wahrnehmung – einer »assoziativen Zusammenschau« (Rösing 1998: 10) – von Bildern und Tönen die Rede (vgl. S. 82). Paulis Modell beschreibt, auf welche Art solche Zusammenschau erfolgen kann und welche Bewertungen von Bild und Ton daraus folgen. Es besteht, wie Cohen (2005: 16) herausstellt, kein Zweifel darüber, dass es komplexe psychologische Regeln gibt, die bestimmen, welche Art der

Bild-Musik-Kombination als positiv bewertet wird: »... film music scholarschip and the art of film-score composition [...] reveal that the application of music in film is not arbitrary; certain combinations of film and music are more effective than others.«

bipolare Funktionsmodelle

Da es nicht immer leicht fällt, trennscharf zwischen den drei Pauli-Kategorien zu unterscheiden, hat Norbert Jürgen Schneider (1990: 89, Grafik: Ebd.) ein fließendes bipolares Modell vorgeschlagen: Filmmusik bewege sich im Spannungsfeld zwischen Abhängigkeit vom Bild und Selbständigkeit gegenüber dem Bild (vgl. Abb. 16).[45]

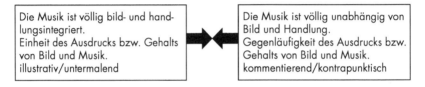

Abb. 16: bipolares Filmmusikmodell (Schneider 1990)

Schneiders Modell unterscheidet sich nur bedingt von Paulis. Es ist ebenfalls vertikal ausgerichtet und beschreibt das Verhältnis von Musik zu Einzelbildern im Sinne kurzer Sequenzen. Im Drei-Dimensionen-Modell setzt es exakt an den Punkten an, die in Bezug auf das Pauli-Modell visualisiert wurden (vgl. Abb. 15). An die Stelle der drei disparat angelegen Pauli-Kategorien tritt bei Schneider ein Kontinuum. Die größtmögliche Abhängigkeit der Musik vom Bild entspricht einer Paraphrasierung, die größtmögliche Selbständigkeit einer Kontrapunktierung.[46] Es kann auch bei der Anwendung von Schnei-

---

45   Eine solche Polarität findet sich auch in älteren Theorien. Etwa schlug Bor 1946 vor, sämtliche Funktionen der Musik im Film auf die zwei Begriffe Homophonie und Polyphonie zu verteilen. Bei der Homophonie »führt« das Bild, und die Musik hat eine begleitende Funktion. Bei der Polyphonie ist die Musik selbständig, vom Bild unabhängig und manchmal auf gegenläufig (Bor 1946, vgl. Lissa 1965: 110). Kracauer schlug 1960 vor, zwischen einer kommentierenden (parallelen) und den Bildinhalt unterstreichenden sowie einer das Bild auf inhaltlich anderer Ebene kommentierenden (kontrapunktischen) Musik zu unterscheiden (vgl. Kracauer 1985: 193–196).

46   Bullerjahn (2001: 39) nimmt in der Besprechung von Schneiders Modell eine problematische Ergänzung vor: Im Falle der größtmöglichen Selbständigkeit der Musik wird

ders Modell (sowohl in der Analyse als auch in der Schaffung von Film) zu ähnlichen Problemen kommen wie beim Pauli-Modell, weil jeweils nicht klar ist, woran Abhängigkeit oder Selbständigkeit festgemacht werden.

Diese Schwierigkeit klingt bei Chion (1994: 8) an, der eine ähnliche bipolare Systematisierung von Filmmusik vornimmt. Er unterscheidet zwischen empathischer und anempathischer Musik. Empathische Musik drücke eine emotionale Teilnahme der Musik am visuellen Geschehen aus, während anempathische Musik sich zum Bild indifferent verhalte. Diese beiden Pole scheinen vergleichbar mit »Abhängigkeit« und »Selbständigkeit«. Chion hebt stärker die emotionale Komponente der Musik hervor, Schneider Bewegungsverläufe. Damit sind Chions Begriffe praktisch handhabbarer: Während bei einer abhängigen Musik zu fragen wäre, auf welche Art und Weise sie abhängig sein soll, ist bei empathischer Musik von vornherein klar, dass diese den schon ohne die Musik angedeuteten Stimmungsgehalt einer Szene unterstützen soll. Während bei unabhängiger Musik zu fragen ist, auf welche Weise sie unabhängig sein soll, ist anempathische Musik klar indifferent im Hinblick auf den Aussagegehalt einer Szene. Wie sich eine empathische oder anempathische Musik im Einzelfall realisieren lässt, bleibt zwar offen; Chion hebt hervor, dass die Frage, ob eine Musik als empathisch eingestuft werden kann, stark von kulturellen Codes für Dinge wie Traurigkeit, Fröhlichkeit und Bewegung abhängt. Für einen Filmkomponisten sind die Richtung und Intention einer Musik aber durchaus mit diesen beiden Begrifflichkeiten einzugrenzen.

Bipolare Ansätze wie die von Schneider und Chion heben einige analytische Schwierigkeiten auf, wie sie sich bei der Anwendung des Pauli-Modells ergeben. Zur punktuellen Besprechung einzelner Musiken sind sie jedoch weniger geeignet als Paulis Modell, da mit der Aufhebung fester Kategorien auch Kommunikationskraft eingebüßt wird. Die Formulierung eines Kontinuums ist weniger griffig als die Formulierung markanter Kategorien. Überdies ist ein Kontinuum – wider den ersten Schein – nicht geeignet, alle Graustufen der Filmmusikeinbindung zu umfassen. Dies kommt bei Chion (1994: 9) mit der Anmerkung zum Ausdruck, dass es Musik geben kann, die weder empathisch noch anempathisch ist und allein die Funktion ihrer Anwesenheit erfüllt.

---

von »Distanz zwischen Filmbetrachter und Bildinhalten« gesprochen, wo es eigentlich um Distanz zwischen Musik und Bild geht; das ist eine Ebenenvermischung: In einem Modell, das bei der Montage des Films ansetzt, wird – ohne systematischen Einbezug der Wirkung – einer bestimmten Art von Montage (selbständige Musik) pauschal eine feste Wirkung zugeschrieben.

vertikale Aspekte erster Systematisierungsversuche

Sowohl das Modell von Pauli (1976) – »Paraphrasierung, Polarisierung und Kontrapunktierung« – als auch die bipolaren Modelle von Schneider und Chion bringen in der Filmpraxis das Problem mit sich, dass mit den jeweiligen Kategorien nicht verdeutlicht werden kann, auf welchen Aspekt der Filmbilder sich die jeweilige Filmmusikfunktion bezieht. Die Musikwissenschaftlerin Zofia Lissa erwähnt in ihrer Schrift *Ästhetik der Filmmusik* zwei Theoretiker, die sich – ähnlich wie Eisenstein und Kracauer – relativ früh mit den Funktionen von Filmmusik beschäftigt und Modelle vorgeschlagen haben, um dieses Problem zu umgehen. Es sind der heute wenig bekannte sowjetische Ästhetiker Joffe und der bekannte ungarische Ästhetiker Balázs (vgl. Lissa 1965: 109).

Joffes (1937) vorgestelltes Modell basiert im Wesentlichen auf dem Grad der Aktivität der Musik dem Bild gegenüber, wenngleich seine Darstellung nicht systematisch auf diesem Aspekt fußt. Er unterscheidet folgende Funktionen von Filmmusik (zit. nach Lissa 1965):

1) Die Musik bildet eine Einheit mit dem Bild, indem sie es unterstreicht und ergänzt. Dies nennt Joffe die synthetisierende Funktion.
2) Die Musik wirkt mit dem Bild zusammen, behält aber ihre Selbstständigkeit.
3) Die Musik verflicht sich mit der Einwirkung des Bildes.
4) Die Musik wirkt dem Inhalt des Bildes entgegen.
5) Die Musik funktioniert als Verbindung zwischen den Bildern.
6) Die Musik tritt als Metapher oder als Symbol dem Bild gegenüber.
7) Die Musik tritt in Korrelation mit Geräuschen auf.
8) Die Musik informiert über Ort und Zeit der Handlung.
9) Die Musik schafft die Stimmung.
10) Die Musik bildet den Hintergrund, aus dem andere auditive Erscheinungen hervortreten.

Die Kategorien sind nicht disparat. Vielmehr liefert Joffe ein Sammelsurium von Ideen zur Art und Weise, wie Filmmusik eingesetzt werden kann. Die Ideen passen nicht allesamt in die vertikale Dimension. Hier jedoch wird Joffes Aufstellung unter dem Aspekt des Grades der Aktivität der Musik dem Bild gegenüber herangezogen und somit vertikal interpretiert. Joffes erste Kategorie entspricht einer Zusammenfassung von Paulis Paraphrasierung und Polarisierung. Joffes zweite Kategorie kommt einer Verschmelzung von Paulis Polarisierung und Kontrapunktierung gleich. Joffes vierte Kategorie wiederum entspricht Paulis Kontrapunktierung. Joffes Modell verdeutlicht, dass es sowohl eindeutige Fälle von Filmmusikfunktionen im Sinne Paulis geben kann als auch Fälle von Überschneidung und Überlappung, die eher mit den zuvor erörterten Modellen von Schneider und Chion erfasst werden könnten (vgl. S. 146–159 sowie 159–162). Für die Filmpraxis ist Joffes Modell aufgrund des unsystematischen Aufbaus allerdings wenig gewinnbringend.

Aus gleicher Zeit stammt ein Modell von Balázs (1945), der vier Zuordnungsmöglichkeiten von Musik zum Filmbild sieht (zit. nach Lissa 1965: 109):

1) Die Illustrationsmusik, die eine zusätzliche Charakteristik des im Bild gezeigten Gegenstandes bringt, ähnlich der Buchillustration
2) Die gegenständliche Musik, die selbst gewisse Vorstellungen vermittelt, die Handlung vorwärtstreibt
3) Die Musik, die Gegenstand des Konflikts in der Fabel und Grundlage des Drehbuches ist
4) Die »dramaturgische« Musik, die Filmgestalten charakterisiert, den Unterton der Handlung bildet, die als Einlage in die Handlung eingeschoben werden kann oder etwas charakterisieren kann, was im Bild nicht gezeigt wird.

Es hilft, zu benennen, auf welchen Aspekt des Filmbildes die Musik in der vertikalen Dimension bezogen ist. Die Kategorie der Illustrationsmusik gleicht ein wenig Paulis Paraphrasierung, jedoch grenzt Balázs seine Kategorie auf ihre Bezugnahme auf visuell gezeigte Gegenstände ein. Die Kategorien von Balázs zielen auf vertikale Aspekte der Film(musik)gestaltung ab. Sie könnten als Ergänzung zu den Kategorien Paulis sowie Schneiders und Chions gesehen werden.

empirisch-experimentelle Studien

Vielfach haben sich Forscher mit der messbaren emotionalen Aktivierung (Erregung)[47] von Rezipierenden durch Filmmusik befasst. Auch inhaltliche Bewertungen von Bild-Musik-Zusammenhängen wurden untersucht. Belegt ist, dass verschiedenartige musikalische Untermalungen einer Filmszene zu unterschiedlichen Aktivierungsgraden und Einschätzungen führen können, sowohl qualitativ als auch quantitativ. Nachfolgend wird eine Reihe

---

47 Der Begriff der Aktivierung (gleichbedeutend mit emotionaler Aktivierung oder emotionaler Erregung) wird – ebenso wie der bereits erörterte Begriff des Affekts (vgl. S. 60) – häufig als ein Sammelbegriff für emotionale Prozesse in bloßer Betrachtung ihrer Intensität (ungeachtet ihrer Qualität) verwendet. Vgl. Sloboda/Juslin (2005: 772) sowie Rötter (2005: 269–171).

von empirisch-experimentellen Studien zur Filmmusikwirkung besprochen, deren praktischer Nutzen in der vertikalen Dimension beschreibbar ist. Nicht alle Studien mit übereinstimmenden Ergebnissen werden dabei aufgeführt. Thayer & Levenson untersuchten die Emotionalisierung durch Filmmusik anhand dreier Versionen eines zwölfminütigen Films über Sicherheit am Arbeitsplatz, in dem drei drastische Arbeitsunfälle vorkommen. Die erste Version war das Original ohne Musik. Für die zweite Version komponierten die Autoren eine »documentary music« mit mutmaßlich ruhigem und stressmilderndem Charakter, für die dritte Version eine »horror music«, die die schockierende Wirkung verstärken sollte. Jede Version wurde jeweils 20 Testpersonen vorgeführt, deren Aktivierung durch Messung der Hautleitfähigkeit aufgezeichnet wurde.[48] Die gemittelten Verläufe spiegeln die Erwartungen der Forscher eindeutig wider (Behne 1994a: 77, Grafik: Ebd., vgl. Abb. 17).

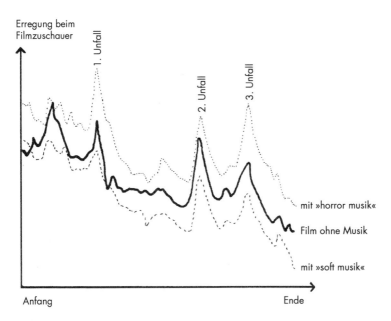

Abb. 17: elektrischer Hautwiderstand beim Betrachten eines Films in drei Versionen (Behne 1994a)

---

48   Die Messung der Rezipienten-Aktivierung anhand des galvanischen Hautwiderstandes wurde von Schachter, Lindsley, Berlyne, Routtenberg, Lazarus und Zillmann in vielen Experimenten erprobt. Basis dafür ist, dass »Emotionen stets verbunden sind mit messbarer physiologischer Erregung« (Sturm 1999: 38). Vgl. auch Rötter (2005: 273).

Während die »documentary music« eine Abschwächung bewirkte, führte die »horror music« (bestehend aus repetitiven Figuren, verminderten Septakkorden und rauen Klangfarben) zu einer Steigerung des Erregungsniveaus. Besonders die Arbeitsunfälle als dramaturgische Höhepunkte wurden intensiver erlebt als im Original (vgl. Behne 1994a: 77). Die Musik – sie kann hier mangels vorausgehender Szenen sicher nicht durch den Filmkontext selbst mit Bedeutung »aufgeladen« sein – interagiert in der Wahrnehmung vertikal mit den Bildern und trägt so zur emotionalen Aktivierung bei. Letztere sagt jedoch nichts darüber aus, wie ein Rezipierender Bilder und Töne interpretiert. Die Ergebnisse des Experiments reichen also in der Tiefendimension des Drei-Dimensionen-Modells lediglich bis zur Lebenswelt des Rezipienten (vgl. Abb. 18).

Einen ähnlichen Versuch führte Bullerjahn durch. Hier kamen Befragungen anstelle psychophysiologischer Messverfahren zum Einsatz. Ein Film wurde von verschiedenen professionellen Filmkomponisten vertont. Es entstanden zwei Krimi-Fassungen, eine Melodram-Fassung, eine Thriller- und eine neutrale Fassung. Die Musiken waren geeignet, unterschiedliche Interpretationen der Filmhandlung hervorzurufen. Während die Melodram-Fassung mehrheitlich als traurig beurteilt wurde, gaben die Probanden die Thriller-Fassung als die spannendste an (Bullerjahn 1993: 146). Im Drei-Dimensionen-Modell lässt der Versuch Rückschlüsse auf den virtuellen Raum aus Rezipientensicht zu, während die Lebenswelt unberücksichtigt bleibt (vgl. Abb. 19).

Hierin besteht eine Übereinstimmung mit der Studie von Hagemann/Schürmann (1988: 271–276), die belegt, dass Musik in der Hörfunkwerbung einen deutlichen Einfluss darauf hat, ob Produkte als mehr oder weniger sympathisch beurteilt werden. Die Autoren untersuchten anhand sechs 30-sekündiger Spots für sechs Phantasieprodukte aus verschiedenen Produktbereichen, welche Effekte der Werbetreibende sich für seine Werbewirkung versprechen kann. Es wurden Erinnerungswirkung und Produktbeurteilung in Abhängigkeit von verschiedenen musikalischen Unterlegungen untersucht. Einleitend stellen die Autoren fest, dass bereits vor der ersten Ausstrahlung eines Spots möglicherweise durch Übertragungseffekte bestimmte emotionale Inhalte, die mit der Musik verbunden sind, auf das damit kombinierte Produkt ausstrahlen. Gezielt gehen die Autoren der Frage nach, ob im Falle verschiedener Produkte bei Kombination mit derselben Musik mit gleichen Wirkungen gerechnet werden kann. Sie zielen somit auf ein Wissen ab, das sich in vertikaler Dimension in die Filmpraxis integrieren ließe: Es wird untersucht, wie sich musikalische Untermalung auf die Erinnerung gleichzeitig dargebotener Sprach-Stimuli auswirkt. Ebenfalls als Grundvoraussetzung berühren die Autoren die Tiefendimension, indem sie zu bedenken geben, dass Musik die auf die Sprache gerich-

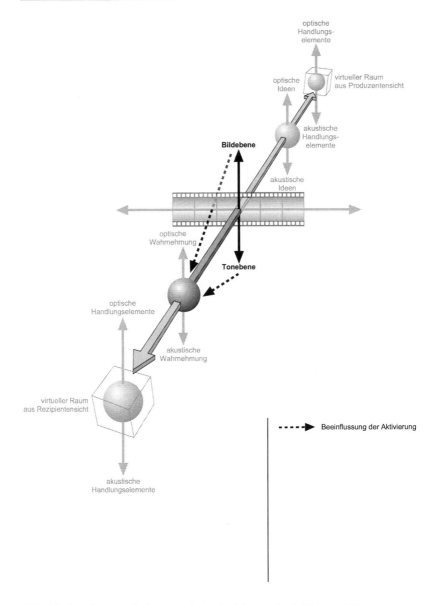

Abb. 18: Beeinflussung der Lebenswelt des Rezipienten durch Bilder und Töne

Theorien mit überwiegendem Bezug zur vertikalen Dimension 123

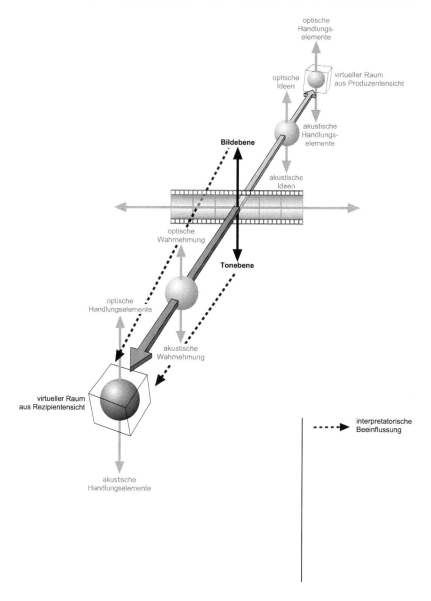

Abb. 19: Beeinflussung des virtuellen Raums aus Rezipientensicht durch Bilder und Töne

tete Aufmerksamkeit nicht nur erhöhen, sondern auch Aufmerksamkeit von der Sprache ablenken könne. Jeder der Spots wurde mit je zwei instrumentalen Musikstücken aus den Bereichen Unterhaltungsmusik und sinfonische Musik unterlegt. Als jeweilige fünfte Version lag jeder Spot ohne Musik vor. Die Versuchspersonen waren 110 Universitätsstudenten. Es wurden fünf Gruppen mit jeweils 22 Personen gebildet: Eine Testgruppe, die die jeweilige Fassung ohne Musik hörte, zwei Gruppen, die die Fassungen mit Unterhaltungsmusik und zwei Gruppen, die die Fassungen mit sinfonischer Musik hörten. Zehn Minuten nach Ende der Darbietung der Spots folgte der Gedächtnistest in drei Stufen: »Free Recall«, »Aided Recall« und »Recognition«. Eine Woche nach Beendigung des ersten Tests wurden per unangekündigter telefonischer Nachbefragung »Recall« und »Aided Recall« wiederholt, um längere Gedächtnisleistungen zu erfassen. Bei der zusammengefassten Betrachtung konnten keine Unterschiede im Erinnern von Textpassagen nachgewiesen werden, die auf die Musikunterlegung hätten zurückgeführt werden können. Für die weitere Auswertung wurden die Spots in Segmente (Markenname, Slogan, Eigenschaften) aufgeteilt. Auch hier wurden keine signifikanten Unterschiede festgestellt. Jedoch konnten eindeutig Effekte der Musik auf die Sympathie-Beurteilung nachgewiesen werden: Die Spots ohne Musik wurden mal deutlich und mal andeutungsweise weniger sympathisch eingestuft als die Spots mit Musik. Gleichzeitig zeigte sich, dass nicht jede Musik bei jedem Produkt geeignet ist, eine positive Sympathie auszulösen. Es geht aber aus der Studie nicht hervor, ob die Sympathiewerte eher auf das strukturelle Zusammenwirken von Text und Musik oder auf die unterschiedliche Sympathie der Musik an sich zurückzuführen ist.

Einen weiteren Ansatz verfolgte Cohen (2005). Die Psychologin präsentierte zunächst visuelle und musikalische Einheiten getrennt voneinander. Die Probanden sollten die Bedeutungen von Bildern und Musik beurteilen. Es handelte sich bei den musikalischen Einheiten einfach um wiederholte Töne, bei den visuellen Einheiten um die Computerdarstellung eines sich auf und ab bewegenden Balls. Die Töne wurden in Tempo und Tonhöhe variiert, der Ball im Tempo des Auf- und Abspringens sowie der Höhe des Springens. Anhand einer Fünf-Punkte-Skala sollten die Probanden Fröhlichkeit bzw. Traurigkeit der visuellen wie auch der musikalischen Einheiten beurteilen. Die Fröhlichkeit der Musik wurde stärker empfunden, wenn Töne schneller und höher waren, die Fröhlichkeit des Balls wurde stärker empfunden, wenn der Ball höher und schneller sprang. Cohen (2005: 20; Grafik: Ebd.) visualisiert (vgl. Abb. 20 & 21).

Abb. 20: Repräsentation verschiedener Musiken, gebildet aus drei Tempi und drei Tonhöhen sich wiederholender Töne (Cohen 2005)

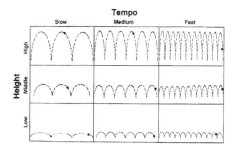

Abb. 21: Repräsentation verschiedener Bildmuster, resultierend aus drei Tempi und drei Höhen eines Springballs (Cohen 2005)

Die Bedeutung von Musik und visuellen Materialien scheint somit systematisch abhängig von gemeinsamen physikalischen Charakteristika zu sein. Cohens Experiment setzt, wie das von Bullerjahn, im Bezug auf das Verhältnis auditiver und visueller Stimuli beim virtuellen Raum aus Rezipientensicht an.

Im nächsten Schritt untersuchte Cohen die kombinierte Wirkung. Anders als die vorherigen Probanden beurteilten viele Bild-Musik-Kombinationen, etwa tiefe langsame Melodie mit tiefem langsamem Ball oder tiefe langsame Melodie mit hohem schnellem Ball. Cohen wollte herausfinden, ob Musik geeignet wäre, die ursprüngliche Beurteilung der Emotionalität des Balls zu verändern. Tatsächlich wurde ein hoch und schnell springender Ball mit hoher und schneller Musik als fröhlich beurteilt, zusammen mit langsamer und tiefer Musik jedoch weniger fröhlich.

Cohen klärt nicht, ob die nachgewiesene Beeinflussung der Bildwahrnehmung durch Musik auch im Falle komplexerer Materialien nach solch einfachem Schema geschieht, oder ob das Experiment nur deshalb so gut funktionierte, weil es keinen narrativen Kontext gab wie im Film. Bei der Wahrnehmung von Film geht es eher um das Miterleben von Emotionalität. Bei Cohen ging es eher um die Zuschreibung von emotionalen Attributen zu Gesehenem und Gehörtem. Inwieweit eine erfolgte Zuschreibung auf Miterleben basiert, ist fraglich. Überdies verwundert es, dass Cohen von vornherein eine Beeinflussung der Bildwahrnehmung durch Musik voraussetzt, ohne den Gegentest durchzuführen, ob das Bild die Wahrnehmung von Musik beeinflussen kann.

In einem weiteren Experiment benutzte Cohen (2005) zwei einminütige Filmausschnitte sowie zwei orchestrale Musiken als Stimulusmaterialien: Eine Kampfesszene zwischen zwei Männern und eine Begegnung zwischen Mann und Frau sowie eine »Konflikt-Musik« und eine »Liebesmusik«. Über scmantische Differenziale sollten Probanden die Szenen und Musiken separat einschätzen. Es ergaben sich erwartungsgemäß große Unterschiede in den Bedeutungen. Als die Filme mit den Musiken in allen möglichen Kombinationen verbunden wurden, ergab sich lediglich bei einem der beiden Filmausschnitte eine Abweichung der Beurteilung des mit Musik unterlegten Bilds im Vergleich zum musiklosen Bild: Die Begegnung zwischen Mann und Frau, die ohne Musik als entweder romantisch oder aggressiv beurteilt wurde, wurde mit romantischer Musik als klar romantisch, mit aggressiver Musik als klar aggressiv beurteilt. Die Kampfesszene hingegen war so eindeutig, dass sie auch mit romantischer Musik als aggressiv beurteilt wurde (Cohen 2005: 24). Der Ansatzpunkt im Drei-Dimensionen-Modell ist der gleiche wie bei dem vorherigen Experiment von Cohen (vgl. S. 124). Während die letzte Studie als ein Beleg der von Pauli beschriebenen Polarisierung des Filmbilds durch Musik gesehen werden kann und daher in Einklang mit vielfältigen Erfahrungen von Filmpraktikern steht, setzen die vorherigen Studien auf einem grundlegenden und weniger praxisbezogenen Level an.

Alle Studien sind zunächst in der Übertragung auf die Filmpraxis primär vertikal ausgerichtet. Zwar gibt es in den eingesetzten Materialien immer einen zeitlichen (horizontalen) Verlauf, jedoch wurde in den Auswertungen nicht ergründet, inwieweit das wiederholte Auftauchen von Reizstrukturen innerhalb der Materialien auf die Erinnerungsleistungen, Interpretationen oder Sympathiebekundungen einwirken könnte. Das schränkt die horizontale Aussagekraft der Studien stark ein. Die unterschiedlichen Musiken, die einem gleich bleibenden Bild-Ton-Kontext unterlegt waren, werden blockartig – ungeachtet ihrer jeweiligen Entwicklung im zeitlichen Verlauf) charakterisiert und besprochen. Auch die visuellen und musikalischen Einzelteile bei Cohens Experimenten werden pauschal als »fröhlich« oder »traurig« oder »romantisch« und »aggressiv« oder ähnlich charakterisiert. Thayer & Levenson thematisieren nicht, wie unterschiedliche horizontale Dramaturgien das Erregungsniveau der Rezipienten verändern. Bemerkenswert ist, dass die Erregungsverläufe annähernd gleich sich nur im Gesamt-Intensitätsniveau unterscheiden.

Die Tiefendimension kommt zwar ebenfalls in allen Studien zum Tragen, da jeweils keine Einheit von Wirkungsintentionen und tatsächlichen Wirkungen vorausgesetzt wird. Somit kann in der Tiefendimension zwischen Montage und Wirkung differenziert werden. Die praktischen Implikationen in der Tiefen- und horizontalen Dimension sind aber gering, da keinerlei Vergleiche hinsichtlich unterschiedlicher musikalischer Idiome, Stile oder Montage-Arten stattfanden. So könnten die unterschiedlichen Erregungsniveaus bei Thayer/Levenson – entgegen der eher vertikalen Interpretation der Autoren – auch durch eine tiefendimensionale Dynamik entstanden sein: Vielleicht war es gar nicht der unterschiedliche »Aussagegehalt« der Musiken, der die Ergebnisse bewirkte, sondern die Tatsache, dass eine der Musiken dem Testpublikum stilistisch schlicht besser gefallen hat, was dann für höhere (oder auch niedrigere) Erregung sorgte.

Ähnlich kann die Studie Bullerjahns problematisiert werden: Ob die unterschiedlichen Interpretationen auf unterschiedliche musikalische »Aussagen« oder auf unterschiedliches Gefallen der Stile zurückzuführen ist, ist kaum zu trennen. Das Untersuchungsdesign von Bullerjahn ist vergleichbar mit dem – hier erdachten – Versuch, die Wirkung dreier unterschiedlicher gesprochener Sätze auf ein Testpublikum zu erforschen. Wenn die Sätze jeweils von drei unterschiedlichen Sprechern gesprochen werden, ist nicht mehr zu unterscheiden, ob die inhaltlichen Aussagen der Sätze zu unterschiedlichen Wirkungen führen, oder ob die unterschiedlichen Wirkungen auf die unterschiedlichen Sprecher zurückzuführen sind. Die unterschiedlichen Wirkungen könnten allein aus der ungleichen Intensität und Ausstrahlung der Sprecher resultieren. Im Falle von drei unterschiedlichen Musiken mit unterschiedlicher »Aussage« könnten unterschiedliche Wirkungen auch ungeachtet der jeweiligen Aussage durch das unterschiedliche Intensitätsniveau der Musik bedingt sein.

Solche Schwierigkeiten bestehen auch bei Hagemann/Schürmann (1988: 275). Es liegt in ihrem subjektiven Ermessen, auf welche Faktoren die unterschiedlichen Interpretationen der Werbespots zurückgeführt werden. Die Autoren geben denn auch zu bedenken, dass nicht sicher sei, ob eher das strukturelle Zusammenpassen von Musik und Text oder das Zusammenpassen des musikalischen Aussagegehalts mit der Textaussage für unterschiedliche Sympathiebekundungen ursächlich sei.

Bei Cohens erstem Experiment sind die Faktoren (vgl. S. 124), die zu unterschiedlichen Bewertungen führten, eindeutig, jedoch so rudimentär, dass sie kaum auf den komplexen Gegenstand Filmmusik übertragen werden können. Bei Cohens zweitem Experiment (vgl. S. 126) bleibt die Frage offen, ob das Misslingen der Umdeutung einer aggressiven Kampfszene durch eine romantische Musik grundsätzlicher Art ist, oder ob die spezifisch gewählte romantische Musik eventuell zu schwach, zu unpassend oder idiomatisch zu unangemessen war, als dass sie bei den Probanden eine entsprechende Wirkung hätte hervorrufen können. Außerdem könnte vermutet werden, dass die gewählten semantischen Differenziale nicht ausreichen, um die durch Kombination einer aggressiven Szene mit romantischer Musik sich neu einstellende Beurteilungsgröße zu erfassen, so dass die Probanden nur aus Verlegenheit angaben, die Szene sei nach wie vor aggressiv.

Streng genommen bliebe als Resultat der bislang diskutierten empirischen Studien die Einsicht, dass unterschiedliche Musik im Kontext mit gleich bleibenden Bildern zu unterschiedlichen Wirkungen und emotionalen Einschätzungen führt, bzw. dass Bild- und Musikwirkungen potenziell in ähnlichen Kategorien gefasst werden können. Damit ist bewiesen, *dass* Filmmusik wirkt, jedoch gibt es keine über diesen Allgemeinplatz hinausgehende Spezifizierung. Die Übertragung der Untersuchungsergebnisse auf die Filmpraxis lässt kaum Hoffnung auf einen erfahrbaren Nutzen zu. Zu komplex ist das Zusammenspiel von Bildern und Tönen, als dass es bislang auch nur annähernd möglich wäre, auf empirisch-experimenteller Basis Regeln des Zusammenwirkens zu formulieren. Dass von Hagemann/Schürmann nicht nachgewiesen werden konnte, Musik fördere das Erinnern von Textaussagen, ist anhand der gewählten Methodik und des Umfangs an Stimulusmaterialien kein Negativbeweis. Keinesfalls kann ausgeschlossen werden, dass es in anderen Fällen durch eine hochgradig an den Sprachkontext angepasste Musik doch gelingen kann, Aussagen verständlicher zu machen. Betrachtet man, wie Musik in der Werbung eingesetzt wird, so fällt auf, dass die Studie von Hagemann/Schürmann dem nicht gerecht werden kann. Die Autoren gehen davon aus, dass Werbespots einfach »blockartig« mit einer Musik unterlegt werden, die dann auch unter den besonders zu erinnernden Textpassagen liegt. Dies entspricht kaum der weitaus vielschichtigeren Praxis: Häufig wird stattdessen durch musikalisch-akustische Brüche unmittelbar vor zu erinnernden Textpassagen die Aufmerksamkeit erhöht. Teilweise wird zuvor eine Musik gespielt, die vor den Kernaussagen abreißt, oder es findet ein

Bruch in der Rhythmik oder Klangfarbe statt. In wieder anderen Fällen wird die zu erinnernde Textpassage in der Musik gesungen. In der Werbepraxis geschieht also die Förderung einer Erinnerungsleistung mit Hilfe von Musik auf ganz andere Art, als es Hagemann/Schürmann voraussetzen. Hier zeigt sich, dass empirisch-experimentelle Forschung ohne ein Fingerspitzengefühl für die Praxis zu simplifizierenden und irreführenden Aussagen kommt. Zumindest die von den jeweiligen Autoren gezogenen Schlussfolgerungen aus manch solide gewonnenen Rohdaten sind häufig im Hinblick auf die Praxis fragwürdig. Das von Hagemann/Schürmann vernachlässigte Wirkprinzip scheint indes sogar ein recht altes und beständiges zu sein. Kracauer (1985: 188) beschrieb bereits 1964 die »spannungsgeladene Stille«:

> »Überraschenderweise wird diese Wirkung verstärkt, wenn die Musik im Augenblick höchster Spannung plötzlich aussetzt und uns mit den stummen Bildern allein lässt. Das ist ein Kunstgriff, der im Zirkus verwendet wird, um sensationelle Darbietungen zu voller Geltung zu bringen. Man sollte erwarten, dass die verlassenen Bilder wirkungslos bleiben; was aber tatsächlich geschieht, ist, dass sie uns stärker fesseln als die ihnen vorangehenden, musikalisch untermalten Aufnahmen.«

Spannungsgeladene Stille ist häufig entscheidend für Filmwirkung. Zofia Lissa (1965: 244) beschreibt sie als ein Mittel, um den Tod einer Filmfigur auszudrücken: Musik reißt plötzlich ab und ist ein »Symbol des Todes, der Leblosigkeit, das kondensierte Zeichen der Bewegungslosigkeit in der visuellen Schicht. Es ist die Stille, die noch all das ›schreit‹, was den aktuell gezeigten Bildern vorausging.« In der Werbung wird von diesem Prinzip bei der Akzentuierung von Botschaften immer wieder Gebrauch gemacht. Oft sind es nur winzige Musikpausen, in die sich wichtige Aussagen legen, jedoch spielt die horizontale Entwicklung der Musik eine große Rolle.

Auf gestalterischer Seite haben die bisherigen empirisch-experimentellen Studien keinen weitreichenden Aussagewert. Insbesondere die beeindruckenden Erregungskurven von Thayer/Levenson können schließlich nichts über die Akzeptanz beim Rezipienten aussagen. Es bleibt fraglich, ob der Rezipient in einer natürlichen Rezeptionssituation (anstelle eines Untersuchungsaufbaus) die Interaktion mit dem Virtuellen gesucht, oder ob er sich der Rezeption entzogen hat. Oft wird – in einem Fehlschluss – vorneweg angenommen, ein hohes Erregungsniveau sei »gut« und verheiße mehr Erfolg. Dabei wird ein hohes Erregungsniveau mit positiver Aufmerksamkeit gleichgesetzt. Das erscheint vorschnell, und hier ist die Versuchssituation nicht auf die alltägliche Rezeption übertragbar. So tritt der Rezipient freiwillig in Interaktion mit dem

Film, während die Testpersonen dazu angehalten waren, bei den Tests anwesend zu bleiben. Ein hohes Erregungsniveau könnte also nicht nur aus positiver Aufmerksamkeit herrühren, sondern auch aus einer Negativ-Dynamik: Die Anwesenheit während einer für schlecht befundenen Musik aufgrund der Zusage zur Teilnahme an einer Untersuchung und nicht aus purem Gefallen an der Rezeptionsgrundlage könnte ebenfalls zu einem höheren Erregungsniveau führen. Es kann keineswegs benannt werden, welches Erregungsniveau mit welcher Art von Verlauf als gut gelten kann. Zieht man dann noch die horizontale Dimension in Betracht, so schrumpft der Aussagewert der Studie weiter: Es kann keinesfalls angenommen werden, dass es die Akzeptanz eines Films fördert, wenn auf eine konstant hohe Erregung abgezielt wird. Der Rezipient könnte der Erregung überdrüssig werden. Einen stimmigen Verlauf von Erregung und Entspannung zu schaffen, ist eher ein kreativer Prozess, der mit solchen Messmethoden nicht ergründet werden kann.

Jenseits der gestalterischen Arbeit im Produzentenalltag ergeben sich deutlich weiter reichende Bedeutungen der Studien, wenn die empirisch-experimentelle Medienforschung als Teil der Filmpraxis berücksichtigt wird. Hier geht es dann weniger darum, Gestaltungsprinzipien experimentell zu erhärten, sondern einzelne Filme auf ihr Erfolgspotenzial zu testen. Es kommen Methoden zum Einsatz, wie sie in den beschriebenen Studien verwendet wurden. In einer Versuchsanordnung zur Erforschung von Fernsehwirkung werden bei dem Psychologen Gary Bente (1997: 249) beispielsweise Blutdruckwerte der Probanden aufgezeichnet, wobei der Autor zu bedenken gibt, dass die wissenschaftliche Diskussion um die Auswahl geeigneter psychophysiologischer Erregungs- bzw. Emotionskorrelate innerhalb der Medienwirkungsforschung noch keineswegs abgeschlossen ist. Aus psychophysiologischen Messverfahren in Kombination mit Befragungen zum Gefallen und Missfallen eingesetzter Stimulusmaterialien können – mit einiger Vorsicht, eben durch den Einbezug der Tiefendimension – Rückschlüsse auf das Erfolgspotenzial eines Films gezogen werden. Derartige experimentelle Studien sind also weniger durch ihre unmittelbaren Implikationen praxisrelevant, eher dadurch, dass man ihre Methodik in die empirisch-experimentelle Medienforschung einbeziehen könnte, um im konkreten Fall zu erfahren, wie ein Film vom Rezipienten interpretiert wird. Die in den Studien angewandten Methoden greifen auf unterschiedlicher Ebene in den Wahrnehmungsprozess ein: Physiologische Messung vermag am ehesten unbewusste Prozesse einzubeziehen, während Befragung eher auf Gedächtnisinhalte abzielt. Alternativen wie die Beobachtung nonverbalen Verhaltens durch Blickaufzeichnungskameras werden gegenwärtig vermehrt erprobt, sind jedoch noch nicht dezidiert für den Bereich der Filmmusik eingesetzt worden. Hier bedarf es einer fortlaufenden wissenschaftlichen Grundlagenforschung, die für die empirisch-experimentelle Medienforschung wichtig ist.

Abschließend kann für den Nutzen der empirisch-experimentellen Studien im Alltag der Filmpraxis festgehalten werden: Verallgemeinerbare gestalterische Ableitungen gibt es nicht. Die Studien sind einzelfallbezogen und geben keinerlei Direktive, wie man einen Film zum Erfolg führt. Jedoch geht aus den Studien in deren Kombination nachdrücklich hervor, dass Film kein visuell dominiertes Medium ist, sondern ein audiovisuelles Medium, in dessen Rezeption es stets zu einer wechselseitigen Beeinflussung von Bildern und Tönen kommt. Die Studien tragen dazu bei, das Vorurteil der visuellen Dominanz im Film zu relativieren. Ferner sind die mit den Studien erprobten Methoden in der angewandten Medienforschung einsetzbar. Eine die Filmmusik einbeziehende Medienforschung ist noch Zukunftsmusik, aber die erwähnten Studien geben Anlass zur Hoffnung auf ihre Realisierbarkeit.

Unter den Theorien mit überwiegendem Bezug zur vertikalen Dimension haben sich insbesondere die Funktionsmodelle zum Zusammenwirken von Musik mit Filmbildern als brauchbar für die Film(musik)praxis erwiesen. Gerade in didaktischer Hinsicht sind sie wertvoll, da sie auch Filmpraktikern, deren Kernkompetenz *nicht* im Bereich der Filmmusik liegt, Denk- und Ausdrucksweisen bereitstellen, die helfen, verschiedene Möglichkeiten des Musikeinsatzes im Blick zu behalten und auf einfache Weise zu kommunizieren. Die Modelle sind somit geeignete Tools an der Schnittstelle zwischen Filmkomponisten und beispielsweise Regisseuren, Filmproduzenten, Cuttern und Redakteuren. Vor allem, wenn es um die punktuelle Besprechung des Musikeinsatzes in kürzeren Szenenausschnitten geht, sind die Modelle nützlich. Frühe Theoretisierungsversuche wie die Eisensteins sind heute eher als historische und systematische Grundlagen dieser Modelle zu sehen und nicht unmittelbar anwendbar. Empirische Studien wiederum dienen dem Beleg von Einzelaspekten der Modelle, könnten jedoch ohne die griffigen Modelle selbst kaum unmittelbaren Nutzen entfachen. Zur Formulierung eines Ansatzes oder Konzepts der Filmmusik für einen ganzen Film jedoch sind die bislang besprochenen Modelle indes bei weitem nicht ausreichend. Es mangelt ihnen an Einbezug des zeitlichen Filmverlaufs sowie der sich dadurch ergebenden ständigen Umdeutungen. Solche Aspekte und deren Theoretisierungsversuche werden nachfolgend in der horizontalen Dimension besprochen.

2) Theorien mit überwiegendem Bezug zur horizontalen Dimension

Unter die horizontale Dimension des Drei-Dimensionen-Modells fällt die Wiederkehr ähnlicher Reizstrukturen im Filmverlauf. Personen oder musikalische Motive bilden eine Art roten Fadens durch die Filmhandlung. Auch fallen unter die horizontale Dimension kognitive Umdeutungsprozesse des Rezipienten: Es werden Verbindungen zwischen den vom Film ausgesandten Reizen hergestellt, die das Empfinden von filmischer Kohärenz bedingen. Die Erörterung von Filmmusik in dieser Dimension umfasst somit Aspekte wie das Behalten und Erinnern von musikalischen Motiven sowie die unbewussten Auswirkungen der Verknüpfung musikalischer Motive etwa mit Bildern, Situationen, anderweitigen Geräuschen. Auf der Ebene des virtuellen Raums aus Rezipientensicht fallen in die horizontale Dimension sämtliche Kontinuitäten, die der Filmhandlung zugeschrieben werden. Ist beispielsweise der Protagonist eines Films zunächst in einem Auto und dann in einem Haus, so kann der Rezipient die beiden Einstellungen verknüpfen und für den virtuellen Raum schließen, der Protagonist müsse inzwischen aus dem Auto ausgestiegen und direkt in das Haus gegangen sein. Auf der Seite des virtuellen Raums aus Produzentensicht fallen in die horizontale Dimension alle vom Produzenten intendierten Handlungszusammenhänge und Kausalitäten, etwa die Vision, der Rezipient solle sich später erschließen können, der Protagonist sei vom Auto ins Haus gegangen. Es geht also in der horizontalen Dimension stets um Strukturen, die über das einmalige vertikale Zusammentreffen etwa von Tönen und Bildern hinausreichen und erst zeitlich-konsekutiv einen Sinn ergeben.

die horizontale Dimension in drei Stufen

Die horizontale Dimension des Drei-Dimensionen-Modells kann durch ein dreistufiges Modell der Filmrezeption von Peter Wuss (1993: 52–65) ausgedeutet werden. Wuss theoretisiert das Wechselverhältnis zwischen Film und Rezipient, insbesondere Lern- und Verstehensprozesse im Zeitverlauf der Filmrezeption.

Der psychologische Kern seines Modells ist die »Invariantenbildung« der Kognition. Unter einer Invariante wird ein mentales Konstrukt verstanden, das im Zuge weiterer Wahrnehmungsprozesse relativ stabil – invariant – bleibt. Invarianten können aus Begriffen oder aus unbegrifflichen Annahmen bestehen. Sie sind wahrnehmungsbedingt und bedingen ihrerseits die Wahrnehmung. Eine Invariante ist eine zu einem Objekt der Außenwelt assoziierte mentale Größe, die sich bis zu einem gewissen Grad der Modifikation des

Objekts nicht ändert und dem Wahrnehmungsapparat als Referenz und Orientierungshilfe dient. Die Bildung von Invarianten kann – hier greift Wuss auf die Erkenntnistheorie von Georg Klaus zurück – auf drei psychischen Ebenen geschehen: auf der Ebene der Wahrnehmung, auf der des Denkens und jener der Motive. Jeweils wird eine Repräsentation des Erlebten festgehalten und dient der weiteren Informationsverarbeitung (Wuss 1993: 56). Eine Invariante ist somit die elementare Grundlage sowohl von Schemata als auch von Plänen. Ein Schema ist eine komplexe Wissensstruktur, die sich eher auf die figuralen Aspekte des Denkens bezieht; beispielsweise erkennt man ein erblicktes Tier als Hund, weil es in das entsprechende Schema passt. Ein Plan ist eher eine handlungsbezogene Größe, die etwa im Falle des erblickten Hundes nahe legt, mit ihm zu spielen (vgl. Zimbardo 1983: 123).[49]

Auch während der Filmrezeption bilden sich Invarianten. Diese werden zu bestehenden Schemata in Beziehung gesetzt, da Pläne für die Filmrezeption naturgemäß weniger relevant sind; ein Rezipierender ist trotz hoher kognitiver Aktivität auf dieser Ebene als passiv anzusehen. Wuss (1993: 56) erläutert:

»Hinter der Filmrezeption steht also […] ein ›Wahrnehmungszyklus‹, in dessen Verlauf neu verfügbare Information die bestehenden Schemata verändert, die dann wiederum bei weiteren Erkundungen Auswahlprozesse von Informationen steuern usw.«

Der Filmrezeption liegt somit der auch für die Wahrnehmung zentrale Prozess der Adaption (Anpassung) zugrunde. Adaption setzt sich zusammen aus den Komponenten Assimilation und Akkomodation (vgl. S. 68). Bei der Assimilation werden neue Erfahrungen so gedeutet, dass sie mit bestehenden Schemata und Plänen übereinstimmen. Bei der Akkomodation verändern neue Erfahrungen die bestehenden Schemata und Pläne. Assimilation und Akkomodation treten stets zusammen auf; nur temporär kann der eine Modus über den anderen dominieren (vgl. Zimbardo 1983: 123). Individualpsychologische Eigenschaften des Wahrnehmenden spielen sicher eine große Rolle bei der Art und Weise der Aktivierung der Schemata. Manche Menschen sind gewissermaßen von ihrer charakterlichen Disposition her eher »schematisch« (bestehenden Schemata verhaftet) ausgerichtet, während andere eher »adaptiv« (an der augenblicklichen Wahrnehmung orientiert) sind.

---

49 Zimbardo baut auf Ideen des Psychologen Jean Piaget [1896–1980] auf. In anderer Literatur wird die Kategorie des Plans auch mit dem Begriff des Scripts belegt (vgl. Bullerjahn 2001: 232).

Bei seiner Analyse von Filmen klassifiziert Wuss (1993: 56–60) drei mögliche Strukturen von Hinweisreizen innerhalb eines Films, die jeweils auf drei unterschiedliche Arten der Invariantenverarbeitung abzielen. Ein Film wird als Struktur-Angebot aufgefasst, das bestimmte Wahrnehmungsweisen nahe legt:
(1) perzeptionsgeleitete Strukturen
(2) konzeptgeleitete Strukturen
(3) stereotypgeleitete Strukturen

Die perzeptionsgeleiteten Strukturen entsprechen der kognitiven Invariantenbildung der Wahrnehmung. Sie sind wenig evident und werden eher unbewusst aufgenommen. Der Rezipierende hat kaum Vorab-Informationen über die wahrgenommenen Beziehungen zwischen Bildern und Tönen. Er muss vielmehr eine Invariante erst auffinden und ermitteln.»Dies geschieht in einem Autokorrelationsprozess, über Wahrscheinlichkeitslernen, das eine mehrfache intratextuelle Wiederholung ähnlicher Strukturen in Gestalt von Reihen homologer Formen voraussetzt.« Auf diese Weise kann sich ein zeichenhafter Charakter einer Strukturinvariante nach und nach herausbilden. Die Strukturinvariante »ist semantisch noch instabil, bleibt im Bereich des Vorbewussten, das durch irreversible Operationen gekennzeichnet ist, und sie wird vermutlich nur während der unmittelbaren Vorführdauer eines Films im sogenannten Intermediär-Zeit- oder Arbeitsgedächtnis des Zuschauers gespeichert, kann also kaum länger als zwei Stunden behalten werden.«

Die konzeptgeleiteten Strukturen im Film stützen sich auf bereits angeeignete kognitive Strukturen. Es liegt bereits eine Vor-Information über die vorgefundene Beziehung zwischen Bild und Ton vor. Somit ist die im Film dargebotene Erscheinung den höheren Intelligenzprozessen zugänglich und kann dort erkannt und klassifiziert werden.»Der Aneignungsprozess geschieht dann in Form von Lernen über freie Kombination bzw. Reflexion der Invarianten, wofür das einmalige Auftreten einer Struktur ausreicht.« Die wahrgenommene Struktur ist somit als Zeichen recht stabil, wird tendenziell bewusst aufgenommen und ist über einen längeren Zeitraum hinweg abrufbar.

Die stereotypgeleiteten Strukturen »sind das Resultat eines fortgeschrittenen gesellschaftlichen Lernvorgangs, eines eher postadaptiven Stadiums kultureller Integration und entsprechend stark evident.« Der Rezipierende verfügt hinsichtlich der wahrgenommenen Strukturen über ein hohes Ausmaß an Vor-Information; die Strukturen sind möglicherweise Teil des kulturellen Repertoires, und er hat sie in mannigfaltigem Kontext bereits erfahren. Durch mehrfache Wiederholung im Film gewinnt eine Struktur für den Rezipierenden an Zeichenhaftigkeit. Möglicherweise werden normierte Assoziationen und Unterprogramme beim Rezipierenden abgerufen, aber dennoch erwächst eine klare Zeichenhaftigkeit solcher Strukturen (vgl. dazu S. 71) eher aus dem momentanen Kontext; eine Struktur selbst reicht als Zeichen oft nicht aus. Stereotypgeleitete Strukturen sind tendenziell im Dauergedächtnis gespeichert und werden kaum vergessen. Wuss gibt zu bedenken, dass sie infolge von Gewöhnung für Rezipierende vielfach eher wieder unauffällig werden und dadurch zum Teil eher beiläufig und unbewusst wahrgenommen werden.

Diese drei Strukturtypen filmischer Stimuli können sich überlagern, stören und ergänzen. Zusammen bilden sie die Basis einer Film-Narration.

Das systemische Gefüge dieser drei Kategorien zielt im Drei-Dimensionen-Modell auf eine horizontale Dynamik ab. Es beschreibt, wie ein Rezipierender im Verlauf des Films zu Einschätzungen und narrationsbezogenen Annahmen kommt. Er kann also Analogien zwischen wahrgenommenen Strukturen herstellen (perzeptionsgeleitet), Vorinformationen zur Interpretation von Strukturen heranziehen (konzeptgeleitet) oder evidente Beziehungen entschlüsseln (stereotypgeleitet). Nur die perzeptionsgeleiteten Strukturen können somit allein in einem singulären Film ohne Bezugnahme auf allgemeines Wissen narrativ wirksam werden. In Abb. 22 wird folgender Fall symbolisiert: Eine Filmfigur sagt immer wieder – situationsbedingt – ein bestimmtes Wort. Nachdem ein Rezipierender aufgrund seiner Wahrnehmung über diesen Zusammenhang eine Invariante gebildet hat, nimmt er, wenn die Figur erneut in eine ähnliche Situation gerät, an, die Figur werde das betreffende Wort sagen (vgl. Abb. 22).

Weiß ein Rezipierender hingegen schon aus vorher gesehenen Filmen, dass eine Filmfigur wie die gerade gesehene in ähnlichen Situationen immer ein bestimmtes Wort sagen wird, muss die horizontale Dimension über die Phase von Filmanfang bis Filmende ausgeweitet werden; es liegt dann eine konzeptgeleitete Struktur vor (vgl. Abb. 23).

Ist es für einen Rezipierenden hingegen aufgrund von allgemeiner Lebenserfahrung evident, dass eine Filmfigur ein bestimmtes Wort sagen wird, liegt eine stereotypgeleitete Struktur vor.

Filmmusikalisch bestehen perzeptionsgeleitete Strukturen, wo ein Rezipierender im Filmverlauf eine stabile Zuordnung gewisser musikalischer Strukturen zu weiteren Strukturen optischer oder akustischer Art aus dem Film erlernt und über die gebildeten Invarianten dann Rückschlüsse über den virtuellen Raum zieht. Dies wird im Zusammenhang mit der Leitmotivik (vgl. S. 139) besprochen. Sie basiert auf der Einführung und Wiederholung bestimmter musikalischer Motive und Themen, die an bestimmte Personen oder Situationen in der Filmhandlung gebunden sind. Rezipierende kennen diese Motive oder Themen vor der Rezeption des konkreten Films noch nicht.

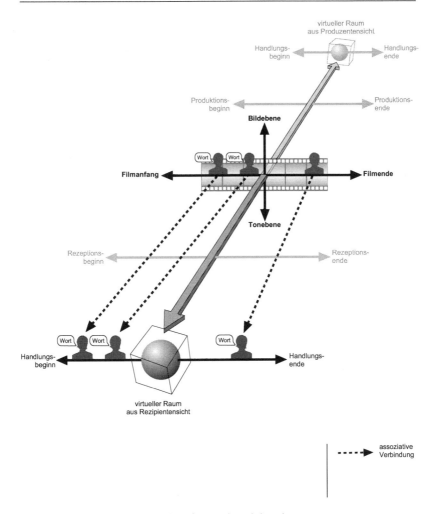

Abb. 22: assoziative Bild-Ton-Verknüpfung während der Filmrezeption

Des Leitmotivs »›Bedeutung‹ muss erst einmal auf irgendeinem Umweg festgestellt werden, ehe es zum Bewusstsein und Durchfühlen der symbolischen Zusammenhänge kommen kann, die der Komponist im einen oder anderen Sinn beabsichtigt hat.« (Schering 1990: 44). Ob der dazu notwendige horizontale Verknüpfungsprozess bewusst oder unbewusst abläuft, ist nicht entscheidend. Wichtig ist, dass die Invariantenbildung zur Konstruktion des virtuellen Raums beiträgt.

Theorien mit überwiegendem Bezug zur horizontalen Dimension 137

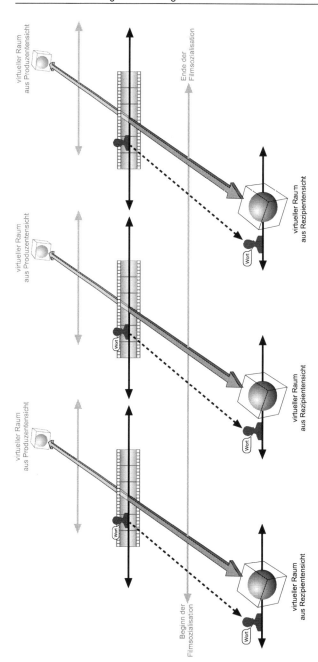

Abb. 23: intertextuell bedingte Annahmen bei der Filmrezeption

Konzeptgeleitete Strukturen bestehen, wenn eine Musik im Film eingesetzt wird, die durch Anspielungen auf bekannte Musiken inhaltlich interpretiert werden kann. Dies könnte im Fall einer sich über mehrere Filme erstreckenden Leitmotivik angenommen werden. Beispielhaft hierfür ist die Filmtrilogie *Star Wars* [USA, R: George Lucas]. In der ersten Filmepisode von 1977 werden durch den Komponisten John Williams Leitmotive für verschiedene Figuren etabliert, die sich auch in den folgenden Episoden (von 1980, 1983, 1999, 2002 und 2005) jeweils wieder finden. Der Rezipient hat also potenziell eine Präinformation über musikalisch-inhaltliche Verknüpfungen. Dadurch kann auf Seiten des Produzenten mit den Verknüpfungen in den späteren Filmen auf eine viel freiere Art und Weise gespielt werden. Im Gegensatz zu den perzeptionsgeleiteten Strukturen reicht bei den konzeptgeleiteten Strukturen schon ein einmaliges Auftauchen, um bestimmte Assoziationen zu wecken. Die Strukturen wirken bereits als Zeichen, die der Rezipient bewusst oder unbewusst versteht.

Stereotypgeleitete Strukturen werden nach Wuss (1993) dort gesehen, wo im Film musikalische Klischees und Archetypen eingesetzt werden. Viele musikalische Strukturen stellen infolge eines gesellschaftlichen Lernvorgangs gewissermaßen semantische Zeichen dar, die so verbindlich sind, dass die Grenze zu archetypischen Konnotationen der Musik verschwimmt. Bestimmte Arten von hohen Geigen-Clustern (vgl. S. 77) stehen beispielsweise für Spannung und Gefahr; spezielle mediantische harmonische Wendungen stehen für Thriller und Drama (vgl. S. 77); bestimmte Instrumente haben eine relativ stabile Zuordnung zu Situationen, wie z. B. die tiefen Klarinetten, denen, wie Matthias Keller (1996: 47) es beschreibt, das Bösewicht-Klischee anhaftet. Filmmusik könnte ohne solche Stereotypen kaum zielgerichtet narrativ wirken. Allerdings werden Klischees nicht immer gleichartig eingesetzt, so dass stereotypgeleitete Strukturen dennoch im Sinne perzeptionsgeleiteter Strukturen neu interpretiert werden müssen. Wuss (1993: 61) gibt zu bedenken, dass nur der geringste Teil einmal konzeptualisierter Filmstrukturen in den Bereich der Stereotypen überginge: »In der Regel werden sie durch vielfachen Gebrauch schnell unauffällig, fallen in die Redundanz zurück, verblassen und degenerieren gleichsam.«

Insgesamt macht das dreistufige Modell der Filmrezeption von Wuss deutlich, in welch großem Umfang Filmrezeption ein horizontaler Prozess ist. Die Rezeption eines einzelnen Films steht immer auch im Kontext mit anderen Filmen und kann niemals sauber aus diesem Gesamtkontext herausgelöst werden. Für das ganzheitliche Erlebnis von Film und die Betrachtung von Filmmusik sind strukturelle Beziehungen auf allen drei Stufen relevant. Ähnlich wie im Bezug auf Eisenstein gilt auch für die Überlegungen von Wuss, dass sie ohne Konkretisierung durch weitere Modelle noch zu rudimentär sind, als dass sie in der Filmpraxis angewandt werden könnten.

Leitmotivik im Lichte der Psychologie

Eines der meistdiskutierten Konzepte der Filmmusik ist die Leitmotivik. Sie bildet den Kern dessen, was im Blick auf die Filmpraxis in die horizontale Dimension fällt. Leitmotivik ist in der Filmmusikgeschichte gleichsam zum Standard sowie zum Irrtum erklärt worden und wurde außerdem in experimentellen Studien auf ihre Wirkung untersucht. Trotz unterschiedlicher Auslegungen des »Leitmotivs« gibt es in der Filmpraxis wie auch in der Wissenschaft einen gemeinsamen Kern der Anschauungen. Dieser besteht in der Annahme, es sei möglich, die Filmrezeption durch Wiederholung von Verknüpfungen musikalischer mit außermusikalischen Strukturen zu gliedern und zu lenken. Die Annahme soll nunmehr auch im Kontext mit empirisch-experimentellen Befunden aus der Psychologie näher beleuchtet werden.

Begriff und Idee des Leitmotivs wurden um 1876 in einem frühen multimedialen Kontext, dem Musikdrama Richard Wagners, geprägt. Das Leitmotiv wird mit einer zusammenhangs- und einheitsstiftenden Funktion musikalischer Motive, die konsequent an bestimmte Personen oder Situationen gebunden sind, in Zusammenhang gebracht (vgl. Blumröder 1990). Leitmotive wurden schon in frühen Stummfilmvertonungen eingesetzt. Im Hollywood-Film der 1930er Jahre war Leitmotivik eines der Haupt-Konzepte der Erstellung von Filmmusik, und auch heute wird häufig eine konsistente Zuordnung musikalischer Motive (oder Themen) zu Figuren, Orten oder Handlungssträngen verlangt. Es gab darum vielfältige ideelle Auseinandersetzungen, die hier jedoch – wie zuvor begründet (vgl. S. 38) – nicht weiter erörtert werden sollen.

Veranschaulichung: »Leitmotivik« in der Lebenswelt

Der horizontale Charakter der Leitmotivik wird durch ein alltägliches Musikrezeptions-Phänomen deutlich: Musik, die man wiederholt in einer emotional brisanten Lebenssituation – beispielsweise Verliebtsein, Trennung – hört, wird in der Wahrnehmung durch die Situation emotional aufgeladen. Später im Leben, wenn man das Musikstück zufällig wieder hört, wird man an die damalige Situation erinnert und/oder in einen bestimmten emotionalen Zustand versetzt, obwohl die Lebenssituation jetzt eine ganz andere ist. Man wird in einen virtuellen Raum versetzt und erlebt Emotionen, die (kurzzeitig) so intensiv sind, als seien sie real. Dieser Effekt ist zunächst in der Tiefendimension zu beschreiben, weil ein Näher-

> rücken des Rezipienten an einen virtuellen Raum eintritt. Der dafür maßgebliche Mechanismus innerhalb der Lebensstruktur ist jedoch ein horizontaler: Nur weil die Musik schon früher mit bestimmten Emotionen und Gedanken verknüpft war, hat sie jetzt den besonderen Reiz. Das ist vergleichbar mit dem Auslösen von Emotionen durch Musik, die aus der Situation ihres erstmaligen Auftretens emotional eingefärbt wurde, auch jenseits ihres möglichen unmittelbaren emotionalen Ausdrucks. Verknüpfung und Einfärbung selbst sind freilich vertikale Prozeduren; die sich daraus ergebende Dynamik ist horizontaler Art.

Übertragen auf die Filmrezeption bedeutet das: Es findet eine wechselseitige Etikettierung von Filmbildern (und –Tönen) und Musik statt. In Fernsehserien ist es Gang und Gäbe, wenige deutlich kontrastierende musikalische Themen einzusetzen, um Handlungsstränge voneinander zu trennen. Norbert Jürgen Schneider (1992: 46) äußert in Bezug auf seine kompositorische Arbeit an der Daily-Soap *Marienhof* (ARD):

> »Bestimmte Personen und Handlungsmuster müssen so ausgeprägt und wiedererkennbar ›etikettiert‹ werden, dass der Fernsehzuschauer auch über Wochen hinweg Zusammenhänge behalten kann und mit der Serienhandlung vertraut bleibt, auch wenn er einmal einige Folgen nicht sehen konnte.«

Musik geht demzufolge – zumindest in den Erwartungen des Produzenten – über eine punktuell stimmungsvolle (vertikal-tiefendimensionale) Wirkung hinaus und hat Erinnerungswerte, die die Narration unterstützen, indem sie auf ihre Bedeutung im größeren Zusammenhang bewertet werden. »Die Musik verklammert im Bewusstsein des Zuschauers Sequenzen untereinander [...].« (la Motte-Haber 1985: 237) Erinnerungswerte führen somit nicht unbedingt zu Bewusstseinsinhalten, sondern bilden Potenziale zur Auslösung kognitiver Aktivität und emotionaler Reaktionen, die eine bewusste Repräsentation der Filmhandlung mitbestimmen.

Veranschaulichung: die horizontale Wirkungsebene des Films

Die Eingangsszene eines Films zeigt drei düster blickende Männer an einem Tisch. Dies kann eine gewisse Aktivierung beim Rezipienten auslösen. Er spekuliert vielleicht über ein mögliches kriminelles Potenzial der Männer. Wird nun sukzessive sichtbar, dass bei den Männern ein Revolver liegt, kann die Wirkung

> verstärkt werden. Infolge der vertikalen Verknüpfung der Männer mit dem Revolver gewinnt die horizontale Dimension an Brisanz: Männer und Revolver stehen fortan in assoziativem Zusammenhang. Die Männer lösen Spannung aus, weil man nun weiß, dass sie einen Revolver besitzen. Der Revolver selbst muss hierzu nicht mehr gezeigt werden. Umgekehrt wird in geeignetem Kontext auch das Zeigen des Revolvers durch die Verbindung zu seinen Besitzern aktivieren. Je weiter ein Film zeitlich voranschreitet, desto mehr derartige Assoziationen erlernt der Rezipient, und um so weniger kann die Wirkung einzelner Szenen allein auf die vertikale Interaktion verschiedener Stimuli zurückgeführt werden.

Es geht also beim Einsatz von Leitmotiven um eine horizontale Wirkung (vgl. Abb. 24).

Leitmotivik setzt in dieser Auslegung das Vorhandensein mehrerer musikalischer Motive für verschiedene Personen, Gegenstände oder Handlungselemente voraus. Allerdings verwenden nicht alle Autoren und Filmpraktiker den Begriff des Leitmotivs in diesem Sinne. Teilweise wird auch ein einziges musikalisches Motiv oder Thema, das sich in Abwandlungen durch einen ganzen Film zieht, als Leitmotiv bezeichnet. Der Begriff des Leitmotivs scheint dies zunächst zuzulassen, denn er basiert »auf einer Synonymität von ›Motiv‹ und ›Thema‹« (Blumröder 1990: 1). So fasst Zofia Lissa (1965: 273–274) den Begriff eher im Sinne eines einheitlichen Themas auf und distanziert sich dadurch von Wagner und vielen Filmmusikspezialisten. Sie sieht das »Leitmotiv« als Grundlage für die Einheitlichkeit des musikalischen Stoffes im Film sowie die Integration der einzelnen Teile des gesamten Filmwerks, da der nichtkontinuierliche Charakter der Filmmusik eine große Einheitlichkeit in den klanglichen Strukturen erfordere. Jedoch entspricht es eher dem unter Filmmusikspezialisten üblichen Gebrauch des Begriffs Leitmotivik, dass – wie von Blumröder (1990: 1) im Verweis auf die Prägung des Begriffs durch Fr. W. Jähns herausstellt – »die Analyse zusammenhangsstiftender thematischer Elemente, die als ›leitende Motive‹ im mus. Sinne zu Diensten der Durchführung dramatischer ›Charaktere‹ verstanden werden, den primären Ansatzpunkt darstellt.« Was Lissa als »Leitmotivik« bezeichnet, kann in diesem Sinne treffender als »Monothematik« bezeichnet werden: Ein einziges musikalisches Thema bildet die klangliche Grundstruktur als Garant für die Homogenität des Films (vgl. Kreuzer 2003: 77–79).

Historisch beispielhaft für filmische Leitmotivik im Sinne mehrerer im Film auftauchender Motive oder Themen ist die von Joseph Carl Breil für das Bürgerkriegsepos *Birth of a Nation* [USA 1915, Regie: David Wark Griffith] komponierte (und in Teilen aus bekannten Musikwerken kompilierte)

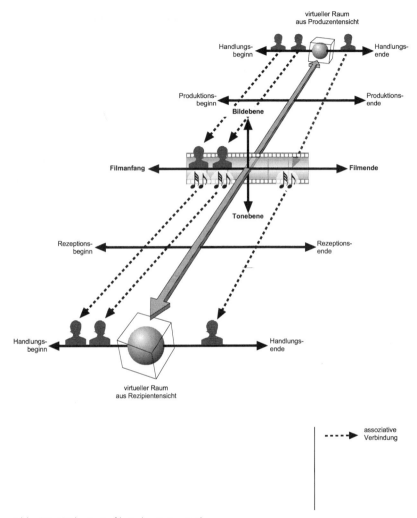

Abb. 24: Wirkprinzip filmischer Leitmotivik

Stummfilm-Musik: Sowohl wichtige Personen als auch sich wiederholende Situationen sind durch musikalische Floskeln etikettiert. Mit jedem Filmsegment endet ein musikalischer Abschnitt, und zur Verdeutlichung inhaltlicher Zusammenhänge dienen bekannte Melodien, die charakteristisch für Zeitalter, Orte und Ereignisse sind (vgl. Miller Marks 1997 und Kreuzer 2003: 38–40).

Zur musikalischen Leitmotivik liegen einige empirisch-experimentelle Studien vor. Sie sind jedoch im Hinblick auf die Filmpraxis fragwürdig, da sie meist primär auf das bewusste Wiedererkennen von Motiven ausgerichtet sind. So forderte Irène Deliège (1992: 34–36) Hörer einer Wagner-Oper auf, durch Tastendruck anzugeben, wann sie meinen, ein bestimmtes zuvor erlerntes Leitmotiv oder seine Variation wiederzuerkennen. Es handelt sich hierbei um einen direkten Gedächtnistest; die Aufmerksamkeit der Probanden wurde in der Befragung unmittelbar auf die zu untersuchenden Aspekte – die musikalischen Motive – gelenkt. Es ergab sich ein nur sehr geringer Korrelationsgrad; jedoch begründet die einfache Methodik nicht zwingend, die Leitmotive seien aufgrund der geringen Wiedererkennung wirkungslos. Wenn ein Motiv nicht zu einem unmittelbaren Bewusstseinsinhalt führt, schließt das eine Beeinflussung der kognitiv-unbewussten Reizverarbeitung schließlich nicht aus. Das Leitmotiv-Konzept muss durchaus nicht im Film als eine »heikle Sache« (Bullerjahn 2001: 219) angesehen werden. Anzunehmen ist zwar, dass eine Vielzahl ähnlicher Motive vom Rezipierenden aufgrund der Konkurrenz auditiver und visueller Datenströme nicht unbedingt bewusst aufgenommen wird. Aber bei moderatem und ästhetisch stimmigem Gebrauch der Leitmotive ist dennoch eine subtile Wirksamkeit jenseits empirischer Beweise anzunehmen.[50] Jürgen Flender schlägt für die Gestaltung der Leitmotive vor (2002: 41–42),

»…Leitmotive nicht nur hinsichtlich ihrer melodischen und rhythmischen Struktur, sondern auch bezüglich basaler perzeptueller Merkmale wie Lautstärke oder Komplexität deutlich voneinander abzugrenzen. […] Dies bedeutet jedoch nicht, dass Leitmotive generell – quasi holzschnittartig – auf schlichte, unmittelbar eingängige Kennmelodien reduziert werden müssten. Vielmehr lässt sich vermuten, dass sich subtil komponierte Leitmotive zumindest für eine häufig wiederholte Rezeption sogar besser eignen als simple Kennmelodien, nicht nur, weil die Gefahr der ästheti-

---

50 Der Hollywood-Komponist Jerry Goldsmith äußerte sich 1994 skeptisch im Bezug auf Leitmotivik: »I'm not a great believer in the leitmotif approach to film scoring because I don't think the audience has time to assimilate that much musical material. Their attention span should be directed towards the drama on the screen, and the music should be coming in peripherally. Basically, theme and variations is what film music is about. It shouldn't be rhapsodic, but it should be structured in that way.« Jerry Goldsmith, zit. nach Karlin/Tilford (1995: 34). Es bleibt aber fraglich, was genau Goldsmith unter Leitmotivik versteht, denn in seinen Filmen werden häufig Leitmotive im Sinne von konsistent an Personen und Situationen gebundenen musikalischen Motiven verwendet (vgl. Kreuzer 2003: 137–220).

schen Sättigung bei elaborierten Leitmotiven geringer ist als bei schlichten Kennmelodien, sondern auch, weil durch eine dauerhafte Kopplung mit diskriminierbaren Inhalten (Themen, Orten, Personen o. ä.) auch für die Leitmotive eine hohe Diskriminierbarkeit erreichbar ist [...].«

Freilich kann diese Auslegung der Leitmotivik nur graduell mit dem Musikdrama Wagners in Verbindung gebracht werden.

Kritische Stimmen zur Leitmotivik sind tendenziell stark auf der Ebene der bewussten Verarbeitung der Leitmotive ausgerichtet. Dem Produzenten jedoch geht es meist eher darum, mit dem Film beim Rezipienten den Eindruck von ganzheitlicher Stimmigkeit zu hinterlassen. Selbst wenn Leitmotivik zu keiner bewussten Erinnerung führt, wäre in dieser Hinsicht ihr Wert nicht geschmälert. Im Drei-Dimensionen-Modell lässt sich darstellen, welcher eingegrenzte Bereich durch die Studie von Deliège – hier als Beispiel für das Gros empirischer Leitmotiv-Forschung angeführt – abgedeckt wird (vgl. Abb. 25).

Die Auswirkung von Leitmotiven auf den virtuellen Raum aus Rezipientensicht fällt somit außer acht, obwohl gerade dieser Bereich für die Filmpraxis wesentlich ist. Ein bewusstes Wiedererkennen von Musikmotiven, wie es in der Studie getestet wurde, wird am ehesten im Bereich des Audio-Branding[51] erwartet. Für den narrativen Film ist es jedoch eher unerheblich, ob ein Leitmotiv bewusst wahrgenommen und erinnert wird. Hier geht es vielmehr darum, dass eine Geschichte schlüssig erzählt wird. Auch in Drehbüchern gibt es viele subtile Entsprechungen von Dialogpassagen, die zur Kohärenz der Erzählung beitragen, ohne unbedingt bewusst wahrgenommen zu werden. Auch Aspekte der Montage, Kameraführung, des Schnitts und Sounddesigns werden vom Rezipienten häufig nicht bewusst wahrgenommen und können dennoch nicht schon von daher als nebensächlich abgetan werden. Der Erfolg eines Films drückt sich nicht darin aus, dass Einzelelemente oder Gestaltungsprinzipien behalten werden bzw. in Testabläufen vorhersagbare Reaktionen auslösen, sondern dass das filmische Ganze vom Rezipienten als stimmig angenommen wird. Dass die Studie von Deliège im Speziellen für den Praktiker nahezu irrelevant ist, liegt auch daran, dass die Forscherin den Probanden vor Untersuchungsbeginn die Ziele der Studie minuziös darlegte und ihnen die Leitmotive zunächst isoliert vorspielte. Sie erklärte, ein Motiv könne später in Abwandlungen und unterschiedlichen Instrumentationen

---

51 Audio-Branding bedeutet, dass Firmen- oder Produktmarken mit einem signifikanten kurzen Klang versehen werden, der Unverwechselbarkeit, Wiedererkennung und Unterscheidung von anderen Unternehmen ermöglichen soll (vgl. Bronner/Hirt 2007).

Theorien mit überwiegendem Bezug zur horizontalen Dimension 145

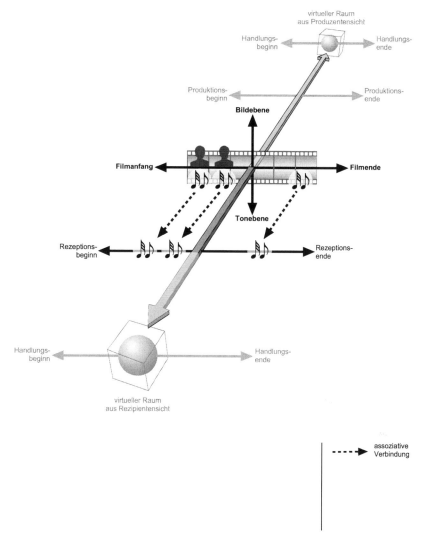

Abb. 25: Tragweite von Studien zur Leitmotivik

auftauchen, die es wiederzuerkennen gelte. Eine vergleichbare Testsituation wäre es, Rezipienten aufzufordern, bei jedem Bildschnitt einen Knopf zu drücken. Diese Aufgabe wäre vielleicht sogar erfolgreich zu lösen, geht aber vermutlich zu Lasten einer natürlichen Filmrezeption.

Für den Produzenten wären also Untersuchungen relevanter, die Aufschluss darüber geben könnten, ob sich beispielsweise die erzählerische Nachdrücklichkeit eines Spielfilms durch Leitmotivik erhöhen lässt. Dies ist allerdings methodisch äußerst schwierig zu bewerkstelligen; jedenfalls gibt es solche Untersuchungen bislang nicht.

Die Kritik an Studien zur bewussten Wiedererkennung und Erinnerung von Leitmotiven lässt sich durch eine Vielzahl von Untersuchungen aus unterschiedlichen Wahrnehmungsbereichen erhärten. So ist mittlerweile gewiss, dass das Fehlschlagen einer bewussten Wiedererkennung von Reizen nicht für deren Bedeutungslosigkeit spricht. Ledoux (2001: 30, Grafik: ebd) verdeutlicht dies anhand des folgenden Modells zur Schematisierung eines kognitionswissenschaftlichen Umgangs mit dem Bewusstsein (vgl. Abb. 26).

Kognitionswissenschaft

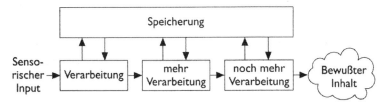

Abb. 26: Verhältnis von Reizverarbeitung zum Bewusstsein

Ein Reiz (sensorischer Input) durchläuft viele kognitive Verarbeitungsprozesse, bis er vielleicht zu einem Bewusstseinsinhalt führt. Ob ein Reiz mitkonstituierend für eine Bewusstwerdung wird, hängt immer zugleich von anderen Reizen ab. Im Blickpunkt der neueren Kognitionswissenschaft stehen nicht bewusste Inhalte oder Reiz-Repräsentationen, sondern Prozesse, die bei der Verarbeitung ablaufen. Diese Prozesse sind überwiegend unbewusst. Für die Filmpraxis ist entscheidend, dass Leitmotivik in diese Prozesse so gezielt eingreifen kann, dass der schließliche Bewusstseinsinhalt im Sinne der Filmhandlung sinnvoll ist. Ein Leitmotiv selbst muss aber kein Bewusstseinsinhalt sein.

Beispielhaft für Untersuchungen zu den kognitiven Verarbeitungsprozessen, die bei der Leitmotivik eine Rolle spielen könnten, ist ein Experiment von Stephen Kosslyn, der sich mit der Frage befasste, wie die kognitiven Prozesse zu beschreiben sind, die bei bildlichen Vorstellungen ablaufen: Versuchspersonen wurden gebeten, eine imaginäre Insel zu zeichnen, die bestimmte Objekte (Baum, Hütte, Fels usw.) enthalten sollte. Anschließend sollten sie sich den Lageplan der Insel vorstellen und sich auf eines der Objekte konzentrieren. Bei Nennung eines Testwortes sollten die Versuchspersonen per Tastendruck anzeigen, ob durch das Wort eines der Objekte auf der Karte bezeichnet wurde. Die Verzögerung, mit der die Taste gedrückt wurde, erwies sich als direkt abhängig von der Entfernung zwischen dem durch das Testwort bezeichneten Objekt und dem gedachten Objekt. Kosslyn schloss, das Gehirn berechne die geometrischen Abstände innerhalb von geistigen Vorstellungen. Die Versuchspersonen führten diese Berechnungen indes nicht bewusst aus. Der Tastendruck geschah auf unbewusster Basis (vgl. Ledoux 2001: 35).

Entsprechend ist anzunehmen, dass durch wiederholtes Auftreten musikalischer Motive im Film eine relative Nähe zu narrativen Zusammenhängen entsteht, die oft erst unter dem Einfluss zusätzlicher begünstigender Reize das Bewusstsein tangiert. Perrig/Wippich/Perrig-Chiello (1993: 22) nehmen an, die Verarbeitung von Information basiere auf parallel operierenden, spezialisierten Arbeitseinheiten (Modulen), deren »Outputs« weitgehend unbewusst bleiben, aber »verknüpft, synthetisiert, gebunden und damit potentiell für das gesamte System ›kommunikabel‹ werden.« Zu beachten ist auch, dass der »emotionale Geist« besonders empfänglich ist für Reize, zu denen der »bewusste Geist« keinen Zugang hat (LeDoux 2001: 67). Viele Experimente lassen vermuten, dass Beeinflussungen durch bestimmte Reizkonstellationen umso effektiver sind, je weniger dem Rezipierenden diese Beeinflussung bewusst ist. Überdies scheint es, als seien emotionale Erinnerungen, die nicht unbedingt in sprachliche Kategorien gefasst werden können, stabiler als konkrete Wissensinhalte. Mit der Tragweite audiovisuell vermittelter emotionaler Erinnerungswerte befasste sich Sturm (1989: 34–35) und konnte sowohl am Beispiel einer Diskussionssendung als auch eines Fernsehspielfilms aufzeigen, dass von den Versuchspersonen emotionale Eindrücke über längere Zeiträume hinweg stabil erinnert werden, während die konkreten Wissensinhalte der Sendungen mit zunehmendem zeitlichem Abstand vom Ersteindruck der audiovisuellen Präsentation zunehmend vergessen werden. Für die horizontale Filmrezeption ist es von weiterführender Bedeutung, dass schon bei einfachen Reiz-Reflex-Konditionierungen unterschwellige Reize[52] schneller zur Konditionierung zu führen scheinen als überschwellige. Lynn Baker (1937a) etwa benutzte Änderungen der Helligkeitsintensität von Tönen als unbedingte Reize, um Pupillenreflexe auszulösen. Unterschwellige

---

52 Unterschwellige Reize sind Reize, die kurz, schwach oder bei abgelenkter Aufmerksamkeit dargeboten werden, so dass sie nicht bewusst registriert werden.

Töne waren zur Auslösung besser geeignet als überschwellige (vgl. Perrig/ Wippich/Perrig-Chiello 1993: 61). In Bezug auf die visuelle Kommunikation weist Gary Bente (1990: 33) auf die Bedeutung subtiler Wirkfaktoren hin, »die ihren kommunikativen Effekt weniger der Massivität ihres Auftretens als vielmehr der zeitlichen Koinzidenz oder Kontingenz multipler Einflussgrößen verdanken.« Vieles steht also der These, Leitmotivik sei tendenziell sinn- oder wirkungslos, deutlich entgegen.

Bewertung von Musikwirkung

Häufig wünschen Filmpraktiker Änderungen an einer Musik, die ihnen in Teilen missfällt. Gerade diese Änderungen stoßen aber nicht selten bei später hinzugezogenen Entscheidern auf Missfallen. Beispielsweise wird verlangt, die Musik müsse schneller sein, weil die betreffende Szene als »zu langsam« empfunden wurde. Ob durch die schnellere Musik jedoch eine empfundene Beschleunigung resultiert, bleibt fraglich. Oder es wird im Fall von stark melodisch ausgerichteter Musik mit subtiler Hintergrundbegleitung verlangt, die Melodie zu ändern. Wenn die Melodie dann geändert wird, ist die Enttäuschung oft groß. Vermutlich werden die wenig fasslichen und subtilen Aspekte der Begleitung häufig fälschlich der Melodie zugeschrieben. Ein stimmiges Ganzes resultiert kaum aus einzelnen lokalisierbaren Details. Oft bahnt nicht das Festhalten an passablen Gestaltungsdetails einen ergiebigen weiteren Weg, sondern das Loslassen von ebendiesen.

Auch unabhängig von Änderungswünschen ist allein schon die Bewertung einzelner Musiken in der Praxis nicht unproblematisch. So leicht es fällt, eine Musik intuitiv als für die Filmszene passend oder unpassend einzustufen, so schwierig ist es, hierbei konsequent zu bleiben. Häufig wird ein und dieselbe Musik an einem Tag als passend, am anderen Tag – je nach größerem Wahrnehmungskontext – als unpassend für dieselbe Filmszene empfunden. Da es mannigfaltige Wahrnehmungsprozesse gibt, die sich der intuitiven Erklärbarkeit entziehen, ist in der Filmpraxis bei der Erörterung und Bewertung von Musikwirkungen große Sorgfalt gefordert.

Veranschaulichung: Instabile Musikbewertungen in der Filmpraxis

Es galt für den Verfasser dieses Buchs, einen zehnsekündigen Image-Spot für einen großen deutschen Privat-Fernsehsender musikalisch zu vertonen. Die an sich von den Auftraggebern für gut befundene Musik hatte nach ihrer Auffassung einen Makel: An der Stelle, wo im Bild das Sender-Logo visuell aufblitzte, sollte es in der Musik glitzern und strahlen. Zwar war auch in dieser kritisierten Musikfassung ein gewisses Glitzern vorhanden, aber es sollte dennoch eine Steigerung erfolgen. Diese wurde vom Verfasser in neun weiteren angebotenen Musiken vorgenommen. Als zehnte Version wurde unkommentiert die ursprüngliche Musik wieder mit angeboten. Am Ende wurde von den Verantwortlichen erneut die ursprünglich abgelehnte Fassung ausgewählt, im Glauben, die vermeintliche Verstärkung des musikalischen Glitzereffekts sei gut gewesen. In diesem Praxisfall sind also unbewusste horizontale Prozesse als Grundlage der Veränderung einer Bewertung mit vertikalen Prozessen verwechselt worden. Die Entscheider glaubten, präzise über die geeignete Musikfassung entschieden zu haben, erlagen jedoch unbewussten Verarbeitungsprozessen, die ihr spontanes Urteil unterliefen. Im Laufe der Zeit und unter dem Einfluss einer Modifikation der Musik hatte sich deren Wahrnehmung geändert. Identische Musik wurde so im Verlauf der Zeit unterschiedlich bewertet. Von solchen Phänomenen weiß wohl jeder Filmpraktiker zu berichten, und es besteht eine Analogie zu Phänomenen, wie sie in der Psychologie anhand anderer Gegenstände beschrieben wurden.

Der Psychologe Robert Zajonc führte in den 1980er Jahren Experimente durch, die belegen, dass die bewusste Repräsentation von Wahrnehmungs- und Entscheidungsprozessen kaum Rückschlüsse auf die zugrundeliegenden Wirkungsmechanismen zulässt. Zajonc arbeitete mit indirekten Gedächtnistests, indem er Einflüsse einer vorausgegangenen unterschwelligen Rezeption auf Präferenzbildungen untersuchte. Er zeigte Versuchspersonen unbekannte visuelle Muster (chinesische Ideogramme) und fragte sie anschließend bei erneuter Präsentation, welche davon sie bevorzugten. Es wurden durchweg zuvor schon gesehene Muster bevorzugt, und zwar auch dann, wenn die Reize zu Anfang unterschwellig (extrem kurz) dargeboten waren und die Versuchspersonen nicht sicher angeben konnten, ob sie ein Muster vorher schon gesehen hatten. Dieses Experiment scheint die geschilderte Erfahrung bei der Kampagnen-Komposition direkt zu erklären.

Solche Annahmen stehen in Zusammenhang mit dem Pötzl-Effekt. Der Psychiater Otto Pötzl [1877–1962] hatte berichtet, subliminal (unterschwellig) dargebotenes Stimulusmaterial – in Form visueller Abbildungen – habe die Träume seiner Probanden auch dann beeinflusst, wenn es während der Präsentation nicht wiedergegeben werden konnte (Pötzl 1917: 278–349, vgl. Perrig/Wippich/Perrig-Chiello 1993: 57–58 und 182–185, LeDoux 1998: 65). Viele Experimentalbefunde legen nahe, dass sowohl bewusste Einschätzungen als auch emotionale Reaktionen auf Stimuli bereits durch einmalige Einwirkung eines Stimulus beeinflusst werden können, auch wenn der Stimulus selbst nicht erinnert wird (vgl. LeDoux 1998: 59, Perrig/Wippich/ Perrig-Chiello 1993: 52–53).

Überdies scheint die Aufgabe, eine Entscheidung über verschiedene Gegenstände zu treffen, häufig die Tendenz zu begünstigen, vorschnell Ursachen der Entscheidung anzunehmen, auch wenn unbewusst andere Ursachen »greifen« (vgl. S. 48). Der Mensch scheint allgemein ein Bedürfnis nach einer Gewissheit über Ursachen seines Empfindens zu haben, was ihn dazu verleitet, Ursachen auch ohne tiefere Einsicht zu konstruieren. Richard Nisbett und Timothy Wilson ließen Versuchspersonen in verschiedenen Situationen Auskunft über die Gründe ihres Verhaltens geben. Unter anderem wurden mehrere Paar Strümpfe auf einem Tisch ausgebreitet und sollten von den Versuchspersonen eingehend untersucht und im Hinblick darauf beurteilt werden, welche ihnen am besten gefielen. Die Versuchspersonen begründeten ihre Auswahl jeweils mit rhetorisch eindringlichen Kausalformulierungen, etwa, dass die Strümpfe sich besonders gut anfühlten oder hauchdünn seien. Sie wussten nicht, dass die Strümpfe alle von gleicher Machart waren. Diese Situation ist etwa vergleichbar mit der Auswahl passender Musiken für einen audiovisuellen Zusammenhang (vgl. Ledoux 2001: 36).

Es darf vorsichtig formuliert werden, dass ein profundes Hintergrundwissen um solche möglichen Fehlzuschreibungen, bedingt durch die schwimmende Grenze zwischen Bewusstheit und Unbewusstheit, manches Missverständnis im Bereich der Filmmusikkonzeption »entschärfen« könnte.

Deutliche Hinweise auf eine eher unterschwellige Verarbeitung von musikalischem Stimulusmaterial in der horizontalen Dimension liefert eine Untersuchung von den Marketingforschern Punam Anand und Brian Sternthal (1991). Den Versuchspersonen wurde über einen Kopfhörer auf einem Ohr ein Text dargeboten, den es nachzusprechen und mit einer schriftlichen Vorlage abzugleichen galt (Ablenkungsmanöver). Auf dem anderen Ohr erklangen gleichzeitig drei Melodien je fünf mal zehnsekündig. Die Versuchspersonen wurden aufgefordert, die Ereignisse auf diesem musikalischen Kanal nicht zu beachten. Im Versuch wurde somit die von der auditiven Wahrnehmungsforschung häufig angewandte Methode des dichotischen Hörens angewandt. Die Methode erlaubt es – zwei gleichermaßen funktionstüchtige Ohren vorausgesetzt –, Überlagerungen von Sinneseindrücken sowie Kombinationen der Sinneseindrücke auf eine kognitive Verarbeitung zurückzuführen, da Überlagerungen auf sensorischer Ebene – etwa durch akustische Interferenzen – ausgeschlossen werden können. Im Experiment zeigte sich bei erneuter Präsentation der drei Melodien, die nun mit drei neuen Melodien in zufälliger Reihenfolge vermischt wurden, dass die Versuchspersonen nicht in der Lage waren, zu benennen, welche der Melodien sie zuvor gehört hatten. Hier besteht eine Übereinstimmung sowohl mit den erwähnten Studien zur Wiedererkennung visueller Muster als auch mit der festgestellten geringen Trefferquote beim Erinnern musikalischer Motive (vgl. S. 144). Bei der Anwendung indirekter Gedächtnistests zeigte sich jedoch, dass die Melodien dennoch kognitiv-unbewusst verarbeitet wurden. So gefielen den Versuchspersonen die Melodien am besten, die zuvor schon gehört worden waren und von denen die Versuchspersonen auch glaubten, sie vorher schon gehört zu haben. Anand/Sternthal (1991: 293) sehen damit ein »affect-without-recognition phenomenon« bewiesen.[53] Diese Ergebnisse sprechen einerseits für eine kognitiv-unbewusste Verarbeitung von Musik, die bei abgelenkter Aufmerksamkeit rezipiert wurde. Andererseits belegen sie, dass subjektive Einschätzungen nicht unmittelbar mit dem Erlebnis in Verbindung stehen müssen, sondern durch Denkschemata beeinflusst werden.

Unbewusste horizontale Effekte werden in einer Reihe von weiteren Experimenten aus unterschiedlichen Forschungszweigen gestreift, wenngleich die betreffenden Studien nicht filmmusikspezifisch sind. So wurde durch indirekte Gedächtnistests belegt, dass Gerüche, die als Kontextinformationen im Zusammenhang mit anderen Wahrnehmungen dienten, bewirken können, sich an diese Wahrnehmungen zurückzuerinnern (Perrig/Wippich/Perrig-Chiello 1993: 93). »Olfaktorische Spuren« (sensorische Gedächtniseintragungen) dienen als Recalls für die Wahrnehmungen anderer Sinne und haben starken Einfluss auf emotionale Reaktionen.[54]

Das Fehlen einer Sprache zum Beschreiben von Gerüchen bedingt eine geringere Verankerung von Geruchserfahrungen im Bewusstsein. Dies scheint

---

53 Es ergab sich im Einzelnen folgende aufschlussreiche Abstufung: Die höchste gemittelte Wertschätzung (von den Versuchspersonen auf einer Skala von 1 für die geringste bis 7 für die höchste Wertschätzung angegeben) betrug 5,26 und entfiel auf »alte« Melodien, die als bereits gehört eingestuft wurden. Es folgten mit einer Bewertung von 4,73 »neue« Melodien, die als schon gehört eingestuft wurden. Geringere Werte (im Durchschnitt 3,95) erhielten »alte« Melodien, die fälschlich als neu eingestuft wurden. Die geringste Wertschätzung (3,41) erhielten Melodien, die weder dargeboten noch als bekannt eingestuft wurden (Anand/Sternthal 1991: 293–300; vgl. Perrig/Wippich/Perrig-Chiello 1993: 166–167).

54 Richardson/Zucco (1989: 352) fassen zusammen: »Human beings possess an excellent ability to detect and discriminate odors, but they typically have great difficulty in identifying particular odorants. This results partly from the use of an impoverished and idiosyncratic language to descirbe olfactory experiences, which are normally encoded either in a rudimentary sensory form or as part of a complex but highly specific biographical episode. Consequently, linguistic processes play only a very limited role in olfactory processing, whereas hedonic factors seem to be of considerable importande.«

auf die Musikwahrnehmung übertragbar zu sein. Die Begrifflichkeiten zur Beschreibung musikalischer Erlebnisse sind weit weniger ausgeprägt als Begrifflichkeiten für optische Ereignisse. Die meisten Begriffe für musikalische Details sind anderen Wahrnehmungsbereichen entlehnt. In seiner »Lehre von den Tonvorstellungen« stellte Riemann (1975: 28) bereits um 1915 heraus:

>»Daß *hoch* und *tief* eigentlich Übertragungen der Benennung räumlicher Vorstellungen auf etwas ganz Heterogenes sind, hat die Ästhetik längst festgestellt, aber die Verbreitung dieser Übertragung über alle Völker der Erde beweist wohl eine Berechtigung für ihren Gebrauch. Neben hoch und tief sind *hell* und *dunkel*, spitz (scharf) und breit (stumpf, schwer) für dieselben Qualitätsunterschiede im Gebrauch ...«

Das Begriffspaar laut-leise ist spezifisch akustisch, jedoch ist damit nur das rudimentärste – quantitative – Merkmal des Schalls abgedeckt, nämlich die empfundene Stärke, ungeachtet qualitativer Abstufungen.[55]

Einen Recall optischer Wahrnehmungen infolge akustischer Reize belegten Erna Engelsing und Peter Blähser in ihrer Studie »Visual Transfer«, indem sie ihren Probanden die Soundtracks penetrierter Fernsehwerbespots vorspielten und feststellten, dass das Hören der Musik einen positiven Einfluss auf die Korrektheit der Beschreibungen von optischen Elementen und Handlungsverläufen hat. Die Autoren zogen die für die Werbeindustrie relevante Schlussfolgerung, dass über den Einsatz von Unterlegemusiken, die bereits aus den Fernsehspots bekannt sind, in der Radiowerbung eine werbewirksame Aktivierung des optischen Gedächtnisses erreicht werden kann (Helms 1981: 35).

Zusammengefasst liefern die Studien zusätzliche Hinweise darauf, dass es bei der Leitmotivik nicht darauf ankommt, ob Leitmotive von Rezipierenden korrekt und bewusst behalten werden. Es gibt vielmehr mannigfaltige unbewusste Verarbeitungsprozesse, die das Erlebnis beeinflussen können, ohne dass sich ein Rezipierender dessen bewusst ist. Zajoncs Experimente belegen, dass eine Bewertung stark beeinflussbar ist von unbewussten Faktoren. Im Drei-Dimensionen-Modell heißt das, dass der direkte Einfluss der

---

55 Es gibt einen alten musikwissenschaftlichen Diskurs zur verbalen Beschreibung von Klangeigenschaften. Etwa fand eine Debatte zwischen dem Psychologen Wilhelm Wirth [1876–1952] und dem Literaturwissenschaftler Albert Wellek [1904–1972] statt. Während Wirth die »Tonhöhe« als »die einzige qualitative Dimension« (zit. nach Wellek 1942: 123) der Tonreihe sieht, erkennt Wellek viele Momente der Tonerscheinung, etwa Tonigkeit, Tonhöhe, Helligkeit, Masseeigenschaften (Volumen, Gewicht, Dichte) und Vokalität (Wellek 1942: 125).

filmischen Stimuli auf die Lebenswelt des Rezipienten weniger relevant ist als der Einfluss der filmischen Stimuli auf den virtuellen Raum aus Rezipientensicht. Selbst wenn eine unmittelbare Beeinflussung der Lebenswelt des Rezipienten nicht mess- oder feststellbar ist, kann im Falle einer Beeinflussung des virtuellen Raums aus Rezipientensicht davon ausgegangen werden, dass dieser Raum – als mentale Repräsentation – über die Rezeptionszeit hinaus Auswirkungen auf die Lebenswelt hat, die schwierig messbar sind.

Filminterpretation aufgrund horizontaler Strukturen

Nicht nur die Rolle von horizontalen kognitiven Verarbeitungsprozessen auf Geschmacksurteile, wie sie in der Filmpraxis bei der Auswahl passender Musiken für den jeweiligen Zusammenhang maßgeblich sind, wurde empirisch-experimentell untersucht. Auch die inhaltliche Interpretation von Filmen steht erwiesenermaßen im Zusammenhang mit horizontalen Reizstrukturen. Cohen (1990) wies horizontale Effekte der Filmmusik nach, indem sie ihren Probanden einen zwanzigminütigen Buster-Keaton-Film mit musikalischer Untermalung zeigte und anschließend einen Erinnerungstest durchführte. In diesem Test wurden fünf unveränderte Ausschnitte aus dem Originalfilm jeweils vier manipulierten Filmausschnitten gegenübergestellt: einem Originalfilmausschnitt mit deplazierter Musik aus dem Originalsoundtrack, einem Ausschnitt aus einem anderen Film mit Musik aus dem Originalfilm sowie einem Ausschnitt eines anderen Films mit unbekannter Musik. Es zeigte sich, dass Filmausschnitte aus einem anderen als dem Originalfilm des Versuchs signifikant häufiger fälschlich als Ausschnitt aus dem Originalfilm benannt wurden, wenn sie mit Musik aus dem Originalfilm unterlegt waren. Dies zeigt eindrucksvoll, dass es gelingen kann, im Film durch Musik Kohärenz und Einheitlichkeit zu stiften: Heterogene Szenen des Films können als zusammengehörig dargestellt werden. Hingegen hatte die Musik bei der Präsentation von Bildausschnitten aus dem Originalfilm wenig Einfluss auf Bewertungen (Cohen 1990: 111–124; vgl. Bullerjahn 2001: 222).

Auch Boltz/Schulkind/Kantra (1991) untersuchten Erinnerungsleistungen in Abhängigkeit von Filmmusikeinsätzen in einem differenzierteren Ansatz: Sie gingen der Frage nach, ob Szenen besser erinnert werden, wenn die Stimmung von Musik und Bildern kongruent ist. Sie stellten ihren Probanden (60 Psychologiestudierenden) kurze (etwa drei bis vierminütige) Ausschnitte aus Fernsehfilmen vor, die zwar aus dem Kontext gerissen waren, jedoch abgeschlossenen Einheiten nach dem Schema goal-outcome entsprachen. Im Original enthielten die Szenen keine Musik, wurden dann aber im Versuch mit jeweils 20–30sekündigen Musiken (immer auf nur einem Instrument dargeboten) aus anderen Stellen des jeweiligen Fernsehfilms unterlegt. In der Hälfte der Szenen entsprach die Musik in ihrem (zuvor an anderen Versuchspersonen evaluierten) Stimmungsgehalt dem positiven oder negativen Szenen-Outcome (ebenfalls im Stimmungsgehalt experimentell evaluiert), in der anderen Hälfte wurde eine Inkongruenz arrangiert. Dieser Aufbau ist zunächst vertikal ausgerichtet. Die Studie wird hier jedoch in der horizontalen Dimension besprochen, da – im Gegensatz zu vielen anderen Studien – auch die Zeitlichkeit der Musik erfasst wurde: Dieselben Episoden wurden drei verschiedenen Versuchsgruppen vorgestellt. Bei der ersten Gruppe wurde die Musik als »foreshadowing music« (vorausdeutend) eingesetzt, also kurz vor dem zu bewertenden Szenenergebnis. Bei der zweiten wurde Musik als Untermalung der Schlusszene (begleitend) eingesetzt, und die dritte (Kontrollgruppe) sah die Szenen ohne Musik. Anschließend wurden die Versuchspersonen einem Gedächtnistest unterzogen. Sie mussten (a) eine schriftliche Nacherzählung der gerade gesehenen Szenen vornehmen, (b) benennen, ob vorgespielte Melodien aus den Filmszenen stammten, und (c) aus einer Auswahl verschiedener tonloser Szenen nach erneutem Hören einer bereits gehörten Musik (ohne Bild) die zugehörige Szene auswählen. Es zeigte sich, dass Szenen mit affektinkongruenter Musik im »foreshadowing«-Modus und Szenen mit affektkongruenter Musik im Untermalungsmodus besser erinnert werden. Die beiden besser erinnerbaren Varianten lagen zudem deutlich über dem Erinnerungsniveau der Filmfassungen ohne Musik, und Szenen-Outcomes mit negativem Affekt wurden schlechter erinnert als solche mit positivem Affekt (Boltz/Schulkind/antra 1991: 593–606).

Dass Szenen besser erinnert werden, wenn die korrespondierende Musik als auslösender Reiz dargeboten wird, stärkt wiederum die Vermutung einer Bedeutung horizontaler Wirkungseffekte für das emotionale Erleben. Allerdings muss im Hinblick auf die Filmpraxis einschränkend angemerkt werden, dass eine korrekte Erinnerung von Filmszenen nicht zwingend mit einer Positiv-Bewertung des betreffenden Films korrespondiert. Die Studie gibt Anhaltspunkte für die Wirksamkeit des Foreshadowing durch Musik. Es kann jedoch keineswegs generalisiert werden, affektinkongruente Musik sei grundsätzlich besser geeignet als affektkongruente Musik.[56]

---

56 Eine Reihe weiterer Autoren hat sich mit der Filmmusikwirkung in ähnlicher Weise befasst. Sie sind fast ausschließlich auf Aspekte des Erlernens, Behaltens und Erinnerns von Faktenwissen aus dem Film eingegangen und haben Befragungsmethoden gewählt. Für die Ergebnisse wird auf Bullerjahn verwiesen (2001: 223–228).

Schlussfolgerungen, die sich in Übertragung psychologischer Befunde auf die Leitmotivik ergeben, sind für Filmpraktiker prekär: Gerade solche horizontalen motivischen Verknüpfungen scheinen beim Rezipienten besonders wirksam zu sein, die am wenigsten bewusst wahrgenommen werden. Der Filmpraktiker befindet sich in der Zwickmühle, genau die Wirkungen verbalisieren, kommunizieren und wirtschaftlich verantworten zu müssen, zu denen Menschen allgemein wenig bewussten Zugang haben. Dies erklärt viele Irrungen und Wirrungen der Filmpraxis. Etwa besteht eine Tendenz, vorher unbewusst oder bewusst schon einmal wahrgenommene Sinneseindrücke gegenüber neuen Sinneseindrücken geschmacklich zu bevorzugen. Das begründet, weshalb der musikalische »Temp-Track« (eine zunächst probeweise angelegte Musik, vgl. S. 41) eines Films häufig zur idealisierten Beurteilungsgrundlage neu komponierter Musiken wird: Oftmals werden später komponierte Musiken, die den Temp-Track ersetzen sollen, von Filmpraktikern negativ bewertet, da sie nicht genau so klingen wie der Temp-Track. Das Sprichwort »you never get a second chance to make a first impression« ist somit mehr als ein Klischee und darf als psychologisch fundiert gelten.

Zeitmanipulation durch Filmmusik

Ein horizontaler Aspekt, der von vielen Filmmusiktheoretikern hervorgehoben wird, ist die Manipulation des Zeitempfindens durch Musik. Zofia Lissa (1965: 89–94) unterscheidet drei Zeitformen:

- **die objektive Zeit**, in der die Aufführung des Films geschieht. Diese Kategorie umfasst also die physikalische Länge eines Films.
- **die psychologische Zeit**, in der das Erlebnis des Films sich vollzieht. So kann beispielsweise ein Film, der objektiv zwei Stunden lang ist, vom Rezipienten als länger oder kürzer empfunden werden. Diese Zeitform meint wohl auch Schneider (1990: 104), wenn er beschreibt, dass Filmmusik einen zeitdehnenden oder zeitraffenden Einfluss haben und durch gezielte Melodiebögen dazu beitragen kann, den Film subjektiv zu beschleunigen.
- **die autonome Zeit**, also das Vorhandensein einer bestimmten kausalen Ordnung der Phasen des Film- oder Musikwerkes.

Zusätzlich sieht Lissa eine **imaginative Zeit** der dargestellten Handlung. Sie umfasst die subjektiv empfundene Länge einer Filmszene. So kann aus einer objektiv nur fünf Minuten dauernden Szene unter Umständen durch erzähltechnische Mittel zur verkürzten Darstellung von Ereignissen beim Rezipienten der Eindruck entstehen, es sei ein halber Tag vergangen. Der Rezipient ist es vom Film gewohnt, dass Ereignisse lückenhaft und andeutungsweise dargestellt werden; er ergänzt fehlende Passagen. Lissas Zeitkategorien lassen sich im Drei-Dimensionen-Modell darstellen (vgl. Abb. 27).

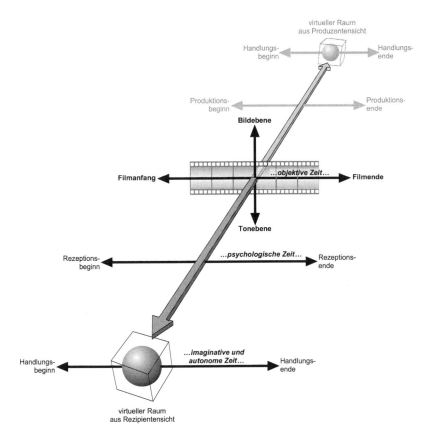

Abb. 27: Zeitebenen der Filmwahrnehmung

Imaginative und autonome Zeit gehören beide zum virtuellen Raum: Die autonome Zeit betrifft das Empfinden einer Chronologie gewisser Ereignisse; die imaginative Zeit betrifft das Empfinden für Zeitspannen.

Die wesentliche Dynamik des Modells von Lissa ergibt sich, da psychologische und imaginierte Zeit in stetiger Wechselbeziehung stehen. Diese Wechselbeziehung zweier horizontaler Linien bedarf der Tiefendimension:

Der Rezipient ist im Kino vielleicht hin- und hergerissen, ob sein momentanes Zeitempfinden sich eher darauf bezieht, wie lange der Film schon gedauert hat oder aber darauf, welche Zeitspanne im Sinne der Handlung (virtueller Raum) dargestellt wurde. Er schwankt also zwischen einem distanzierteren und weniger involvierten Modus (psychologische Zeit) und einem Modus der Verschmelzung mit dem virtuellen Raum (imaginative Zeit). Lissa (1965: 85–86) veranschaulicht dies folgendermaßen:

»Der Filmzuschauer verliert während des Erlebens eines Films mehr oder weniger das Bewusstsein seiner eigenen, psychologischen Zeit und projiziert sich bis zu einem gewissen Grade selbst in die dargestellte Zeit hinein. Im Mittelpunkt seines Bewusstseins befindet sich die Handlung, die er perzipiert, und mit ihr die Zeit der Handlung, zugleich jedoch hat er auch Bewusstsein seiner psychologischen Zeit, aus der er ›heraustritt‹, um die gezeigten Erscheinungen zu verstehen. Hier handelt es sich um eine Spaltung des Zeitgefühls analog der Spaltung des Raumgefühls [...]. Niemals jedoch verliert man vollkommen das Gefühl der Heterogenität der beiden erlebten Zeiten: der subjektiven, eigenen Zeit und der imaginativen Zeit der beobachteten Filmhandlung.«

Entlang der Tiefendimension im Drei-Dimensionen-Modell findet somit eine Bewusstseinsverschiebung des Rezipienten statt, die eine horizontale Umdeutung zur Folge hat. Musikalische Kontinuität ist eines der Mittel, um eine zeitliche Kontinuität filmischer Ereignisse zu suggerieren.

Veranschaulichung: musikalische Kontinuität und Zeitempfinden

Eine Szene aus dem Film *Basic Instinct* [USA 1992, R: Paul Verhoeven, M: Jerry Goldsmith]: Der Protagonist Nick Curran verfolgt tagsüber mit dem Auto die zu beschattende Cathrine Tramell. Er verliert sie zunächst aus den Augen und entdeckt dann ihren Wagen vor einem Haus. Er wartet viele Stunden vor dem Haus. Die lange Wartezeit (mehrere Stunden) wird innerhalb weniger filmischer Sekunden ausgedrückt: Per Bildschnitt wird der Wagen einmal am Tage bei hellem Licht gezeigt und dann bei Nacht und Dunkelheit. Dass der Protagonist in der Zwischenzeit nichts anderes getan hat als auf die zu beschattende Person zu warten, wird musikalisch ausgedrückt: Die beiden Einstellungen (Tag vs. Nacht) werden durch einen langen liegenden Ton in den Violinen verbunden. Diese musikalische Kontinuität zeigt direkt die Zusammengehörigkeit der beiden Einstellungen an. Fände sich mit dem Wechsel der Einstellungen ein musikalischer Bruch, könnte eher angenommen werden, dass keine direkte Kontinuität besteht.

Aufgrund der horizontalen Struktur des Films entwickelt der Rezipient also ein imaginatives und autonomes Zeitempfinden. Kognitive Verarbeitungsprozesse spielen hier eine große Rolle. Verbindliche Regeln, wie der Rezipient reagiert, können indes nicht aufgestellt werden. Jedoch scheint es nach praktischem Erfahrungswissen gewisse Wahrnehmungstendenzen dahingehend zu geben, dass Musik eine strukturierende Wirkung auf das Gesamterleben von Filmszenen hat. Kracauer (1985: 187–188) bemerkte dies im Stummfilm:

»Musik überträgt ihre eigene Kontinuität auf die stummen Bilder. Sie vermag sie nicht nur aufzuhellen und uns dadurch nahezubringen, sondern auch der inneren Zeit einzuverleiben, in der wir bedeutungsvolle Zusammenhänge erfassen. Gespenstische Schatten, flüchtig wie Wolken, werden so zu verlässlichen Figuren.«

Basierend darauf ist eine Strukturierung des Films durch die gezielte Wahl von musikalischen Zäsuren oder Kontinuitäten möglich. Insbesondere durch das zeitliche Zusammenfallen von musikalischen und bildlichen (oder anderweitig tonlichen) Zäsuren werden häufig markante Einschnitte gesetzt, die den Rezipienten dazu veranlassen können, den Wahrnehmungsmodus zu wechseln.

Schneider (1997a: 28–29) veranschaulicht solche Phänomene anhand der musikalischen Untermalung dreier Filmszenen:

a)	b)	c)
Junger Mann kommt	Junge Frau kommt	Mann geht enttäuscht weg

Abb. 28: Strukturierung des Films durch Musik I (Schneider 1997a)

Der Filmkomponist hat die Wahl, mit seiner Musik 1) Schnitte zu »verstecken«, 2) den ersten Schnitt dramaturgisch zu akzentuieren, 3) den zweiten Schnitt dramaturgisch zu akzentuieren oder aber 4) beide Schnitte zu akzentuieren. Schnitte werde dadurch akzentuiert, dass Musikbeginn und Musikende oder ein musikalischer Akzent genau auf den Schnitten platziert werden. Im zweiten Fall beispielsweise wäre der Rezipient eher geneigt, die Szenen b) und c) in einem einheitlichen Zeitmodus wahrzunehmen:

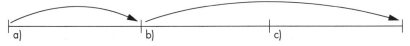

Abb. 29: Strukturierung des Films durch Musik II (Schneider 1997a)

Im dritten Fall wäre der Rezipient geneigt, seinen zeitlichen Wahrnehmungsmodus während der ersten beiden Szenen nicht zu wechseln:

Abb. 30: Strukturierung des Films durch Musik III (Schneider 1997a)

Im vierten Fall würden die drei Sequenzen tendenziell getrennt wahrgenommen:

Abb. 31: Strukturierung des Films durch Musik IIII (Schneider 1997a)

Schneider verdeutlicht, dass bei Zeit-Phänomenen stets die Wahrnehmung des Rezipienten in dynamischem Wechselverhältnis mit den in horizontaler Dimension liegenden Verknüpfungen innerhalb eines Films gesehen werden muss. Bei Kracauer (1985: 72) kommt diese horizontale Dynamik bereits ohne den Einbezug von Musik zum Tragen, wenn er – in Anknüpfung an Überlegungen Alfred Hitchcocks – Verfolgungsjagden im Film beschreibt:

»Dieser Komplex aufeinander bezogener Bewegungen stellt Bewegung im Höchstmaß dar, Bewegung an und für sich, möchte man fast sagen, um ganz davon abzusehen, dass er sich vorzüglich dazu eignet, spannende physische Aktionen als eine Kontinuität erscheinen zu lassen. Daher haben denn auch Verfolgungsjagden das Publikum seit Beginn des Jahrhunderts in ihren Bann gezogen.«

Filmbilder haben demnach ein horizontales Moment, das mit der horizontalen Dynamik der Musik in Wechselwirkung tritt.

Zur zeitstrukturierenden Wirkung von Musik liegen empirische Studien vor, die die dargelegten prinzipiellen Möglichkeiten bestätigen. Hedemarie Strauch (1980: 112–126) zeigte der einen Hälfte von etwa 100 Probanden den Stummfilm *Der andalusische Hund [F 1928, R: Louis Bunuel]* ohne Musik. Die andere Hälfte bekam den Film mit einer in fünf Abschnitte unterteilten Musikkompilation zu sehen. Im Falle der Musikunterlegung gaben die Probanden mehrheitlich an, eine Gliederung in fünf bis sieben Abschnitte wahrgenommen zu haben, während im Falle der stummen Fassung eher ein Zusammenhang empfunden wurde. Die Autorin führt dieses Ergebnis darauf zurück, dass die Filmhandlung wenig geordnet war und somit in der Musik ordnende Anhaltspunkte gesucht wurden.

Evita Stussak (1988: 85–101) zeigte Probanden zwei kurze Filme, die aus je zwei Einstellungen bestanden. Im ersten Film unterschied sich die erste Einstellung stark von der zweiten, im zweiten gab es einen deutlichen Zusammenhang. Dem ersten Film wurde eine kontinuierliche und ungebrochene Musik unterlegt, dem zweiten eine Musik, die synchron mit dem Bildschnitt wechselte. Im Resultat wurde der erste Film mehr als Einheit wahrgenommen, während die visuell eher harmonierenden Szenen des zweiten Films als nicht zusammengehörig erlebt wurden.

Helga de la Motte-Haber (1985) wies zeitstrukturierende Wirkungen von Musik mit physiologischen Messmethoden nach. Sie führte einer Probandin die zweiminütige Countdown-Sequenz aus dem Film *High Noon* [USA 1952, R: Fred Zinnemann] vor. In dieser Sequenz sind die Bilder im Original minuziös zur Musik geschnitten: Der Protagonist erwartet für zwölf Uhr Mittags, dass ein von ihm vor fünf Jahren ins Gefängnis gebrachter Mann in die Stadt kommt, um sich zu rächen. Er will sich dem Kampf stellen und muss bis zwölf Uhr alle Vorbereitungen treffen. In der Sequenz wird eine Uhr gezeigt, die auf die Mittagszeit zuläuft. Das Pendel der Uhr ist rhythmisch zur Musik angelegt. Die Musik harmoniert somit genau mit den Bildern und richtet mutmaßlich die Aufmerksamkeit auf die Bilder. Jeder Pendelschlag kann als ein Einschnitt, eine Zäsur aufgefasst werden. Einmal sah die Probandin den Film mit dieser Originalmusik, ein andermal unterlegt mit der Musik *Der Schwan* von Camille Saint-Saëns. Beide male wurde die psychogalvanische Hautleitfähigkeit gemessen. Im Falle der Originalmusik gibt die Hautleitfähigkeitskurve eine den Zäsuren entsprechende Struktur wider, im Falle der ausgetauschten Musik sind diese Zäsuren, die im Bild dennoch vorhanden waren, nicht zu finden (la Motte-Haber 1985: 238–239). Da die Methodik in diesem Falle durchaus fragwürdig ist und das Ergebnis bei nur einer Probandin auch zufällig sein könnte, wird diese Studie nur als ein Indiz für zeitstrukturierende Wirkung herangezogen (vgl. Bullerjahn 2001: 176–184).

Für Filmpraktiker ist es von großer Bedeutung, um die zeitstrukturierenden Wirkungsmöglichkeiten von Filmmusik auf theoretischer Ebene zu wissen. Häufig werden dem Filmkomponisten in Spotting-Sessions Anweisungen erteilt, an welchen Punkten bestimmte durchgehende Musiken beginnen und enden sollen. Das setzt ein abstraktes Vorstellungsvermögen der zeitlichen Strukturierungsmöglichkeiten voraus. Auch kann es sinnvoll sein, im Sinne des Lissa-Modells gezielt das intendierte imaginative Zeiterleben des Rezipienten anzustreben. Wenn beispielsweise dem Komponisten einer Filmmusik im Briefing mitgeteilt wird, eine bestimmte Folge von Filmszenen solle als zeitliche Einheit dargestellt werden und im subjektiven Erleben möglichst »länger« wirken, ist das eine aussagekräftige Anweisung, die das Finden passender musikalischer Mittel im Hinblick auf ein Rezeptionsziel erleichtert. Auch kann es helfen, explizit Schnitte zu benennen, die durch die Musik strukturell hervorgehoben oder kaschiert werden sollen. Auf diese Weise kann Musik dazu beitragen, die Großstruktur eines Films zu gestalten.

Im Hinblick auf die musikalische Großstrukturierung von Filmen konnte der Verfasser (Kreuzer 2003: 207–216) nachweisen, dass im Film *Basic Instinct* [USA 1992, R: Paul Verhoeven, M: Jerry Goldsmith] musikalische Stilmittel gezielt dazu eingesetzt werden, um die narrative Strukturierung des Films in drei Akte subtil herauszuarbeiten. Eine solche Segmentierung sehen viele Drehbuchautoren und Drehbuch-»Coaches« als paradigmatisch für den Hollywood-Film. So entwirft Syd Field (1992: 135–138) folgendes Schema der Hollywood-Erzählung:

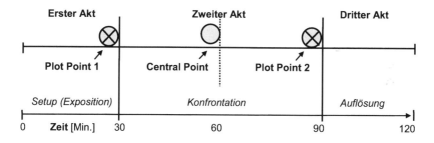

Abb. 32: Paradigma der Filmnarration (verändert nach Field 1992)

Der erste Akt (Setup) etabliert die Geschichte: Hauptfiguren werden eingeführt und charakterisiert. Der Rezipient bildet Annahmen über den späteren Handlungsverlauf. Üblicherweise muss sich der Protagonist am Ende des ersten Aktes entscheiden, ob er die an ihn gestellten Herausforderungen annimmt und somit die Konfrontationen wagt, die im zweiten Akt auf ihn warten. Der Moment der Entscheidung wird der erste Plot Point genannt. Der zweite Akt umfasst den Verlauf des »Abenteuers«. Der Protagonist wird mit Versuchungen und Hindernissen konfrontiert und muss sich inneren Konflikten stellen. Am Ende des zweiten Aktes wird durch ein einschneidendes Ereignis, gleichbedeutend mit dem zweiten Plot Point, eine Lösung der Konflikte gefordert. In der Mitte des zweiten Aktes gibt es in den meisten Hollywood-Filmen einen markanten Punkt – Central Point –, an dem sich der Protagonist letztmalig entscheiden kann, die Konfrontation abzubrechen und auf seinen üblichen Weg umzukehren. Der dritte Akt schließlich umfasst die Lösung des Konflikts und führt die Geschichte zu einem Ende. Der Protagonist steht am Ende auf einer höheren Reifestufe als zu Beginn des Films.

Die Musik in *Basic Instinct* hebt die Wendepunkte (Plot Points) hervor und gestaltet das jeweilige Akt-Ende kontrastreicher. Sie verklingt genau an diesen Punkten immer synchron mit dem jeweiligen Bildschnitt und hebt diesen dadurch hervor. Derartige Kontraste werden auch auf anderen Gestaltungsebenen unterstützt. So findet beim Übergang vom ersten zum zweiten Akt ein auffälliger Farbwechsel von blauem zu rotem Licht statt. Die sonstigen Musik-Enden im Film haben einen langen Nachhall von mehreren Sekunden, der in eine beginnende neue Szene überhängt, so dass der Schnitt unauffälliger wirkt und das Zeiterleben des Rezipienten nicht fragmentiert wird.

Eine weitere Theoretisierung des Einflusses von Klang auf die Wahrnehmung von Zeit in den Bildern nimmt Chion (1994: 13–21) vor. Er sieht drei Wege, wie Klang die zeitliche Wahrnehmung von Bildern beeinflussen kann.

Der erste Weg ist die **zeitliche Animation** des Bildes. Klang strukturiert die Wahrnehmung von Zeit in den Bildern als exakt, detailliert, unmittelbar, konkret oder im Gegensatz dazu vage, schwankend und grob.

Der zweite Weg ist die **Ausstattung von visuellen Einzelschüssen mit zeitlicher Kontinuität**. Nicht jeder »Einzelschuss« muss in zeitlich-chronologischer Abfolge zum vorherigen Schuss gesehen werden. Musik und Klang können anzeigen, welche Schüsse zusammengehören.

Der dritte Weg ist die **Vektorialisierung oder Dramatisierung von Einzelschüssen**. Klang kann Einzelschüsse in Richtung eines zukünftigen Ziels ausrichten und ihnen den Ausdruck von Bevorstehendem und Erwartungsvollem verleihen. Der Einzelschuss bekommt eine zeitliche Dimension und Orientierung.

Chion gibt zu bedenken, dass die Funktionsweise dieser drei Wege wiederum in starkem Maße von der Art der Klänge und Bilder abhängt. So sei es ein wesentlicher Unterschied, ob die Bilder als solche schon eine zeitliche Animation und Vektorialisierung in sich tragen.

Der erste Weg Chions ist im Sinne der Kategorien Lissas interpretierbar. So ist es von der psychologischen und imaginativen Zeit abhängig, ob die Filmzeit im Sinne Chions eher konkret oder aber vage wahrgenommen wird. Es ist anzunehmen, dass die Zeit um so eher als vage wahrgenommen wird, je mehr der Rezipient sich auf den Modus der imaginativen Zeitwahrnehmung einlässt.

Der zweite Weg Chions entspricht den Anschauungen Schneiders: Musikalische Kontinuität überbrückt bildliche Diskontinuitäten und schafft Zusammenhänge.

Der dritte Weg indes eröffnet eine neue theoretische Ebene, die mit den vorherigen Modellen noch nicht zum Ausdruck gekommen ist. Chion (1994: 18–19) veranschaulicht:

»Imagine a peaceful shot in a film set in the tropics, where a woman is ensconced in a rocking chair on a veranda, dozing, her chest rising and falling regularly. The breeze stirs the curtains and the bamboo windchimes that hang by the doorway. The leaves of the banana trees flutter in the wind. We could take this poetic shot and easily project it from the last frame to the first, and this would change essentially nothing, it would all look just as natural. We can say that the time this shot depicts is real, since it is full of microevents that reconstitute the texture of the present, but that it is not vectorized. Between the sense of moving from past to future and future to past we cannot confirm a single noticeable difference.

Now let us take some sounds to go with the shot – direct sound recorded during filming, or a soundtrack mixed after the fact: the woman's breathing, the wind, the chinking of the bamboo chimes. If we now play the film in reverse, it no longer works at all, especially the windchimes. Why? Because each one of these clinking sounds, consisting of an attack and then a slight fading resonance, is a finite story, oriented in time in a precise and irreversible manner. Played in reverse, it can immediately be recognized as ›backwards‹. Sounds are vectorized.«

Was Chion am Beispiel eines Einzelklangs beschreibt, ist auch auf größere Kontexte übertragbar. So kann sich nicht nur in einzelnen Klängen, sondern auch in ganzen Musikstücken eine Richtung andeuten. Manche Filmszenen verlaufen eher statisch, etwa wenn Dialoge nicht auf ein Ziel oder eine Lösung zusteuern. Solche Szenen werden aber häufig mit einer Musik unterlegt, die eine langsame Steigerung vollzieht. Auf diese Weise wird ein Ziel angedeutet, das auf der konkreteren Ebene des Dialogs noch nicht zum Ausdruck gekommen ist. Die aufgebaute Spannung beeinflusst das Zeitempfinden nachhaltig. Durch die Anschauung Chions entsteht also eine zeitliche Meta-Ebene. Sie macht deutlich, dass der Wirkungseinfluss von Musik auf die Wahrnehmung des Zeitlichen keineswegs nur auf strukturellen und direkt zeitlich angelegten Korrespondenzen beruht, sondern in hohem Maße auch auf interpretatorischen Leistungen des Rezipienten: Je nachdem, welche inhaltliche Bedeutung der Rezipient einer Musik oder einem Klang im Bildkontext beimisst, ergeben sich unterschiedliche Auswirkungen auf das Zeitempfinden.

Im Sinne des Drei-Dimensionen-Modells wäre es daher vereinfacht, anzunehmen, dass Phänomene der Zeitwahrnehmung sich ausschließlich in der horizontalen Dimension manifestierten. Immer sind vielmehr auch die anderen Dimensionen einzubeziehen. Lediglich das Hauptaugenmerk der Erörterung zeitlicher Phänomene liegt in der horizontalen Dimension.

Vergleicht man die dargestellten Theorien zum Zeitempfinden mit den empirisch-experimentellen Studien zur Leitmotivik (vgl. S. 144), so fällt auf, dass die Theorien den für die Filmpraxis relevanten Bereich der Auswirkung zeitlicher Strukturen auf den virtuellen Raum aus Rezipientensicht einbeziehen, während dieser empirisch-experimentell nahezu unerforscht ist. Theorien wie die zuletzt dargestellten, die auf Intuition, Beobachtung und Erfahrung beruhen, gehen weit über den recht engen Rahmen der experimentellen Untersuchungen hinaus und sind somit für die Filmpraxis weitaus nuancierter und ergiebiger. Die theoretischen Betrachtungen geben einen umfassenden Einblick in die Möglichkeiten zur Gestaltung und Zeitmanipulation, während die empirisch-experimentellen Studien Einzelaspekte der Auswirkungen struktureller Merkmale des Films betreffen, die nur bedingt praxisrelevant sind.

3) Theorien mit überwiegendem Bezug zur Tiefendimension

In der Tiefendimension werden nunmehr Aspekte der Filmmusik interpretiert, die mit der Aktivität des Rezipienten und dessen Bemühen um die (Re-)Konstruktion eines Sinns und einer Narration des Films zu tun haben. Insbesondere wird dabei die Frage erörtert, wie die beiden Ausprägungen des virtuellen Raums – der virtuelle Raum aus Produzentensicht und der virtuelle Raum aus Rezipientensicht – im Drei-Dimensionen-Modells konstituiert werden und wie der Produzent und der Rezipient ihre jeweiligen Lebenswelten überwinden.

Insbesondere die Argumentationsweisen von Filmpsychologen sind in der Tiefendimension interpretierbar. Wenn Begriffe der Psychoanalyse[57] auf den Film übertragen werden, geht es häufig um die Bewusstseinsebenen (»See-

---

57 Der Beginn der Psychoanalyse kann auf das Jahr 1895 datiert werden, als Sigmund Freud seine Schrift *Entwurf einer Psychologie* ausarbeitete (vgl. S. 184 sowie Mertens 2004: 7).

lenwelten«) der Lebenswelt oder des virtuellen Raums. So äußert Dirk Blothner (1999: 22–23) im Hinblick auf seine morphologische Filmanalyse:

»Im Laufe eines Tages sind wir mehrmals in das Entstehen und Vergehen kompletter Seelenwelten einbezogen. Wir geraten in die Dramatik von Gelingen und Verfehlen, von Sieg und Niederlage, Ordnung und Chaos, Treue und Verrat. Jeden Tag aufs neue. Das Kino ist ohne diesen zugleich erregenden und beängstigenden Alltagsbetrieb nicht zu verstehen. Es erwächst aus ihm. Im Kino haben wir die dramatische Lebenswirklichkeit noch einmal vor Augen. Es eröffnet Wirkungswelten mit Herz. So wie unser Leben von Momenten wie Aufbrechen, Eindringen, Siegen, Verwirrung, Angst, Glück und Abschied bestimmt wird, so suchen wir diese Erlebnisse im Kino. Wir wollen sie immer wieder erfahren. Wir wollen den Wegen des Lebens folgen – Sieg und Vereinigung in gesteigerter Intensität, Trennung und Verlust in ungewöhnlicher Tiefe erleben. Wir möchten im freieren Raum der fiktionalen Unterhaltung ausprobieren, was wir uns im realen Leben nicht (zu)trauen. Wir benutzen das Kino, um zu erfahren, was uns lieb und teuer ist, und um unsere Grenzen kennenzulernen.«

Es kommt zum Ausdruck, dass ein Film nur funktionieren kann, wenn er einen Übergang von der Lebenswelt in den virtuellen Raum bewirkt.

Als Grundlage eines solchen Rezeptionseffekts können vielfältige Gestaltungsmittel eines Films als verbindende Elemente zwischen der Lebenswelt und einem virtuellen Raum fungieren.[58] Die Introduktionsmusik (Main Title) zu *Basic Instinct* [USA 1992, R: Paul Verhoeven, M: Jerry Goldsmith] beispielsweise schafft unmittelbar ein Flair von Spannung und Erotik. Der Rezipient wird von seiner Lebenswelt abgelöst und in einen virtuellen Raum gezogen, der die Grenzen des lebensweltlich Möglichen übersteigt. Der Rezipient entwickelt so eine Bereitschaft, sich selbst in neuem Licht zu erleben. Verborgene Phantasien leben auf. Auch Filmvorschauen können derart tiefendimensional wirken. So reicht vielleicht der Hinweis zum Film *Ein Perfekter Platz* [F 2006, R: Danièle Thompson, M: Nicola Piovani], dass es darin um einen Konzertpianisten geht, der mit seinem Leben als High-Society-Künstler unzufrieden ist, als Anreiz zu einem baldigen Kinobesuch für einen Rezipienten aus, der ebenfalls in einer persönlichen Schaffens- und Selbstverwirklichungskrise steckt.

---

58   Vgl. dazu auch S. 85 (Brückenmetapher des Drei-Dimensionen-Modells).

die Tiefendimension in sechs Stufen

Für eine Auffächerung der Tiefendimension ist die psychologische Filmtheorie von Per Persson (2003: 27–35) mit ihren sechs Stufen (Stufe 0 bis 5) der Filmergiebig.

Auf **Stufe 0** ist der Film eine rein formale Anordnung von Bildern und Tönen. Ihr wohnt kein Sinn inne. Auf das Drei-Dimensionen-Modell übertragen setzt Persson also auf der Ebene des Filmstreifens an.

Auf **Stufe 1** wird angenommen, dass der Rezipient beginnt, aufgrund seiner Wahrnehmungen erste Bedeutungen der Bild-Ton-Verknüpfungen zu erschließen. Hier werden auf rudimentärer Ebene beispielsweise aus Formen und Linien Objekte wahrgenommen. An die Leinwand geworfene Lichtkonturen lassen Gegenstände als Korrespondenzen zur Lebenswelt des Rezipienten erahnbar werden: Etwa werden im Film Menschen, Tiere und Landschaften erkannt. Der Rezipient konstruiert eine Tiefe, die in dieser Form auf der zweidimensionalen Leinwand nicht vorhanden ist. Musik kann dazu beitragen, die empfundene Tiefe zu vergrößern.

Auf **Stufe 2** werden die wahrgenommenen Bedeutungen komplexer und abstrakter. Beispielsweise wird ein Filmcharakter in unterschiedlichsten Situationen identifiziert, obwohl er immer wieder anders aussieht. Hier geht es also nicht mehr nur um statische Wahrnehmung; den Objekten wird Dynamik verliehen. Aus Schuss-Gegenschuss-Montagen werden Annahmen getroffen wie: Die Person aus Schuss 1 guckt sich die Objekte aus Schuss 2 an.

Auf **Stufe 3** lädt der Rezipient eine gesamte Situation im Film mit Bedeutung auf. Nicht nur nimmt er das Verhalten einzelner Charaktere als kontinuierlich wahr, sondern erlebt ihr Verhalten gleichsam als bedeutsam für den gesamten Film. So entstehen kausale Verknüpfungen zwischen verschiedenen Situationen. Den Charakteren werden Züge und Eigenschaften zugesprochen wie etwa »er ist ein Vater«, »er ist ein Kellner«, »sie ist eine Professorin«. Es findet ein Abgleich mit sozialen Stereotypen des Einzelnen statt: Der Rezipient nimmt seine Lebenserfahrung über den Habitus von Menschen verschiedener Berufe und »Schichten« zu Hilfe, um wenige filmische Informationen zu einem dynamischen Ganzen zu verbinden. Auch werden auf dieser Stufe Wertungen vorgenommen, etwa »Person x behandelt Person y schlecht«.

Auf **Stufe 4** sind die Bedeutungen einzelner Szenen in der Wahrnehmung so konkret, dass Zusammenfassungen der Handlung möglich werden. Nicht mehr die Verknüpfung von Szenen und Situationen steht im Vordergrund, sondern der rote Faden der Gesamthandlung. Verständnis und Interpretation sind auf dieser Stufe kaum noch voneinander zu trennen. Während Wahrnehmungen auf Stufe 3 (»er ist ein Vater«) noch recht »objektiv« (vgl. S. 55) fassbar wären, weil wohl jeder Rezipient zu diesem Schluss kommen würde, ist das Nachvollziehen eines roten Fadens in der Handlung bereits wesentlich subjektiver.

Auf **Stufe 5** liegen die Bedeutungen, die sich der Rezipient erschließt, vollends im Bereich der Interpretation. Bedeutungen übersteigen Handlung und des Thema eines Films und schließen ästhetische Wertungen ein. Der Rezipient schließt auf dieser Stufe auch auf Ansichten und Intentionen des Produzenten: »Der Regisseur des Films will eine ganz bestimmte moralische Botschaft übermitteln.« Vor allem integriert er einen Film in die eigene Lebenswelt und befindet darüber, ob es ein guter und für ihn persönlich wertvoller Film ist.

Perssons Theorie bezieht sich auf Wahrnehmungsprozesse entlang der Tiefendimension. Zwar kommen auch vertikale und horizontale Aspekte zum Tragen, wenn etwa von der Verknüpfung verschiedener Reize (vertikal) oder Filmszenen (horizontal) die Rede ist. Dennoch ergibt sich aus der Dynamik der Stufen 0 bis 5 eine tiefendimensionale Bewegung: Es kommt die wechselseitige Bedingtheit des Filmverständnisses und des Abtauchens des Rezipienten in den virtuellen Raum zum Ausdruck. Entlang der sechs Stufen findet eine Annäherung des Rezipienten an den virtuellen Raum statt (vgl. Abb. 33).

Für die Eingliederung filmmusikalischer Theorien in das Drei-Dimensionen-Modell ist Perssons Theorie hilfreich, da sie verdeutlicht, dass der Rezipient stets bestrebt ist, Reize sinnbildend zu verbinden. Jedes Element des Films kann als Hilfsmittel dienen, einen Gesamtkontext schlüssiger zu machen. Der Rezipient ist bestrebt, auf den letzten Stufen (4 und 5) anzukommen und möchte den Film »nachvollziehen« können. Bilder können als Hilfen dienen, Musiken nachvollziehbarer zu machen; Musik kann helfen, Bilder oder Dialoge nachvollziehbarer zu machen. Es ist lediglich eine Frage der Perspektive, welches Element als Hauptgestaltungsmittel und welches hingegen als »Hilfsmittel« zur Rezeption aufgefasst wird, da jedes Gestaltungsmittel als Teil einer Ganzheit von anderen Gestaltungsmitteln abhängig ist. Da es im vorliegenden Buch um Musik geht, wird Musik vorwiegend als Hilfsmittel für einen Eintritt in das Bewusstsein des virtuellen Raums dargestellt, obwohl sie ebenso als Hauptgestaltungsmittel angesehen werden könnte.

In den Bereich der Tiefendimension fallen sämtliche Fragen des musikalischen Idioms (vgl. S. 92). Eine Musik ist nicht schon dann im Film hilfreich, wenn sie durch ihre Struktur zu den Bildern passt. Immer ist zugleich entscheidend, auf welche idiomatische Weise Musik eine gewisse Aussage trifft. Viele Musiken mit vergleichbarer Grundfunktion, etwa einer Paraphrasierung der Bilder oder einer Kontrapunktierung der Bilder (vgl. S. 106) lösen sehr unterschiedliche Wirkungen beim Rezipienten aus, weil sie geschmacklich anders eingestuft werden. Filmpraktiker diskutieren häufig, inwieweit Film-

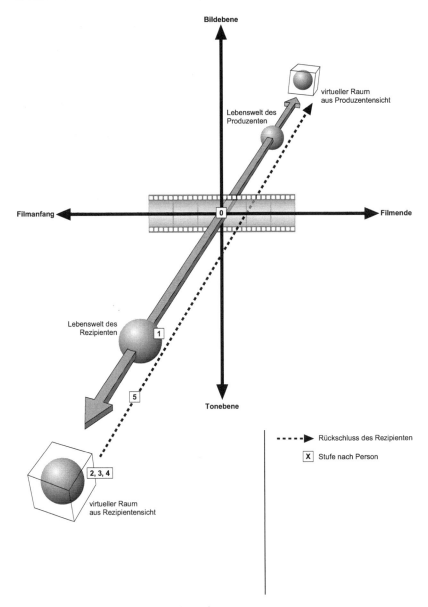

Abb. 33: die Tiefendimension in sechs Stufen

musik den allgemeinen Musikgeschmack des Rezipienten treffen muss, um eine angemessene Wirkung auslösen zu können.

Theorien über Phänomene der Tiefendimension

Es gibt eine Erfahrung hinsichtlich des musikalischen Idioms, der in Expertengesprächen über Filmmusik oft erörtert wird: Eine im dramaturgischen Kontext eingesetzte Musik funktioniert manchmal gerade dann gut, wenn sie nicht so sehr den allgemeinen Rezipientengeschmack trifft. Zumindest muss Musik wohl keineswegs der Musik ähnlich sein, die der Rezipient etwa im Radio oder von CD gern hört. Der Hollywood-Komponist David Raksin nennt dieses Phänomen »Countervalidation«, eine Umkehr der Wertmaßstäbe (Keller 1996: 18). Musik wird im Film nicht als solche bewertet, sondern als Teil eines Ganzen. Andererseits gibt es vermutlich eine eigene audiovisuelle Geschmacksbildung: Der Rezipient ist bestimmte filmmusikalische »Sprachformen« als solche gewohnt, wenngleich diese jenseits seines allgemeinen Musikgeschmacks liegen. In jedem Fall hat der Rezipient auf der Bewusstseinsebene seiner Lebenswelt einen anderen Musikgeschmack hat als auf der Bewusstseinsebene des virtuellen Raums (vgl. Abb. 34).

Andere theoretische Betrachtungen, die in der Tiefendimension zu interpretieren sind, fokussieren indes weniger die idiomatischen als die strukturellen Merkmale von Musik. So hebt Chion (1994: 9–10) hervor, visuelle und auditive Perzeption seien wesentlich disparater als man gemeinhin annehme:

»For one thing, each kind of perception bears a fundamentally different relationship to motion and stasis, since sound, contrary to sight, presupposes movement from the outset. In a film image that contains movement many other things in the frame may remain fixed. But sound by its very nature necessarily implies a displacement of agitation, however minimal. Sound does have means to suggest stasis, but only in limited cases. One could say that ›fixed sound‹ is that which entails no variations whatever as it is heard. This characteristic is only found in certain sounds of artificial origin: a telephone dial tone, or the hum of a speaker. Torrents and waterfalls can produce a rumbling close to white noise too, but it is rare not to hear at least some trace of irregularity and motion. The effect of a fixed sound can also be created by taking a variation or evolution and infinitely repeating it in a loop. As the trace of a movement or a trajectory, sound thus has its own temporal dynamic.«

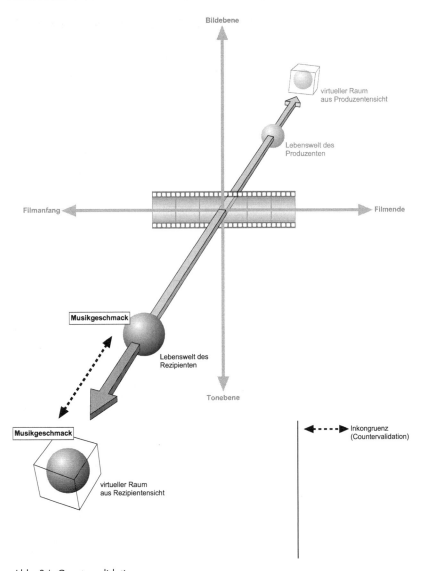

Abb. 34: Countervalidation

Es kommt zum Ausdruck, dass Musik stets in die Interpretation und Konstruktion des Rezipienten eingreift, unabhängig davon, ob der Rezipient der Musik eine ausgeprägte Eigenbedeutung beimisst.

Schon in der frühen Stummfilmzeit wurden tiefendimensionale Rezeptionsphänomene intensiv erörtert. Man benötigte Musik, um den Rezipienten trotz des starken Geräuschpegels in den damaligen Vorführräumen bei Laune zu halten und eine angstfreie Konzentration auf den Film zu ermöglichen. Musik sollte über Rezeptionsbarrieren hinweghelfen (vgl. Nick 1955 und Kreuzer 2003: 19–23).

In der Forschung über Filmmusikwirkung wird die Tiefendimension stets implizit einbezogen, da es um die Frage geht, welches Verhältnis das Film-»Material« (also der Filmstreifen) zur Wahrnehmung und Interpretation des Rezipienten hat. Eine systematische Darstellung nimmt Bullerjahn (2001: 125–155) vor und unterscheidet zwischen drei Ebenen der Filmmusik: Filmmusikebene, Wirkungsebene sowie Rezipientenebene.

Die **Filmmusikebene** setzt auf der Bewusstseinsebene des Films an: Der Rezipient befindet sich im Bewusstsein von Strukturen der Filmmusik: Ausdrucksgehalt der Musik, Parameter der Musik (Dynamik, Tongeschlecht, Tempo, ...), kollative Eigenschaften (Komplexität/Einfachheit, ...) sowie viele weitere nachfolgend grafisch dargestellte Eigenschaften.

Die **Rezipientenebene** beschreibt die aktiv beim Rezipienten erfolgende Konstitution. Diese ist etwa bedingt durch Alter, Geschlecht, Bildung, Beruf, Persönlichkeit, Erfahrung, Einstellungen und momentane Stimmung eines Rezipierenden. Die Rezipientenebene setzt im Drei-Dimensionen-Modell somit bei der Lebenswelt des Rezipienten an.

Die **Wirkungsebene** umfasst Prozesse, die während der Filmrezeption beim Rezipienten ablaufen: Die Filmreize werden zusammengeführt und bedingen ein filmisches Erlebnis. Wirkungen können erstens auf das Abtauchen des Rezipienten in den virtuellen Raum aus Rezipientensicht bezogen sein (etwa Bannung und Vereinnahmung oder emotional Einfühlung; vgl. S. 204) und zweitens auf die Lebenswelt des Rezipienten (Urteils- und Meinungsbildung über den Film, Aneignung von Wissen, strukturelle Wahrnehmung etc.). Bullerjahn (2001: 126; Grafik: Ebd.) veranschaulicht ihr Modell gemäß Abb. 35.

Für den Praktiker liefert die Veranschaulichung wertvolles Hintergrundwissen. Sie verdeutlicht, dass nicht von einer vollkommen objektiven und zielgerichteten Kommunikation des Produzenten mit dem Rezipienten ausgegangen werden kann (vgl. S. 55). Der Produzent muss den Rezipienten ergründen, um ihn filmisch erreichen zu können. Bei dieser Kompetenz des Produzenten handelt es sich um ein komplexes Ineinandergreifen von Intuition und Wissen (vgl. S. 20).

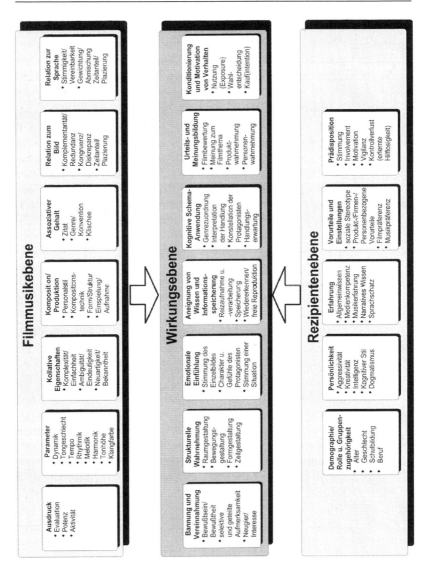

Abb. 35: Filmmusikmodell nach Bulllerjahn (Bullerjahn 2001)

empirisch-experimentelle Studien

Es gibt nicht viele empirisch-experimentelle Studien, die in der Tiefendimension diskutiert werden können. Die in der vertikalen und horizontalen Dimension beschriebenen Studien belegten Zusammenhänge zwischen vertikalen oder horizontalen Strukturen des Films und Wirkungen beim Rezipienten. Dabei kam bereits die Tiefendimension am Rande zum Tragen. Studien, die die Tiefendimension im Besonderen ausdeuten, setzen etwa voraus: Variation der Lautstärke von Musik und Test des Gefallens für den Rezipienten; Variation des Musikidioms bei mutmaßlich gleich bleibender Filmmusikfunktion und Test der Gefallens- und Erinnerungswerte beim Rezipienten; Variation der musikalischen Dichte oder Akzentstruktur sowie Auswirkungen auf den Rezipienten. Solche Tests sind jedoch so eng mit interpretatorischen Verfahren verbunden, dass sie mit streng-empirischem Anspruch schwierig zu bewerkstelligen sind.

Eine bekannte Problematik erwächst daraus, dass Rezipienten unterschiedlichen Alters – bedingt durch den mit steigendem Alter zunehmenden Hörverlust – Filmmusik oft als zu laut empfinden. Sie hören weniger differenziert als junge Rezipienten und sind weniger in der Lage, Dialoge bei lauter Hintergrundmusik zu verstehen. Viele Fernsehpraktiker berichten über entsprechende Rückmeldungen älterer Rezipierender; Cohen (1990: 111–124) belegte das Phänomen experimentell. In der Tiefendimension hieße das: Die Musik als Hilfsmittel, das eigentlich zwischen virtuellem Raum und der Lebenswelt des Rezipienten vermitteln soll, wirkt abschreckend und erfüllt ihre Aufgabe nicht (vgl. Abb. 36).

In der Tiefendimension sind auch Studien zum aufmerksamkeitsheischenden Effekt von Musik aufzuführen. Häufig wird in Film, Werbung und Internet von der Musik erwartet, die Aufmerksamkeit des Rezipienten zu sichern. Der Fernsehsender PRO 7 setzt gegenwärtig neben seinem Audiologo regelmäßig ein »Pling«-Geräusch ein. Dieses ertönt signalartig zusammen mit Schrifteinblendungen im oberen rechten Bildschirmbereich. Während der aktuellen Fernsehsendung werden Hinweise auf die darauf folgenden Sendungen eingeblendet. Um die Aufmerksamkeit des Rezipienten dafür zu erheischen, wird das Geräusch synchron zur Texteinblendung eingesetzt. Damit wird eine Erfahrung genutzt, die bereits Kracauer (1985: 187) berichtet:

»Wie die Geräusche, oder sogar noch mehr als diese, tendiert sie [die Musik, A. K.] dazu, die allgemeine Aufnahmefähigkeit des Zuhörers anzuregen. Experimente haben gezeigt, dass ein Licht heller zu leuchten scheint, wenn gleichzeitig ein Summen ertönt.«

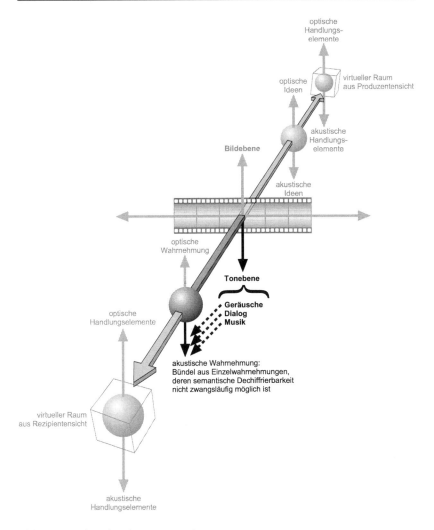

Abb. 36: Musik und Dialoge stören sich gegenseitig

Die Aufnahmefähigkeit oder Aktivierung setzt bei der Lebenswelt des Rezipienten an, soll jedoch auch die Herausbildung des virtuellen Raums fördern (vgl. Abb. 37).

Auch die Gestaltung von Musik-Unterlegungen für Fernseh-Trailer (Eigenprogramm-Werbungen und Image-Kampagnen der Fernsehsender, vgl. Hickethier/Bleicher 1997) ist stark darauf ausgerichtet, Aufmerksamkeit zu

Theorien mit überwiegendem Bezug zur Tiefendimension 175

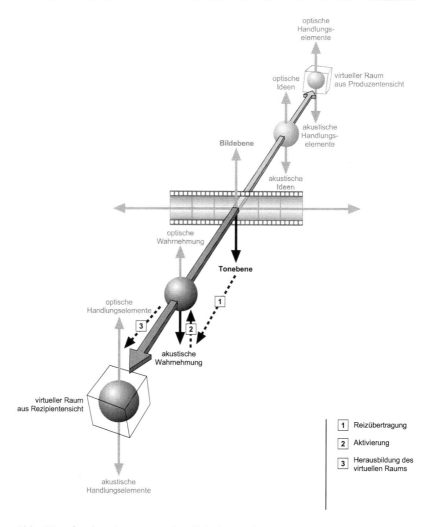

Abb. 37: aufmerksamkeitssteigernder Effekt der Tonebene (insbesondere durch Musikeinsatz)

erwirken. Je nach Zielgruppe variieren in den Trailer- und auch Filmuntermalungen musikalische Tempi. Bei den auf jüngere Zielgruppen ausgerichteten Sendern (etwa beim Kinder-Sender Super-RTL) hört man deutlich »lautere« und schnellere Musik in den Trailern als bei Sendern wie dem ZDF, die eher Rezipienten im Rentenalter bedienen. Es ist indes kaum möglich, allgemeine

Regeln zu formulieren, welche musikalischen Tempi und Gestaltungsarten beim Rezipienten zur Aufmerksamkeitssteigerung führen. Einerseits sind solche Gestaltungsregeln im schnellen Wandel begriffen, andererseits hängen sie stark vom ganzheitlichen Kontext der Musikeinbindung ab.

Es hat wissenschaftliche Versuche gegeben, den aufmerksamkeitssteuernden Effekt von Musik zu untersuchen. Generelle Aspekte zur Erforschung von Aufmerksamkeit bei der Fernsehrezeption werden von Anderson/Burns (1991: 3–21) besprochen. Die Autoren räumen ein, derartige Forschung habe recht wenig zu bieten, da das Meiste an Forschung und Theorie auf Materialien und Untersuchungs-Settings basiere, die nicht viel mit der natürlichen Rezeptionssituation zu tun hätten. Häufig würden von Wissenschaftlern einfache Reiz-Reaktions-Schemata untersucht, jedoch komme dabei die komplexe multimodale und bedeutungsvolle Stimulation des Rezipienten über kurze und lange Zeitspannen nicht angemessen zur Geltung.

Stellvertretend für diese Studien kann die Untersuchung von Wakshlag, Reitz & Zillmann (1982: 666–667; vgl. Bullerjahn 2001: 170–171) angeführt werden. Die Autoren untersuchten Einflüsse musikalischen Tempos auf die Aufmerksamkeit bei der Rezeption von Bildungsfilmen. Ausgangsbasis war die Beobachtung, dass eine Großzahl von Bildungssendungen für Kinder exzessiven Gebrauch von Hintergrundmusik machen. Dreißig Kinder wurden hinsichtlich der Zeitdauer selektiver Aufmerksamkeit für eine Bildungssendung mit unterschiedlichen Hintergrundmusiken getestet. Fünfzig weitere Kinder wurden auf Informationsaufnahme aus einem speziellen Sendungs-Segment mit unterschiedlicher Hintergrundmusik getestet. In einem nachträglichen Experiment wurde die auf den Bildschirm gerichtete Aufmerksamkeit mit Hilfe einer versteckten Überwachungsanlage gemessen. Die Kinder wurden außerhalb des Klassenraums getestet, entweder einzeln (bei der selektiven Aufmerksamkeit) oder in Zweiergruppen (bei der Informationsaufnahme).

Auch wenn das Setting keinesfalls einer natürlichen Rezeptionssituation entspricht, sind die Ergebnisse hinreichend aussagekräftig. So wurden Sendungen mit schneller und reizintensiver Musik deutlich länger gesehen als Sendungen mit langsamer und wenig reizintensiver Musik oder Sendungen ganz ohne Musik; die Reizintensität wurde vorgetestet. Die Autoren schließen daraus, dass nur schnelle und reizintensive Musik geeignet war, die Rezipierenden schnell in die Sendung »hineinzuziehen« (Wakshlag, Reitz & Zillmann 1982: 671). Es wird also die Tiefendimension berührt. Die Ergebnisse des zweiten Experiments schränken die Implikation dieses Befundes sogleich wieder ein. So konnte hatte schnelle und reizintensive Musik einen negativen Effekt auf die Aufmerksamkeit für die bildenden Informationen. Das Interesse der Kinder für die präsentierten Informationen schien durch Musik nicht beeinflusst zu werden.

Im Sinne der Tiefendimension kann also ein Stilmittel – in diesem Fall Musik –, welches ein Erreichen der Bewusstseinsebene des virtuellen Raums erleichtern soll, eine Attraktivität des Virtuellen suggerieren, die sich für den Rezipienten nicht bewahrheitet: Es ist für den Rezipienten dann interessanter, dieses Stilmittel als solches zu genießen, als dessen Funktion der Hinführung zum virtuellen Raum zu nutzen. Eine Musik, die dazu dienen soll, Aufmerksamkeit auf andere Aspekte des Films – etwa Informationen im Dialog – zu lenken, zieht dann mehr Aufmerksamkeit auf sich selbst und von anderen Dingen ab; der gewünschte Gesamtkontext entsteht nicht.

Solche Überlegungen sind hinsichtlich der Genre-Differenzierung im Film bedeutsam. Je nach Film-Intention müsste die Musikgestaltung spezifisch ausfallen. Wenn es beispielsweise allein darauf ankommt, dass ein Film breit rezipiert wird, spielt es keine Rolle, ob der Film allein durch eine attraktive Musik interessant erschien, obwohl die sonstigen Inhalte wenig Anklang fanden. So ist es im Einzelfall sicher möglich, dass der Rezipient einen Film als informativ und interessant einstuft, obwohl er sich an Informationen und interessante Details kaum erinnert. Ein anderer Film, von dem der Rezipient auf Informationsebene mehr erinnert, könnte durchaus als weniger attraktiv eingestuft werden. In diesem Sinne wird Musik häufig dazu eingesetzt, Brisanz und Wichtigkeit zu suggerieren; was am Ende für manchen Produzenten einfach zählt, ist allein die Tatsache, dass der Film mit hinreichendem Marktanteil rezipiert wurde. Bei tieferen Intentionen jedoch müsste die Musikgestaltung anders ausfallen. Wenn ein Film zum Gesprächsstoff werden sollte, müsste dafür gesorgt werden, dass Musik tatsächlich als Hilfsmittel fungiert, dem Rezipienten das Eintauchen in den virtuellen Raum zu erleichtern; es wäre nicht hilfreich, wenn sich der Rezipient allein an diesem Hilfsmittel »berauschte«.

Schließlich ist in der Tiefendimension ein in der Filmpraxis häufig festgestelltes Phänomen zu erklären: Ein schlechter Film (oder ein schlechtes Drehbuch) wird durch gute Musik nicht besser (vgl. auch S. 236). Weidinger (2006: 21) schreibt in diesem Zusammenhang von »Rettungsmusiken«: Musiken sollen einen weniger gelungenen Film retten. So kann Musik als Verbindungshilfe zwischen der Lebenswelt des Rezipienten und dem virtuellen Raum nur dann fungieren, wenn die Konstruktion des virtuellen Raums aufgrund der ausgewählten filmischen Darstellungen und Reize möglich und ganzheitlich stimmig ist. Eine Filmhandlung, die nicht nachvollziehbar ist, wird dies nur bedingt durch Musik. Zwar kann Musik als Verbindung zwischen losen Teilen dienen und den Rezipienten näher ans Geschehen führen. Aber wenn sich diese hergestellte Nähe nicht in ein plausibles Gesamtverständnis des Films einreihen lässt, wird das Ziel der Mission, den Rezipienten auf einer tiefen ganzheitlichen Ebene erreichen zu können, wahrscheinlich dennoch verfehlt. Weidinger (2006: 21) bemerkt:

»Viele Komponisten kennen Aussagen wie ›Hier bei der Szene im Haus haben wir keine Geräusche, da musst du Musik machen. Außerdem sind die Pausen im Dialog zu lang.‹ Was ein Komponist daraus lernt? Seine Musik ersetzt im Zweifelsfall ein vorbeifahrendes Auto und das Vogelgezwitscher. Gleichzeitig soll sie der Szene irgendeine Bedeutung geben, egal welche, um den Fernsehzuschauer vom Griff zur Fernbedienung abzuhalten. Wenn diese Art des dramaturgischen Umgangs mit Musik zur Gewohnheit wird, sind Filme dauervertont und kein Zuschauer kann sich emotional frei im Film bewegen.«

An dieser Stelle kann wieder die Theorie von Persson herangezogen werden: Das auf Stufe 5 des Filmverständnisses angesiedelte ästhetische Werturteil wird nicht wesentlich besser ausfallen, wenn der Film nicht insgesamt als stimmig erlebt wird. Ein Film, der es aus Sicht des Rezipienten »nötig hatte«, behelfsmäßig mit Musik versorgt zu werden, um überhaupt rezipierbar zu sein, könnte ästhetisch noch schlechter dastehen als ein Film, der diese Schwächen offen zur Schau trägt. Es scheint, als habe jeder Rezipierende – mehr oder weniger – ein Gespür dafür, welche Darstellungsweisen dem filmischen Erzählen entsprechen und welche auf mangelnder Finesse beruhen. Flückiger (2001: 77) bemerkt:

»Im wirklichen Leben sind das homogene raumzeitliche Milieu und die Konstanz der Gegenstände gegeben. Der Film als narratives System muss die Fragmente so aufbereiten, dass sie eine kohärente Illusion schaffen. [...] Schon die Verbindung zwischen Objekt und Geräusch ist brüchig, die Verbindung zwischen Körper und Stimme der Filmfigur zumindest teilweise hypothetisch, und ein großer Teil der Tonspur entfaltet seine Bedeutung nur in der Gesamtdramaturgie.«

Musik wird wahrscheinlich dort als Hilfsmittel angenommen, wo Diskontinuitäten auf anderen Ebenen absichtsvoll hergestellt wurden und vielleicht sogar deren Notwendigkeit im Sinne der Gesamtkonzeption des Films angenommen werden kann. Wenn Musik jedoch unbeabsichtigte und unnötige Diskontinuitäten in großem Umfang überbrücken soll, wird sie selbst möglicherweise vom Rezipienten allzu sehr als »Diener« aufgefasst und in der Wertung herabgestuft.

4) Holistisch ausgerichtete Theorien sowie Theorien, die ohne eigenes holistisches Fundament holistisch interpretierbar sind

Einige Theorien zur Filmmusik lassen sich nicht schwerpunktmäßig unter nur einer Dimension des Drei-Dimensionen-Modells fassen. Das ist vor allem der Fall, wenn sie ihrerseits ganzheitlich ausgerichtet sind. Zudem gibt es Theorie-Ansätze ohne eigen holistische Ordnung, etwa in Form von Begriffs-Sammelsurien zu Funktionen und Wirkungen von Filmmusik. Sie können anhand des Drei-Dimensionen-Modells holistisch aufgearbeitet werden können.

Einführend können als Beispiele für Theorien ohne holistische Ordnung zwei Beschreibungen möglicher Filmmusikfunktionen angeführt werden. Nick (1955: 191–192) liefert – hier als erstes Beispiel – folgende Zusammenfassung:

»Die Musik kann die Atmosphäre des Films verdichten, indem sie die Filmfiguren und ihren Schauplatz vertiefend charakterisiert, seelische Vorgänge verdeutlicht und zur Symbolisierung der Empfindungen beiträgt. Sie kann Assoziationen wecken, die durch das Bild allein nicht hervorzurufen sind, und zusätzliche Gefühlsinhalte in das Filmgeschehen hineintragen. Als immateriellste aller Künste ist sie allein imstande, die der photographierten Wirklichkeit fatalerweise anhaftenden Residuen des Naturalismus zu tilgen. Sie soll in organischer, innerer Verknüpfung mit der Bildmontage deren Eindrücke nach ihren eigenen Gesetzen verstärken. Sie darf aber nicht zum bloßen Tonteppich der Bilder werden und hat daher überall dort zu schweigen, wo der primäre Bildeindruck durch sie nur geschwächt würde. Von dem Irrweg, die kinetischen Vorgänge der Bilder in all ihren Passagen und Akzenten auf Bruchteile von Sekunden genau musikalisch nachzuahmen, ist man längst abgekommen. Nur für die Situationskomik von Filmschwänken konnte sich diese simple Illustrierung, bei der sich die Musik in sklavischem Simultaneismus an das Bild klammert, mit einigem Recht behaupten.«

Eine weitere Auflistung von Filmmusikfunktionen – als zweites Beispiel – stammt von Zofia Lissa (1965: 115–223); ihre Funktionen ähneln teilweise denen Nicks:

- illustrative Funktionen
- Musik als Unterstreichung von Bewegungen
- musikalische Stilisierung realer Geräusche
- Musik als Repräsentation des dargestellten Raums

- Musik als Repräsentation der dargestellten Zeit
- Deformation des Klangmaterials
- Musik als Kommentar im Film
- Musik in ihrer natürlichen Rolle
- Musik als Ausdrucksmittel psychischer Erlebnisse, etwa als: Zeichen von Wahrnehmungen, Mittel der Repräsentation von Erinnerungen, Widerspiegelung von Phantasievorstellungen, Mittel zur Aufdeckung von Trauminhalten oder Halluzinationen, Mittel zum Ausdruck von Gefühlen, Zeichen von Willensakten
- Musik als Grundlage der Einfühlung
- Musik als Symbol
- Musik als Mittel zur Antizipierung des Handlungsinhalts
- Musik als formaler einender Faktor

Die Sammelsurien von Nick und Lissa sind umfassend, aber diffus und ohne systemische Ordnung. Es werden in den beiden Betrachtungen keine disparaten Kategorien gebildet.

Anhand dieses einführenden Überblicks kann zunächst der Unterschied zwischen Funktion und Wirkung von Filmmusik geklärt werden: Funktionen von Filmmusik beziehen sich darauf, wie die Schichten Musik und Bild inhaltlich und strukturell zusammengeführt werden können: Sind die Schichten strukturell ähnlich oder unterschiedlich? Sind ihre Aussagequalitäten ähnlich oder unterschiedlich? Was kann Musik dem Bild hinzufügen? Bei den Wirkungen interessiert indes weniger, wie die Schichten des Films zusammengeführt (montiert) sind, mehr, welche Effekte sich für den Rezipienten potenziell ergeben: Wird der Film durch die Musik intensiver erlebt? Wird das Zeitempfinden des Rezipienten verändert? Wird die Handlung von der Musik mitbestimmt? Ist der Film mit Musik attraktiver? Während bei den Funktionsbeschreibungen also der Rezipient weitgehend ausgeklammert wird, wird er bei Betrachtung der Wirkung einbezogen.

Es wird hier vorneweg einer problematischen Sichtweise widersprochen, wonach Funktionen von Filmmusik »intendierte Wirkungen« von Filmmusik seien (etwa bei Bullerjahn 2001: 59). Die Sichtweise ist trügerisch. Nimmt man beispielsweise die Filmmusikfunktionen Paulis (1976) – Paraphrasierung, Polarisierung, Kontrapunktierung –, so müsste als Wirkung von Filmmusik eine Paraphrasierung, Polarisierung oder Kontrapunktierung angenommen werden können. Das kann einer ganzheitlichen Wirkungsbeschreibung jedoch kaum gerecht werden. Zur Entzerrung reicht auch nicht die Annahme, es könne große Diskrepanzen geben zwischen den angestrebten Wirkungen und den Ebenen, auf denen die Musik schließlich beim Rezipienten wirke (Bullerjahn 2001: 59).

Zwar *können* mit Funktionen auch gewisse Wirkungen intendiert werden. Die etwa mit einer Kontrapunktierung der Filmbilder durch Musik einhergehenden Wirkungen können unterschiedlichster Art sein. Es könnte Ironie entstehen, eine Distanz des Rezipienten zum Bildgeschehen, ebenso eine verstärkte Nähe zum Bildgeschehen, eine Beschleunigung oder Verlangsamung des Zeitempfindens. Keinesfalls können die Wirkungsmöglichkeiten hier abschließend aufgelistet werden. In jedem Fall aber sind die intendierten Wirkungen nicht mit Filmmusikfunktionen gleichzusetzen. Eine »Kontrapunktierung« tritt schon deshalb nicht als »Wirkung« beim Rezipienten ein, da fraglich ist, ob der Rezipient im Einzelfall die widerstreitende Natur von Bild und Musik überhaupt erlebt. Ganzheitlich betrachtet könnte der Rezipient eine Filmszene mit kontrapunktierender Musik durchaus als stimmig – im Sinne einer Einheit von Musik und Bildern – erleben, um die Musik erst in einer eventuellen intellektuellen Nachschau als kontrapunktierend einzustufen. Wird eine Verfolgungsjagd paraphrasierend mit einer Action-Musik unterlegt, kommt dies ebenfalls nicht einer Wirkungsintention gleich. Die Wirkungen könnten etwa sein: Amusement aufgrund der übertriebenen Kongruenz zwischen Bild und Musik, erhöhte Spannung aufgrund der engen Verzahnung von Musik und Bild, Anstieg des Blutdrucks, Langeweile aufgrund der vorhersagbaren Verzahnung von Musik und Bild. Auch im Rückschluss sind mögliche Wirkungen (beispielsweise Amusement, Spannung, Langeweile) nicht geeignet, als Filmmusikfunktionen definiert zu werden. Es kann somit treffender festgehalten werden: Funktionen von Filmmusik beziehen sich auf Möglichkeiten der Montage von Musik mit Filmbildern. Sie können mit mannigfaltigen Wirkungen einhergehen, die sich aus den Funktionen selbst nicht ableiten lassen.

Auf der Basis dieser Unterscheidung zwischen Funktionen und Wirkungen von Filmmusik können tendenziell holistisch ausgerichtete Theorien der Filmmusik erörtert werden. In erster Linie sind dies Modelle der Wirkung von Filmmusik bzw. Modelle der Filmmusikfunktionen, die den Aspekt der Wirkung zugleich einbeziehen; sie gehen in ihrer inneren Systematik über die Beschreibungsversuche von Nick und Lissa hinaus.

Funktionsmodelle, die die Wirkung einbeziehen

Ein griffiges Modell stammt wiederum von Hansjörg Pauli (1993). In Abkehr von seinem Funktionsmodell von 1976 (vgl. S. 106) schlägt Pauli vor, zwischen persuasiven, syntaktischen und hermeneutischen Funktionen von Filmmusik zu unterscheiden.

Die **persuasive Funktion** erfüllt Filmmusik durch ihre emotionalisierende Wirkung und den damit verbundenen Abbau rational fundierter Widerstände.

Besonders wichtig ist in diesem Zusammenhang die Titelmusik eines Films: Diese nimmt Bezug auf das, was folgt, und bestimmt die Grundgestimmtheit der Filmerzählung oder den Charakter der ersten Sequenz. Sie exponiert das Material für spätere musikalische Einlassungen und ist auch dazu da, den »Kinobesucher vom Alltag abzulösen, ihn einzustimmen auf den holden Trug, der seiner harrt.« (Pauli 1993: 8–9) Paulis Überlegungen erinnern an solche Kracauers (1985: 186–189), der der Musik »psychologische Funktionen« zuweist, etwa: Anregung der Aufnahmefähigkeit des Zuschauers oder Ladung des Sensoriums mit sympathischen Energien. Die persuasive Funktion steht auch in Zusammenhang mit der »Mood-Technik« (vgl. Bullerjahn 2001: 83), derzufolge den Filmszenen musikalische »Stimmungsbilder« zugeordnet werden, jedoch nicht unbedingt als Abbild der in den Bildern ausgedrückten Stimmungen, sondern als Stimmung, die eine Basis bildet, den Film als Ganzes in gewünschter Weise zu rezipieren.

Die **syntaktische Funktion** erfüllt Filmmusik als Hilfe bei der Dekodierung narrativer Praktiken, insbesondere durch eine Manipulation von Zeitabläufen und eine Einflussnahme auf Erzählzeit und Erzähltempo:

»Zeit-Manipulation als erzähltechnischer Trick kann sich in zwei Formen äußern: – als Manipulation der Erzählzeit, als Heraustreten also aus dem linear-chronologischen Arrangement der Szenen oder Sequenzen; – als Manipulation des Erzähltempos, oder allgemeiner des Tempos der Darstellung. Manipulationen der Erzählzeit stellen sich zumeist dar als Sprünge aus der supponierten Gegenwart einer Fabel zurück in die Vergangenheit, aus der Geschichte in die Vorgeschichte, als Rückblenden demzufolge; seltener anzutreffen sind Sprünge nach vorn in die Zukunft, Antizipationen. [...] Einstellungsfolgen, die – im Sauseschritt – größere Zeiträume überbrücken, man könnte sie mit Modulationen vergleichen, sind nichts anderes als Binnen-Montagen, Montagen im montierten Film, und werden im amerikanischen Tonfilm der Studio-Ära behandelt, wie im Stummfilm Montagen behandelt wurden: gekoppelt mit einem Musikstück, das dem Stakkato der Bilder seinen eigenen kontinuierlichen Fluss entgegensetzt, also zusammenfasst, vereinheitlicht.« (Pauli 1993: 14)

Auch Aspekte dieser syntaktischen Funktion lassen sich unter Kracauers (1985: 187–188) »psychologischen Funktionen« von Musik finden (vgl. S. 182).

Die **hermeneutische Funktion** bezieht sich auf die Fragen:

> »Wie kann Musik ausbessern, was bei der Inszenierung verfehlt wurde und nun möglicherweise die Rezeption stört? Wie kann Musik Passagen beschleunigen oder verlangsamen, ihnen mehr Gewicht geben oder sie entlasten, oder auch nur durch ihre pure Präsenz Szenen, die unterzugehen drohen, auszeichnen, indem sie unsere Gefühle für sie mobilisiert?« (Pauli 1993: 15)

und

> »wie kann Musik evozieren, was Bilder von Haus aus nur schwer einzufangen vermögen: Temperaturen oder Gerüche von Schauplätzen, Gedanken und Gefühle der handelnden Personen? – Wie kann Musik vertiefen, oder ergänzen, oder bewerten, was in den Bildern zu sehen ist? Wie kann sie Bilder und abgebildete Vorgänge in ein bestimmtes Licht rücken? – Wie kann Musik sich gegen die Bilder behaupten und zur Sprache bringen, was aus den Bildern und abgebildeten Vorgängen nicht hervorgeht? – Wie kann Musik räumliches, zeitliches, gesellschaftliches Umfeld einer Erzählung sinnlich greifbar machen? Etc. pp « (Ebd.).

Zwischen dem Modell von Pauli (1993) und dem Drei-Dimensionen-Modell lassen sich einige direkte Bezüge herstellen. So steht die persuasive Funktion in Zusammenhang mit der Tiefendimension. Was Pauli als den Abbau von Widerständen beschreibt, ist gleichbedeutend mit dem Brückenschlag zwischen der Lebenswelt des Rezipienten und dem virtuellen Raum aus Rezipientensicht (vgl. S. 92). Persuasive Funktionen kann Filmmusik nur erfüllen, wenn ein gewisser ihr innewohnender Sinn- oder Stimmungsgehalt auch unabhängig von den Bildern vom Rezipienten verstanden wird, wenn die Musik also einen Bezug zur Lebenswelt des Rezipienten hat. Der Abbau von Widerständen bedeutet, dass der Rezipient aus der Bewusstseinssphäre seiner Lebenswelt in die Bewusstseinssphäre des virtuellen Raums gelangt (vgl. Abb. 38).

Die Kategorie »syntaktische Funktionen« lässt sich auf die horizontale Dimension übertragen. Indem Pauli die Einflussnahme auf Erzählzeit und Erzähltempo beschreibt, bezieht er die imaginative Zeitebene nach Lissa (vgl. S. 155) dem Sinn nach ein.

Weniger eindeutig ist die Kategorie der hermeneutischen Funktion. Diese scheint eher ein eigenständiges und mit den beiden anderen Kategorien konkurrierendes Ganzheitssystem zu sein; sie schließt alle drei Dimensionen ein. Wenn es etwa um die Frage geht, wie Musik ausbessern kann,

184 Theorien zur Filmmusik im Lichte der Filmpraxis

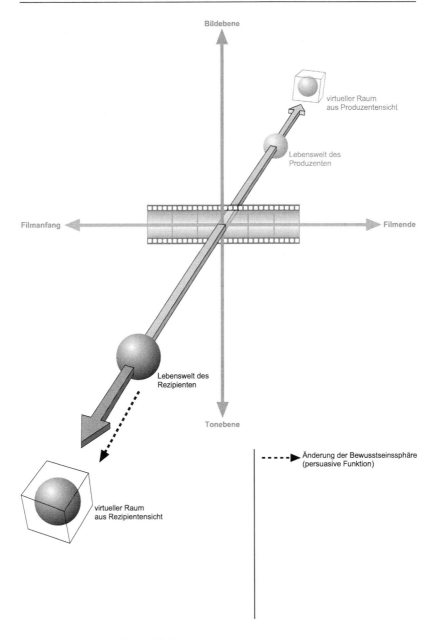

Abb. 38: persuasive Filmmusikfunktion

was bei der Inszenierung verfehlt wurde (vgl. dazu auch S. 236), kommen vielfältige Ansätze in Betracht. Es könnte eine Musik eingesetzt werden, die dem Rezipienten so gut gefällt, dass sie ihn von der Handlung ablenkt. Filmpraktiker machen von dieser Methode häufig Gebrauch, wenn sie statt dramaturgischer Hintergrundmusik in schwachen Filmszenen »zugkräftige« Songs einsetzen, die viel Aufmerksamkeit auf sich ziehen. Auch wird oft vom Komponisten verlangt, seine Musik »dicker« und »wuchtiger« zu gestalten als es die Bilder eigentlich verlangten, um über Schwächen der Bilder hinwegzutäuschen. Ob damit eine positive Akzeptanz beim Rezipienten erreicht wird, ist im Einzelfall fraglich. Jedoch wird hier eindeutig in der Tiefendimension operiert.

Eine Ausbesserung (hermeneutische Funktion) könnte aber auch vertikal erfolgen, indem eine Musik sich so raffiniert mit den Filmbildern verbindet, dass der Eindruck höchsten ästhetischen Anspruchs entsteht und über narrativ schwache Bilder hinweggetäuscht wird. So werden aus Szenen, die ihre narrative Funktion verfehlen, kontemplative – sich selbst und ihrem ästhetischen Reiz genügende – Momente.

Auch horizontal könnte in solch einem Fall die hermeneutische Funktionen angewandt werden: Die umgebenden Szenen werden so vertont, dass der schwachen Szene wenig Aufmerksamkeit geschenkt oder aber ein Sinn beigemessen wird, der aus ihr selbst nicht hervorgeht. Ist es beispielsweise nicht gelungen, die Traurigkeit des Protagonisten angemessen schauspielerisch zum Ausdruck zu bringen, könnte die Filmmusikkomposition darauf ausgerichtet werden, auf diese Szene hinzuführen und einen Kontext zu schaffen, der die Traurigkeit dennoch erahnen lässt.

Auch wenn Pauli die Verlangsamung oder Beschleunigung von Passagen durch Musik unter den hermeneutischen Funktionen ansiedelt, schließt solche Zeitmanipulation alle Dimensionen des Drei-Dimensionen-Modells ein. Es scheint zunächst, als sei Paulis Modell ganzheitlich ausgerichtet. Jedoch modelliert es die Ganzheit der Filmrezeption nicht stringent; die Kategorien sind nicht systemisch disparat. So kann beispielsweise durchaus eine hermeneutische Funktion *mithilfe* einer persuasiven Funktion erfüllt werden: Indem sich der Rezipient aufgrund der Musik tief auf die Handlung einlässt, werden Schwächen der Inszenierung verdeckt. Eine hermeneutische Funktion kann ebenso »syntaktisch« erreicht werden, wenn eine Szene über Zeitmanipulation beschleunigt und somit »verbessert« wird. Aufgrund solcher Überlagerungen der einzelnen Kategorien wird Paulis Modell vor allem für die Filmanalyse problematisch. Liegt beispielsweise der Verdacht nahe, dass eine Filmszene in Rohform (ohne Musik) nicht den Intentionen des Produzenten entspräche und sie behelfsmäßig mit Musik verbessert wurde, würde man eher eine hermeneutische Funktion annehmen, auch wenn diese durch persuasive oder syntaktische Mittel erfüllt wurde. Wirkt die Szene hingegen stimmig und authentisch, würde man sich in der Analyse eher auf persuasive oder syntaktische Funktionen konzentrieren. Pauli erzeugt letztlich eine Dynamik, in der es stark von der persönlichen Wertung abhängt, welche Funktion man einer Filmmusik zuschreibt. Wenn ein Analytiker seinen Untersuchungsgegenstand nicht mag und dessen filmkünstlerischen Anspruch grundsätzlich in Frage stellt, ist er geneigt, hermeneutische Funktionen der Musik anzunehmen. Ist ein Analytiker seinem Untersuchungsgegenstand gegenüber positiv eingestellt, würde eher die beiden anderen Funktionen annehmen.

Für den Praktiker sind Paulis Kategorien ebenfalls von begrenztem Wert. Einerseits ist das Erfüllen hermeneutischer Funktionen Gang und Gäbe. Ständig werden schwache Szenen durch Musik »verbessert«, und häufig soll Musik etwas »retten«. Dazu bemerkt Weidinger kritisch: »Wenn ein Film keine emotionale Tiefe oder Mehrdimensionalität hat, kann Musik sie auch nicht künstlich erzeugen.« (Weidinger 2006: 21) Der Filmkomponist Jerry Goldsmith (zit. Nach Darby/DuBois 1990: 499) merkte einmal an: »A good film will carry a weak score, but a strong score won't save a picture.« Es bleibt die Frage, ob der Praktiker diese Kategorie als Tool gebrauchen kann. Vor allem die mangelnde Abgrenzung der hermeneutischen Funktion von den beiden anderen Funktionen macht Paulis Modell fragwürdig: Eine hermeneutische Funktion erfüllen zu wollen schließt nicht aus, dafür auf persuasive und syntaktische Mittel zurückzugreifen.

Bei näherem Hinsehen scheint Paulis Modell drei stets an die Filmmusik vom Produzenten gehegte Grundintentionen zu beschreiben: Letztlich sollen Filmszenen – hermeneutische Funktion – durch Musik stets verbessert werden, denn wenn man keine Hoffnung auf Verbesserung hätte, könnte man auch auf Musik verzichten. Stets soll auch das Erleben der Erzählzeit – syntaktische Funktion – durch Musik mitgestaltet werden. Ferner wünscht wohl jeder Produzent, dass der Rezipient unter Mithilfe von Musik – persuasive Funktion – an den Film gebunden wird. Ob diese Bindung jedoch funktioniert, ist von vielen Faktoren abhängig und kann auf vielfältige Art und Weise geschehen. Gleichwohl soll dies nicht implizieren, das Modell sei nutzlos. Das Modell schafft aber in jedem Falle ein Bewusstsein für grundlegende Wirkungen, die mit Filmmusik erzielt werden können.

Seinen wichtigsten Einfluss hatte hat das Modell auf wissenschaftlicher Seite, da es Anstoß zu ganzheitlicheren Betrachtungen von Filmmusik gegeben hat. Insbesondere hilft es, die Grenzen von Paulis früherem Modell (Pauli 1976) deutlicher zu reflektieren.

Ein weiteres Funktionsmodell, das Filmmusikwirkung einbezieht, hat Georg Maas (1994: 35–39) vorgestellt. Er unterscheidet damit tektonische, syntaktische, semantische und mediatisierende Funktionen von Filmmusik.

Im Sinne der **Tektonischen Funktionen** ist Musik ein »Baustein zur äußeren Gestalt des Films«. Sie dient der Großstruktur. Wenn beispielsweise eine Fernsehserie mit einer Themenmusik beginnt und endet, wird eine großstrukturale Klammer erzeugt. Auch der großflächig gestreute Einsatz eines Hauptthemas fiele unter die tektonischen Funktionen: Musik dient der Strukturierung des Films und setzt Zäsuren.

Syntaktische Funktionen erfüllt Musik im Film als »Element der Erzählstruktur«. Beispielsweise werden musikalische Akzente gesetzt oder Szenen voneinander getrennt. Der Einsatz von Musikbrücken in Sitcoms beispielsweise fiele in diese Kategorie: Durch eine pointierte und oft nur wenige Sekunden lange Musik werden das Ende einer Szene und der Übergang in eine neue Szene ganz anderen Charakters angedeutet.

Semantische Funktionen nimmt Musik an, wenn sie inhaltlich gestaltend ist und beispielsweise den wahrgenommenen Stimmungsgehalt einer Szene beeinflusst. Maas unterscheidet hier wiederum drei Rubriken: Konnotative, denotative und reflexive Funktionen. Konnotativ sind z. B. untermalende Hintergrundmusiken und Bewegungsverdopplungen. Denotativ ist eine Musik, die etwa den historisch-geographischen Rahmen einer Handlung ausdeutet. Vermittelt die Musik in einem in Japan spielenden Film durch ein japanisches Idiom (japanische Anmutung) ein Gefühl für den Handlungsraum, wäre es denotativ, wenn das Bild nicht zeigte, dass die Handlung in Japan stattfindet. Wenn Emotionen der Handelnden ausgedrückt werden, die nicht ohne Musik erahnbar wären, ist Musik ebenfalls denotativ. Reflexive Funktionen nimmt Musik an, wenn sie selbst Gegenstand der Handlung ist, etwa in einem Film über einen Pianisten, der selbst die im Film erklingende Musik spielt.

Mediatisierende Funktionen nimmt Musik an, wenn sie zwischen den soziokulturellen Erfahrungen des Rezipienten und der Filmhandlung vermittelt. Sie muss zielgruppen- und genrespezifisch sein.

Die mediatisierenden Funktionen, hier zuerst betrachtet, können in einen übergreifenden Bezug zu allen anderen Funktionen gesetzt werden: Mediatisierende Funktionen können alle Musiken annehmen, unabhängig davon, ob sie als tektonisch, syntaktisch oder semantisch eingestuft werden. Sie sind in der Tiefendimension zu interpretieren: Musik dient als Verbindungshilfe zwischen virtuellem Raum und der Lebenswelt des Rezipienten.[59]

---

59 Es besteht eine Entsprechung zu Paulis persuasiver Funktion (vgl. S. 161)

Mit den tektonischen, syntaktischen und semantischen Funktionen werden drei Ganzheitssysteme vorgestellt, die im Kontinuum zwischen den Filmdetails und dem Filmganzen unterschiedlich weit ausgelegt sind. Tektonische Funktionen betreffen die Großstruktur eines Films, syntaktische Funktionen die enger gefassten Erzählfragmente; semantische Funktionen hängen mit der inhaltlichen Detailgestaltung zusammen. Die Kategorien können somit nicht als disparat, vielmehr als unterschiedlich eng bzw. weit gelten: Mit den drei Kategorien entsteht ein »zoomfähiges« Modell, das mit gleicher Blickrichtung in unterschiedlichen Brennweiten operiert.

Eine bestimmte Musik als syntaktisch oder semantisch einzustufen, ist subjektiv. So sollen Musik-Brücken (kurze Übergangsmusiken) nur Szenen trennen (syntaktische Funktion), sondern auch erzähltechnisch in eine gewisse Richtung weisen (semantisch-denotative Funktion). Man kann mit dem Modell von Maas gewissermaßen auf ein und dasselbe Detail eines Films aus allen drei »Brennweiten« heraus schauen, um dann jeweils unterschiedliche Aspekte wahrzunehmen.

Für den Praktiker ist das Maas-Modell von einigem Wert. Dabei kann die mediatisierende Funktion außer Acht gelassen werden, denn die eigentliche Dynamik entfacht das Modell durch die systematisch miteinander verbundenen ersten drei Kategorien. Mit diesen drei Funktionen entsteht im Hinblick auf die Konzeption von Filmmusik ein schärferes Bewusstsein für die Ebenen, auf denen Filmmusik angesetzt werden kann. So ist es beim Instruieren (»Briefen«) eines Filmkomponisten äußerst sinnvoll, wenn man ihm mitteilen kann, dass eine Musik gewünscht wird, die sich als Titelsong eignet und höchstens zwei- bis dreimal in dem Film oder der Serie innerhalb der Handlung vorkommen wird. Hier gibt es in der Filmpraxis häufig Missverständnisse. Komponisten werden beispielsweise dazu angehalten, eine Titelmusik zu komponieren, ohne dass darüber nachgedacht wurde, wie und mit welcher *Funktion* diese später eingesetzt werden könnte. Entscheidet man erst später, die Musik häufiger innerhalb der Filmhandlung einzusetzen, wird sie möglicherweise als zu monumental oder mächtig eingestuft. Oder es wird im Gegenzug Musik unter impliziter Vorgabe eines häufig wiederkehrenden Themas variabel und instrumental angelegt, um später als zu wenig markant eingestuft zu werden. Das Modell von Maas regt dazu an, genaue Positionierungen vorzunehmen.

Zwischen der Großstruktur des Films und punktuelleren Gestaltungen unterscheiden auch Lipscomb/Tolchinsky (2005; o. S.) mit ihrem Drei-Kategorien-Modell. Die Autoren theoretisieren, was Filmmusik ausdrücken kann. **Erstens** ist es die generelle Stimmung des Films:

»Musical Sound provides a cue for the listener concerning whether the narrative is intended to be perceived as scary, romantic, funny, disturbing, familiar, comforting, other-worldly. In this capacity, the role of music is significantly enhanced by the *level of ambiguity* inherent in the visual scene. Specifically, the more ambiguous the meaning of the visual image, the more influence is exerted by the musical score in the process of interpreting the scene.«

Zweitens drückt Musik das innere Leben, die Gedanken und die Gefühle eines Charakters aus:

»One of the most effective ways in which a musical score can augment the narrative is to express the unspoken thoughts and unseen implications that underlie the drama [...]. Music can convey *character*. Rather than just associating a character with a particular musical theme, a director can choose to define a character by sound, musical or non-musical. Without the sound, the character(s) would cease to exist or be less than fully realized [...].«

Drittens gibt Musik eine narrative Struktur:

»In addition to communicating general mood or character representation and development, a well-crafted musical score can clarify – or even establish – a sense of order by presenting a clearly perceived formal structure. [...] The appearance, disappearance, and reappearance of musical sound can *provide or clarify the narrative structure* of the film.«

Die ersten beiden Kategorien gehen auf eine Überlegung Kracauers zurück, der unterscheidet, ob Filmmusik eher die generelle Stimmung eines Films ausdrückt oder aber punktuellere Facetten. Allerdings bezieht sich Kracauer (1985: 193–194) bei den punktuelleren Facetten nicht ausschließlich auf das Innenleben von Charakteren:

»Es ist nun möglich, zwischen verschiedenen Typen von Begleitmusik zu unterscheiden und sie in einer Reihe anzuordnen, deren eines Ende von Musik gebildet wird, die mehr danach strebt, die eigentümliche Stimmung einer ganzen Filmhandlung zu vermitteln, als die Wirkung einer einzelnen Episode zu steigern. [...] Am anderen Ende der Reihe steht eine Musik, die nicht eine allgemeine Stimmung illustriert, sondern ein bestimmtes Bildthema, meist eines, das in der einen oder anderen Filmepisode behandelt wird.«

Die Theorie von Lipscomb/Tolchinsky trifft recht genau die in der Filmpraxis gängigen Grundüberlegungen zur Komposition von Filmmusik. Bei jedem Film müssen Filmpraktiker neu ergründen, welche generelle Stimmung mit einer Musik im Sinne eines den einzelnen Szenen übergeordneten Ziels ausgedrückt werden soll, welche Stimmungen in den einzelnen Szenen einem Charakter zugeordnet werden sollen und wie die Musik zur großformalen narrativen Struktur des Films beitragen soll. Die Einteilung in solche drei Kategorien ist für den Praktiker insbesondere im Hinblick auf Spotting-Sessions und Musik-Briefings nützlich. Der Aspekt der Wirkung ist bei Lipscomb/ Tolchinsky allerdings nur marginal eingebunden: Die generelle Stimmung eines Films auszudrücken impliziert, dass sich diese auf den Rezipienten überträgt; die Gefühle (Emotionen) der Charaktere auszudrücken impliziert, dass der Rezipient diese in bestimmter Weise nachvollzieht; die narrative Struktur impliziert, dass der Rezipient diese wahrnimmt. Die Wirkungskomponente wird weniger operationalisiert als in Paulis Modell mit seinen persusasiven, syntaktischen und hermeneutischen Funktionen (vgl. S. 181). Gerade in dieser vagen Andeutung, die viele konkrete Einzelwirkungen offen lässt, liegt aber die besondere praktische Chance: Filmpraktiker interessieren sich nicht dafür, dass in einem Modell genau beschrieben wird, welche Wirkungen bei welcher Bild-Musik-Kombination eintreten; sich in Bezug auf Wirkungen zu sehr auf ein Modell zu verlassen, hieße ja vorneweg, kreative Freiheit aufzugeben. Grundsätzliche Gestaltungsmöglichkeiten dennoch auch auf theoretischer Ebene im Blick zu behalten ist jedoch für den Praktiker wertvoll.

Die Beschreibung von Filmmusikfunktionen im Hinblick auf mögliche Wirkungen als Ausgangspunkt der Überlegungen von Pauli (1993), Maas (1994) und Lipscomb/Tolchinsky (2005) entspricht einem Ansatz von Claudia Gorbman (1987). Sie formuliert Prinzipien, nach denen insbesondere Hollywood-Filmmusik funktioniere. **Unsichtbarkeit** beschreibe, dass die technischen Gerätschaften der Musikübertragung im Film meist nicht zu sehen sind; das Filmorchester spielt, ohne dass der Rezipient es beobachten kann. **Unhörbarkeit** beschreibe, dass Filmmusik in der Regel nicht bewusst wahrgenommen wird.[60] Als **Bedeutungsträger von Emotionen** sei Filmmu-

---

60 Die These der Unhörbarkeit von Filmmusik ist gegenwärtig äußerst umstritten und scheint kaum noch haltbar. Auch Cohen (2001: 249) relativiert die These. In Abkehr von pauschalen Zuordnungen der Filmmusik hin zu einer »Hörbarkeit« oder »Unhörbarkeit« vertritt Kathryn Kalinak (1992: 86), dass eine genaue Synchronisation von Bild und Musik die eigentliche Quelle der Musik »maskiere«: Wenn Bilder genau dem Bewegungsgestus der Musik entsprächen, denke der Rezipient nicht mehr darüber nach, woher die Musik komme, sondern empfinde das Ganze aus Musik und Bildern als so stimmig, dass er die

sik ein wesentliches Element der filmischen Kommunikation. Indem Musik **referenzielle und narrative »Cues«** liefere, trage sie bei zur Hindeutung auf wichtige narrative Passagen. So stifte Musik dann auch **rhythmische und formale Kontinuität**. Schließlich helfe Musik bei der Konstruktion einer **formalen und narrativen Einheit** (Gorbman 1987: 73). Gorbmans Überlegungen scheinen weitaus weniger systematisch als jene von Pauli, Maas und Lipscomb/Tolchinsky. Die Prinzipien sind nicht systematische Kategorien, sondern eher Teile eines Sammelsuriums allgemein möglicher filmmusikalischer Intentionen. Zwei Teile sind dabei in ihrer generellen Auslegung fragwürdig: Sowohl Unsichtbarkeit als auch Unhörbarkeit sind keineswegs grundsätzlich anzutreffende Phänomene. Während es gewissermaßen zum Wesen des narrativen Films gehört, dass Musik hilft, eine formale und narrative Einheit zu schaffen, ist besonders die Unhörbarkeit eher ein wandelbares Paradigma: Filmpraktiker können jederzeit zu der Auffassung gelangen, Musik solle doch eher »hörbar« sein. Überdies ist das Paradigma schon als Beobachtung an sich fragwürdig; kaum kann angenommen werden, Filmmusik werde wirklich von allen Rezipierenden als »unhörbar« eingestuft, selbst wenn sie als solche unter einem gewissen Wertungsblickwinkel verstanden wird. Es mangelt also an einer Trennung zwischen beobachteten Vorlieben der Filmindustrie (Unsichtbarkeit, Unhörbarkeit) und generellen Aufgaben der Filmmusik (z. B. Teil der formalen und narrativen Einheit zu sein). Gorbmans Theorie führt somit eher in das Themengebiet der Filmmusik ein, als dass sie konkrete Probleme der Film(musik)praxis lösen helfen könnte.

Ein weiteres Modell der Filmmusikwirkung schlägt Bullerjahn (2001: 64–74) vor. Es wird darin zunächst zwischen zwei Arten von Funktionen unterschieden: Funktionen, die die audiovisuelle Rezeptionsform als solche betreffen, sowie Funktionen, die Musik im Hinblick auf ein konkretes audiovisuelles Werk zu erfüllen hat.

Erstere werden als filmmusikalische Metafunktionen aufgefasst und in rezeptionspsychologische sowie ökonomische Metafunktionen unterteilt. Sie beziehen sich nicht auf einen speziellen Film, sondern beschreiben zeitgebundene Phänomene des Rezeptionsumfelds, dargestellt am Beispiel der

---

Musik ungeachtet ihrer Quelle (etwa eines Sinfonieorchesters) den Bildern zuordne. Die These der Unhörbarkeit von Filmmusik wurzelt in der mittlerweile zum Klischee gewordenen Wertung, die beste Filmmusik sie die, die man nicht hört. Sie wurde schon 1932 von Rudolf Arnheim in Bezug auf den Stummfilm geäußert und von Kurt London (1937: 37) weiter verbreitet. Arnheim (1974: 302–308) etwa empfand aus einem dogmatischen Kunstverständnis heraus, dass »schlechte Musik« im Film die größte Wirkung habe und legte deshalb nahe, Musik gänzlich aus dem Film zu eliminieren.

Stummfilmzeit: Zuschauer waren mit ihrem neuen Medium noch nicht vertraut, und so bestand eine der Aufgaben von Filmmusik in der Neutralisierung oder Maskierung von akustischen Störfaktoren (rezeptionspsychologische Metafunktion). Auch eine generelle Aufgabe der Filmmusik, den Bildern die fehlende Räumlichkeit und Tiefe zu vermitteln, wird als rezeptionspsychologische Metafunktion angesehen. Ökonomische Metafunktionen werden ebenfalls am Beispiel der Stummfilmzeit dargestellt, wo Opernfragmente aufgrund ihrer Popularität in die Filmmusik eingebaut wurden, um damit den kultivierten und betuchten Rezipienten ins Kino zu locken.

Solche Metafunktionen sind in der Tiefendimension des Drei-Dimensionen-Modells anzusiedeln: Filmmusik soll, wie schon mehrfach angeklungen und visualisiert, zwischen der Lebenswelt des Rezipienten sowie dem virtuellen Raum aus Rezipientensicht vermitteln. Für Filmpraktiker ist es von Wert, sich losgelöst von konkreten Filmkontexten Gedanken darüber zu machen, welcher generellen Ausrichtung Filmmusik folgen sollte. Musikberater beispielsweise müssen sich mitunter mit ebensolchen Fragen beschäftigen: Was macht den aktuellen Film-Sound aus? Wie laut sollte Musik im Film generell gemischt werden, damit der Rezipient sich wohl fühlt? Welche Komponisten sind derzeit »angesagt«? Solche Fragen gehen im Sinne der Metafunktionen über konkrete Einzelkontexte hinaus. Auch fragt der Produzent häufig, ob ein Film durch einen prominenten Titelsong erfolgreicher würde und ob eine Soundtrack-Veröffentlichung zusätzlichen Profit schaffen könnte. All dies sind Fragestellungen, die im Alltag der Filmpraktiker oft mitschwingen, jedoch nicht immer gezielt und bewusst erörtert werden. Die Loslösung der Metafunktionen von engeren Filmmusik-Funktionen regt zu einer nützlichen Ebenentrennung an.

Letztere Funktionen sind nach Bullerjahn die direkt auf die Rezeption eines bestimmten Filmwerks bezogenen Funktionen i. e. S., eingeteilt in vier Kategorien, die sich nicht gegenseitig ausschließen müssen, jedoch trennscharf definiert werden sollen: Dramaturgische, epische, strukturelle und persuasive Funktionen.

Dramaturgische Funktionen hängen mit Aufgaben zusammen, welche Filmmusik für die »unmittelbar gegenwärtige dramatische Handlung übernimmt«. Sie beruhen auf der »Kollision polarer Kräfte und Willensrichtungen, wie sie durch die Charaktere, die handelnden Personen, repräsentiert sind und deren gegensätzlicher Gruppierung zum Ausdruck kommen.« Beispielsweise erscheint der Dialog zwischen den Filmfiguren aufgrund des musikalischen Hintergrunds im Stil eines Melodrams. Musik verstärkt den Ausdruck und arbeitet Höhepunkte heraus. Weitere dramatische Funktionen der Musik sind Bullerjahn zufolge: Atmosphäre generieren, den Schauplatz vertiefend charakterisieren, nicht Darstellbares ersetzen (Luftdruck, Temperatur, Feuchtigkeit, Raumgefühl, Geruch, tageszeitliche Stimmung), seelische Vorgänge der Akteure verdeutlichen (Symbolisierungen von Empfindungen und Leidenschaften), unausgesprochene Gedanken verdeutlichen, Personenkonstellationen plastisch herausarbeiten, Filmfiguren nach ihrem dramaturgischen Gewicht positionieren, schauspielerische bzw. dramaturgische Mängel überspielen und intendierte Aussagen verdeutlichen.

Epische Funktionen betreffen Aufgaben, welche die Filmmusik für die Narration der Filmfabel übernimmt. Musik kann ein Kommentar des Komponisten zu der in den Filmbildern sich ausdrückenden Haltung des Regisseurs sein, wobei der Regisseur z. T. auch bewusst den Gegensatz dessen zeigt, was er ausdrücken möchte. Musik kann weiter die Aussage der Bilder in eine ironische oder kritische Distanz rücken, leicht fassliche Informationen zu historischen, geographischen und gesellschaftlichen Aspekten der Filmerzählung zur Verfügung stellen, spezifische Assoziationen durch Musikgenre und –stil erwecken, das Verhältnis von Erzählzeit zu erzählter Zeit gestalten, leitmotivische Verbindungen zwischen Handlungssträngen herstellen, Sinnbezüge und Zusammenhänge verdeutlichen und das Erzähltempo manipulieren.

Strukturelle Funktionen betreffen Aufgaben, die Filmmusik durch Verdeckung oder Betonung von Schnitten sowie Akzentuierung von Einzeleinstellungen und Bewegungen übernimmt. Beispielsweise zeigen Musikwechsel Szenenwechsel an, oder das musikalische Kontinuum schafft ein Gegengewicht gegenüber der diskontinuierlichen Erzähltechnik (Schnitte und Sprünge in Raum und Zeit), oder Musik integriert Bilder in das Filmganze durch geschlossene kompositorische Konzeption und homogene Aufführungsmittel sowie einheitliches thematisches Material. Auch kann Musik ein Formskelett markieren, Filme oder Serien in Form von Vor- und Nachspannmusik sowie Musikeinwürfen zwischen zwei Episoden strukturieren, Themen in Informationssendungen per »Thementrenner« abgrenzen, Textaussagen gliedern, Einstellungswechsel betonen, Schnittrhythmen herausarbeiten und Bewegungsabläufe durch Imitation oder Stilisierung hervorheben.

Persuasive Funktionen kann Musik vor allem aufgrund ihrer emotionalen Wirkungen übernehmen. Sie kann Emotionen abbilden, beim Betrachter Identifikation (vgl. S. 204) wecken, Distanz zum Geschehen mindern, Wahrnehmungen der Bilder affektiv aufladen, durch die Titelmusik zum Weiterschauen des Films »überreden«, den Rezipienten programmatisch und emotionell einstimmen und Erwartungen evozieren, in Form von Trailern als Wiedererkennungsmarken für Serien fungieren und Vorfreude auslösen, Zustimmung zum Gesehenen wecken (kann sich auch in Form von Ablehnung manifestieren), den Dialog zwischen dem Filmbetrachter und einem imaginären Inneren fördern und so zum Spiegel verborgener Wünsche des Menschen werden, Rezipientenreaktionen modellieren, Inhalte als glaubwürdig/positiv/ernst gemeint (oder umgekehrt als negativ/verabscheuenswürdig) definieren, Präferenzen zu beworbenen Produkten oder Meinungsgegenständen aufbauen helfen, gezielte Verhaltensweisen auslösen, den Rezipienten physisch überwältigen (z. B. durch tiefe Frequenzen oder große Lautstärken), die Aufmerksamkeit des Rezipienten auf bestimmte Personen/Gegenstände/ Ereignisse lenken und Gedächtnisleistung verbessern.

Es fällt in der Interpretation der vier Kategorien im Drei-Dimensionen-Modell schwer, systematisch zu trennen. Alle vier Kategorien umfassen Funktions- und Wirkungsmöglichkeiten von Filmmusik, die sich in allen drei Dimensionen manifestieren können. Teilweise erscheinen sogar gleichartige Funktionsbeschreibungen in den unterschiedlichen Kategorien, wobei fraglich bleibt, ob sie in den unterschiedlichen Kategorien jeweils den gleichen oder einen abweichenden Mechanismus beschreiben. Zu den dramaturgischen Funktionen zählt beispielsweise die Charakterisierung von Schauplätzen. Unter die epischen Funktionen fällt dann, dass Musik leicht fassliche Informationen zu historischen, geographischen und gesellschaftlichen Aspekten der Filmerzählung geben kann. Es scheint, als würden hier gleiche Funktionen unter leicht variiertem Blickwinkel betrachtet. Ähnlich geschieht das, wenn das leitmotivische Verbinden von Handlungssträngen in die epischen Funktionen einsortiert wird, während die Strukturierung von Serienepisoden durch Vor- und Nachspannmusik sowie Musikeinwürfen den strukturellen Funktionen beigeordnet wird, während dann Trailer und Wiedererkennungsmarken unter persuasiven Funktionen besprochen werden. Eine systematische Trennung der möglichen Wirkungsebenen ist hier nicht möglich, da es sich bei dem Modell um ein funktionsbezogenes Sammelsurium handelt. Es scheint, als seien die unterschiedlichen Kategorien in Teilen auch für vergleichbare Mechanismen an unterschiedlichen Gegenständen konstruiert worden. So sind Leitmotive für Handlungsstränge systematisch gesehen nichts Anderes als Einwürfe eines Titelthemas in Serienepisoden. Ihre stilistische Gestaltung wird jedoch in den meisten Fällen – abhängig von den unterschiedlichen Kontexten – sehr verschieden sein. Bei Leitmotiven liegt das Haupt-Augenmerk auf Substanz-Gleichheit bei gradueller Variation der Musiken. Die Verfahrensweise ist eher subtil. Die Musikeinwürfe in Serien hingegen heben sich oft deutlich vom Kontext ab, und hier würde auch eine Kohärenz auf eher stilistischer denn substanzieller Ebene wirken.

Die Kategorien sind sicher nicht streng disparat, aber die Zusammenführung von möglichen Filmmusikfunktionen und -wirkungen hat einigen praktischen Wert. Nützlich ist vor allem der mögliche Überblick zu unterschiedlichsten filmmusikalischen Ansatzpunkten. Manche Begriffe betonen eher Wirkungsaspekte (Ausdruck verstärken, Identifikationsprozesse wecken, Aufmerksamkeit verbessern, ...). Andere Begriffe beschreiben Intentionen (Informationen bereitstellen, Schnittrhythmen betonen, Inhalte glaubwürdig/positiv/ernst gemeint definieren). Für Brainstormings in der Filmpraxis sind solche Darstellungen hilfreich, da auf diesem Wege manch ein alternativer Weg zu einem bestehenden Filmmusikkonzept gefunden werden kann.

räumliche Verortung der Musik und Diegese

Der Produzent oder Rezipient des Films kann Musiken entweder als Teile der Handlung oder aber als Kommentare zur Handlung auffassen. Erklingt ein Trompetenklang zu einem Protagonisten, der sichtbar Trompete spielt, wird der Klang wahrscheinlich als ein Teil der Handlung aufgefasst: Der Protagonist erzeugt einen Klang, der auch von anderen Figuren des Films gehört werden könnte. Die Musik wird als Teil des Raum-Zeit-Kontinuums der Filmhandlung aufgefasst. Erklingt eine Trompete hingegen als Teil einer Untermalungsmusik, erzeugt von einem Orchester, das niemals in der Handlung auftaucht, wird der Klang nicht als Teil des Raum-Zeit-Kontinuums der Filmhandlung aufgefasst. Der Trompetenklang dient dem Rezipienten als Kommentar zur Filmhandlung; die Filmfiguren können ihn nicht hören.

Diese interpretatorische »Verortung« von Klängen ist ein genuines Phänomen der audiovisuellen Medien. Vor dem Beginn der Film-Ära war es der Mensch nicht gewohnt, das Raum-Zeit-Kontinuum seiner Umwelt in Frage zu stellen, denn akustische und optische Eindrücke entspringen ursprünglich einer »natürlichen Harmonie« (Chion 1994: 95) des Lebens.[61] Der Mensch hat sich in seiner Stammesgeschichte daran gewöhnt, dass jeder gehörte Klang eine potenziell lokalisierbare Quelle haben muss. Ein Hundebellen etwa weist zwangsläufig auf einen in der Nähe befindlichen Hund hin. Niemals wäre vor der Erfindung des Films jemand auf die Idee gekommen, dass dieses Bellen nur ein »Kommentar« zum Geschehen sein könnte. Durch den Film wird diese natürliche Harmonie jedoch aufgebrochen.

Entsprechend »gespenstisch« muss der frühe Stummfilm auf die Menschen gewirkt haben, da nun »physische Klangursachen« ohne entsprechende Klänge zu sehen waren (vgl. Kreuzer 2003: 20). Infolge der Einbindung von Geräuschemachern in den Stummfilm musste sich der Rezipient zudem allmählich daran gewöhnen, dass Klangursachen nicht immer mit Klängen

---

61 Vgl. hierzu auch Eisensteins »faktisch-inhärenter Synchronität« (S. 91).

kombiniert werden, die er aus der Lebenswelt gewohnt ist. Der Stummfilmkomponist Ernö Rapée (1925) veranschaulicht dies:

»The effects in the percussion section and back stage can be made very effective if used judiciously. I only advise the use of effects if they are humorous or if they can be made very realistic. The shooting of the villain, unless a real shot can be fired back stage and can be timed absolutely, will be much better handled by stopping your orchestra abruptly and keeping silent for a few seconds than if the attempt of a shot is made with a snare drum. In one of the foremost theatres in New York City, I saw a picture in the course of which the villain jumped through the window and immediately after was slapped on the face by the heroine. The effect-man backstage was supposed to drop some glass at the proper moment to imitate the breaking of the window. As it happened the man was asleep on the job and the dropping of the glass occurred when the heroine slapped the villain, so what would have been a tolerably descriptive effect turned out to be the cause of hilarious laughter on the audience's part.«

Rapées Anekdote stammt aus einer Zeit, in der es weder den Tonfilm gab noch ein »Sounddesign«, »Soundshaping« oder »Klangdesign«. Nach der Einführung des Tonfilms um 1927 waren Filmpraktiker erstmal bemüht darum, das »natürliche« und durch den Stummfilm aufgebrochene Raum-Zeit-Kontinuum nachzubilden. Um 1931 wurde dann der Synchronizer erfunden, der es ermögliche, mehrere Filmstreifen mechanisch zu synchronisieren und verschiedene Geräuschspuren anzulegen. Seit dieser Zeit wurde die Bandbreite an Möglichkeiten zur assoziativen Verknüpfung von Bildern und Tönen stets erweitert.[62]

Auf einer heute kaum noch bewussten Ebene trifft der Rezipient eines Films ständig Annahmen darüber, ob Klänge mit einer »natürlichen Einheit« in Verbindung gebracht oder aber eher als kommentierende Stilmittel eingestuft werden können. Ausgehend von der natürlichen Harmonie zwischen Klängen und Bildern kann über das verfremdete Stilisieren von Geräuschen ein Kontinuum bis hin zu willkürlichen Bild-Ton-Montagen stattfinden, wie

---

62 So schuf Hitchcock mit seinem Film *Murder!* [UK 1930, M: John Reynders] schon vor der Einführung des Synchronizers den ersten »inneren Monolog« der Filmgeschichte: Zu dem stumm vor dem Spiegel befindlichen und nachdenklichen Protagonisten ertönt seine Stimme zur Repräsentation seiner Gedanken; der Ton korrespondiert somit nicht auf unmittelbar synchrone Weise mit dem Bild. Vgl. zum »inneren Monolog« Kreuzer (2003: 60) sowie zum Synchronizer Handzo (1985: 390).

sie Kracauer (1985: 175) in seiner Beschreibung des Films *Le Million* [F 1931, R: René Clair, M: Armand Bernard/Georges Van Parys] aufzeigt:

»Anstatt synchronen Ton zu gebrauchen, synchronisiert er die Rauferei mit Geräuschen eines Fußballspiels. Diese kommentierenden Geräusche laufen im Prinzip der Balgerei parallel und stehen gleichzeitig in kontrapunktischer Beziehung zu ihr. Offenbar sollen sie eine Analogie zwischen dem sichtbaren Kampf und einem imaginären Spiel herstellen; ihr Zweck ist es, den Ernst der Balgerei dadurch lächerlich zu machen, dass sie den Streitenden das Aussehen von Fußballspielern verleihen, die mit der Jacke umspringen als wäre sie ein Ball.«

In den 1970er Jahren läuteten Filme wie *Star Wars* [USA 1977, R: George Lucas, M: John Williams) und *Apocalypse Now* [USA 1979, R: Francis Ford Coppola, M: Carmine Coppola und andere] in Hollywood eine »neue Ära« des Filmtons ein. Das Stilisieren, Auslassen oder Ersetzen »natürlicher« Geräusche wurde seither immer häufiger im Film angewandt. Der SMPTE-Timecode ermöglichte in dieser Zeit erstmals die verfeinerte nachträgliche Synchronisation von Mehrspur-Aufnahmen zum Bild; die Arbeit der Tonmeister wuchs über das Mischen und Nachbearbeiten von Geräuschen hinaus in das künstlerische Aufgabenfeld des Sound Designers, der individuelle Klangwelten für den Film kreiert. In *Apocalypse Now* werden beispielsweise verfremdete Hubschraubergeräusche zu einem im Hotel befindlichen Ventilator montiert, um zu symbolisieren, der im Hotelzimmer befindliche Protagonist befinde sich gedanklich im Krieg. Der Rezipient des frühen Tonfilms hätte so etwas wohl noch kaum »verstanden«.

Ob das Zusammenwirken von Bildern und Tönen auch jenseits einer natürlichen Harmonie als stimmig empfunden wird, hängt stark von der Film-Sozialisation des Rezipienten ab. Beispielsweise ist es zur Normalität geworden, dass eine Ohrfeige mit einem lauten und durchdringenden Klang unterlegt wird, obwohl eine Ohrfeige in der Lebenswelt fast lautlos wäre. Würde die Ohrfeige im Film lautlos dargestellt, wäre der Rezipient in den meisten Fällen enttäuscht und empfände das, was eigentlich »natürlich« und realistisch ist, als unbefriedigend. Hört der Rezipient hingegen das filmisch konventionelle Geräusch einer Ohrfeige, ohne einen Anhaltspunkt dafür haben, dass sich eine Ohrfeige im Handlungsraum ereignet haben könnte, wird das Geräusch möglicherweise eher als Kommentar oder »Komik-Effekt« gewertet. Das Medium Film hat seinen eigenen Interpretationsrahmen, wie auch bei Barbara Flückiger (2001: 69) anklingt:

»Die Frage nach dem Abbildungsverhältnis zwischen dem akustischen Ereignis und seiner Wiedergabe im Kino wird in der Filmtheorie kontrovers diskutiert. Sie ist von einiger Konsequenz, auch für die Praxis. Denn die weit verbreitete Ansicht, das ausschlaggebende Qualitätsmerkmal einer Tonaufnahme sei die getreuliche Reproduktion eines akustischen Ereignisses in der Wirklichkeit, schließt implizit eine aktive kreative Tätigkeit aus. In einer solchen Konzeption tritt vielmehr ein optimierter technischer Prozess an die Stelle einer individuellen Schöpferpersönlichkeit.«

Der Film braucht eine »Ästhetik des Zusammenmontierens von zeit- und raumübergreifenden Materialien«[63]. Für die Einbindung von Musik heißt das, dass sich bestimme Arten musikalischer Unterlegung zur Normalität entwickelt haben und vom Rezipienten selten hinterfragt werden, während andere Arten, die technisch genauso denkbar wären, als ungewöhnlich angesehen werden. Hier kann wieder Festingers kognitive Dissonanz (vgl. S. 19) angeführt werden: Die Produktion von Film zeichnet sich durch ein ständiges Ringen um einen angemessenen Grad an Neuerung und Gewohnheitsbruch aus. Hat der Rezipient nichts zu hinterfragen, könnte er den Film langweilig finden. Hat er zu viel zu hinterfragen, könnte der Film für ihn fragwürdig werden.

Als Grundlage der Interpretationsleistung des Rezipienten in Bezug auf gehörte Filmklänge theoretisiert Chion (1994: 25–34) drei grundlegende Hörmodi. Er geht von der Frage aus, auf welcher Ebene ein Rezipient benennen könne, was er (im Film) gerade gehört habe.

Kausales Hören findet statt, wenn sich ein Rezipierender nach der Ursache oder Quelle eines Geräusches fragt. Ist die Quelle im Bild sichtbar, kann das Geräusch zusätzliche Informationen über diese Quelle geben. Das kausale Hören steht somit in Zusammenhang mit der »faktisch-inhärenten« Synchronität nach Eisenstein (vgl. S. 102). Die Art eines Geräusches beispielsweise kann bei einem zuschnappenden Container anzeigen, wie voll dieser ist. Ist die Quelle nicht im Bild sichtbar, könnten aufgrund des Geräusches Annahmen über die Quelle getroffen werden.

Semantisches Hören wird angenommen, wenn Klang (etwa im Fall von Sprache) im Sinne einer Botschaft interpretiert wird. Hier sind also gesprochene Sprache, Morsezeichen und andere Codes anzusiedeln. Dieser hoch komplexe Hörmodus ist grundsätzlich anderer Natur als der kausale Modus. Während Fragmente des Tons (Phoneme) im Sinne von Bedeutungen analysiert werden, ist die Aufmerksamkeit für den exakten Klang nicht so groß wie

---

63 Schneider http://www.norbert-schneider.com/pdfs/Collage.pdf, o. S., o. J.).

beim kausalen Hören. Vielmehr findet eine Einordnung in Kategorien statt. Ein Klang wird einer Klanggruppe zugeordnet. Differenzen wie unterschiedliche Aussprache werden dabei ignoriert.

Reduziertes Hören findet statt, wenn der Rezipient sich primär den Eigenheiten und Zügen des Klangs als solchem zuwendet. Es interessieren dann nicht Fragen über die Ursache oder semantische Bedeutung des Klangs, sondern ästhetische und den Klang selbst betreffende Fragen. Klang ist hier kein Vehikel für etwas Anderes, Nicht-Klangliches. Chion beschreibt Reduziertes Hören als etwas »nicht ganz Natürliches«, das mit bequemen Hörgewohnheiten breche, etwa wenn der Hörer die Höhe eines Tons aus einem Intervall zweier Noten heraus identifiziere. Die Tonhöhe ist dabei ein inhärentes Charakteristikum des Klangs, unabhängig von seiner Ursache oder Bedeutung.

Die drei Hörmodi überlappen sich ständig in dem komplexen Kontext des Filmtons. Diese in der Wahrnehmung stattfindende Überlappung kann einerseits auf einem bewussten und aktiven Perzeptionsweg erfolgen, andererseits passiv und unbewusst.[64]

Chions Modell kann eine Hilfe sein, Kommunikation über Fragen zu Filmmusik und Filmton zu präzisieren. So kommt häufig die Frage auf, ob Filmmusik von einer im Bild sichtbaren (oder einer unsichtbaren, jedoch mutmaßlich in der Filmhandlung verankerten) Quelle ausgehen soll, oder ob sie auf einer kommentierenden Ebene als dramaturgisches Element hinzutritt. Gerade im Zuge der gegenwärtig immer häufigeren Verwendung von abstrakten und nicht »musikalisch« wirkenden Geräuschen in der Filmmusik (»musikalische Soundeffekte«), ist immer wieder im Einzelfall zu erörtern, inwieweit es gewünscht ist, dass solche Geräusche kausal einem Ereignis in den Bildern zugeordnet werden können. Sieht man im Bild beispielsweise eine zufallende Autotür und hört dazu einen kurzen prägnanten Klang in der Musik, könnte im Einzelfall die Grenze verschwimmen, an der sich entscheidet, ob das Geräusch als von der Tür verursacht oder in großer klanglicher Distanz zum gewohnten Geräusch einer Tür ist und dann eher als ästhetischer Effekt gewertet wird. Auch der Modus des reduzierten Hörens ist trotz seiner Abstraktheit bedeutsam. Insbesondere im Bereich Audio-Branding kommt es darauf an, dass kurze und prägnante Ton-Signets einen eigenen Klang haben, der – fernab jeder semantischen Konnotation – identifizierbar ist. Erst so wird

---

64 Diese Unterscheidung Chions steht in gewissem Widerspruch zu den im vorliegenden Buch dargelegten kommunikationstheoretischen Grundlagen. So muss infolge neuerer Ansichten über das Kognitiv-Unbewusste in Frage gestellt werden, ob eine unbewusste Wahrnehmung als passiv angesehen werden kann. Die Aktivität des Rezipienten umfasst nicht nur bewusste Prozesse, sondern auch unbewusste.

dann wiederum eine längerfristige semantische Aufladung und Assoziation mit einem gewünschten Kontext möglich. Praxiserfahrungen zeigen, dass der Charakter eines Klangs in vielen Fällen bedeutsamer ist und besser erinnert wird als die bloße Abfolge der Töne. Jede der drei Kategorien Chions lässt sich in allen Dimensionen des Drei-Dimensionen-Modells beschreiben. So ist kausales Hören einerseits vertikal: Durch das Zusammenfallen eines prägnanten Klangs mit einem aktuellen Geschehen erfolgt eine assoziative Verknüpfung. Andererseits kann es auch horizontal bedingt sein, wenn beispielsweise ein Geräusch einem Gegenstand kausal zugeordnet wird, der gar nicht im Bild sichtbar ist: Der Rezipient nimmt aufgrund vorausgegangener Verknüpfungen dieses Klangs mit Gegenständen oder Ereignissen an, dass er von ebendiesen Gegenständen und Ereignissen herrührt. Die Tiefendimension kommt zum Tragen, wenn die Frage gestellt wird, inwieweit solche kausalen Annahmen dazu führen, dass der Rezipient tiefer in den virtuellen Raum abtaucht.

Chions Überlegungen zum kausalen Hören führen in theoretische Erörterungen, wie sie schon im frühen Tonfilm stattgefunden haben. So wurde Musik in vielen Filmen der späten 1920er Jahre dadurch gerechtfertigt, dass man ihre Quelle im Bild sehen konnte. Diese Musik wird häufig als »Source Music« oder als »On-Sreen-Music« bezeichnet. Beispielsweise kommt im Film *Thunderbolt* [USA 1929, R: Josef von Sternberg] Musik vor, die von einem Streicherensemble gespielt wird, das gelegentlich auch gezeigt wird. Die Musik übernimmt eindeutig dramaturgische Aufgaben, ist jedoch nicht nur kommentierende Hintergrundmusik. Nicht zuletzt technisch bedingt gingen Tonfilm-Regisseure erst allmählich zu einer dramaturgischen und nicht kausal aus dem Bildgeschehen abgeleiteten Musikbegleitung über, wie sie schon im Stummfilm üblich war. Der Schauspieler Mark Evans (zit. nach Schmidt 1982: 111) schildert aus der frühen Stummfilmzeit eine aufschlussreiche Auseinandersetzung Hitchcocks mit dem Komponisten David Raksin:

> »Alfred Hitchcock drehte gerade eine Szene, in der ein Rettungsboot auf hoher See treibt, und hatte die Absicht, jegliche Musik wegzulassen. Zu guter Letzt stellte er die rhetorische Frage: ›Wo kommt denn um Himmels Willen die Musik mitten auf dem Ozean her?‹... Worauf David Raksin eine schnelle Erwiderung wusste: ›Fragen Sie Hitchcock, woher die Kamera kommt, und ich sage ihm dann, woher die Musik kommt.‹«

Seit dem Tonfilm erörtern Filmemacher und Filmtheoretiker, wie eine Musik vom Rezipienten aufgefasst wird oder aufgefasst werden soll: entweder als

Teil des Raum-Zeit-Kontinuums der Filmhandlung oder als Kommentar. In der Filmmusik- und Filmton-Theorie verwendet man diesbezüglich der Begriff **Diegese**.[65]

Der Begriff Diegese wurde um 1950 von dem Kunstwissenschaftler Etienne Souriau als einer von acht Begriffen eines filmologischen Vokabulars geprägt und bezeichnet das raumzeitliche Universum (Kontinuum), das ein narrativer Text, ein Drama oder ein Film eröffnen, oder die Welt, die ein Werk erzeugt (Souriau 1951: 231–240).[66] Er bezieht sich also auf eine Vorstellung davon, was der Film als »Wirklichkeit« darstellt. Davon ausgehend wird nach Souriau zwischen diegetischen und nicht-diegetischen Elementen des Films unterschieden. Diegetisch wären alle Elemente, die unmittelbar dieser Wirklichkeit angehören, etwa die Akteure und Gegenstände und die von ihnen ausgehenden Geräusche, etwa der Lärm eines fahrenden Autos. Nicht-diegetisch wären Stilmittel, die nicht als Teil der vom Film vermittelten Wirklichkeit (des Raum-Zeit-Kontinuums) aufgefasst werden, etwa ein gesprochener Kommentar, dramaturgische Filmmusik, Kameraschwenks etc. Stilmittel heben potenziell zwar Details des Kontinuums hervor, sind aber selbst nicht Teile des Kontinuums. Damit steht der Begriff der Diegese in engem Zusammenhang mit dem virtuellen Raum: Der virtuelle Raum umfasst die Bewusstseinsebene (vgl. S. 87), auf der die Diegese anzusiedeln ist.

Filmmusik kann nach der Diegese-Theorie auf zwei Arten eingestuft werden: als Hintergrundmusik, die nicht kausal aus der Handlung abgeleitet ist (nicht-diegetische Musik) sowie als kausal im Geschehen verankerte und zur Klangquelle gehörende Musik (diegetische Musik) (vgl. Chion 1994: 67–68 und Gorbman 2001: 18–19). Eine vom Filmkomponisten mit dramaturgischer Absicht hinzugefügte Musik ist in den meisten Fällen nicht-diegetische

---

65 Der terminologische Ursprung liegt bei den griechischen Philosophen (insbesondere Platon) und ihrer Unterscheidung zwischen Diegesis und Mimesis. Diegesis bezeichnet die direkte Rede im Theaterspiel oder literarischen Werk, in der der Urheber des Werks sich zu erkennen gibt. Mimesis bezeichnet Präsentationen innerhalb des Werks, die den Urheber nicht zu erkennen geben und die fiktionalen Charaktere für sich selbst sprechen lassen. Der Diegese-Begriff unterscheidet sich allerdings deutlich von der »Diegesis«: Die Diegese zielt nicht darauf ab, dass etwa der Urheber eines Films sich in ihm zu erkennen gibt, sondern dass Figuren, die im Film zu sehen sind, als Teil des raumzeitlichen Kontinuums angesehen werden. Der Protagonist eines Spielfilms ist somit in der Regel Teil der Diegese; ein Kommentarsprecher hingegen ist nicht Teil der Diegese.

66 Die acht zentralen Begriffe des filmologischen Vokabulars nach Souriau sind: afilmique, créatoriel, diégèse/diégétique, écranique, filmographique, filmophanique, profilmique und spectatoriel. Die Begriffe sollen dazu dienen, genau zu benennen, auf welcher Ebene des »filmischen Universums« wahrgenommene Filmereignisse anzusiedeln sind. Vgl. Ebd. Der Begriff der Diegese hat sich später als besonders tragfähig erwiesen (vgl. Kessler 1997).

Musik, während der Song einer Band, die im Bild sichtbar ist, als diegetische Musik einzustufen wäre.[67]

Die Definition von diegetischer Musik als im Bildgeschehen verankert, bringt jedoch zunächst Probleme mit sich. Wenn der Rezipient die Ursache der Musik im gezeigten Geschehen verortet, ist es keinesfalls zwingend, dass die Quelle der Musik im Bild wirklich sichtbar ist. Die Musikebene muss also nicht vertikal mit der Bildebene verknüpft sein. Der Rezipient könnte horizontal erlernt haben, dass eine bestimmte Geräusch- oder Musikart aus dem Handlungsgeschehen kommen muss, selbst wenn das aktuelle Bild die Quelle gar nicht zeigt.

Für mehr theoretische Trennschärfe wird zwischen **diegetischer Off-Screen-Musik** und **diegetischer On-Screen-Musik** unterschieden. Diegetische On-Screen-Musik stammt von einer aktuell im Bild sichtbaren Quelle, diegetische Off-Screen-Musik von einer im Geschehen annehmbaren Quelle. Solche Musik wird auch als **extra-diegetische Musik** (vgl. Chion 1994: 74–75) bezeichnet und kann folgendermaßen schematisiert werden (Abb. 39):

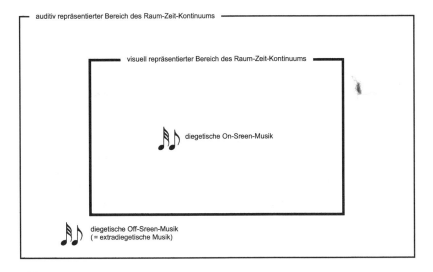

Abb. 39: Diegese

---

67 Kracauer (1985: 158–163) nimmt eine vergleichbare Unterteilung für den Filmton vor und spricht von aktuellem Ton (aus dem Handlungsgeschehen herrührend) und kommentierendem Ton (nicht aus dem Handlungsgeschehen herrührend).

Diegetische Off-Screen-Musik (extradiegetische Musik) könnte aus einem Song bestehen, der als Teil der Handlung gespielt wird, obwohl die Schallquelle – vielleicht ein Radio – nicht zu sehen ist. Zwei Voraussetzungen können dazu führen, diesen Song dennoch als dem Handlungsraum zugehörig zu erleben: Entweder ist aufgrund vorheriger Szenen eine im Handlungsraum befindliche Schallquelle anzunehmen, oder die Klangeigenschaften des Songs suggerieren eine solche Quelle. Wenn beispielsweise der Nachhall der Musik mit dem gezeigten Raum harmoniert (etwa kurzer dumpfer Nachhall wie in einem Auto), nimmt der Rezipient an, dass der Song aus einer in diesem Raum befindlichen Quelle herrührt.[68] Filmpraktiker insbesondere aus dem Bereich des Sounddesigns und der Filmtonmischung sind darauf spezialisiert, durch klangliche Filterungen von Geräuschen sowie die Simulation akustischer Räume (durch Hallgeräte oder computerbasierte Tools, die Raumsimulation betreiben oder sogenannte Impulsantworten[69] verwenden) gezielte Assoziationen nahe zu legen.

Hier zeigt sich erneut, wie komplex der Prozess der Filmgestaltung ist, wenn die Hoffnung besteht, dass der Rezipient den Film nach den Intentionen des Produzenten auffasst. Die Diegese-Theorie ist nützlich als Hintergrundwissen über die verschiedenen Interpretationsebenen und kann deutlich dabei helfen, eindeutige und griffige Strukturen der Musik-Bild-Zuordnung zu schaffen.

emotionale Perspektive der Musik – filmische Identifikation und die mit ihr verbundenen psychologischen Rezeptionsphänomene

Ein wichtiger Aspekt der Wirkung von Film und Filmmusik ist die *Identifikation* der Rezipierenden sowie die Rolle, die Musik dabei spielt. Ein Großteil der Wirkung eines narrativen Films beruht auf der Identifikation der Rezipierenden mit Filmfiguren. Viele der an Musik gehegten Ansprüche stehen im Zusammenhang mit dem Wunsch, sie solle solche Identifikation unterstützen.

---

68 Chion (1994: 74) benutzt für sämtliche Musik, die nicht im Bildgeschehen direkt sichtbar ist, den Begriff der »Acousmatic Zone«. Alles in dieser Zone Angesiedelte ist nicht visualisiert und nur akustisch repräsentiert. Sowohl nicht-diegetische Musik als auch diegetische Off-Screen-Musik fielen in diesen Bereich. Der Begriff ist jedoch an dieser Stelle im Hinblick auf praktische Implikationen nicht weiterführend.

69 Eine Impulsantwort ist der in einem realen Raum aufgenommene Nachklang eines akustischen Impulses. Computer-Tools können durch einen analysierenden Vergleich des »trockenen« Impulses mit seinem Nachklang die so ermittelten Klangparameter des realen Raumes wiederum auf neue trockene Signale anwenden. Diese Signale klingen dann so, als wären sie in dem betreffenden realen Raum abgespielt worden.

Identifikation steht in Verbindung zum Phänomen der Empathie und grenzt an weitere Phänomene wie Introjektion, Projektion und Sympathie an. **Identifikation** – auch Identifizierung – soll hier traditionell psychoanalytisch aufgefasst werden. Sigmund Freud (1999a: 119), stellvertretend für die psychoanalytische Begriffstradition, schreibt in der Darstellung von (hier nicht weiter interessierenden) Fehlentwicklungen des jungen Mannes im »Ödipuskomplex«:

»Der junge Mann ist ungewöhnlich lange und intensiv im Sinne des Ödipuskomplexes an seine Mutter fixiert gewesen. Endlich kommt doch nach vollendeter Pubertät die Zeit, die Mutter gegen ein anderes Sexualobjekt zu vertauschen. Da geschieht eine plötzliche Wendung; der Jüngling verlässt nicht seine Mutter, sondern identifiziert sich mit ihr, er wandelt sich in sie um und sucht jetzt nach Objekten, die ihm sein Ich ersetzen können, die er so lieben und pflegen kann, wie er es von der Mutter erfahren hatte. [...] Auffällig an dieser Identifizierung ist ihre Ausgiebigkeit, sie wandelt das Ich in einem höchst wichtigen Stück, im Sexualcharakter, nach dem Vorbild des bisherigen Objekts um.«

Identifikation kann – darauf aufbauend – definiert werden als die Gleichsetzung der eigenen Person (des Subjekts) mit einer anderen Person (einem Objekt), verbunden mit der (partiellen) Aufgabe des Ich-Empfindens.[70] Die Gleichsetzung mit dem Objekt muss allerdings nicht unbedingt so ausgiebig sein wie in Freuds Beispiel, sondern kann »innerhalb eines bestimmten Kontexts oder eines umgrenzten Bereichs des Selbst« (Kuhl 1996: 722) bestehen. Es werden Gedanken, Emotionen und Gefühle Anderer als die eigenen übernommen. Identifikation kann auch in Abwesenheit des Objekts und in Unkenntnis seiner tatsächlichen momentanen Befindlichkeit eintreten und hat dann weniger mit einer direkten Übernahme von Gefühlen, mehr mit einer Verinnerlichung von Stimmungen (vgl. S. 62) bis hin zu elementaren psychischen Eigenschaften des Anderen zu tun.

---

70 Vgl. zum Ich-Empfinden Kuhl (1996: 681–682), der sich im Rahmen der Volitionsforschung (Willensforschung) mit der Rolle des »Ich« oder »Selbst« befasst. Kuhl unterscheidet zudem zwischen einem »ich« als Gesamtsystem einer Person samt aller unbewussten Faktoren (ähnlich dem »Selbst«), einem »Ich« als einem sprachbasierten bewussten Auftraggeber des Willens sowie einem »*Ich*« als Modell eigener Ziele, Absichten, Vorlieben, Gefühle und erfahrenen Schwierigkeiten. Für das Ich-Empfinden ist das »*Ich*« entscheidend: Starkes Ich-Empfinden ist, wenn dem eigenen Modell entsprochen wird. Solch Ich-Empfinden kann während der Filmrezeption abgebaut werden zugunsten von alternativen Modellen, die vom Rezipierenden aus dem Film übernommen werden.

Freud nennt – in Übernahme eines Begriffs des Nervenarztes und Psychoanalytikers Sándor Ferenczi – die *Introjektion* eines Objekts in das eigene Ich als einen für die »Identifizierung« (Freud 1999a: 119–120; vgl. zur Introjektion auch Blankertz/Doubrawa 2005: 165–169) maßgeblichen Vorgang:[71] Eine andere Person wird »psychisch verinnerlicht«; ihre Ziele und potenziell auch Verhaltensweisen werden übernommen. Als Beispiel referiert Freud (1999a: 120):

> »Kürzlich wurde in der Internationalen Zeitschrift für Psychoanalyse eine solche Beobachtung veröffentlicht, dass ein Kind, das unglücklich über den Verlust eines Kätzchens war, frischweg crklärte, es sei jetzt selbst das Kätzchen, dementsprechend auf allen Vieren kroch, nicht am Tische essen wollte usw.«

Übertragen auf Film kann Identifikation – »filmische Identifikation« – verstanden werden als ein Prozess, in dem sich der Rezipierende mit einer Filmfigur sowie ihren Zielen gleichsetzt und den Film dann tendenziell aus ihrer Perspektive erlebt. Filmische Identifikation ist zumeist eng eingegrenzt auf das innere Empfinden eines Rezipierenden; hingegen ist kaum anzunehmen, dass der Rezipierende sich selbst – im Kino sitzend – so *verhält* wie etwa der Protagonist des Films.

Das Beispiel des Kindes, das erklärte, ein Kätzchen zu sein, macht eines deutlich: Identifikation setzt »Einfühlung« voraus. Damit sich das Kind so verhalten konnte wie das Kätzchen, musste es das Kätzchen einfühlend »verstanden« und darauf aufbauend ein Konzept von der Psyche des Kätzchens entwickelt haben. Solche Einfühlung wird als **Empathie** bezeichnet. Empathie bedeutet ein Sich-Hineinversetzen in das Empfinden Anderer (vgl. Birbaumer/Schmidt 2006: 772 und Noll Brinkmann 1999: 112). Der Begriff der Empathie wurde 1942 im Bereich der Humanistischen Psychologie und Psychotherapie von Carl Ransom Rogers (1942) populär gemacht. »Empathie

---

71 Das Grundprinzip der Introjektion besteht darin, dass ein Objekt »unzerkleinert« und »unverdaut« aufgenommen, also vom Subjekt nicht verarbeitet wird. Der Introjizierende macht keine subjektive Erfahrung, sondern »lebt« das Objekt. Kuhl (1996: 721–722) hingegen hält auch eine »informierte Introjektion« in Form einer bewussten Übernahme fremder Ziele für möglich. Auch nennt er die Möglichkeit einer »fehlinformierten Introjektion«, die dann anzunehmen ist, wenn Fremdes auf bewusster Ebene »akzeptiert« wird, obwohl unbewusst eine Ablehnung vorherrscht. Er sieht letztere Form der Introjektion nicht als Identifikation, sondern sieht Identifikation als umfassende und konfliktarme Form der Übernahme von Zielen.

bezeichnet einen grundlegenden Vorgang, der mit dem Verstehen fremder, emotionaler Zustände verbunden ist und sich als die Fähigkeit bezeichnen lässt, ›das psychische Leben anderer Menschen einfühlend wahrzunehmen und zu verstehen‹ ...« (Kruse 2000: 70) Es gibt sie bei vielen Lebewesen; sie dient mitunter der Arterhaltung, indem sie gewährleistet, dass ein Artgenosse die Notlage eines anderen schnell begreift und Hilfe leisten kann. Freud benutzt den Terminus der Empathie noch nicht, spricht aber Vergleichbares mit dem Begriff der Einfühlung an und verbindet damit einen Vorgang, »der den größten Anteil an unserem Verständnis für das Ichfremde anderer Personen hat.« (Freud 1999a: 119) Auf diese Einschätzung bauend ist Empathie auch für die Filmrezeption zentral.

Sowohl im alltäglichen Leben als auch in der Filmrezeption ist allerdings zu beachten, dass es auch eine vermeintliche Empathie in Form von **Projektion** (vgl. Blankertz/Doubrawa 2005: 228–230) geben kann: Ein Mensch interpretiert sein eigenes Empfinden, als basierte es auf Empathie mit einer anderen Person; jedoch wird die andere Person – das Objekt – kaum wahrgenommen, wie sie ist. Ihr werden vielmehr Eigenschaften *unterstellt*, häufig solche, die der Projizierende an sich selbst nicht wahrhaben will. Freud schreibt, die Projektion könne dem Subjekt zur Entledigung seiner Konflikte dienen und sei dann eine Form der Abwehr. Ebenso sei Projektion jenseits von Abwehr ein »primitiver Mechanismus, dem z. B. auch unsere Sinneswahrnehmungen unterliegen, der also an der Gestaltung unserer Außenwelt normalerweise den größten Anteil hat.« (Freud 1999b: 81). Auch die Projektion des Rezipierenden spielt in der Filmrezeption eine große Rolle.

Identifikation und Empathie sind verzahnt und nicht strikt voneinander zu trennen. Empathie ist, wie deutlich wurde, notwendig für Identifikation. Anzunehmen ist, dass Prozesse der Projektion ebenso in jene der Identifikation hineinspielen: In Teilen verbindet sich ein Rezipierender mit einer Filmfigur, indem er ihr – positive oder negative – Eigenschaften zuschreibt, die er von sich selbst (entfernt) kennt oder an sich selbst verkennt. Projektion bedeutet nicht zwangsläufig, dass der Rezipierende das betreffende Objekt introjiziert. Introjiziert er es jedoch, nachdem er ihm Eigenschaften seiner selbst projizierend zugeschrieben hat, entsteht eine Verzahnung von Projektion und Identifikation: Der Rezipierende introjiziert Eigenschaften seiner selbst, die jenseits seines Ich-Empfindens liegen, über den Umweg der Identifikation mit einem Objekt, das er glaubt, wahrzunehmen, wie es ist. Dies ist möglich, da das Ich-Empfinden stets nur Teile der tatsächlich vorhandenen eigenen Eigenschaften umfasst und andere – unbewusste – Eigenschaften als nicht zur eigenen Person gehörend erlebt werden.

Bis hierhin kann zusammengefasst werden: Empathie bezeichnet das einfühlende Verständnis eines Subjekts für das Ich-Fremde eines Objekts. Identifikation bezeichnet die Übernahme des Ich-Fremden in das eigene Ich des Subjekts durch Introjektion. Projektion bezeichnet die Zuschreibung von Eigenschaften des Subjekts zum Objekt.

Identifikation setzt, anhand des Drei-Dimensionen-Modells betrachtet, im Spannungsfeld zwischen der Lebenswelt des Rezipienten sowie dem virtuellen Raum aus Rezipientensicht an: Ein Rezipierender löst sich vom Bewusstsein um seine Lebenswelt sowie seinem Ich-Empfinden und taucht in den virtuellen Raum ein. Je mehr er das Bewusstsein darüber verliert, dass er gerade in einem virtuellen Raum weilt, desto mehr ist er geneigt, den virtuellen Raum als ebenso »real« zu erleben wie seine Lebenswelt. Identifikation geht demzufolge mit einer Aufgabe des Bewusstseins – einem Verschwimmen – der Grenzen zwischen Lebenswelt und virtuellem Raum einher (vgl. Abb. 49).

Der sich mit einer Filmfigur identifizierende Rezipierende introjiziert – als Grundlage der Identifikation – eine Figur aus dem virtuellen Raum, so dass er sich selbst als Teil des virtuellen Raums erlebt und diesen vorübergehend genau so real empfindet wie seine Lebenswelt. Auch ist es möglich, dass der Rezipierende sich nicht mit einer Filmfigur, sondern mit einer »eigenen Rolle« im virtuellen Raum identifiziert. Beispielsweise könnte ein Rezipierender des Kriegsfilms *Saving Private Ryan* [USA 1998, R: Steven Spielberg, M: John Williams] glauben, er befinde sich als eigenständige Person neben den Filmfiguren mitten im Gefecht (s. Abb. 41). Auch dieser Vorgang stellt eine Art Identifikation dar, da der Rezipierende sein Ich-Empfinden abbaut und sich als – im Film nicht abgebildeter – Teil des virtuellen Raums identifiziert. Eine solchermaßen vom Rezipierenden selbst geschaffene »Ersatz-Identität« im virtuellen Raum soll als ein **Avatar**[72] bezeichnet werden. Es ist jedoch davon auszugehen, dass Rezipierende sich in der Regel eher mit dem Protagonisten des Films identifizieren, insbesondere, wenn dieser in einer Filmszene visuell präsent ist und es durch die Kameraperspektive sogar forciert wird, dass der Rezipierende »mit dem Blick des Protagonisten« sieht. Entsprechend wird von Filmwissenschaftlern wie -praktikern häufig hervorgehoben, dass es in Spielfilmen, die von den Filmfiguren leben, auf die

---

72 Ein »Avatar« bezeichnet eine künstliche Person, die eine reale Person als ihre Ersatzidentität in einem virtuellen Raum kreiert. Die Bezeichnung wird aktuell auch für entsprechende Identitäten von Benutzern des sogenannten »Second Life« verwendet. Wikipedia definiert dieses am 1.11.2007: »Second Life [...] ist eine Internet-3D-Infrastruktur für von Benutzern gestaltete virtuelle Welten, in denen Menschen interagieren, spielen, Handel betreiben und anderweitig kommunizieren können.« http://de.wikipedia.org/wiki/Second_life

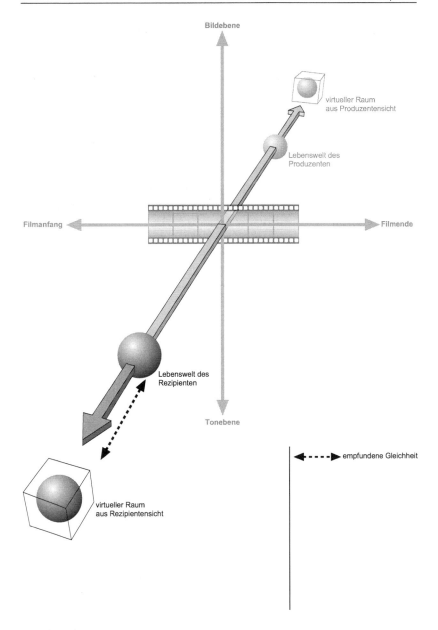

Abb. 40: Identifikation bei der Filmrezeption bedeutet für den Rezipienten ein Verschwimmen der Grenzen zwischen seiner Lebenswelt und dem virtuellen Raum

Perspektive ankomme, aus der die Filmfigur agiere: Aus dieser Perspektive »sehe« potenziell auch der Rezipierende die Ereignisse der Handlung (Persson 2003: 145). Filmpraktiker sind mit der Frage befasst, *auf welche Weise* es bei der Filmgestaltung gelingt, die Identifikation der Rezipierenden mit Filmfiguren oder Avataren zu steuern. Sie sprechen häufig von der Identifikation »mit dem Film«. Dieser Frage gehen auch psychoanalytisch ausgerichtete Filmrezeptionsforscher nach und sind sich einig, dass ein Film als Identifikationsbasis nur dann taugt, wenn in ihm ein tiefenpsychologischer Konflikt (»Tiefenthema«) mitschwingt, der auch in der Lebenswelt der Rezipierenden für latente Spannung sorgt.[73]

Der Filmpsychologe Dirk Blothner (1999: 144) stellt mögliche Tiefenthemen in binären Oppositionen dar, die den Schwankungen und Spannungen unseres alltäglichen Lebens entsprächen:

1) Zerstören – Erhalten
2) Verkehrung – Halt
3) Erniedrigung – Triumph
4) Angriff – Flucht
5) direkt – vermittelt
6) Tun – Getanwerden
7) Beweglichkeit – Zwang
8) Perspektiven – eine Wirklichkeit
9) verlockende Vielfalt – Richtung
10) Zerfließen – Konsequenz
11) Beliebigkeit – Wertsetzung
12) Täuschung – Wahrheit
13) Wiederholen – Verändern
14) begrenzt – darüber hinaus
15) vertraut – fremd
16) getrennt – vereint
17) Wandel – Verbindlichkeit
18) unperfekt – perfekt

---

73 Der Ansatz, Filmrezeption mit Methoden der Psychoanalyse erforschen zu können, wurzelt in der Freudschen Vorstellung, die Psychoanalyse sei nicht nur für die Pathologie bedeutsam, sondern auch für das »Seelenleben der Normalen«. Freud definiert eine Psychoanalyse, die von grundlegender Bedeutung für alle Menschen sein könne, »als Lehre von den tieferen, dem Bewusstsein nicht direkt zugänglichen, seelischen Vorgängen, als ›Tiefenpsychologie‹ und bestätigt ihre Anwendbarkeit ›auf fast sämtliche Geisteswissenschaften‹ (Freud 1999a: 422).

Blothner (Ebd.) merkt dazu an:

»Filme sollten ihre Geschichten so erzählen, dass sich die Handlung auf der Leinwand in ein erlebtes Drama der Zuschauer umwandeln lässt. Denn im Kino wollen die Menschen nicht nur dem Helden zusehen, sondern über seine Taten und Leiden den Wendungen des Lebens näherkommen. Die wirksamsten Kinothemen fallen daher mit Grundkomplexen des menschlichen Seelenlebens zusammen.«

Auch andere Autoren formulieren binäre Oppositionen im Zuge psychoanalytischer Überlegungen zu Film-Charakteren und Filmhandlungen. Persson (2003: 144) nennt folgende Begriffspaare:

1) feudalism – liberalism
2) liberalism – socialism
3) country – city
4) home – abroad
5) patriarchy – egalitarianism
6) marriageable – nonmarriageable
7) feminity – masculinity
8) subversive – submissive

Anzunehmen ist, dass Rezipierende sich umso eher identifizieren, je mehr der von den Filmfiguren und der Handlung ausgedrückte Konflikt einem eigenen latenten Konflikt entspricht.[74] Rezipierende entdecken einen verborgenen Teil ihrer selbst im Film und identifizieren sich mit einer Figur oder einem Avatar, die bzw. der diesen verborgenen Teil »für sie« in der virtuellen Welt auslebt.

Ohne Identifikation dürfte kaum eine tragfähige Basis bestehen, auf der eine Filmerzählung dynamisch, lebendig, attraktiv und emotional glaubwürdig wirken könnte. Dies scheint auch Alfred Hitchcock im Blick gehabt zu haben, wenn er in Abwendung von den »Wahrscheinlichkeitskrämern« des Films lehrte, die Glaubwürdigkeit einer Filmhandlung resultiere weniger aus deren Wahrscheinlichkeit, mehr aus deren Wirkung (vgl. Truffaut 2003: 108). Es scheint, als habe Hitchcock auf empathische Wirkungen und Identifikation

---

74 Folgt man der Psychoanalytikerin Karen Horney (1996: 11), so sind Menschen meist von ihrem wahren Selbst entfremdet und folgen starren Systemen innerer Gebote. Sie halten dann verstärkt an der Unbewusstheit der Tiefenthemen fest. Das »Selbst« ist umfassender als das »Ich«, da das Ich manche Eigenschaften des Selbst nicht wahrhaben will.

abgezielt: Selbst – und gerade – wenn Filmhandlung gegenüber der Lebenswelt übertrieben anmutet, könne sie emotional glaubwürdig wirken.[75]

Dieser Aspekt knüpft an die ästhetische Theorie »Suspension of Disbelief« (»Eliminierung von Zweifel«) an, die von dem Ästhetiker und Philosophen Samuel Taylor Coleridge [1772–1834] bereits vor der Film-Ära entworfen wurde.[76] Es geht dabei um die Bereitschaft des Rezipienten, die Gegebenheiten eines fiktionalen Werks – der Autor bezog sich auf Literatur – auch dann zu akzeptieren, wenn sie übernatürlich oder unwahrscheinlich sind. Rezipierende seien bereit, Unwahrscheinlichkeiten gegen einen Unterhaltungswert zu tauschen. Die Theorie wurde von Filmwissenschaftlern aufgegriffen und erweitert, etwa von Tamborini (1996: 104), der annimmt, dass nicht die Wahrscheinlichkeit, sondern die »Substanz« eines Films – vergleichbar mit einem »Tiefenthema« – überzeugend sein muss:

»When exposed to film or to other aesthetic forms, viewers do not perceive unreality, but discount extant unreality cues and engage in the suspension of disbelief – something made possible by the degree to which the film's substance is convincing or ›real‹ enough so that viewers do not need to think about its fictional nature.«

Ein Film wie *Terminator III* [USA 2003, R: Jonathan Mostow, M: Marco Beltrami] zeigt unrealistische Handlungen eines überlebensgroßen Protagonisten. Dennoch sind die in diesen Handlungen symbolisierten Grundkonflikte für viele Rezipierende relevant. Der Unterhaltungswert anstelle einer Wahrscheinlichkeit der Handlung »greift«, wenn Handlungen durch ein Tiefenthema getragen werden. In diesem Gedanken verbindet sich die Theorie »Suspension of Disbelief« mit der tiefenpsychologischen Filmauffassung zu einer Erklärung der Basis für die Identifikation der Rezipierenden. Sich selbst im Kino anders und erweitert zu erleben als in der Lebenswelt

---

75 Hitchcock war von Freuds psychoanalytischen Vorstellungen fasziniert, wie sich etwa im Film *Psycho* [USA 1960] zeigt: Der ödipal fehlentwickelte Norman Bates hat seine von ihm selbst getötete Mutter introjiziert und schwankt zwischen einem autonomen Ich-Empfinden (verbunden mit Hass auf seine Mutter) und einer Identifikation mit seiner Mutter, die so weit geht, dass er »als seine Mutter« aus Eifersucht Marion Crane tötet, in die er »als Norman Bates« eigentlich verliebt ist. Der Film stellt eine überspitzte Interpretation des Prinzips »Identifikation« dar: Norman Bates spricht sogar streckenweise mit der Stimme seiner Mutter.

76 Die Idee »Suspension of disbelief« taucht in dem 1917 veröffentlichten Werk *Biographia Literaria*, einer Mischung aus autobiographischen und literaturtheoretischen Texten, auf (vgl. Breuning 2003).

schließt, wie deutlich wurde, nicht aus, gleichzeitig man selbst zu bleiben. Es ist somit schwierig, die *Emotionen*, die ein Rezipierender während der Filmvorführung erlebt, eindeutig den Bereichen Empathie oder Identifikation zuzuschreiben. Tamborini (1996: 103) drückt in Bezug auf die Wirkung von Horror-Filmen aus:

»The difficulty in explaining emotions evoked by imagined events stems from the fact that viewers react while knowing full well that they are safe from any consequence that might befall the characters on screen. In absence of any consequence, one wonders not only why viewers should respond with great intensity, but why they should respond at all.«

Im sicheren Kinosaal zu sitzen und sich einen brutal realistischen Kriegsfilm wie *Saving Private Ryan* anzusehen ist in diesem Sinne ein Wechselspiel von Identifikation – bis hin zu empfundenem eigenen Schmerz – und Abgrenzung, also Wiederherstellung der Grenzen zwischen virtuellem Raum und Lebenswelt. In der Tiefendimension des Drei-Dimensionen-Modells bedeutet das Wechselspiel eine ständige dynamische Verschiebung von Bewusstseinsebenen (vgl. Abb. 41 sowie auch S. 87).

Im Falle der Abgrenzung wähnt man sich sicher in seiner Lebenswelt auf dem stabilen Kinositz, kann aber dennoch eine gewisse Empathie für Filmfiguren aufbringen. Die mit dieser Empathie verbundenen Emotionen werden nicht so »nah« erlebt wie die Emotionen, die mit Identifikation einhergehen.

Eine sinnvolle Grundlage zur Ausleuchtung des variablen Näheempfindens im Hinblick auf Emotionen in der Filmrezeption, wie sie auch die Identifikation mitbestimmen, schlägt der Filmwissenschaftler Murray Smith (1995) vor, indem er den von dem Philosophen und Ästhetiker Richard Wollheim [1923–2003] geprägten Begriff des »imagining« anwendet (vgl. Persson 146–148). Zunächst wird hier der Begriff als solcher – ohne Anwendung auf die variable Nähe des Emotionserlebens – umrissen, anschließend folgt der Nähe-Aspekt.

Imagining kann als das Verweilen – hier des Rezipierenden – in einer Vorstellungswelt aufgefasst werden. Der Begriff impliziert, dass die meisten Emotionen, die ein Mensch während der Rezeption von Film oder anderen Darbietungen erlebt, auf einer dem physischen Leben entrückten Ebene angesiedelt sind. Tamborini vertritt eine ähnliche Auffassung, wenn er Emotionen, die aus dem Filmerleben resultieren, als »ästhetische Emotionen« bezeichnet,

Holistisch ausgerichtete Theorien 213

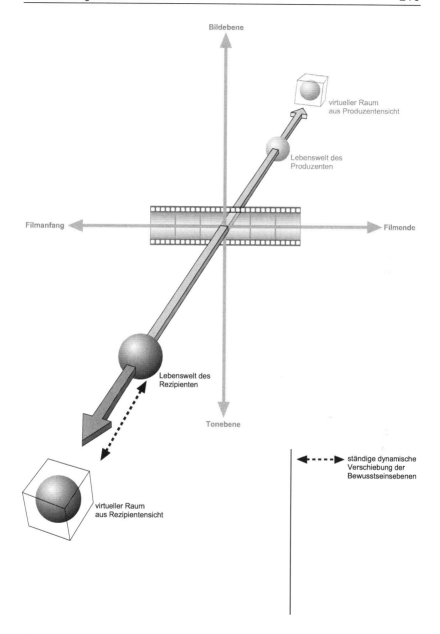

Abb. 41: Wechselspiel zwischen Empathie und Identifikation

die sich auf eine für den Rezipierenden spürbare Weise von »realen« Emotionen unterscheiden, wie sie als Teil seiner Lebenswelt auftreten.[77] Ästhetische Emotionen und Imagining hängen eng zusammen: Emotionen, die *im Zuge des Imagining* Teil einer Vorstellungswelt sind, sind immer ästhetische Emotionen. Jedoch sind Emotionen, die sich *im Zuge der Filmrezeption* einstellen, nicht durchweg als ästhetisch anzusehen: Nicht alle filmisch induzierten Emotionen werden unmittelbar Teile einer Vorstellungswelt. Der Zusammenhang zwischen Imagining und ästhetischen bzw. nicht-ästhetischen Emotionen ist ein Wechselverhältnis: Einerseits kann der Rezipierende das Verhalten einer Filmfigur sowie dessen Lebensbedingungen nachvollziehen und über kognitive Rückschlüsse Emotionen entwickeln. Diese Emotionen sind »ästhetisch«, da es der Vorstellungswelt zunächst bedarf, damit diese Emotionen überhaupt eintreten können. Andererseits kann er Emotionen, die sich durch Resonanz (vgl. S. 71) auf filmische Stimuli bilden, einer Filmfigur oder einem Avatar zuschreiben.[78] Diese Emotionen sind nicht »ästhetisch«, da sie sich nicht von Emotionen unterscheiden, wie sie als Teil der Lebenswelt auftreten. Sie bedürfen nicht der Vorstellungswelt. Bekommt ein Rezipierender beispielsweise einen Schreck infolge eines plötzlichen sehr lauten Geräuschs im Film, unterscheidet sich dieser nicht von einem solchen im Alltag. Jedoch kann der Schreck zeitverzögert kognitiv verarbeitet und Teil des »imagining« werden:[79] Es geschieht eine Zuschreibung der erlebten nicht-ästhetischen Emotion zu Filmfiguren oder Avataren. So tragen dann auch die zunächst nicht ästhetischen Emotionen zum Imagining bei; sie werden »ästhetisiert«. Es ergeben sich zwei Modi der Entstehung von Imagining (vgl. Abb. 42).

---

[77] Die Unterscheidung »ästhetischer« von »realen« Emotionen geht auf den Psychologen Nico Frijda (1989: 1546–1547) und seinen Aufsatz »Aesthetic emotions and reality« zurück. Manche Forscher sprechen »ästhetischen Emotionen« ihre Echtheit ab, andere gehen lediglich davon aus, dass ästhetische sich von Emotionen aus tiefer Realbetroffenheit unterscheiden (vgl. Tamborini 1996: 103–104). In jedem Fall gilt für die filmische Identifikation, dass die dabei eintretenden (ästhetischen) Emotionen auf der Ebene der Imagination angesiedelt sind und potenziell von Emotionen, wie sie in der Lebenswelt erlebt werden, unterschieden werden können.

[78] Diese Art der Zuschreibung von Emotionen darf nicht mit Projektion (vgl. S. 184) verwechselt werden: Im filmischen Sinne ist sie ein Teilprozess der Empathie, da die zugeschriebenen Emotionen ihrerseits vom Film ausgelöst wurden (vgl. die späteren Ausführungen zu narrativen und nicht-narrativen Emotionen, S. 207).

[79] Hier wird an die Wahrnehmung von Filmstimuli als »Schwingung« angeknüpft (vgl. S. 72).

Holistisch ausgerichtete Theorien

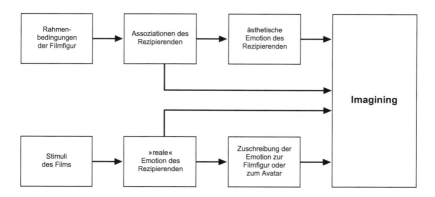

Abb. 42: zwei Modi des »Imagining«

Beide Modi basieren auf Empathie. Der erste – in Abb. 42 *oben* angedeutete – Modus kann als kognitive Empathie bezeichnet werden und entspricht der Art und Weise, wie Emotionen etwa auch infolge der Lektüre von Romanen entstehen: Sie sind immer als ästhetische Emotionen anzusehen.[80] Ein Mensch, der die Umgebung einer anderen Person wahrnimmt, kann Emotionen entwickeln, wie sie – zumindest seiner eigenen Einschätzung zufolge – die andere Person ebenfalls in dieser Umgebung wahrnehmen würde. Sieht etwa ein Rezipierender des Films *The Sixth Sense* [USA 1999, R: M. Night Shyamalan, M: James Newton-Howard] die beängstigende Einsamkeit der Wohnung, in der der kleine Cole nachts allein ist, kann er Rückschlüsse darüber bilden, was Cole empfinden würde, wenn er aufwachte. Entsprechend beschreibt Christine Noll Brinckmann (1999: 111–112) eine »emotional simulation«, ein probeweises Sich-Hineinversetzen in die Situation anderer, um deren Befindlichkeit und Handlungsbedarf auszuloten. Hier liegen also ästhetische Emotionen vor, die ohne die Vorstellungswelt gar nicht erst einträten.

Der zweite – in Abb. 42 *unten* angedeutete – Modus kann als Resonanz-Empathie bezeichnet werden. Er basiert auf Emotionen, die sich infolge filmischer Stimuli unmittelbar bilden und erst in ihrer Weiterverarbeitung einer

---

80 Dieser erste Modus wurde – allerdings nicht als Teil einer Zwei-Modi-Theorie, wie sie mit dem vorliegenden Buch vertreten wird – von Richard Lazarus (1991) umfassend untersucht.

Filmfigur oder einem Avatar zugeschrieben werden.[81] Etwa kann die Mimik einer Filmfigur zur Resonanz beim Rezipierenden führen.[82] Dieser Modus ist spezifisch für Film und Theater. Etwa zeigt die Bildebene des Films *The Sixth Sense* das angsterfüllte Gesicht Coles, so dass Emotionen sich direkt auf den Rezipierenden übertragen.[83] Diese Emotionen unterscheiden sich im Moment ihres Eintretens nicht von Emotionen, wie sie aufträten, wenn in der Lebenswelt ein Mensch wie die Filmfigur Cole ängstlich schaute und es zu einer Übertragung von Emotionen auf den Betrachter käme; auch bedarf es zu ihrer Übertragung nicht unbedingt einer Vorstellungswelt. Sie sollen daher – in ihrem unmittelbaren Entstehungsstadium und ungeachtet der Möglichkeit ihrer zeitversetzten kognitiven Weiterverarbeitung – als nicht-ästhetisch aufgefasst werden.[84] Beide Modi des Imagining gehen ständig »Hand in Hand«, sind systemisch verschränkt.

Je mehr beim Rezipierenden die Grenze zwischen Imagining und einem Empfinden der Lebenswelt verschwimmt, desto »realer« empfindet er den virtuellen Raum. Hier kommt nun der Aspekt der variablen Nähe bei der Filmrezeption empfundenen Emotionen ins Spiel: Rezipierende empfinden bisweilen eine deutliche Nähe und Verwechselbarkeit zwischen ästhetischen und realen Emotionen. Das Imagining bekommt dann eine besondere Qualität und wird als sehr betroffen-machend erlebt. Im Gegensatz dazu kann es in anderen Fällen aber auch als eher distanziert und wenig betroffen-machend

---

81   Der zweite Modus wird von anderen Autoren auch als »affektive Empathie« bezeichnet, wie sie auch im alltäglichen Leben stattfinden kann. Etwa können wir unmittelbar auf die Mimik eines Menschen mit Emotionen reagieren, ohne dass dafür kognitive Aktivität notwendig wäre (vgl. Tamborini 1996: 110; vgl. zum Begriff des Affekts S. 60).

82   Während die von einem Schauspieler durch seine Mimik ausgedrückte Angst aus seiner Sicht eine ästhetische Emotion ist, ist die unmittelbare Reaktion eines Rezipierenden auf diesen Angstausdruck aus dessen Sicht eine »reale« (primäre oder sekundäre, vgl. S. 57) Emotion. Solch Wechselspiel zwischen ästhetischen und realen Emotionen scheint im alltäglichen Leben die Basis für emotionale Täuschungen und Manipulationen zu sein: Was vom einen – unbewusst oder bewusst – strategisch erzeugt wird, wird für einen anderen zum Anlass »realen« Empfindens. Auch Selbsttäuschung durch ästhetische Emotionen scheint möglich: Jemand glaubt – in Unkenntnis seiner unbewussten Strategien –, reale Emotionen zu empfinden und zu äußern; jedoch handelt es sich um ästhetische Emotionen.

83   Das wäre vergleichbar mit dem Prozess der »affective mimicry«, den Noll Brinckmann (1999: 111) als unwillkürliches »Mitempfinden von Basisgefühlen, die sich an Gesichtsausdruck und Körpersprache eines Gegenübers ablesen lassen« beschreibt. Die von der Autorin erwähnten »Basisgefühle« entsprechen den primären Emotionen (vgl. S. 57ff).

84   In diesem Punkt wird von Smith (1995) abgewichen, da er auch diese Emotionen als ästhetisch aufzufassen scheint.

erlebt werden. Der Rezipierende empfindet den virtuellen Raum dann eher als eine von seiner Lebenswelt entfernte Parallelwelt.

Unterschiedliche Nähe-Empfindungen während des Imagining leuchtet Smith (1995: 76–77) anhand des auf Wollheim zurückgehenden Begriffspaares »central imagining« und »acentral imagining« aus:

> »While central imagining is expressed in the form ›I imagine... ‹, acentral imagining is expressed in the form ›I imagine that... ‹. If we say, ›I imagine jumping from the top of a building‹, we imply that we represent this event to ourselves, as it were, from the ›inside‹: I imagine, for example, the view I would have as I fall, the nauseating sensation I experience as my body picks up speed, and so forth. Or again, in imagining being revolted by the smell of rotten eggs, I recall the characteristic sulphurous stench... By contrast, in imagining that I am revolted by the smell, I need generate no such olfactory ›image‹; in ›imagining that I jump from the building‹, I do not represent the event to myself with any of ›indexical‹ marks of the imagined action – for example, transporting myself imaginatively to the appropriate position. I do not place myself ›in‹ the scenario, so much as entertain an idea, but not from the perspective (in any sense of the term) of any character within the scenario.«

Es kommt zum Ausdruck, dass das »central imagining« auf eine unmittelbare Betroffenheit des Rezipierenden hindeutet: Letzterer nimmt Emotionen, die sich in der Filmrezeption einstellen, in sein Ich-Empfinden auf. Das »central imagining« ist daher maßgeblich für Identifikation. Hingegen beschreibt das »acentral imagining« ein eher distanziertes und intellektuell reflektiertes Empfinden von Emotionen, das nicht mit einer Veränderung im Ich-Empfinden einhergeht. Es deutet, wie Smith beschreibt, auf ein anderes Phänomen hin: die Sympathie.

Sympathie ist ein »eigenes« subjektives Empfinden für oder gegen eine andere Person.[85] Sympathie setzt ein starkes Ich-Empfinden in Abgrenzung zum Anderen – zum Objekt – voraus: Empfindungen eines Objekts werden »erwogen« und nachvollzogen, jedoch – anders als bei der Identifikation – nicht als eigene Empfindungen übernommen. »Acentral imagining« bezeichnet einen Vorgang, in dem eine distanzierte Vorstellung eines Objekts (etwa einer Person) gebildet wird, die zwar auf einer gewissen Kenntnis des Objekts (im Sinne von Empathie) beruht, jedoch nicht das Ich-Empfinden

---

85 Mit dem Begriff wird als Möglichkeit auch das »Gegenteil«, die Antipathie, eingeschlossen.

des Subjekts mindert. Es ist daher die prozesshafte Grundlage für die Sympathie. Auch »acentral imagining« bedarf empathischer Prozesse: Sofern nicht gewisse Emotionen des Objekts empathisch *nachvollzogen* werden können, gibt es keine Repräsentation des Objekts in der Vorstellungswelt. Jedoch wird die Empathie mit dem Ich-Empfinden anders – distanzierter – vereinbart, als es bei der Identifikation der Fall ist. Bei »acentral Imagining« ist es sogar möglich, dass ein Mensch die Trauer eines anderen Menschen empathisch nachvollzieht, jedoch selbst zu einem freudigen Empfinden gelangt. Das wird auch als Kontrast-Empathie bezeichnet (vgl. Tan 1996: 175). Sympathie kann auf Basis des »acentral imagining« als ein Ich-bezogenes spannungsvolles – positives oder negatives – Verhältnis des Subjekts gegenüber dem Objekt oder ein distanziertes Wohlwollen des Subjekts in Bezug auf ein Objekt aufgefasst werden.

Identifikation, Sympathie und auch Projektion können durch das Konzept des Imagining sowie anhand der Tiefendimension des Drei-Dimensionen-Modells gemäß Abb. 43 in Beziehung gesetzt werden.

Von unten nach oben verläuft in Abb. 43 die Tiefendimension des Drei-Dimensionen-Modells, ausgehend von den Filmstimuli. Die senkrechten Pfeile deuten eine Umwandlung filmischer Stimuli in sensorische Wahrnehmungen, Emotionen und Vorstellungen des Rezipienten an. Die waagerechten Pfeile deuten auf mögliche Ausprägungsformen des »central imagining« oder »acentral imagining«. Je stärker beim Rezipierenden die Tendenz zum »central imagining« ist, desto näher und »realer« erlebt er den virtuellen Raum. Sympathie kann einerseits aus der Perspektive des im Bewusstsein seiner Lebenswelt befindlichen Rezipierenden – und im Hinblick auf eine Filmfigur – bestehen, andererseits aus der Perspektive eines Avatars im Hinblick auf eine Filmfigur: Hat ein Rezipierender sich eine Ersatz-Identität im Film geschaffen, kann er aus deren Blickwinkel andere Filmfiguren »sympathisch« finden. Auch könnte sich ein Rezipierender mit der Sympathie einer Filmfigur für eine andere Filmfigur identifizieren. Das wäre etwa der Fall, wenn der Rezipierende des Films *Psycho* [USA 1960] die Filmfigur Marion Crane in ihrem Hotelzimmer beobachtet und infolge von Identifikation mit Norman Bates dessen Sympathie für Marion teilt, obwohl er Marion – im Bewusstsein seiner Lebenswelt – nicht sympathisch fände. Diese Sympathie ist nicht ein Empfinden seiner selbst in seiner Lebenswelt, sondern erwächst aus dem voyeuristischen Blick des Norman Bates (Abb. 44) als Identifikationsobjekt. Hitchcock (zit. nach Truffaut 2003: 265) bemerkte zum möglichen Grad der Identifikation mit Norman Bates: »Vielleicht ist es nicht gerade Identifikation, aber die Sorgfalt, mit der Perkins alle Spuren des Verbrechens

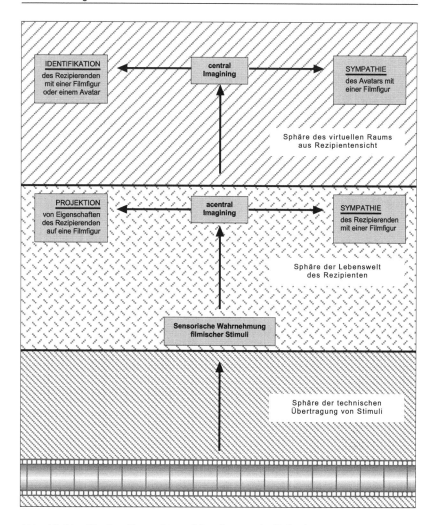

Abb. 43: Identifikation, Sympathie und Projektion in der Tiefendimension

beseitigt, nimmt einen doch für ihn ein. Das ist so, wie wenn jemand eine Arbeit gut macht.« Dass eine Filmfigur einen Rezipierenden »für sich einnimmt« kann also sowohl auf Sympathie als auch auf Identifikation hindeuten. Sogar bei anfänglicher Antipathie könnte ein Umschlagen in partielle Identifikation angenommen werden. Grundlage dafür ist ein Übergang vom »acentral imagining« zum »central imagining«. Ebenso kann auch davon aus-

Abb. 44: Einzelbilder aus Psycho [USA 1960, R: Alfred Hitchcock] (Truffaut 2003)

gegangen werden, dass die Sympathie eines Rezipierenden für eine Filmfigur jederzeit in Identifikation umschlagen kann: Zunächst empfindet ein Rezipierender – bei starker Ich-Abgrenzung – eine Figur als Gegenüber sympathisch und attraktiv; dann baut er sein Ich-Empfinden ab, um in den virtuellen Raum einzutauchen, selbst die Rolle dieser Figur einzunehmen und sich mit ihr zu identifizieren. Sympathie und Identifikation liegen, wie sich zeigt, als Wahrnehmungsphänomene nah beieinander.

Ausgehend von den Überlegungen zur Identifikation kann die Filmrezeption als die »Identifikationsreise« eines Rezipierenden in der Tiefendimension des Drei-Dimensionen-Modells aufgefasst werden; der Rezipierende reist von seiner Lebenswelt in einen virtuellen Raum, den er streckenweise – durch »central imagining« – als annähernd so echt empfindet wie seine Lebenswelt. Identifikation bedeutet, dass er eine Rolle innerhalb dieses virtuellen Raums annimmt und zu ihren Gunsten sein Ich-Empfinden abbaut (Abb. 45).

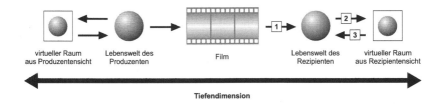

Abb. 45: Identifikationsreise des Rezipierenden

Holistisch ausgerichtete Theorien 221

Ein Rezipierender ist zu Beginn der Filmrezeption ganz seiner Lebenswelt verhaftet. Er nimmt den Film zunächst als Reizstruktur wahr (Pfeil 1). Nach und nach werden durch den Film tiefenpsychologische Themen aktiviert, die die Basis für Empathie, Sympathie und Identifikation schaffen. Es setzt ein »acentral Imagining« ein (Beginn von Pfeil 2), das graduell in das »central imagining« übergeht (Ende von Pfeil 2), indem ein Rezipierender immer mehr Brisanz bei den vom Film verkörperten Tiefenthemen empfindet; die Grenzen zwischen Lebenswelt und virtuellem Raum verschwimmen. Der Rezipierende identifiziert sich zunehmend mit einer Filmfigur oder einem Avatar und entfernt sich dadurch vom Bewusstsein seiner Lebenswelt; er baut sein Ich-Empfinden tendenziell ab (Pfeil 2) und taucht in den virtuellen Raum ein. Themen seiner Lebenswelt kommen für ihn in modifizierter Form zum Tragen. Nach der Filmrezeption kehrt er in die Bewusstseinssphäre seiner Lebenswelt zurück (Pfeil 3), behält jedoch ein Teilbewusstsein des virtuellen Raums. Möglicherweise verändert er Einstellungen, die seine Lebenswelt betreffen, infolge der verbleibenden Restidentifikation. Er kann durch den Film erweiterte Einsichten in sein eigenes psychisches Universum gewinnen und daher sein Denken, Fühlen und Verhalten potenziell neu ausrichten; Neill (1996: 179) nennt das »education of emotion«: Die auf der Reise erlebten ästhetischen Emotionen wirken nachhaltig auf das »reale« Emotionsempfinden des Rezipierenden ein.

Diese Reise des Rezipierenden steht in direkter Analogie zu der Art und Weise, wie Filmwissenschaftler die Reise des Protagonisten innerhalb der Fiktionen des virtuellen Raums beschreiben. Beispielhaft ist das Modell der Filmwissenschaftlerin Michaela Krützen. Sie überträgt eine Anschauung des Mythologen Joseph Campbell auf die Filmhandlung und zeichnet – hier vereinfacht dargestellt – folgende Reise des Filmhelden (Krützen 2004: 270, Grafik: Ebd., hier vereinfacht):

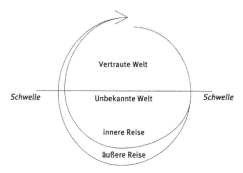

Abb. 46: Reise des Filmhelden (Krützen 2004)

Der Protagonist eines Films reist aus seiner vertrauten Welt (diese entspricht der Lebenswelt des Rezipierenden) in ein neues Terrain, das ihm unbekannt ist. Er verspürt zunächst Hindernisse, die Schwelle in die unbekannte Welt zu übertreten. Diese Schwelle kann mit der Schwelle eines Rezipierenden zum Eintritt in den Modus des »central imagining« verglichen werden: Der Protagonist beginnt sich mit der Rolle, die er in einer Konfliktsituation einnehmen soll, zu identifizieren. Er erlebt sich, nachdem er die Schwelle übertreten hat, auf seiner Reise infolge der Identifikation neu und anders. Am Ende kehrt er – wie auch in Syd Fields Narrationsmodell (vgl. S. 161) – auf einer höheren Reifestufe in seine vertraute Welt zurück. Er ist immer noch derselbe Mensch, jedoch ist er in Teilen verändert und integriert die Erlebnisse der Reise in seine vertraute Welt. Campbell (1999: 36) beschreibt:

»Der Heros verlässt die Welt des gemeinen Tages und sucht einen Bereich übernatürlicher Wunder auf, besteht dort fabelartige Mächte und erringt einen entscheidenden Sieg, dann kehrt er mit der Kraft, seine Mitmenschen mit Segnungen zu versehen, von seiner geheimnisvollen Fahrt zurück.«

Krützen unterscheidet in ihrer filmspezifischen Erweiterung von Campbells Modell zwischen einer äußeren und einer inneren Reise des Protagonisten. Die äußere Reise betrifft die Prüfungen und Hindernisse, die er in der – fiktiven – Außenwelt meistern und überwinden muss. Die innere Reise beschreibt die psychologischen Wandlungen, die er dabei durchmacht, um am Ende verändert aus der Reise hervorzugehen. Die Reise des Rezipierenden kann in diesem Sinne als eine innere Reise aufgefasst werden, die sich unter dem Einfluss der äußeren (filmischen) Reizstrukturen vollzieht. Die Identifikation der Rezipierenden basiert, so zeigen diese Überlegungen, wohl auch auf Analogien zwischen psychischen Etappen des Protagonisten und solchen des Rezipierenden während der Filmwahrnehmung.

Die vorangegangenen Überlegungen machen deutlich, dass »central imagining« grundlegend für ein intensives Filmerlebnis ist und Identifikation bedingt. Der Erfolg eines Films scheint im Zusammenhang damit zu stehen, dass es gelingt, Rezipierende filmisch zu binden und für einen virtuellen Raum einzunehmen. Hier befindet sich ein wichtiger Ansatzpunkt für die Filmmusik: Sie ist ein wirksames Mittel, um Zusammenhang zwischen verschiedenartigen Bildern zu stiften sowie Grundlagen für Empathie, Sympathie und Identifikation eines Rezipierenden mit den Filmfiguren zu schaffen (vgl. S. 204). Entsprechend bemerkt Claudia Gorbman (2001: 20–21):

»Die psychoanalytische Theorie hilft jene Mechanismen zu erforschen, mit denen die Musik den Zuschauer an den Film bindet, d. h. die Rollen, die die Musik bei der Herstellung von Schaulust und Zuschaueridentifikation spielt. [...] Die psychoanalytische Theorie bietet einen besonders kohärenten Begriffsrahmen, der für die Untersuchung nicht nur musikalisch induzierter Emotionen und des Musikgenusses allgemein, sondern auch der häufig zitierten ‹inneren Tiefe› und ›Emotionalität‹, also jener ›dramatischen Wahrheit‹ geeignet ist, die die Musik in die Filmszene einbringt. [...] Frieda Teller schrieb schon 1917, dass die Musik im erwachsenen Zuhörer ›den Zensor aufweicht‹; sie durchbricht die normale Ich-Abwehr und macht den Zuhörer empfänglicher für Phantasie.«

Musik wird im Film dazu eingesetzt, die Tiefenthemen erlebbarer zu gestalten. Gorbman (2001: 21) schreibt, das Subjekt (der Rezipierende) werde durch Musik »in das lustvolle Reich frühkindlicher Phantasien entführt.« Insbesondere bei Filmen für ein großes Publikum soll Musik helfen, Distanz abzubauen. Das meint auch das in der Filmpraxis häufig anzutreffende Schlagwort »Emotionalisierung des Zuschauers«, das als »Hauptgestaltungsbereich der Filmmusik im Spielfilm« (Bullerjahn 2001: 188) angesehen wird.

Gorbman (2001: 19) bemerkt, dass insbesondere diegetische Musik (vgl. S. 195) oft eine »empathische Funktion« hat:

»Erinnern wir uns an Humphrey Bogart, spätnachts betrunken in seinem Café in Casablanca, der den Pianisten Sam bittet, *As Time Goes By* zu spielen, jenes nostalgische Liebeslied, das seine selbstquälerischen Erinnerungen an bessere Zeiten zutage fördert.«

In einer solchen Szene interpretiert der Rezipierende die Musik als Entsprechung zur Emotion der Filmfigur. Nahezu alle Kategorien der zuvor besprochenen Funktions- und Wirkungsmodelle von Filmmusik werden in der Filmpraxis im Sinne des übergeordneten Ziels eingesetzt, das Imagining der Rezipierenden gezielt anzuregen und über das »central imagining« ein »Abtauchen« in den virtuellen Raum zu ermöglichen.

Neben dem allgemeinen Anspruch an die Filmmusik, sie solle »emotionalisieren«, wird in der Filmpraxis häufig auch von der »emotionalen Perspektive« der Filmmusik gesprochen, also darüber, auf welche Weise Filmmusik durch ihre spezifische Beschaffenheit im Film gezielt dem Empfinden einer Filmfigur zugeordnet werden kann. Schneider (1997a: 64–65) erläutert:

»Die emotionale Perspektive meint, sich für diejenigen Filmfiguren zu entscheiden, die mit musikalischen Mitteln zu bedienen seien. Bei Filmgeschichten mit zahlreichen Personen kann es effektiv sein, nur die Hauptpersonen mit Musik zu untermalen, und die Nebenpersonen durch Musiklosigkeit in den Hintergrund zu stellen. Bei Filmen mit nur einem zentralen Protagonisten hilft die Reduktion auf eine emotionale Perspektive, um diese Figur plastisch hervorzuheben und sie dem Zuschauer förmlich zur Identifikation anzubieten. Bezieht sich die Filmmusik immer wieder auf eine verschiedene Filmfigur, so verwirrt diese Inkonsequenz und nimmt der Musik ihre Wirkung. Soll die Musik nicht beliebig auswechselbarer Hintergrund sein, lautet die Standardfrage beim Entwickeln eines Musikkonzepts: Wer hört jetzt diese Musik (in wessen Kopf spielt jetzt diese Musik)? Welche Emotionen sollen an dieser Stelle im Kopf dieser Filmfigur vernehmlich sein?«

Unabhängig von den bei Schneider anklingenden konkreten Maßnahmen zur Herstellung einer gewissen emotionalen Perspektive kann angenommen werden, dass ein Rezipierender stets unbewusst bemüht ist, der Musik eine emotionale Perspektive zu geben. Wenn etwa die Anteilnahme eines Rezipierenden an dem Film *Dead Man Walking* [USA 1995, R: Tim Robbins] als eine Identifikation mit dem Protagonisten, der auf die Hinrichtung in der Todeszelle wartet, gesehen wird, leuchtet es unmittelbar ein, dass auch die Filmmusik vom Rezipierenden im Sinne dieses psychischen Dilemmas interpretiert wird. Auch wenn sich der Rezipierende mit der Protagonist*in* identifiziert, die wiederum in starker Empathie mit dem Protagonisten weilt, kann die Filmmusik entsprechend interpretiert werden. Der Rezipierende, der aufgrund seiner Identifikation mit dem Protagonisten oder der Protagonistin gewissermaßen in eine ausweglose Situation geraten ist, sucht förmlich im Film nach Ankern für seine zwar ästhetischen, aber potenziell im Sinne des »central imagining« nah erlebten Emotionen.

Musik wird den Filmfiguren auf zwei Arten zugeordnet: Einerseits kann der Ausdruck der Musik – egal, ob durch Zeicheninterpretation oder Resonanz (vgl. S. 71) ausgelöst – auf eine Filmfigur übertragen werden und so zu einer Übernahme der zugeschriebenen Emotionalität der Filmfigur führen. Andererseits kann eine Einschätzung der Emotionalität der Filmfigur dazu verhelfen, in einer Musik aufgrund ihrer kontextuellen Einbindung in die Filmszene einen Emotionsausdruck zu vermuten, den sie ohne den Kontext gar nicht hätte. Eine solche Unterscheidung klingt bereits bei Zofia Lissa (1965: 173/188) an, die in ihrer Funktionsauflistung zwischen »Musik als Ausdrucksmittel psychischer Erlebnisse« und »Musik als Grundlage der Einfühlung« unterscheidet. Beides ist interdependent und macht im Endeffekt das Filmerlebnis aus (vgl. Abb. 47).

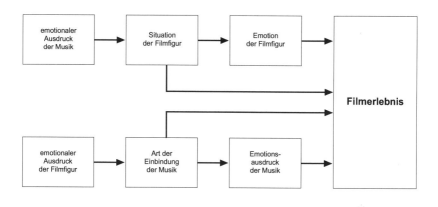

Abb. 47: zwei Möglichkeiten der Zuordnung von Musik zur Filmfigur

Für Filmmusik ist anzunehmen, dass ein Rezipierender häufig – aufgrund von Identifikation – den Blickwinkel einer Filmfigur einnimmt und dadurch geneigt ist, die von der Musik ausgedrückten Emotionen der Filmfigur zuzuschreiben.[86] Der bloße musikalische Reiz wird durch kognitive Zuschreibung zu den Tiefenthemen des Films sowie zu den Filmfiguren (oder auch Avata-

---

86 Im Hollywood der Goldenen Ära (etwa 1935–1950) fand eine regelrechte Psychologisierung von Film und Filmmusik statt, in deren Zuge Geschichten immer mehr von den psychischen Eigenheiten der Charaktere leben und Musik immer weniger mit den im Bild sichtbaren Schallquellen korrespondieren, um stattdessen die inneren Befindlichkeiten der Filmfiguren auszudrücken (Kreuzer 2003: 75–76).

ren) zu einem narrativ bedeutsamen Faktor. Die Auffassung, Filmmusik diene dazu, Emotionen der Charaktere zu vermitteln, ist ebenso verbreitet wie die Auffassung, der Filmkomponist schreibe Filmmusik in Empathie mit Filmfiguren. So bemerkt Wolfgang Thiel (1981: 66): »Der Komponist versetzt sich psychologisierend in die seelische Situation der Leinwandhelden und gibt ihren Stimmungen musikalischen Ausdruck.« Wenn es gelingt, durch Musik die Emotionalität der Filmfiguren herauszuarbeiten, trägt die Musik erheblich zur Nachvollziehbarkeit einer Filmerzählung bei, auch wenn sie selbst nicht im engsten Sinne »erzählt«. Hier bestätigt sich im Sinne holistischer Prämissen (vgl. S. 26), dass die Filmerzählung nicht als etwas Eigenständiges angesehen werden kann, das durch Musik ausgedeutet wird, sondern dass eine stimmige filmische Erzählung erst aus der Ganzheit von Bildern, Tönen und Musik entsteht. Alles Andere – von der Idee bis zum Drehbuch – ist nur Vorstufe zu einer Filmerzählung. Der Film hat seine eigene Erzählform; viele Details, die im Roman sprachlich ausgedrückt werden, werden im Film durch Musik verkörpert (vgl. S. 183). Entsprechend liest sich ein Drehbuch in der Regel wesentlich nüchterner als ein Roman, weil der Drehbuchautor viele zu gestaltende Aspekte an andere als sprachliche Ausdrucksmittel delegiert: Es fehlt bei der Rezeption des Drehbuchs der zweite zuvor beschriebene Modus des Imagining: Die Resonanz-Empathie (vgl. S. 215). Filmmusik schafft in diesem Sinne eine Grundlage für ein tieferes Verständnis sowie Zusammenhänge der Handlung.

Praktischem Erfahrungswissen zufolge steht es außer Frage, dass Musik entscheidend helfen kann, Figuren dynamisch zu charakterisieren. Jeder dürfte die Situation kennen, dass sich seine Hände zusammenkrampfen, während er – mit dem Filmhelden identifiziert – um dessen Überleben bangt, der sich – so oder so ähnlich – krampfhaft an einer Dachrinne eines Hochhauses festhält. Oft gibt die spannungsgeladene Filmmusik ein letztes, um ihre emotionale Erregung auf die Spitze zu treiben und sie für kurze Zeit das Empfinden der Sicherheit, im Kino-Sitz zu sein, aufgeben zu lassen. Musik kann vermutlich jene Wirkung des Films steigern, die Kracauer (1985) als eine der wesentlichen »Befriedigungen« beschreibt, die sich infolge von Filmrezeption einstellen und aus einem Wechselspiel zwischen kindlichen Allmachtsphantasien und Versunkenheit in den Film resultieren. Ein Rezipierender bekommt die Gelegenheit, sich »wie der liebe Gott« zu fühlen, über den Dingen zu stehen und alles zu sehen. Diese Überlegenheit im Ich-Empfinden muss er immer wieder neu über den Bann des Films – und die bisweilen fast unausweichlich eintretende Identifikation – hinweg erlangen:

»Jeder Kinobesucher wird beobachtet haben, dass Augenblicke tranceartiger Versunkenheit mit Perioden wechseln, in denen die betäubende Wirkung des Mediums sich abzunutzen scheint. Einmal verliert er sich im Fluss der Bilder und in seinen eigenen Träumereien, ein andermal hat er das Gefühl, dass er ans Ufer zurückgleitet.« (Kracauer 1985: 233).

Das Sich-Im-Fluss-Verlieren entspricht dem »central imagining« sowie der Aufgabe des Ich-Empfindens. Musik spielt dabei eine große Rolle. Praktischem Erfahrungswissen zufolge gibt es etwa folgende Möglichkeiten, das »central imagining« durch Musik zu fördern:

- Im Bild wird das Gesicht einer Filmfigur gezeigt, und die Musik setzt – nach vorheriger Stille – schleichend ein; durch diese Art der Verknüpfung wird suggeriert, die Musik drücke die Gedanken und Empfindungen der Filmfigur aus.
- Die Musik setzt mit einem Schlüsselwort des Dialogs ein; so wird verdeutlicht, welchem psychologischen Thema die Musik zuzuordnen ist.
- Die Musik untermalt mit großer Kontinuität verschiedene episodenhafte Einstellungen und macht so spürbar, dass die Einstellungen von einem einheitlichen Empfinden getragen sind.
- Die Musik versetzt den Rezipienten durch prägnante und bisweilen erschreckend plötzliche Erscheinungsformen in einen aufgeregten Zustand, aus dem heraus er die nachfolgenden Filmrepräsentationen aus einer gewissen Stimmung heraus erlebt.
- Die Musik symbolisiert durch leitmotivische Zuordnung zu bestimmten Figuren deren Charakter.
- Die Musik gibt dem Rezipienten in großer Homogenität und Kontinuität eine Grundstimmung, aus der er den ganzen Film wahrnimmt.
- Die Musik wird durch ihre Popularität oder Attraktivität für den Rezipienten selbst zum Identifikations-Objekt; zumindest freut sich der Rezipient auf ihr Wiederkehren, was einem Sympathie-Effekt entspräche.
- Musik ist rhythmisch und metrisch so eng mit dem Fluss der Bilder verwoben, dass eine den Rezipienten bannende ästhetische Einheit entsteht.
- Die von der Musik ausgedrückten Emotionen werden vom Rezipienten so intensiv erlebt, dass er die Filmfigur, der er diese Emotionen zuschreibt, umso näher erlebt und sich mit ihr identifiziert.
- Musik drückt die von einer Landschaft oder einem Raum symbolisierte Stimmung so treffend aus, dass der Rezipient das Gesehene nicht mehr mit Distanz betrachtet, sondern einen Avatar kreiert und sich virtuell in die Landschaft oder den Raum begibt.

- Musik versetzt den Rezipienten in einen Zustand erhöhter Empfindsamkeit und fördert über den Schwingungsmodus den Abbau von Ich-Empfinden beim Rezipienten.
- Musik »erzählt« durch ihre Konnotationen einen Teil der Geschichte, der sonst nicht zum Ausdruck käme und für die Identifikation wichtig ist.
- Musik ersetzt diegetische akustische Ereignisse der Tonspur und lenkt so die Aufmerksamkeit des Rezipienten.
- Musik informiert den Rezipienten vor und setzt ihn ins Bild einer drohenden Gefahr.

Viele weitere Möglichkeiten sind denkbar. Die Auflistung erhebt keinen Anspruch auf Abgeschlossenheit; ferner kehren viele Ideen wieder, die zuvor schon in den Sammelsurien (vgl. S. 118) der Filmmusikfunktionen anklangen. Im Sinne der psychoanalytischen Betrachtung von Film ist stets davon auszugehen, dass Musik insbesondere dann effektiv wirken kann, wenn in der Ganzheit des Films ein tiefenpsychologisches Thema konsistent verkörpert ist.

Identifikationsbestreben und Suspense

Um filmmusikalisch unterstützte Identifikation weiter erklären zu können, wird der Begriff der Identifikation differenziert. Identifikation kann, wie bereits deutlich wurde (vgl. S. 204), in unterschiedlichem Ausmaß und auf unterschiedliche Weise auftreten. Eine nahezu vollständige Identifikation eines Rezipierenden mit einer Filmfigur, wie sie sich in einer »Cliff-Hanger«-Situation einstellen mag, ist lediglich eine Sondersituation. In weiten Teilen der Filmrezeption wird eine Identifikation schwächer ausgeprägt sein. Bislang wurde der Prozess der Identifikation durch das Konzept des »central imagining« als eine »nahe« Erlebensweise des Films beschrieben, im Unterschied zu der »ferneren« Erlebensweise des »acentral imagining« (vgl. S. 217). Damit wurde die Tiefe des Erlebens thematisiert, nicht jedoch deren zeitliches Ausmaß und deren Entwicklung im Prozess der Filmrezeption.

Um hier differenzieren zu können, wird eine Unterscheidung zwischen punktueller Identifikation mit einer Filmfigur und großflächig bestehendem **Identifikationsbestreben** vorgeschlagen: Punktuelle Identifikation besteht, wenn ein Rezipierender für kurze Zeit die mutmaßliche Emotion der Filmfigur teilt oder nachvollzieht. Die »Cliff-Hanger«-Situation ist ein Musterbeispiel von punktueller Identifikation. Von einem Identifikationsbestreben kann hingegen gesprochen werden, wenn ein Rezipierender eine gewisse Grundtendenz und auch den Wunsch zur Identifikation mit einer Filmfigur hat. Etwa sieht der Rezipierende im Film eine Landschaft und entwickelt aufgrund seines Identifikationsbestrebens Vorstellungen darüber, wie die Filmfigur in dieser Landschaft empfinden würde, obwohl die Figur selbst gerade nicht präsent ist. Das Identifikationsbestreben baut auf kognitive Empathie (vgl. S. 215), also auf eine Übertragung von Situationen auf mögliche Emotionen einer Filmfigur; es kann punktuell immer wieder zu weitgehender Identifikation mit der Filmfigur führen.[87]

Filmmusik schafft eine Grundlage für Rezipierende, sich mit einer Filmfigur oder Handlung zu identifizieren. Sie muss dafür nicht selbst im Zentrum der Aufmerksamkeit stehen (vgl. la Motte-Haber/Emons 1980: 193). Die Filmmusik sollte also durch ihren Stil und die Art des Auftretens sowie sämtliche ihr innewohnenden Merkmale geeignet sein, das Bestreben zur Identifikation (oder zumindest starke Empathie) mit der Filmfigur zu erhöhen (vgl. S. 204). Es ist dabei weniger entscheidend, ob die Musik das ausdrückt, was die Filmfigur empfindet. Wichtiger ist, dass die Musik dazu beiträgt, die Filmfigur sowie die Handlung auf imaginärer Ebene (als Teil des virtuellen Raums) konstruierbar zu machen.

Durch das Identifikationsbestreben können einige filmmusikalische Phänomene erklärt werden, die mit Identifikation und Empathie im engsten Sinne nicht plausibel wären. Kommt man zu der Annahme, eine Filmfigur befinde sich in Gefahr, bedeutet dies nicht notgedrungen, dass man gleichzeitig annähme, die Filmfigur selbst sei sich dieser Gefahr bewusst: Im Filmbild ist etwa ein sich entspannt unterhaltendes Pärchen zu sehen, das an einem Tisch sitzt, unter dem eine Zeitbombe tickt. Punktuelle Identifikation würde bedeuten, dass man sich als Rezipierender mit einem der Protagonisten gleichsetzte. Aus dieser Warte könnte man die Gefahr nicht empfinden, denn der Protagonist empfindet sie nicht. Jedoch verspürt man aufgrund eines Informationsvorsprungs so etwas wie Bedrohung. Eine vergleichbare Situation beschreibt Carrol (zit. nach Neill 1996: 177) anhand des Films *Jaws* [USA 1975, R: Steven Spielberg, M: John Williams]: »When the heroine is splashing about with abandon as, unbeknownst to her, a killer shark is zooming in for the kill, we feel concern for her. But that is not what she is feeling. She's feeling delighted.« Während die punktuelle Identifikation also das Gefahrenempfinden des Rezipierenden nicht erklärt, ist der Begriff des Identifikationsbestre-

---

87 Mit dem Begriff des Identifikationsbestrebens findet eine Anknüpfung an den Begriff »Stimmung« (vgl. S. 60) statt: Durch den Begriff Stimmung wird der zeitlich ausgedehnte Hang zu gewissen Emotionen ausgedrückt. Entsprechend ist das Identifikationsbestreben eine länger anhaltende Tendenz des Rezipierenden zur Identifikation mit einer Filmfigur, die gelegentlich mit einer wirklichen Identifikation einhergehen kann.

bens angemessen: Rezipierende wollen sich mit Figuren gleichsetzen, schrecken aber gleichzeitig vor der vollständigen Identifikation zurück, wenn sie erahnen, wie bedrohlich eine Situation werden könnte. In solchen Fällen von Informationsvorsprung stellt das punktuelle Empfinden gewissermaßen eine Zukunftsprojektion dar: Der Rezipierende fühlt sich auf imaginärer Ebene so, wie sich der Filmheld vielleicht bald fühlen wird. Durch das Bestreben, mit ihm identifiziert zu sein, nimmt ein Rezipierender seine Empfindungen vorweg. Der Begriff des Identifikationsbestrebens macht es möglich, solch komplexe Prozesse der Filmrezeption zu fassen und erlaubt es, das Synchronitätsproblem der Filmrezeption zu lösen: Nicht immer verlaufen Empfindungen des Rezipierenden synchron und deckungsgleich mit den Empfindungen der Filmfigur, auf die das Identifikationsbestreben gerichtet ist.

Auf der Ebene des Identifikationsbestrebens setzt das bekannte Phänomen des **Suspense** an. Suspense bezeichnet – gründend auf Überlegungen und Verfahrensweisen Alfred Hitchcocks – eine Spannung, die aus einer Informationskluft zwischen der Filmfigur und einem Rezipierenden entsteht. Hitchcock (zit. nach Truffaut 2003: 62) äußert dazu: »Bei der üblichen Form von Suspense ist es unerlässlich, das das Publikum über die Einzelheiten, die eine Rolle spielen, vollständig informiert ist. Sonst gibt es keinen Suspense.« Die unter dem Tisch tickende Zeitbombe, die nur für Rezipierende, nicht jedoch für Filmakteure sichtbar ist, hat das Prinzip der Vorinformation der Rezipierenden deutlich gemacht. Übertragen auf die Filmmusik wird in der Filmpraxis häufig auch von Suspense-Musik gesprochen: Erklingt etwa eine Gefahren suggerierende Musik, während die Protagonisten vergnüglich auf ein Landhaus zugehen, werden Rezipierende die Musik kaum als Stimmungslage der Akteure auffassen, vielmehr im Sinne einer Gefahr für die Protagonisten. Identifikationsbestreben im Hinblick auf die Filmfiguren zusammen mit der musikalischen Zusatzinformation einer Gefahr führt zum spezifischen filmischen Erlebnis von Suspense.

Entscheidend sind für das Entstehen des von Suspense – sowie das Identifikationsbestreben als dessen Grundlage – alle Dimensionen des Drei-Dimensionen-Modells: In der Tiefendimension nimmt ein Rezipierender die Musik als gefährlich wahr und fühlt sich weitgehend identifiziert mit dem Protagonisten. In der vertikalen Dimension findet die Verknüpfung der Filmbilder mit einer Musik statt, die dem außermusikalischen Stimmungsgehalt der Szene punktuell nicht entspricht. In der horizontalen Dimension manifestiert sich die Informationskluft zwischen dem Rezipierenden und dem Protagonisten. Suspense ist somit ein ganzheitliches Phänomen, das ohne diese Interdependenzen der Dimensionen nicht verstanden werden könnte.

Interessant ist in diesem Zusammenhang, dass Adorno/Eisler (1977: 50) die Wirkung dieses probaten Suspense-Verfahrens in Abrede stellen:

»Die beabsichtigte starke Wirkung wird dadurch vereitelt, dass der Reizeffekt von unzähligen analogen Stellen her vertraut ist. Das Phänomen ist psychologisch doppelsinnig: zeigt das Bild ein friedliches Landhaus, während die Musik wohlvertrautsinistre Klänge produziert, so weiß der Zuschauer sofort, dass jetzt etwas Schreckliches geschehen muss, und die musikalische Vorankündigung verstärkt die Spannung und nimmt sie zugleich durchs sichere Bewusstsein des Kommenden zurück.«

Diese Haltung lässt sich anhand des Identifikationsbestrebens erklären: Aus ihrer ideologischen Warte (vgl. S. 38) lehnen Adorno/Eisler eine Identifikation des Rezipierenden ab, da sie fürchten, der Rezipierende werde von der Filmindustrie negativ manipuliert und vereinnahmt. Explizit fordern sie eine Musik, »die den Zuschauer nicht dazu verleiten [würde, A. K.], sich mit dem Helden zu identifizieren« (Adorno/Eisler 1977: 44). Offenbar wussten Adorno/Eisler genau um das Identifikationsbestreben der Rezipierenden und suchten nach musikalischen Möglichkeiten, es zu mindern und eine punktuelle Identifikation zu verhindern. Adorno/Eisler idealisieren zur Minderung des Identifikationbestrebens eine distanzierte und allein auf nüchternes Informieren bedachte Filmrezeption. Vielleicht nahmen sie den Erfolg ihrer geforderten identifikationshemmenden Filmmusiknormen – und eine durch sie in Zukunft gänzlich veränderte Rezeption, in der es ein Identifikationsbestreben gar nicht mehr gäbe – voraus: Ohne ein Identifikationsbestreben wäre musikalische Antizipation (Vorwegnahme), wie sie für den Suspense notwendig ist, in der Tat wirkungslos, da die Spannung – wie Adorno/Eisler beschreiben – im Moment der sicheren Information vorüber wäre: Wer schon weiß, dass die Filmfigur sterben wird, hat ohne Identifikationsbestreben keinen Drang mehr, dem Geschehen weiter zu folgen. Bezieht man aber das nach Adorno/Eisler zu umgehende Identifikationsbestreben der Rezipierenden mit ein, stellt sich die Lage umgekehrt dar: Gerade die relativ präzise Information, eine Filmfigur werde eventuell sterben, erhöht die psychologische Spannung, da der Rezipierende in seinem Identifikationsbestreben »nicht will«, dass die Figur stirbt. Adorno/Eisler verkennen die Tatsache, dass ein »sicheres Bewusstsein« im Film niemals mehr als eine Erwartungshaltung sein kann, die ebenso gut enttäuscht werden könnte. Es ist das Wesen des Films, mit Erwartungen zu spielen, die mal erfüllt werden, mal eben nicht. Das entspricht einer Ansicht von Leonard B. Meyer (1956: 29) über – insbesondere tonale – Musik, die davon lebe, dass aufgebaute Erwartungen immer die Möglichkeit eines Eintretens des Unerwarteten ließen:

»Although the consequent in any musical sequence must [...] be possible, it may nevertheless be unexpected. But the unexpected should not be confused with the surprising. For when expectation is aroused, the unexpected is always considered to be a possibility, and, though it remains the less expected of several alternatives, it is not a complete surprise. Conditions of active expectation (especially general expectation and suspense) are not the most favourable to surprise. For the listener is on guard, anticipating a new and possibly unexpected consequent. Surprise is most intense where no special expectation is active, where, because there has been no inhibition of a tendency, continuity is expected.«

Die hier anklingenden möglichen Spannungsentwicklungen lassen sich auf die Filmrezeption übertragen (vgl. auch Brown 1994: 5).

Auch eine weitere Art von musikalisch-akustischem Spannungsmittel im Film kann durch das Identifikationsbestreben erläutert werden, nämlich die musikalischen »Schock-Effekte«. Ein plötzliches lautes Geräusch erschreckt einen Rezipierenden auf der Ebene seiner Lebenswelt, unabhängig davon, was er für eine Filmfigur empfindet. Hier kommt die beschriebene Entstehung von Emotion durch Resonanz (vgl. S. 71) auf unmittelbarste Weise zum Ausdruck: Der Rezipierende hat gar keine andere Wahl als schreckhaft auf ein plötzliches sehr lautes Geräusch zu reagieren, da die Schwingung des Schalls ihn – eine gewisse Lautstärke vorausgesetzt – unmittelbar ergreift und eine emotionale Reaktion hervorruft; im Film *The Sixth Sense* [USA 1999, R: M. Night Shyamalan, M: James Newton-Howard] werden beispielsweise erschreckende Musik-Effekte eingesetzt, um Rezipierende punktuell zu schockieren. Es bedarf dazu keiner kognitiven Leistung. Dennoch kann das Ergebnis der Reaktionsbildung – ein punktuelles Erlebnis von Angst und Schrecken – für die kognitive Interpretation des Films nutzbar gemacht werden: Durch das Identifikationsbestreben des Rezipierenden mit einer Filmfigur wird der vom Rezipierenden erfahrene Schock-Effekt nachgerade auf die Filmfigur übertragen. Es kann etwa der Eindruck entstehen, die Filmfigur sei in Gefahr. Auch erhöht ein solcher Schock-Effekt die generelle Aufmerksamkeit des Rezipierenden (vgl. Bullerjahn 2001: 169). Beispielsweise befindet sich ein Rezipierender nach dem ersten im Film eingesetzten schockierenden Klang in angstvoller Erwartung des nächsten; er ist vorgewarnt. Die Angst mag den nächsten Schock dann noch intensiver werden lassen. Dieser Steigerungseffekt wurde anhand des Horror-Genres ausführlich von Glenn G. Sparks (1996: 125–145) experimentell untersucht.

narrative und nicht-narrative Emotionen

Empathie und Identifikation sowie die erläuterten angrenzenden Phänomene machen einen Großteil der Filmrezeption aus. Sie bedingen, inwieweit Emotionen, die sich beim Rezipierenden einstellen, konstitutiv für die Filmhandlung (Narration) sind. Sie wurden bisher nur im Hinblick auf ihre Abhängigkeit von filmischen Stimuli erklärt. Jedoch wäre eine ganzheitliche Erklärung von Empathie und Identifikation in der Film(musik)rezeption nicht komplett, wenn sie nicht auch Emotionen einbezöge, die als nicht-narrativ zu bezeichnen sind. Dieser Abschnitt sollte als ein für die Filmpraxis nicht unbedingt vorrangiges Gedankenexperiment gesehen werden, das der Vervollständigung der ganzheitlichen Betrachtung dient.

In der Filmtheorie werden zumeist nur solche (ästhetischen) Emotionen als narrativ – und somit für die Identifikation mit konstituierend – angesehen, die auf die eine oder andere Weise aus der Narration resultieren. In Abgrenzung von solch filmisch-narrativ bedingten Emotionen gibt es während der Filmrezeption zweifellos aber auch Emotionen, die sich bei Rezipierenden »privat« (infolge von Einflüssen des unmittelbaren Teils der Lebenswelt) einstellen. So könnte es sein, dass ein Rezipierender im Kino sitzend zeitweilig gar nicht so sehr auf den Film achtet, sondern sich eigenen Phantasien hingibt, die nicht im Zusammenhang mit der Narration stehen. Auch kann es das Erlebnis eines Rezipierenden beeinflussen, wenn der Kino-Nachbar mit der Chips-Tüte raschelt und dadurch eventuell Ärger verursacht.

Viele dieser nicht vom Film ausgelösten Emotionen sind, sofern sie eine äußere Ursache haben, auditiv bedingt, da ein Rezipierender seinen Blick besser auf das Ziel der Leinwand richten kann als seine Ohren, die auch für Umgebungsgeräusche offen bleiben. Die nicht vom Film ausgelösten Emotionen vermischen sich mit der Wahrnehmung des Films und den daraus resultierenden narrativen Emotionen: Ganzheitlich betrachtet ist Filmwahrnehmung auf *alle* Reize und Emotionen zurückzuführen, die ein Rezipierender während der Filmrezeption erlebt. Das müssen nicht ausschließlich Reize des Films sein; es können auch Reize sein, die etwa aus dem Kinosaal kommen und die Filmrezeption auf eine vom Produzenten nicht intendierte Weise beeinflussen.

Diese Überlegung wirkt ersteinmal konstruiert, ist aber von nicht zu unterschätzender Bedeutung im Bereich der empirisch-experimentellen Medienforschung (vgl. S. 30). Die methodische Erforschung von Filmrezeption hat stets mit dem Widerspruch zu kämpfen, dass sie einerseits das Erleben von Rezipierenden objektiv erfassen möchte, andererseits durch die Konstruktion und Organisation von Testsituationen, durch die Installation von Messgeräten oder auch durch die spezifischen Designs von Befragungen ihrerseits in die Ganzheit der Rezeption eingreift und diese potenziell verfälscht (vgl. S. 49). Das etwaige Blutdruckmessgerät in der Medienforschung kommt dann der raschelnden Chipstüte des Kinonachbarn gleich. Die mögliche Aufforderung an Rezipierende, das Erleben von Film oder Filmmusik in Echtzeit durch einen Joystick oder ein anderes elektronisches Eingabemedium bewertend nachzuvollziehen, schafft eine Situation, die schwerlich mit der ungestörten und freiwilligen Situation verglichen werden kann, in der sich ein Rezipierender auf eine Reise in ein virtuelles Land begibt. Die empirisch-experimentelle Forschung hat somit das Problem zu lösen, narrative von nicht-narrativen Emotionen zu unterscheiden. Narrative Emotionen sind Emotionen, die auf Reize des Films zurückgehen, nicht-narrative Emotionen rühren nicht vom Film her, sondern entweder aus dem Kinosaal oder aus inneren psychischen Prozessen des Rezipierenden, die nicht vom Film induziert wurden.

Nicht-narrative Emotionen tragen dazu bei, die Stimmung (vgl. S. 62) zu fundieren. Ein Rezipierender, der sich latent über seinen Nachbarn im Kino ärgert, wird den Film anders wahrnehmen als ein Rezipierender, der völlig entspannt auf die Handlung achten kann. Allein schon die Auswahl eines Films wird durch die vorherige (also nicht narrativ bedingte) Stimmung beeinflusst. Dies konnte bereits experimentell nachgewiesen werden. Dolf Zillmann (1988) führte eine Reihe von Experimenten zur gezielten Erkundung der Emotionssteuerung in Unterhaltungsmedien (Film, Musik, Sport etc.) im Hinblick auf Rezeptionspräferenzen durch. Er untersuchte also die Entstehung narrativer Emotionen. Ein Experiment ergab über die Ermittlung von Tendenzen zur Programmwahl im Anschluss an eine bestimmte experimentell erzielte Erregung, dass der momentane »emotionale Zustand« (die Stimmung) einen entscheidenden Einfluss auf die Programmwahl hat (Zillmann 1988: 147–171). So neigten Probanden, die zuvor in einen Zustand der Langeweile versetzt worden waren, dazu, auf Programme mit hohem Erregungspotenzial umzuschalten. Probanden, die durch Übererregung in einen Zustand von Stress versetzt worden waren, neigten dazu, Programme mit geringem affektivem Erregungsniveau zu wählen. Probanden, die in einen Zustand von akuter Aversion versetzt worden waren, neigten dazu, ein Programm mit möglichst positivem Inhalt zu wählen. Probanden, die durch den Filmkontext hohe Zufriedenheit erlangt hatten, suchten diesen Zustand zu halten und stiegen deshalb auf Programme mit weniger starken Stimuli um, wobei sie wenig geneigt waren, erneut positive Stimuli zu wählen (vgl. auch Tan 1996: 25).

Diese Überlegungen zu narrativen und nicht-narrativen Emotionen sind also nicht für den Filmpraktiker relevant, der sich mit der Gestaltung eines attraktiven Films befasst. Für den Produzenten, der eine empirisch-experimentelle Medienforschung hinzuziehen möchte, sind sie jedoch essenziell.

Implikationen für die Filmpraxis

Wesentlich folgt aus den vorangegangenen Überlegungen – insbesondere zur Identifikation und Empathie –, dass es abwegig scheinen muss, allein durch Musik eine Bindung des Rezipienten an eine Filmfigur aufzubauen. Wenn Schauspiel und Inszenierung nicht hinreichend sind, ist eine Tiefe dem Film durch Musik nicht einzuhauchen. Ebenso abwegig scheint es, allein durch Musik eine ansonsten nicht plausiblen Geschichte zu plausibilisieren (vgl. S. 177).

Dennoch kann Musik im narrativen Film auf vielfältige Weise eingesetzt werden, um die auf anderen Ebenen bestehenden Anreize zum Eintauchen in den virtuellen Raum zu erweitern und zu vervollständigen. Viele filmpraktische Erfahrungen im Bereich Filmmusik und Filmton lassen sich durch die Phänomene Empathie und Identifikation ausdeuten, etwa auch die von Schneider (1997a: 14–15) beschriebenen zwei Typen filmischer Tonmischung, die zweifellos einen Einfluss auf Empathie und Identifikation des Rezipierenden haben:

Die **dokumentarische Mischung** ist Schneider (1997a: 14–15) zufolge typisch für den deutschsprachigen Raum:

»Übergeordnetes Prinzip ist eine authentische Wiedergabe der Realität. Nach Vorgabe des Bildes werden alle sichtbaren Zutaten auch akustisch angelegt (die Turmuhr, das Moped, der vorbeifahrende Brummi, die Baustelle im Hintergrund usw.) und auf Biegen und Brechen hörbar gemacht. Das Ergebnis ist ein überfülltes, meist sehr lautes Klangbild, in dem alle Geräusche perspektivlos zu hören sind. So ist gerade allenfalls für den Dialog, aber kaum noch für die Musik Platz. Dieser Typ der ›dokumentarischen Mischung‹ könnte auch ›realistische Mischung‹ genannt werden.«

Die **emotionale Mischung** (auch perspektivische Mischung) ist

»in all jenen großartigen Filmen aus USA, England, Frankreich oder Italien zu finden, deren wohlklingenden Titel die geliebte Aura des Kinos in uns wachrufen. Hier gilt die Sentenz, dass die Filmmischung das Herzstück des Filmemachens ist, wo der Film seine ›Seele‹, seine feinen Schwingungen erhält. Hier entsteht die ›Sonorität‹ (der Tonfall) eines Filmes, der ihn (über die niveaulos gleich bleibende äußere Realität des mikrophonischen Realismus hinaus) dem Zuschauer sympathisch oder unsympathisch macht. Es ist wie bei den Menschen. Das äußere Abbild sagt noch wenig über eine Person, zumal es sich auch leicht fälschen lässt. Erst das innere Abbild, der Stimmklang (die Sonorität) gibt eine klarere Auskunft über die Persönlichkeitsstruktur.« (Ebd.)

Schneider beschreibt in einer starken Polarität klangliche Merkmale der Filmgestaltung, die in erster Linie Empathie und Identifikation begünstigen oder aber hemmen können. Die emotionale Filmmischung soll wohl eher das »central imagining« begünstigen, während die dokumentarische Filmmischung eher auf das »acentral imagining« abzielt (vgl. S. 217).

Im Falle einer emotionalen Filmmischung kann unterschieden werden, ob diese das narrative Verständnis des Films fördert oder lediglich narrationsunabhängig wirkt. So könnte eine attraktive Filmmusik einerseits dazu eingesetzt werden, ganz spezielle Details der Handlung hervorzukehren, andererseits dazu, dem Rezipierenden als solche zu gefallen und ein musikalisch-emotionales Erlebnis unabhängig von der Handlung auszulösen. In diesem Zusammenhang kann nochmals auf Tan (1996: 175) hingewiesen werden, der untersucht, ob sich Emotionen Rezipierender auf die Filmhandlung (und somit auf den virtuellen Raum) beziehen, oder ob lediglich durch bestimmte filmische Reize »private« Emotionen ausgelöst werden. Dieser Aspekt kam in der bisherigen Beschreibung noch nicht zum Tragen. Vorher waren es lediglich filmisch-narrativ oder außerfilmisch induzierte Emotionen. So war von der Chipstüte des Kinonachbarn die Rede, deren Geräusch in uns Emotionen auslösen kann, die wir irgendwie in die Filmrezeption einfließen lassen (vgl. S. 233). Tan geht nun in seiner Unterscheidung den umgekehrten Weg und untersucht Emotionen, die zwar von filmischen Reizen induziert werden, jedoch nicht im Sinne der Filmhandlung interpretiert werden. Salopp könnte von einem Modus der Berieselung gesprochen werden.

So theoretisch eine solche Anschauung wirkt, so sehr ist sie doch praxisrelevant. Diese Unterscheidung liefert nämlich eine neue Grundlage für das an früherer Stelle bereits besprochene Phänomen der sogenannten »Rettungsmusiken« (vgl. S. 177): Ein Filmpraktiker verlangt vom Filmkomponisten, Musik zu schreiben, die den Rezipienten über Schwächen in der Handlung hinwegtäuschen soll. Die Musik soll dazu dienen, den Rezipienten zu halten und weiter zu binden, obwohl die eigentliche Intention, eine Handlung zu erzählen, in Teilen als missglückt angesehen wird. Es werden den Rezipierenden Stimuli (z. B. Filmmusik) angeboten, die sie dazu animieren könnten, in eigene private Gedanken- und Emotionswelten abzutauchen. Überspitzt formuliert könnte das folgende Situation zur Folge haben: Ein Rezipierender sieht einen Spielfilm, dessen Handlung kaum nachvollziehbar ist. Anstatt sich überhaupt noch darum zu bemühen, die Handlung konstruktiv zu erschließen, wendet er sich einfach der schönen Musik zu und rezipiert einen »Spielfilm« als bloße Berieselung ohne narrativen Sinn. Die Emotionen, die durch die Musik ausgelöst werden, sind im Sinne Tans »private Emotionen« (vgl. S. 218), da sie nicht aus der Narration herrühren.

Wenn dieses Auslösen von privaten Emotionen durch den Film möglich ist, ist pragmatisch zu fragen, ob ein Film, der auf einem schlechten Drehbuch basiert, nicht doch durch Musik verbessert werden könnte und auf welcher Ebene überhaupt die Beurteilung von »besser« oder »schlechter« ansetzt. Was zunächst so unstrittig wirkt – »ein schlechtes Drehbuch wird durch Musik nicht besser« –, kann pragmatisch vielschichtiger gesehen werden. Selbst wenn es einmal als unzweifelhaft gelten darf, dass die These in wörtlichster Auslegung richtig ist und das Drehbuch (als schriftliches Werk) selbstverständlich nicht verbessert werden kann (weil es ja ein Drehbuch bleibt und durch Musik nicht verändert wird), bliebe dennoch zu fragen, ob es nicht doch gelingen könnte, mit Hilfe von Musik ein akzeptableres filmisch-ästhetisches Endergebnis zu schaffen, das dann nur eben seinen Reiz auf einer anderen als der ursprünglich intendierten narrativen Ebene hätte.

Diese Anmerkung ist zugleich hoch-theoretisch und zutiefst-praktisch. Theoretisch muss angenommen werden, dass ein narrativ intendierter Film letztlich durch behelfsmäßige Filmmusik nicht zu einem »Meisterwerk« im eigentlich intendierten Sinne werden kann. Praktisch wird man aber nie um den Einsatz behelfsmäßiger Musik herum kommen, weil nun mal nicht jedes Drehbuch ein Meisterwerk ist. Zudem ist ein Drehbuch eine Vorstufe zum filmischen Ganzen, und im holistischen Sinne kann ein Ganzes nie vor seiner Fertigstellung mit letzter Sicherheit bewertet werden. Das bereits in die Entwicklung des Drehbuchs investierte Geld lässt es pragmatisch daher häufig sinnvoll erscheinen, seine Schwächen bis zu einem gewissen Grad in Kauf zu nehmen und es so gut wie möglich umzusetzen, eben auch mit Hilfe von Musik.

Den eingangs im vorliegenden Buch geforderten hoffnungsvollen Blick (vgl. S. 29–34) einnehmend soll – im Sinne kreativer Offenheit – nicht ausgeschlossen werden, dass im Einzelfall auf einer ursprünglich für schlecht befundenen Drehbuchgrundlage mit Hilfe einer eigentlich als behelfsmäßig eingestuften Musik ein Meisterwerk entsteht. Es kann keinesfalls als einzig richtig und konsequent gelten, den Versuch, ein »schlechtes« Drehbuch oder einen »schlechten« Film durch Musik zu retten, zu unterlassen. Es würde die kreative Freiheit der Filmgestaltung einengen, im Einzelfall nicht auch musikalisch und anderweitig filmisch mit schlechten Drehbuchvorlagen zu experimentieren. Denn vielleicht ergeben sich im Experimentieren ungeahnte Möglichkeiten. Hier kommt im holistischen Sinne das Unermessliche, die dritte Ebene des Holismus, ins Spiel (vgl. S. 28).

Niemand kann je vorab ausschließen, dass es gelingen kann, einen auf einem schlechten Drehbuch basierenden oder schlecht geschnittenen Film so geschickt musikalisch auszudeuten, dass am Ende Tiefen erschlossen werden, die vom Produzenten ursprünglich weder intendiert noch erahnt wurden. Ansatzweise bringt dies der Regisseur David Lean (zit. nach Russell/Young 2001: 50) im Hinblick auf seine Arbeit am Film *Doctor Zhivago* [UK/USA 1965, R: David Lean, M: Maurice Jarre] zum Ausdruck:

»Manchmal kann man tatsächlich einen schlechten Schnitt reparieren, aber manchmal ist der Patient eben auch schon tot. Wenn ein Regisseur bei den Dreharbeiten nicht sicher ist und denkt, dass die Musik schon helfen wird, liegt er falsch.«

Niemand kann ausschließen, dass der Filmkomponist einen ungeahnten Bogen schlägt und eine Stimmigkeit des Films bewirkt, deren Möglichkeit einzelnen Filmpraktikern verborgen war. Zu intuitiv ist der Prozess der Filmgestaltung, als dass nicht – auch ohne gute Voraussetzungen und gutes Konzept – im Einzelfall spontane Meisterwerke entstehen. Mehr noch: Niemand weiß, ob nicht einige der Meisterwerke, die wir heute mehrheitlich als solche ansehen, ursprünglich auf »schlechten« Vorlagen basierten und nur in der späteren ganzheitlichen Wahrnehmung als Meisterwerke erschienen. Es ist im ganzheitlichen Sinne nicht einsichtig, die Hoffnung auf ungeahnte filmmusikalische Möglichkeiten aufzugeben: Niemand weiß sicher, was ein »gutes« Drehbuch ist, denn er kann es vorab nicht in seiner ganzheitlichen Umsetzung erahnen. Die spätere Umsetzung übersteigt sein eigenes kreatives Vorstellungsvermögen möglicherweise weit, denn das dynamische Gefüge des Produzenten trägt in den Interdependenzen vieler Filmpraktiker implizite Potenziale in sich, die kein einzelner Praktiker konkret erahnt.

Eines der berühmtesten Beispiele der Filmgeschichte, das dieses Phänomen verdeutlicht, ist der Film *Psycho* von Alfred Hitchcock [USA 1960]. Der Regisseur war mit der Vorfassung seines Films (noch ohne Musik) äußerst unzufrieden, wie der Komponist Bernard Herrmann (zit. nach Rieger 1996: 193) verdeutlicht:

»Ich saß in einem Vorführraum, nachdem ich die Vorfassung von *Psycho* gesehen hatte. Hitch lief nervös herum, fand den Film scheußlich und wollte ihn zu einer Fernsehfassung zusammenschneiden. Er war verrückt.

Er wusste nicht, was er vor sich hatte. ›Warte doch mal‹, sagte ich ›ich habe einige Ideen. Wie wäre es mit einer Partitur ausschließlich für Streicher? Ich war nämlich früher selbst Geiger…‹ Hitch war damals verrückt. Er hatte ja *Psycho* mit seinem eigenen Geld produziert und er befürchtete, dass der Film ein Flop werden könnte.«

Hitchcock hatte also keine Vorstellung, was aus seinem Film durch Musik werden konnte. Streng genommen ist die Musik von Bernard Herrmann also eine »Rettungsmusik«. In diesem Fall jedoch sind sowohl der Film als auch die Musik als Teil des Films zu Meilensteinen der Filmgeschichte geworden. Die besondere Spannung in diesem Film entsteht dadurch, dass zu den Anfangsszenen, die ohne Musik relativ wenig aussagekräftig sind, eine Musik montiert wird, die um einiges dramatischer und »pathologischer« klingt als es die Bilder unmittelbar erlauben würden. In diesen Szenen ist die Protagonistin Marion Crane im Auto auf der Flucht, nachdem sie ein bisschen Geld von ihrem Arbeitgeber gestohlen hat. Die Musik jedoch verkörpert äußerste Brutalität und Dramatik. Erst später im Film wird den Rezipierenden offenkundig, dass diese Musik ihre unmittelbare interpretatorische Entsprechung nicht in den Gedanken und Emotionen der Protagonistin hat, sondern im Charakter von Norman Bates, der die Protagonistin dann in der berühmten Duschmord-Szene umbringt. Eine Bild-Musik-Verbindung, die ursprünglich behelfsmäßig konstruiert wurde, hat sich als nicht nur passable Rettung des Films erwiesen, sondern als kreativer Zündfunke, der selbst beinahe fünfzig Jahre später noch als eine herausragende Errungenschaft der Filmgeschichte gewürdigt wird.

Die Tiefe der Filmidee bleibt, so könnte man mit Blick auf »ungeahnte Meisterwerke« wie *Psycho* schließen, offenbar dem Produzenten bisweilen verborgen. Das entspricht einem häufigen Phänomen im kreativen Alltag: In der ständigen Auseinandersetzung mit einem Gegenstand verliert der Praktiker manchmal das Gespür für die Tiefenthemen, die ihn selbst ursprünglich (und oft unbewusst) motivierten, etwas zu schaffen. Der Schaffende verbeißt sich in die oberflächliche Struktur und übersieht, dass es lediglich Brüche in der Ausführung, nicht jedoch Mängel im Potenzial sind, die das Ergebnis schlecht erscheinen lassen. Das kreative Moment des Filmkomponisten ist es letztlich, durch eine völlig neue Idee das scheinbar Unmögliche zu erreichen. Oft hat der Filmkomponist die Aufgabe, Tiefenstrukturen auszudeuten, denen sich die anderen Filmpraktiker noch nicht (oder auch einfach durch fortwährende Beschäftigung mit ihrem Gegenstand: nicht mehr) bewusst waren, als sie den Film in die Hände des Komponisten gaben.

Oft sind es gerade die besonders ausweglos erscheinenden Momente im Leben, die besondere Kreativität heraufbefördern und nachgerade als die gelungensten Lebensmomente erinnert werden: Not macht erfinderisch, weiß der Volksmund zu sagen. Filmmusik ist Teil des Lebens, und so sollte dieses Prinzip auch für ihre Erschaffung gelten können. Selbstverständlich wird dies nicht in jedem Einzelfall gelingen; einzig die Hoffnung sollte nie aufgegeben werden.

Praktisch heißt das: Ein guter und erfolgreicher Filmkomponist zeichnet sich nicht nur dadurch aus, dass er zu ordentlich konzipierten Filmvorlagen hervorragende Musik schreiben kann, sondern eben auch dadurch, dass er musikalische Mittel so einzusetzen vermag, dass er Ungeahntes manch zweifelhafter Vorlage entlocken kann. Jedes kreative Experimentieren mit widrigsten Vorlagen und unter widrigsten Umständen steht über dem rationalen Vor-Urteil, solches Experimentieren sei nur im einen – und nicht so im anderen – Fall angebracht und redlich.

VII. Resümee

Eine Vielzahl von Autoren hat sich seit den Anfängen des Films darum bemüht, das Gebiet der Filmmusik theoretisch zu durchdringen. Sowohl Wissenschaftler – insbesondere aus der Musik- und Filmwissenschaft sowie der Psychologie – als auch Filmpraktiker haben wertvolle Einsichten und Modelle geliefert, die teilweise so grundlegend und weitsichtig sind, dass sie in der Brandung des schnelllebigen Filmgeschäfts langfristig bestand hatten oder haben. Gleichwohl sind die Ansätze der Arbeiten sehr verschieden. Oft scheinen Theorien zur Filmmusik, die für sich genommen überzeugen, kaum miteinander vereinbar, da sie auf unterschiedlichen Prämissen fußen. Die Verschiedenheit rührt mitunter daher, dass Filmmusik lange mehr Spielball akademischer Grundsatzdebatten als eigentlicher Forschungsgegenstand war. Nachhaltig geriet dabei die Anschlussfähigkeit wissenschaftlicher Betrachtungen an die Film(musik)praxis ins Hintertreffen. Es mangelt der Film(musik)forschung bislang an einem theoretischen Fundament und Modell zur dynamischen Verbindung bestehender Theoriefragmente untereinander sowie mit der Filmpraxis.

Das mit dem vorliegenden Buch entwickelte Drei-Dimensionen-Modell schlägt eine Betrachtungsweise vor, die helfen könnte, diese Lücke der Film(musik)forschung zu schließen. Das Modell operationalisiert sämtliche Eckpfeiler des Films, insbesondere die Ebenen Filmproduzent, Film als manifesten Gegenstand und Filmrezipient. Es ist geeignet, Geltungsbereiche und Potenziale bestehender Theorien zur Filmmusik auszuloten und in einen dynamischen wechselseitigen Bezug zu setzen.

Die Grundidee des Modells besteht darin, dass die mit dem Filmstreifen manifesten vertikalen und horizontalen Verknüpfungen von Bildern und Tönen – im Modell dargestellt in der »vertikalen« und »horizontalen Dimension« – anhand einer weiteren Dimension, der »Tiefendimension«, auf unterschiedliche Bewusstseinsebenen sowohl des Filmproduzenten als auch des Filmrezipienten übertragen werden können. Bei dem Rezipienten etwa ist zu unterscheiden, ob er Bilder und Töne als Teil seiner alltäglichen »Lebenswelt« oder aber als Teil eines »virtuellen Raums« wahrnimmt. Durch diese Betrachtungsweise gelingt es, genau zu ergründen, auf welche Facetten des Films sowie seiner Produktion und Wahrnehmung sich bestehende Theorien der Filmmusik beziehen. Darüber hinaus lässt sich das Drei-Dimensionen-Modell auf sämtliche Aspekte des Films anwenden, etwa auch auf die Filmsprache oder Bildgestaltung; es ist nicht auf die Filmmusik beschränkt. Außerdem kann es mannigfaltige multimediale Kontexte jenseits des Films einbeziehen, etwa die Oper, den Werbeclip oder das Internet.

Diese Bandbreite des Modells wurzelt in philosophischen und psychologischen Grundlagen, die im vorliegenden Buch als maßgeblich für eine theoretisch vielschichtige und dennoch praxisnahe Film(musik)forschung herausgestellt werden.

Der Kern des philosophischen Ansatzes besteht im Holismus, einer ganzheitlichen Betrachtungsweise, die hilft, Einzelheiten – des allgemeinen Lebens wie des Films – in einem sie sinngebend vereinenden Kontext zu betrachten. Tragend sind Prämissen, die der Begründer des Begriffs »Holismus«, Jan Christiaan Smuts, in seiner Schrift *Die holistische Welt* (englischsprachige Erstausgabe *Holism and Evolution* 1925) vorstellt: Der Mensch addiert einzelne Wahrnehmungen nicht einfach, sondern interpretiert sie im Sinne eines von den Einzelwahrnehmungen nur angedeuteten Ganzen; die wahrnehmbaren Dinge selbst sind keine bloßen Anhäufungen von Atomen oder Eigenschaften, sondern ein organisches Ganzes; zudem streben Dinge und Lebewesen eine Vervollständigung und Annäherung an eine Ganzheit an, die sie bislang nur unzureichend verkörpern.

Weitere Grundlagen bestehen in der Philosophie des (Neo-)Pragmatismus, deren Kernanliegen es ist, theoretische Betrachtungsweisen nicht als abgehobene und für sich selbst stehende Konstrukte zu begreifen, sondern als kreative, phantasievolle und oft nicht »beweisbare« Ideen, die mit einer Hoffnung auf Nützlichkeit in der Praxis verbunden sind. Tragend sind die Anschauungen von Richard Rorty und Donald Davidson (Neopragmatisten), gleichzeitig aber auch jene der frühen Pragmatisten Charles S. Peirce, William James und John Dewey. Ergänzend werden die Systemtheorie Niklas Luhmanns sowie ein »systemisches Verständnis« von Medien und Medienrezeption herangezogen; diese Ansätze sind in wichtigen Aspekten wiederum verankert in Smuts' Holismus.

Die psychologischen Grundlagen bestehen in der Annahme einer Unbewusstheit großer Teile der allgemeinen- und Medienwahrnehmung sowie der engen – systemischen – Interdependenz von Kognition und Emotion in dem von John Kihlstrom geprägten Konzept des »Kognitiv-Unbewussten«. Auch die in konstruktivistischen und rekonstruktivistischen Rezeptionstheorien – etwa von David Bordwell – hervorgehobene aktive und mitgestaltende Rolle des Rezipienten bei der Wahrnehmung von Medieninhalten ist ein zentraler Anknüpfungspunkt. Zudem wird Leon Festingers Theorie der Kognitiven Dissonanz als eine Erklärung für das ständige Ringen der Filmpraktiker um ein für den Rezipienten richtiges Maß an Bestätigung oder Bruch mit Rezeptionsgewohnheiten eingebunden.

Das aus diesen Grundlagen gespeiste Drei-Dimensionen-Modell wird umfassend auf die bisherigen Ergebnisse der Film(musik)forschung angewandt. Die Herangehensweise ist dabei intuitiv. Stets wird die eigene Erfahrung des Verfassers als Komponist für Film, Fernsehen und andere audiovisuelle Medien einbezogen. Die in der Untersuchung berücksichtigten Textquellen bestehen an erster Stelle aus Theorien und Modellen zur Filmmusik; solche von Musikwissenschaftlern, Filmwissenschaftlern, Psychologen und Filmpraktikern werden gleichwertig einbezogen. An zweiter Stelle werden empirisch-experimentelle Studien zur Filmmusik auf ihre Bedeutung für die Theorie und Praxis der Filmmusik untersucht. An dritter Stelle werden hermeneutische und historische Arbeiten zur Filmmusik einbezogen, sofern aus ihnen generalisierbare und nicht nur auf Einzelfilme bezogene Aspekte hervorgehen. Arbeiten, die einem primär normativen, wertenden und gesellschaftsideologischen Ansatz folgen, werden nur im Hinblick auf neutral zu betrachtende Einzelaspekte herangezogen.

Die Aufarbeitung dieser Quellen anhand des Drei-Dimensionen-Modells lässt ein erstaunlich hohes Maß an Kompatibilität und Facettenreichtum vermeintlich unvereinbarer Ansätze erkennen. Beispielsweise scheint bislang in der Filmmusiktheorie eine Unvereinbarkeit zwischen Funktions- und Wirkungsmodellen zu bestehen, ebenso zwischen ganzheitlichen Betrachtungsweisen einerseits und Theorien, die sich nur auf Einzelaspekte des Films und seiner Montage beziehen, andererseits. Das vorliegende Buch verdeutlicht, dass viele Theorien und Modelle unterschiedliche Bereiche der Gestaltung oder Wahrnehmung von Film beleuchten und sich jenseits einer formalistischen Betrachtung keineswegs widersprechen. Es wird unterschieden zwischen Theorien, die sich im Wesentlichen anhand *einer* der drei Dimensionen darstellen lassen, und Theorien, die nur durch *alle* drei Dimensionen beleuchtet werden können. Anschauungen des Regisseurs Sergej Eisenstein beispielsweise beziehen sich vorwiegend auf die vertikale Dimension. Die Leitmotivtechnik als ein traditionelles Stilmittel insbesondere amerikanischer Filme lässt sich in der horizontalen Dimension beschreiben. Der Aspekt der unterschiedlich empfundenen Nähe des Rezipienten zur Filmhandlung wiederum kommt in der Tiefendimension zum Tragen. Keine der betrachteten Theorien ließe sich aber letztlich sinnvoll ohne einen Einbezug aller drei Dimensionen auf die Filmpraxis beziehen; so werden verborgene Anknüpfungspunkte dort, wo sie aus den Studien selbst nicht hervorgehen, ausgeleuchtet. Andere Theorien lassen sich von vornherein nur in allen drei Dimensionen interpretieren, etwa das filmmusikalische Suspense-Verfahren, die Verwebung von Filmmusik mit tiefenpsychologischen Konflikten des Films und seines Rezipienten, die Identifikation, Empathie oder Sympathie des Rezipienten mit Filmfiguren sowie die Wirkungsweisen unterschiedlicher Arten von Filmtonmischung.

So ergibt sich eine vernetzte theoretische Betrachtungsweise der Filmmusik. Die von Film(musik)forschern thematisierten Widersprüche zu jeweils anderen Theorien scheinen eher aus der Frage zu resultieren, welche Betrachtungsweise aktuellen wissenschaftlichen Strömungen angemessen sei, als aus ihrem Potenzial, Filmmusik umfassend, integrativ und praxisnah zu ergründen. Die Arbeit zeigt auf, dass keiner der gängigen Ansätze so umfassend ist, dass andere Ansätze damit ersetzt würden. Dies lässt sich beispielhaft anhand von zwei Filmmusik-Modellen resümieren, die Hansjörg Pauli entworfen hat. Das erste Modell (Pauli 1976) beschreibt in drei Kategorien Funktionen, die Filmmusik gegenüber dem Filmbild einnehmen kann. Das zweite Modell (Pauli 1993) beschreibt – ebenfalls in drei Kategorien – Arten der Wirkung von Filmmusik auf den Rezipienten. Nachdem das erste Modell akademisch weite Verbreitung erlangt und auch in der Filmpraxis als eines von wenigen Modellen Anklang gefunden hatte, schien es für eine gewisse Zeit, als müssten diese und ähnliche Betrachtungsweisen zugunsten neuerer Modelle, die stärker wirkungsbezogen sind und den Rezipienten einbeziehen, abgelegt werden. Mit neuen wissenschaftlichen Strömungen wurden alte Errungenschaften – ungeachtet ihres nach wie vor bestehenden Nutzens für die Praxis – hintangestellt. In solch einer »Alles-oder-Nichts-Haltung« liegt jedoch, wie anhand etlicher weiterer Beispiele herausgestellt wird, die Kluft zwischen Wissenschaft und Praxis in Bezug auf Filmmusik begründet.

Als generelle Tendenz kristallisiert sich heraus: Ganzheitliche theoretische Betrachtungsweisen von Filmmusik wie etwa Paulis jüngeres Wirkungsmodell oder ein ebenfalls verbreitetes Modell von Georg Maas (1994) sind hervorragend geeignet, Wissenschaftlern und Filmpraktikern ein Bewusstsein von der Ganzheitlichkeit der Film(musik)wirkung zu vermitteln. Viele Phänomene und bisweilen verworren wirkende Wege im Praxisalltag der Filmschaffenden hängen damit zusammen, dass auf dem Weg zu einem stimmigen Film-Ganzen Intuitionen, Anweisungen und Teilgestaltungen vieler Menschen nach und nach zusammengeführt werden müssen und es häufig nicht gelingt, das Ziel der Ganzheit hinreichend zu kommunizieren und im Auge zu behalten. Die Praxis ist letztlich dazu gezwungen, »fragmentarisch« – in Einzelschritten – zu arbeiten und dennoch einen im Werdeprozess noch nicht manifesten Zusammenhang einzelner Fragmente und Schritte als Idee zu wahren. Auf diesem – durch ganzheitliche Modelle erkennbaren – Weg sind Modelle wie das ältere Funktionsmodell Paulis, die sich auf punktuelle Gestaltungsweisen von Filmmusik beziehen und nicht das große Ganze hervorheben, jedoch von durchaus größerem Wert als die ganzheitlichen Theorien selbst: Während ein ganzheitliches Filmmusik-Wirkungsmodell geeignet ist, zu beschreiben, was aus dem Ganzen der filmischen Gestaltung in der Rezeption hervorgehen soll, oder auch nur, *dass* es ein vages Ganzheitsziel gibt, kann ein punktueller ansetzendes Filmmusik-Funktionsmodell besser herangezogen werden, um in Form konkreter Handlungsanweisungen festzulegen, wie eine Gestaltung, von der man sich eine bestimmte Wirkung erhofft, geschehen soll. Auch die Analyse konkreter Ausgestaltungen gelingt mit solchen Modellen besser. Ganzheitliche Betrachtungsweisen heben hervor, dass »alles mit allem« zusammenhängt, punktuellere jedoch die dennoch bestehende Notwendigkeit, sich im praktischen Handeln zunächst auf Spezifisches zu konzentrieren. Jede der beiden grundsätzlichen Betrachtungsweisen wäre unvollständig ohne die jeweils andere; es besteht ein systemisches Wechselverhältnis.

Das Drei-Dimensionen-Modell ist selbst ganzheitlich ausgerichtet, jedoch – im Unterschied zu bestehenden ganzheitlichen Modellen – geeignet, punktueller greifende Modelle systemisch zu integrieren. Es geht also von einem übergreifenden Ganzheitsdenken aus, das vielleicht von der Film(musik)forschung bislang zu wenig in Betracht gezogen wurde. Das Modell kann so dazu dienen, die Kluft zwischen den bisherigen Funktions- und Wirkungsbeschreibungen konstruktiv zu überbrücken. In seiner Anwendung auf empirisch-experimentelle Arbeiten tritt ferner zutage, dass diese häufig weniger aussagekräftig sind als es deren Autoren annehmen. Oft sind die gewählten Untersuchungsdesigns natürlichen Rezeptionssituationen nicht ebenbürtig. Besonders auffällig ist zudem, dass unter Forschern häufig irrige oder verengte Vorstellungen von der Film(musik)praxis herrschen und so die Interpretation von Versuchsergebnissen ebenso wie deren Konzeption einseitig ausfällt. Das Drei-Dimensionen-Modell erweist sich auch hier als geeignet, Unstimmigkeiten aufzudecken. Aus vielen empirischen Filmmusikstudien etwa geht implizit oder explizit hervor, dass Musik einen starken Einfluss auf die Wahrnehmung der Bilder hat, während der umgekehrte Effekt – der Einfluss der Bild- auf die Musikwahrnehmung – geringer ist. Bei näherer Betrachtung ist jedoch zu erkennen, dass die Forscher fast immer das Konzept eines »Visuell-Narrativen« voraussetzen und somit – jenseits jeder Empirie – vorab von einem Primat des Visuellen für die Narration ausgehen, das sich dann in empirischen Studien bestätigt. Auch gilt – als ein weiteres Beispiel – die Leitmotivik als ein empirisch gut erforschtes Gebiet der Filmmusik. Bei genauer Betrachtung anhand der Bewusstseinsebenen des Modells fällt jedoch auf, dass primär ein direktes oder indirektes Wiedererkennen der Motive auf der Bewusstseinsebene der »Lebenswelt« untersucht wurde, ohne dass dabei der Einfluss der Motive hinsichtlich der auf der Bewusstseinsebene des »virtuellen Raums« anzusiedelnden Konstruktion einer Handlung erwogen wurde. Letzterer Aspekt ist jedoch der für die Filmpraxis relevantere. Das Drei-Dimensionen-Modell ist geeignet, zu entwirren, weil es wertneutral ist: Es nimmt im ganzheitlichen Sinne keine Gewichtung zwischen Hören und Sehen, künstlerisch-ästhetisch positiven und negativen Filmgestaltungsweisen oder einem etwaigen großen oder geringen narrativen Nutzen vor. Generell lässt sich feststellen, dass empirisch-experimentell ausgerichtete Forscher eher darum bemüht sind, mit »harten Methoden« etwas festzustellen, jedoch weniger darum, sensibel zu erwägen, wie relevant die Feststellungen sind. Hingegen sind intuitiv und spekulativ ausgerichtete Forscher in ihren Betrachtungsweisen und »weichen Methoden« oftmals um einiges komplexer und umfassender, wenngleich sie sich immer wieder dem Vorwurf aussetzen müssen, willkürliche Behauptungen aufzustellen. Letztlich bedürfen auch hier wieder beide Zugangsweisen einander.

Indem das Drei-Dimensionen-Modell Bewusstseinsebenen unterscheidet und gleichzeitig mit dem »Kognitiv-Unbewussten« die Resultate des Bewusstseins als gespeist aus unbewussten Vorgängen, die das Bewusstsein in seiner Tragweite deutlich übersteigen, herausstellt, ist es insbesondere geeignet, narrative Wirkungen von Film und Filmmusik zu beschreiben. So kann unterschieden werden zwischen verschiedenen Arten von Emotionen, die sich in der Filmrezeption – auch unter dem Einfluss von Musik – einstellen: »Ästhetische« Emotionen, die durch Rückschlüsse des Rezipienten über musikalische und außermusikalische Kontexte und Rahmenbedingungen von Filmfiguren entstehen und sich von Emotionen des Alltagslebens (der im Modell so genannten Lebenswelt) tendenziell unterscheiden, oder aber »reale« Emotionen, die vergleichbar im Alltagsleben auftreten. Es wird deutlich, dass eine enge Zuschreibung der Musik zu den »emotionalen« Wirkfaktoren des Films im Gegensatz zu den »kognitiv« wirkenden Bildern und Dialogen problematisch ist: Es gibt unterschiedliche Wirkungsanteile von Musik, und keinesfalls sind sie auf das Emotionale beschränkt.

Ein übergreifender Aspekt des vorliegenden Buchs besteht in einer stetigen Erörterung der Rollen, in denen sich Wissenschaft und Praxis auf dem Gebiete des Films und der Filmmusik begegnen. Es wird die These vertreten und begründet, dass beide sich auf gleicher Augenhöhe befinden und einander bedürfen. Die Praxis braucht wissenschaftliche Erklärungs- und Verbalisierungsmodelle, um scheinbar Selbstverständliches im Praxisalltag hinterfragen und neu deuten zu können. Sie kann damit aus mancher gedanklichen Sackgasse herausfinden. Die Wissenschaft benötigt eine Kenntnis der Praxis, da letztere nicht vom Forschungsgegenstand Filmmusik zu trennen ist und hilft, ihn zu durchdringen. Vieles an gegenseitiger Ablehnung zwischen Wissenschaft und Praxis basiert auf Falscherwartungen. Praktiker beklagen – oft implizit – etwa, Wissenschaftler könnten ihnen keine Hilfestellung bei der Ausgestaltung von Filmmusik in Form von »Erfolgsformeln« geben und

»wüssten« somit eigentlich über Filmmusik gar nichts. Wissenschaftler hingegen beklagen »unwissenschaftliche«, leichtfertige und formal fragwürdige Arten, wie Praktiker ihre Verfahrensweisen beschrieben und begründeten. Anhand der Aufarbeitung unterschiedlichster Theorien mit dem Drei-Dimensionen-Modell wird jedoch deutlich, dass Wissenschaft und Praxis sich gegenseitig bereichern können. So wird in der Praxis nicht nur gehandelt, sondern auch theoretisch reflektiert. Das ergibt sich schon aus der Notwendigkeit, Verfahrensweisen und Ziele kommunikativ zu vermitteln. Hier kann die Wissenschaft durch systematische Betrachtungsweisen und Formulierungsangebote wertvolle Hilfestellung leisten. Gleichzeitig müssen Wissenschaftler akzeptieren, dass theoretische Modelle und Formulierungsweisen aus Sicht eines Praktikers immer nur Angebote zur Einbindung und Umsetzung, jedoch keine starren und absoluten Maßgaben darstellen können.

Im Sinne einer Ganzheitlichkeit trägt die Gesamtheit der Filmschaffenden und Filmrezipienten ein implizites Programm der Weiterentwicklung und Vervollständigung in sich, das durch keine bislang explizit gewordene Theorie erfasst werden könnte. Kreatives Handeln in der Praxis ist von spontanen Entscheidungsänderungen und inhaltlichen Quantensprüngen gekennzeichnet, die immer wieder ein Umdenken auch in der Theorie erfordern. Will die wissenschaftliche Forschung nützlich für die Praxis sein, muss sie sich mit ihr immer wieder adaptiv auseinandersetzen. Das Drei-Dimensionen-Modell ist in diesem Sinne ein Vorschlag dafür, wie die Interdependenz von Filmproduzent, Film und Filmrezipient aufgefasst werden könnte und wie sich bestehende Theorien ganzheitlich vereinen ließen. Das Modell kann und will jedoch nicht konkrete Gestaltungsweisen bewerten, nahe legen oder in Abrede stellen. Es bietet dem Praktiker einen systematischen Überblick zum breiten Angebot theoretischer Betrachtungsweisen, dem Wissenschaftler eine Hilfe, bestehende Theorien in einem Gesamtzusammenhang zu sehen und somit dem Desiderat einer umfassenden Filmmusiktheorie näher zu kommen.

VIII. Anhang

1) Literaturverzeichnis

Adorno, Theodor Wiesengrund/Eisler, Hanns (1977): *Komposition für den Film.* München 1969. Textkritische Ausgabe von Eberhardt Klemm. = Hanns Eisler. Gesammelte Werke. Begründet von Nathan Notowicz, hrsg. von Stephanie Eisler und Manfred Grabs. Serie 3, Band 4. München

Adorno, Theodor W. (2003, EA 1949): *Philosophie der neuen Musik.* Frankfurt a.M.

Adorno, Theodor W. (1975, EA 1968): *Einleitung in die Musiksoziologie. Zwölf theoretische Vorlesungen.* Frankfurt am Main

Anand, Punam/Sternthal, Brian (1991): Perceptual fluency and affect without recognition. In: Memory and Cognition, Bd. 19, 3. New York, S. 293–300

Anderson, Daniel R./Burns, John (1991): Paying Attention to Television. In: Jennings Bryant/Dolf Zillmann. *Responding to the Screen. Reception and Reaction Processes.* New Jersey, S. 3–23

Arnheim, Rudolf (1974, EA 1932): *Film als Kunst.* München

Asendorpf, Jens B. (1999): *Psychologie der Persönlichkeit.* Berlin

Balázs, Béla (1945): *Iskusstwo kino.* Moskau

Baker, Lynn E. (1937a): The pupillary response conditioned to subliminal auditory stimuli. = Psychology Monographs No. 50, unbekannter Ort der Herausgabe

Baker, Kenneth H. (1937b): Pre-experimental set in distraction experiments. In: Journal of General Psychology 16, S. 471–486

Bandura, Albert (1989): Die sozial-kognitive Theorie der Massenkommunikation. In: Groebel, Jo/Winterhoff-Spurk, Peter (Hrsg.). *Empirische Medienpsychologie.* München, S. 7–32

Bard, Alexander/Söderqvist, Jan (2006): *Die Netokraten. Die neue Leistungselite und das Leben nach dem Kapitalismus.* Heidelberg

Bastian, Hans-Günther (1986): *Musik im Fernsehen.* Wilhelmshaven

Behne, Klaus-Ernst (1987, Hrsg.): *film – musik – video oder Die Konkurrenz von Auge und Ohr.* Regensburg

Behne, Klaus-Ernst (1994a): Überlegungen zu einer kognitiven Theorie der Filmmusik. In: Klaus-Ernst Behne. *Gehört – gedacht – gesehen.* Regensburg, S. 71–85

Behne, Klaus-Ernst (1994b): Kunst mit falschen Theorien? oder Dogmatismus und Bürokratismus als Geist der Musikwissenschaft? (1987). In: Klaus-Ernst Behne. *Gehört, gedacht, gesehen. Zehn Aufsätze zum visuellen, kreativen und theoretischen Umgang mit Musik.* = ConBrio Fachbuch, Band 2. Regensburg, S. 149–166

Behne, Klaus-Ernst (1994c): »Blicken Sie auf die Pianisten?!« – Zur bildbeeinflussten Beurteilung von Klaviermusik im Fernsehen (1990). In: Klaus-Ernst Behne. *Gehört, gedacht, gesehen. Zehn Aufsätze zum visuellen, kreativen und theoretischen Umgang mit Musik.* = ConBrio Fachbuch, Band 2. Regensburg, S. 9–22

Behne, Klaus-Ernst (1999): Zu einer Theorie der Wirkungslosigkeit von (Hintergrund-)Musik. In: Musikpsychologie. Jahrbuch der Deutschen Gesellschaft für Musikpsychologie, hrsg. von Behne, Klaus-Ernst/Kleinen, Günter/de la Motte-Haber, Helga. Band 14: Wahrnehmung und Rezeption. Göttingen, S. 7–23

Bente, Gary (1990): *Multiple Zeitreihen als Grundlage der Medienforschung.* Habilitationsschrift am Fachbereich Psychologie der Universität – GH – Duisburg

Bente, Gary/Stephan, E./Jain, A./Mutz, G. (1992): Fernsehen und Emotion. Neue Perspektiven der psychophysiologischen Wirkungsforschung. In: Medienpsychologie, 3, S. 186–204

Bente, Gary/Fromm, Bettina (1997): *Affektfernsehen. Motive, Angebotsweisen und Wirkungen.* = Schriftenreihe Medienforschung der Landesanstalt für Rundfunk Nordrhein-Westfalen, Band 24. Opladen

Bentele, Günter. (1993): Wie wirklich ist die Medienwirklichkeit? In: Bentele, Günter/ Rühl, Manfred (Hrsg.). *Theorien öffentlicher Kommunikation. Problemfelder, Positionen, Perspektiven.* München, S. 153–171

Bents, Richard/Blank, Reiner (2003): *M.B.T.I. Eine dynamische Persönlichkeits-typologie. Die 16 Grundmuster unseres Verhaltens nach C. G. Jung.* München

Bernays, Lukas (2007): Akustische Markenführung und die digitale Revolution. In: Bronner, Kai/Hirt, Rainer (Hrsg.). *Audio-Branding. Entwicklung, Anwendung, Wirkung akustischer Identitäten in Werbung, Medien und Gesellschaft.* München, S. 160–171

Bertram, Georg W./Liptow, Jasper (2002): Holismus in der Philosophie. Eine Einleitung. In: Georg W. Bertram/Jasper Liptow (Hrsg.). *Holismus in der Philosophie. Ein zentrales Motiv der Gegenwartsphilosophie.* Weilerswist

Bewer Zimmer, Bettina (2000): Marktforschung. In: Kinomarkt.de – Online-Beiträge zur Medienwissenschaft, Hrsg. v. Michael Esser/Friedrich Knilli/Marc Silberman. Bd. 1, S. 68. Zu finden unter: http://www.kinomarkt.de/band1/6.pdf

Birbaumer, Niels/Schmidt, Robert F. (1999, EA 1990): *Biologische Psychologie.* Berlin/Heidelberg/New York

Birbaumer, Niels/Schmidt, Robert F. (2006, EA 1990): *Biologische Psychologie.* Berlin/Heidelberg/New York

Blankertz, Stefan/Doubrawa, Erhard (2005): *Lexikon der Gestalttherapie.* Wuppertal

Blaukopf, Kurt (1989): *Beethovens Erben in der Mediamorphose.* Heiden

Blaukopf, Kurt (1996): *Musik im Wandel der Gesellschaft. Grundzüge der Musiksoziologie.* Darmstadt

Blothner, Dirk (1999): *Erlebniswelt Kino. Über die unbewusste Wirkung des Films.* Bergisch Gladbach

Blumröder, Christoph von (1990): Leitmotiv. In: HmT (Handwörterbuch der Musikalischen Terminologie), hrsg. von Hans Heinrich Eggebrecht. Freiburg, S. 1–14

Bohm, David (1987): *Die Implizite Ordnung. Grundlagen eines Dynamischen Holismus.* München

Boltz, Marilyn/Schulkind, Matthew/Kantra, Suzanne (1991): Effects of back-ground music on the remembering of filmed events. In: Memory & Cognition, Band 19. Austin/Texas, S. 593–606

Bor, V (1946): *O filmové hudebnosti*. Prag

Bordwell, David (1985): *Narration in the Fiction Film*. London

Bordwell, David (1989): *Making Meaning: Inference and Rhetoric in the Interpretation of Cinema*. Cambridge

Bortz, Jürgen/Döring, Nicola (2006): *Forschungsmethoden und Evaluation für Sozialwissenschaftler.* Berlin

Breuning, Hans Werner (2003): *Verstand und Einbildungskraft in der englischen Romantik. S. T. Coleridge als Kulminationspunkt seiner Zeit*. Münster

Brößke, Gabriele (1987):...a language we all understand. In: *Strategien der Filmanalyse,* hrsg. von Ludwig Bauer, Elfriede Ledig und Michael Schaudig. München, S. 9–23

Bronner, Kai/Hirt, Rainer (2007, Hrsg.): *Audio-Branding. Entwicklung, Anwendung, Wirkung akustischer Identitäten in Werbung, Medien und Gesellschaft*. München

Brown, Royal S. (1994): *Overtones and Undertones. Reading Film Music*. London

Bruhn, Herbert/Oerter, Rolf (1998): Entwicklung grundlegender Fähigkeiten. In: *Musikwissenschaft. Ein Grundkurs*, hrsg. von Herbert Bruhn und Helmut Rösing. Mainz, S. 313–329

Bryant, Jennings/Zillmann, Dolf (1991): *Responding to the Screen. Reception and Reaction Process.* Hillsdale/New Jersey

Buhre, Jakob (2004): Ein Interview mit den Filmkomponisten Enjott Schneider und Hans Zimmer (im Original ohne Titel), geführt 2004, im November 2007 abgerufen unter: http://www.planet-interview.de/interviews/pi.php?interview=zimmer-schneider

Bullerjahn, Claudia (1999): Ein begriffliches Babylon. Von den Schwierigkeiten einer einheitlichen Filmmusik – Nomenkaltur [sic]. Teil 1: Filmmusik als funktionale Musik. In: Zentrum für Medien und Medienkultur. ZMMnewsOnline. August, im November 2007 abgerufen unter http://www.sign-lang.uni-hamburg.de/Medienzentrum/zmm-news/archiv/Sommer99%20%C4/Sommer99/Bullerjahn.htm.

Bullerjahn, Claudia (2001): *Grundlagen der Wirkung von Filmmusik.* Augsburg

Bullerjahn, Claudia (1993): Wie haben Sie den Film gehört? Über Filmmusik als Bedeutungsträger – Eine empirische Untersuchung. In: Musikpsychologie. Jahrbuch der Deutschen Gesellschaft für Musikpsychologie, hrsg. von Klaus-Ernst Behne, Günter Kleinen und Helga de la Motte-Haber, Band 10. Wilhelmshaven, S. 140–158

Campbell, Joseph (1999, EA 1953): *Der Heros in tausend Gestalten*. Frankfurt/Main

Chion, Michel (1994): *Audio-Vision*. New York

Clemens, Michael (1985): Attribution und Musikrezeption: Der Hörer als »naiver« Musikpsychologe. In: Musikpsychologie. Jahrbuch der Deutschen Gesell-schaft für Musikpsychologie, Band 2. Wilhelmshaven, S. 125–138

Clynes, Manfred (1982, Hrsg.): *Music, Mind, and Brain. The Neuropsychology of Music.* New York

Clynes, Manfred (1990): Some Guidelines for the Synthesis and Testing of Pulse Microstructure in Relation to Musical Meaning. In: Music Perception VIII No. 4. New York, S. 403–421

Cohen, Annabel J. (1990): Understanding Musical Soundtracks. In: Empirical Studies of the arts, Band 8, Nr. 2, S. 111–124

Cohen, Annabel J.: Music Cognition and the Cognitive Psychology of Film Structure. Im November 2007 abgerufen unter: http://findarticles.com/p/articles/mi_qa3711/is_200211/ai_n9150377/pg_1 (2002)

Cohen, Annabel J. (2001): Music as a source of emotion in film. In: Patrik N. Juslin/John A. Sloboda (Hrsg.). *Music and emotion. Theory and research.* Oxford: Oxford Univ. Press, S. 249–272

Cohen, Annabel J. (2005): How Music Influences the Interpretation of Film and Video: Approaches from Experimental Psychology. In: R.A. Kendall/R. W. Savage (Hrsg.). Selected Reports in Ethnomusicology: Perspectives in Systematic *Musicology*, 12, S. 15–36

Cohen, Morris R. (1923, Hrsg.): *Chance, Love, and Logic: Philosophical Essays by the late Charles S. Peirce, the Founder of Pragmatism. With a supplementary Essay on the Pragmatism of Peirce by John Dewey.* New York

Cook, Nicholas (1998): *Analysing musical multimedia.* New York: Oxford University Press

Dahlhaus, Carl (1988, Hrsg.): *Einführung in die systematische Musikwissenschaft.* Laaber (3. Auflage)

Danto, Arthur (2003): Friedrich Nietzsche. In: *Klassiker des philosophischen Denkens,* Band 2, hrsg. von Norbert Hoerster. München, S. 230–273

Darby, William/Du Bois, Jack (1990): *American Film Music.* London

Darkow, Michael: Kann die angewandte Medienforschung Modelle anbieten? = Vortrag vom 17.05.2006, im November 2007 abgerufen unter http://www.blm.de/apps/documentbase/data/de/vortrag_darkow_modelle.pdf.

Davidson, Donald (1990): *Wahrheit und Interpretation.* Frankfurt

Davidson, Richard J. (1994): How are emotions distinguished from moods, temperament, and other related affective constructs? In: Ekman, P./Davidson, R.J. (Hrsg.). *The Nature of Emotion: Fundamental Questions.* New York, S. 49–96

Davis, Sam (2000): *Quotenfieber. Das Geheimnis erfolgreicher TV-Movies.* Bergisch Gladbach

Degen, Rolf (1988): Medienwirkung: Der große Bluff. In: Psychologie Heute,15. Jg., Heft 3, S. 20–27

Deliège, Irène (1992): Recognition of the Wagnerian Leitmotiv – Experimental Study Based on an Excerpt from »Das Rheingold«. In: Musikpsychologie. Jahrbuch der Deutschen Gesellschaft für Musikpsychologie, Bd. 9. Wilhelmshaven, S. 25–54

Descartes, René (1961): *Discours de la methode pour bien conduire sa raison et chercher la verite dans les sciences.* Hrsg. Von Herrmann Glockner, aus dem Französischen übersetzt von Kuno Fischer. Stuttgart

Dewey, John (1923): The Pragmatism of Peirce. In: Morris R. Cohen (Hrsg.). *Chance, Love, and Logic: Philosophical Essays by the late Charles.S. Peirce, the Founder of Pragmatism. With a supplementary Essay on the Pragmatism of Peirce by John Dewey.* New York, S. 301–308

Dewey, John (1986): *Erziehung durch und für Erfahrung. Eingeleitet, ausgewählt und kommentiert von Helmut Schreier.* Stuttgart

Dilthey, Wilhelm (1979): Das musikalische Verstehen. In: Dilthey, Wilhelm. Gesammelte Schriften, Bd. VII. *Der Aufbau der geschichtlichen Welt in den Geisteswissenschaften.* Stuttgart/Göttingen, S. 220–224

Dilthey, Wilhelm (1923): *Ideen über eine beschreibende und zergliedernde Psychologie.* (Ges. Schrifttum, Bd. 5). Leipzig

Ebendorf, Brittany (2007): The Impact of Visual Stimuli on Music Perception. Haverford College Psychology Senior Thesis Project

Edelmann, Walter (2000): *Lernpsychologie.* Weinheim

Eggebrecht, Hans Heinrich (1973): Funktionale Musik. In: Archiv für Musikwissenschaft, 30. Jg., Heft 1, S. 1–25

Eggebrecht, Hans Heinrich (1977): *Musikalisches Denken.* = Taschenbücher zur Musikwissenschaft, hrsg. von Richard Schaal. Wilhelmshaven, S. 153–192

Ehrenfels, Christian von (1890): *Über Gestaltqualitäten.* = Vierteljahrsschrift für wissenschaftliche Philosophie 4, S. 249–292

Eisenstein, Sergej (2006): Die Vertikalmontage. In: Felix Lenz/Helmut H. Diederichs (Hrsg.). *Sergej M. Eisenstein. Jenseits der Einstellung. Schriften zur Filmtheorie.* Frankfurt/Main, S. 238–251

Eisenstein, Sergej/Pudovkin, Vsevolod/Alexandrov, Grigori (1984): Die Zukunft des Tonfilms (Ein Manifest). In: Sergej Eisenstein. Schriften Band 4, hrsg. Von H. J. Schlegel. München/Wien

Fehr, B., & Russell, J. A (1984): Concept of emotion viewed from a prototype perspective. In: *Journal of Experimental Psychology: General, 113*, S. 464–486

Festinger, Leon (1957): *A Theory of Cognitive Dissonance.* Stanford, CA

Field, Syd (1992): *Das Handbuch zum Drehbuch.* Frankfurt/Main

Flender, Jürgen (2002): *Didaktisches Audio-Design. Musik als instruktionales Gestaltungsmittel in hypermedial basierten Lehr-Lern-Prozessen.* Lengerich

Flick, Uwe (1999): *Qualitative Forschung. Theorie, Methoden, Anwendung in Psychologie und Sozialwissenschaften.* Hamburg

Flückiger, Barbara (2001): *Sound Design. Die virtuelle Klangwelt des Films.* Marburg

Frege, Gottlob (1892): Über Sinn und Bedeutung. In: Zeitschrift für Philosophie und philosophische Kritik NF 100, S. 25–50

Freud, Sigmund (1999, EA 1940): *Jenseits des Lustprinzips. Massenpsychologie und Ich-Analyse. Das Ich und das Es.* = Freud, Sigmund. Gesammelte Werke, Bd. XIII. Frankfurt a.M.

Freud, Sigmund (1999, EA 1940): *Totem und Tabu.* = Freud, Sigmund. Gesammelte Werke, Bd. IX. Frankfurt a.M.

Fricke, Jobst P. (1998): Systemische Musikwissenschaft – eine Konsequenz des Dialoges zwischen den Wissenschaften. In: Kopiez, Reinhard/Barthelmes, Barbara/ Gembris, Heiner/Kloppenburg, Josef/Loesch, Heinz von/Neuhoff, Hans/Rötter, Günther/Schmidt, Christian M. (Hrsg.). *Musikwissenschaft zwischen Kunst, Ästhetik und Experiment. Festschrift Helga de la Motte-Haber zum 60. Geburtstag.* Würzburg, S. 161–171

Frijda, Nico (1989): Aesthetic emotions and reality. In: *American Psychologist*, Bd. 44, S. 1546–1547

Fuhrmann, Manfred (1994, Hrsg.): *Aristoteles: Poetik.* Stuttgart

Gembris, Heiner (1999): 100 Jahre musikalische Rezeptionsforschung. Ein Rückblick in die Zukunft. In: Klaus-Ernst Behne/Günter Kleinen/Helga de la Motte-Haber (Hrsg.). Musikpsychologie. Jahrbuch der deutschen Gesellschaft für Musikpsychologie. Band 14: Wahrnehmung und Rezeption. Göttingen, S. 24–41

Georgiades, Thrasybulos (1954): *Musik und Sprache.* = Verständliche Wissenschaft, Bd. 50. Stuttgart

Gerrig, Richard J./Prentice, Deborah A. (1996): Notes on Audience Response. In: Bordwell, David/Carroll, Noel (Hrsg.). *Post-Theory. Reconstructing Film Studies.* Madison, S. 388–406

Gorbman, Claudia (1987): *Unheard Melodies. Narrative Film Music.* Bloomington: Indiana University Press

Gorbman, Claudia (2001): Filmmusik. Texte und Kontexte. (Aus dem Amerikanischen von Wolfram Bayer.) In: Schlagnitweit, Regina/Schlemmer, Gottfried (Hrsg.). *Film und Musik.* Wien 2001

Grützner, Vera (1975): *Traditionen, Stationen und Tendenzen der Filmmusik-dramaturgie: aufgezeigt anhand von DEFA-Spielfilmen.* Dissertationan der Universität Halle

Haase, Henning (1989): Werbewirkungsforschung. In: Groebel, Jo/Winterhoff-Spurk, Peter (Hrsg.). *Empirische Medienpsychologie*. München, S. 215–246

Hacohen, Ruth/Wagner, Naphtali (1997): The Communicative Force of Wagner's Leitmotifs: Complementary Relationships Between Their Connotations and Denotations. In: Music Perception XIV No. 4. New York, S. 445–475

Handzo, Stephen (1985): A Narrative Glossary of Film Sound Technology. In: *Film Sound – Theory and Practice*, hrsg. von Elisabeth Weis und John Belton. New York, S. 383–426

Häcker, Hartmut O./Stapf, Kurt-H. (2004, Hrsg.): *Dorsch Psychologisches Wörterbuch,* Bd. 2. Bern

Hänze, Martin (2000): Schulisches Lernen und Emotion. In: Jürgen H. Otto/Harald A. Euler/Heinz Mandl (Hrsg.). *Emotionspsychologie. Ein Handbuch.* Weinheim, S. 586–594

Hagemann, H.W./Schürmann, P. (1988): Der Einfluss musikalischer Untermalung von Hörfunkwerbung auf Erinnerungswirkung und Produktbeurteilung: Ergebnisse

einer experimentellen Untersuchung. In: Marketing, Zeitschrift für Forschung und Praxis, 4, S. 271–276
Hausegger, Friedrich von (1885): *Die Musik als Ausdruck.* Wien
Helms, Siegmund (1981): *Musik in der Werbung.* = Materialien zur Didaktik und Methodik des Musikunterrichts, Band 10. Wiesbaden
Hempel, Carl G. (1977): *Aspekte wissenschaftlicher Erklärung.* = Posner, Roland (Hrsg.). *Grundlagen der Kommunikation.* Berlin
Hickethier, Knut/Bleicher, Joan (1997, Hrsg.): *Trailer, Teaser, Appetizer. Zu Ästhetik und Design der Programmverbindungen im Fernsehen.* Hamburg
Hochberg, Julian/Brooks, Virginia (1996): Movies in the Mind's Eye. In: Bordwell, David/Carroll, Noel (Hrsg.). *Post-Theory. Reconstructing Film Studies.* Madison, S. 368–387
Hoerster, Norbert (2003): David Hume. In: *Klassiker des philosophischen Denkens,* Band 2, hrsg. von Norbert Hoerster. München, S. 7–46.
Holicki, Sabine/Brosius, Hans-Bernd (1988): Der Einfluss von Filmmusik und nonverbalem Verhalten der Akteure auf die Wahrnehmung und Interpretation einer Filmhandlung. In: *Rundfunk und Fernsehen.* 36. Jg., H. 2, S. 189–206
Horney, Karen (1996, EA 1950): *Neurose und menschliches Wachstum. Das Ringen um Selbstverwirklichung.* Frankfurt a.M.
Hornschuh, Matthias (2000): *Theorien zu Wirkungen und Funktionen von Musik im filmischen Zusammenhang. Bestandsaufnahme deutschsprachiger Entwürfe und Entwicklung eines neuen Ansatzes.* Unveröffentlichte Hausarbeit für die Magisterprüfung am Musikwissenschaftlichen Institut der Universität zu Köln
Hume, David (2007): *Eine Untersuchung über den menschlichen Verstand.* Kommentar von Lambert Wiesing. Frankfurt
Inhetveen, Katharina (1997): *Musiksoziologie in der Bundesrepublik Deutschland.* Opladen
Jacoby, L. L./Allan, L. G./Collins, J. C./Larwill, L. K. (1988): Memory influences subjective experience: Noise jidgements. In: *Journal of Experimental Psychology: Lerning, Memory, and Cognition,* Nr. 14, S. 240–247
James, William (1884): What is an Emotion? *Mind,* Bd. 9, S. 188–205
James, William (1997, EA 1901/02): *Die Vielfalt religiöser Erfahrung.* Frankfurt a.M.
Jauk, Werner (1994): Die Veränderung des emotionalen Empfindens von Musik durch audiovisuelle Präsentation. In: Musikpsychologie: Jahrbuch der Deutschen Gesellschaft für Musikpsychologie, Band 11, S. 29–51
Joffe, J. (1937): *Sintetischeskoje isutschenije iskusstw a swukowoje kino.* Leningrad
Jullien, François (1999): *Über die Wirksamkeit.* Berlin
Juslin, Patrik N. (1997): Emotional Communication in Music Performance: A Functionalist Perspective and Some Data. In: Music Perception XIV No. 4. New York, S. 383–418
Kalinak, Kathryn (1992): *Settling the Score. Music and the Classical Hollywood Film.* Madison/Wisconsin

Karbusicky, Vladimir (1979): *Systematische Musikwissenschaft.* München
Karbusicky, Vladimir (1990, Hrsg.): *Sinn und Bedeutung in der Musik.* Darmstadt
Karlin, Fred/Tilford, Ron H. (1995): *Film Music Masters – Jerry Goldsmith.* USA (Video mit Beiheft)
Karlin, Fred/Wright, Rayburn (1990): *On the Track. A Guide to Contemporary Film Scoring.* New York
Keller, Matthias (1996): *Stars and Sounds.* Kassel
Kepplinger, Hans Mathias (1989): *Realität, Realitätsdarstellung und Medienwirkung.* Frankfurt/Main
Kessler, Frank (1997): Etienne Souriau und das Vokabular der filmologischen Schule. »montage/av« (Zeitschrift für Theorie und Geschichte audiovisueller Kommunikation). 6. Jg., Bd. 2. Marburg, S. 133–139
Kihlstrom, John F. (1987): The cognitive unconscious. In: *Science*, Bd. 237, S. 1445–1452
Kleinen, Günter (1986): Funktionen der Musik und implizite ästhetische Theorien der Hörer. In: Musikpsychologie. Jahrbuch der Deutschen Gesellschaft für Musikpsychologie, Band 3, S. 73–90
Kleinen, Günter (1998): Wahrnehmung. In: Finscher, Ludwig (Hrsg.): *MGG 2*, Bd. 9, Kassel, 2. Auflage, Spalte 1837–1855.
Kloppenburg, Josef (1986): *Die dramaturgische Funktion der Musik in den Filmen Alfred Hitchcocks.* München
Kloppenburg, Josef (1986): Zur Bedeutungsvermittlung von Filmmusik. In: Musikpsychologie. Jahrbuch der Deutschen Gesellschaft für Musikpsychologie, Band 3. Wilhelmshaven, S. 91–106
Klüppelholz, Werner (1998): Thesen zu einer Theorie der Filmmusik. In: Kopiez, Reinhard/Barthelmes, Barbara/Gembris, Heiner/Kloppenburg, Josef/Loesch, Heinz von/Neuhoff, Hans/Rötter, Günther/Schmidt, Christian M. (Hrsg.). *Musikwissenschaft zwischen Kunst, Ästhetik und Experiment. Festschrift Helga de la Motte-Haber zum 60. Geburtstag.* Würzburg, S. 295–300
Kneif, Tibor (1988): Musikästhetik. In: Carl Dahlhaus (Hrsg.). *Einführung in die systematische Musikwissenschaft.* Laaber, S. 133–169.
Kneif, Tibor (1990): Musik und Zeichen. In: Karbusicky, Vladimir (Hrsg.). *Sinn und Bedeutung in der Musik.* Darmstadt, S. 134–141
Korte, Helmut (1988): Systematische Filmanalyse als interdisziplinäres Programm. In: Zeitschrift für Literaturwissenschaft und Linguistik. Göttingen, Heft 15, S. 166–183
Kozik, Christian (1995): Filmmusik. In: Lipowski, Egbert/Wiedemann, Dieter. Beiträge zur Film- und Fernsehwissenschaft, Bd. 47, 36. Jg.. Berlin, S. 113–137
Kracauer, Siegfried (1985, EA 1960): *Theorie des Films. Die Errettung der äußeren Wirklichkeit.* Frankfurt/Main
Krause, Peter (2001): Neurophysiologische Grundlagen der intermodalen Wahrnehmung und ihre Bedeutung für »audiovisuelle Musik«. In: *Nebensache Musik,* hrsg. von Jan Neubauer und Silke Wenzel. Hamburg, S. 105–129

Krech, David/Crutchfield, Richard S. (1992): *Grundlagen der Psychologie.* Weinheim

Kreuzer, Anselm C. (2003): *Filmmusik - Geschichte und Analyse.* = Studien zum Theater, Film und Fernsehen, hrsg. von Renate Möhrmann, Band 33. Frankfurt (2., erweiterte und überarbeitete Auflage)

Kreuzer, Anselm C.: Rosemary's Baby. In: Moormann, Peter (Hrsg.). Reclams Filmmusik-Klassiker. Verfasst 2007, Druck i.V.

Kreuzer, Gundula (1998): »Zurück zu Verdi«: The »Verdi Renaissance« and musical culture in the Weimar Republic. In: *Studi verdiani 13.* Parma, S. 117–154

Kreuzer, Gundula (2001): Nationalheld, Bauer, Genie: Aspekte der deutschen Verdi-Renaissance. In: Engelhardt, Markus. *Giuseppe Verdi und seine Zeit.* Laaber, S. 339–349

Kroeber-Riel, Werner (1991): *Strategie und Technik der Werbung. Verhaltenswissenschaftliche Ansätze.* Stuttgart

Krützen, Michaela (2000): *Filmerzählungen. Narrative Strukturen in Produktionen des klassischen Hollywoodkinos.* Habilitationsschrift am Fachbereich Theater-, Film- und Fernsehwissenschaft der Universität zu Köln

Krützen, Michaela (2004): *Dramaturgie des Films. Wie Hollywood erzählt.* Frankfurt/Main

Kruse, Otto (2000): Psychoanalytische Ansätze. In: Jürgen H. Otto/Harald A. Euler/Heinz Mandl (Hrsg.). *Emotionspsychologie. Ein Handbuch.* Weinheim, S. 64–74

Kuhl, Julius (1996): Wille und Freiheitserleben: Formen der Selbststeuerung. In: Kuhl, Julius (Hrsg.). *Motivation, Volition und Handlung.* = Birbaumer, Niels/ Freiy, Dieter/Kuhl, Julius/Prinz, Wolfgang/Weinert, Franz (Hrsg.). Enzyklopädie der Psychologie, Themenbereich C (Theorie und Forschung), Serie IV (Motivation und Emotion), Band 4 (Motivation, Volition und Handlung). Göttingen, S. 665–765

Kungel, Reinhard (2004): *Filmmusik für Filmemacher. Die richtige Musik zum besseren Film.* Heppenheim

Kurth, Ernst (1931): *Musikpsychologie.* Berlin

Lack, Russell (1997): *Twenty Four Frames Under. A Buried History Of Film Music.* London

Lazarus, Richard (1991): *Emotion and adaptation.* New York

la Motte-Haber, Helga de/Emons, Hans (1980): *Filmmusik – Eine systematische Beschreibung.* München/Wien

la Motte-Haber, Helga de (1985): *Handbuch der Musikpsychologie.* Laaber

la Motte-Haber, Helga de (2002): *Handbuch der Musikpsychologie.* Laaber

la Motte-Haber, Helga de (1988): Musik im Hollywood-Film. In: Zeitschrift für Literaturwissenschaft und Linguistik. Göttingen, Heft 15, S. 64–72

LeDoux, Joseph (2001): *Das Netz der Gefühle. Wie Emotionen entstehen.* München/Wien

Lek, Robert van der (1987): Filmmusikgeschichte in systematischer Darstellung. Ein Entwurf. In: Eggebrecht, Hans Heinrich (Hrsg.). Archiv für Musikwissenschaft XLIV, Stuttgart, S. 216–240.

Levinson, Jerrold (1996): Film Music and Narrative Agency. In: Bordwell, David/ Carroll, Noel (Hrsg.). *Post-Theory. Reconstructing Film Studies.* Madison, S. 248–282

Limbacher, James L. (1974): *Film Music: From Violins to Video.* New Jersey

Lipscomb, Scott David (1995): *Cognition of musical and visual accent structure alignment in film and animation.* Los Angeles

Lipscomb, Scott David/Tolchinsky, David E. (2005): The Role of Music Communication in Cinema. In: In D. Miell/R. MacDonald/D. Hargreaves (Hrsg.). Musical Communication. Oxford, sieben Seiten (keine Seitenangaben)

Lissa, Zofia (1965): *Ästhetik der Filmmusik.* Berlin

London, Kurt (1937): *Film Music.* London

Louven, Christoph (1998): *Die Konstruktion von Musik. Theoretische und experimentelle Studien zu den Prinzipien der musikalischen Kognition.* Frankfurt

Luhmann, Niklas (2002): *Einführung in die Systemtheorie.* Heidelberg

Maas, Georg/Schudack, Achim (1994): *Musik und Film, Filmmusik. Informationen und Modelle für die Unterrichtspraxis.* Mainz

Mandl, Heinz/Reiserer, Markus (2000): Kognitionstheoretische Ansätze. In: Otto, Jürgen H./Euler, Harald A./Mandl, Heinz (Hrsg.). *Emotionspsychologie. Ein Handbuch.* Weinheim, S. 95–105

Manvell, Roger/Huntley, John (1975, EA 1957): *The Technique of Film Music.* London/New York

Mayer, Horst O. (2000): *Einführung in die Wahrnehmungs-, Lern- und Werbepsychologie.* München

Mertens, Wolfgang (2004): *Psychoanalyse. Geschichte und Methoden.* München

Meyer, Leonard (1956): *Emotion and Meaning in Music.* Chicago

McKee, Robert (1997): *Story, Substance, Structure, Style and the Principles of Screenwriting.* New York

McKee, Robert (2001): *Story. Die Prinzipien des Drehbuchschreibens.* Zweite, korrigierte Auflage. Berlin

Miller Marks, Martin (1997): *Music and the Silent Film.* New York/Oxford

Muensterberg, Hugo (1916): *The photoplay: A psychological study.* Boston, Massachusetts

Neill, Alex (1996): Empathy and (Film) Fiction. In: Bordwell, David/Carroll, Noel (Hrsg.). *Post-Theory. Reconstructing Film Studies.* Madison, S. 175–194

Nick, Edmund (1955): Filmmusik. In: Blume, Friedrich (Hrsg.). Die Musik in Geschichte und Gegenwart. Allgemeine Enzyklopädie der Musik. Bd. 4. Kassel, S. 187–198

Noll Brinkmann, Christine (1999): Somatische Empathie bei Hitchcock: Eine Skizze. In: Heller, Heinz B./Prümm, Karl/Peulings, Birgit. *Der Körper im Bild: Schauspielen – Darstellen – Erscheinen.* Marburg: Schüren, S. 111–120

Oliver, Michael (1999, Hrsg.): *Settling the Score. A Journey through the Music of the 20th Century*. London

Otto, Jürgen H./Euler, Harald A./Mandl, Heinz (2000, Hrsg.): *Emotionspsychologie. Ein Handbuch*. Weinheim

Pauli, Hansjörg (1976): Filmmusik: Ein historisch-kritischer Abriss. In: *Musik in den Massenmedien Rundfunk und Fernsehen*, hrsg. von Hans-Christian Schmidt. Mainz, S. 91–119

Pauli, Hansjörg (1993): Funktionen von Filmmusik. In: la Motte-Haber, Helga de (Hrsg.). *Film und Musik*. = Veröffentlichungen des Instituts für Neue Musik und Musikerziehung Darmstadt, Bd. 34. Mainz, S. 8–17

Pauli, Hansjörg (1981): *Filmmusik: Stummfilm*. Stuttgart

Peirce, Charles Sanders (1991): Was heißt Pragmatismus? In: Ders.: *Schriften zum Pragmatismus und Pragmatizismus*, hg. v. Karl-Otto Apel. Frankfurt a.M., S. 427–453

Perrig, Walter J./Wippich, Werner/Perrig-Chiello, Pasqualina (1993): *Unbe-wusste Informationsverarbeitung*. Bern

Persson, Per (2003): *Understanding Cinema. A Psychological Theory of Moving Imagery*. Cambridge

Plutchik, Robert (1980): *Emotion: A psychoevolutionary synthesis*. New York

Pötzl, Otto (1917): Experimentell erregte Traumbilder und ihre Beziehungen zum indirekten Sehen. In: Zeitschrift für den gesunden Neurologen und Psychiater 37, S. 278–349

Popper, Karl (1935): *Logik der Forschung*. Wien

Prendergast, Roy M. (1977): *Film Music: A Neglected Art*. New York

Quine, Williard van Orman (1961): Two Dogmas of Empiricism. In: Willard van Orman Quine. *From a logical point of view*. Cambridge, Harvard University Press 1953, 2., überarbeitete Auflage, S. 20–43

Rabenalt, Peter (1995): Film sehen und hören. Dramaturgie des Tones und der Musik im Film. In: Lipowski, Egbert/Wiedemann, Dieter. Beiträge zur Film- und Fernsehwissenschaft, Bd. 47, 36. Jg.. Berlin, S. 83–112

Rabenalt, Peter (2005): *Filmmusik. Form und Funktion von Musik im Kino*. Berlin

Rand, Ayn (1967): *Introduction to Objectivist Epistemology*. New York

Rapée, Ernö (1925): The Music for Your Theatre. In: Ernö Rapée. *The Encyclopedia of Music for Pictures*. New York, abgedruckt in: http://www.cinemaweb.com/silentfilm/bookshelf/1_erape2.htm

Reinecke, Hans-Peter (1988): Naturwissenschaftliche Grundlagen der Musik. In: Carl Dahlhaus (Hrsg.). *Einführung in die systematische Musikwissenschaft*. Laaber, S. 9–51

Richardson, John T. E./Zucco, Gesualdo M. (1989): Cognition and olfaction: A review. In: *Psychological Bulletin, 105*, S. 352–360

Rieger, Eva (1986): *Alfred Hitchcock und die Musik. Eine Untersuchung zum Verhältnis von Film, Musik und Geschlecht*. Bielefeld

Riemann, Hugo (1975): Ideen zu einer »Lehre der Tonvorstellungen« (1914/15). In: Dopheide, Bernhard. *Musikhören*. Darmstadt, S. 14–47

Riethmüller, Albrecht (1997): Tacet musica. Notizen zum Tonfilm. In: *Festschrift Christoph-Hellmut Mahling*. Tutzing, S. 1127–1134

Rösing, Helmut (1983, Hrsg.): *Rezeptionsforschung in der Musikwissenschaft*. Darmstadt

Rösing, Helmut (1998): Synästhesie. In: Ludwig Finscher (Hrsg.). MGG 2, Band 9, 2. Auflage. Kassel, Sonderdruck des Artikels mit eigener Seitenzählung

Rötter, Günther (1987): *Die Beeinflußbarkeit emotionalen Erlebens von Musik durch analytisches Hören*. Frankfurt/Main

Rötter, Günther (2005): Musik und Emotion. In: la Motte-Haber, Helga de/Rötter, Günther (Hrsg.). *Musikpsychologie*. = la Motte-Haber, Helga de (Hrsg.). Handbuch der Systematischen Musikwissenschaft, Bd. 3. Laaber, S. 268–338

Rötter, Günther (1985): Elektrische Hautwiderstandsveränderungen als Abbild musikalischer Strukturen. In: Musikpsychologie. Jahrbuch der Deutschen Gesellschaft für Musikpsychologie, Band 2. Wilhelmshaven, S. 139–148

Rogers, Carl Ransom (1942): *Counseling and psychotherapy*. Boston

Rona, Jeff (2000): *The Reel World – Scoring for Pictures. A Practical Guide to the Art, Technology, and Business of Composing for Film and Television*. San Francisco

Rorty, Richard (1994): *Hoffnung statt Erkenntnis. Eine Einführung in die pragmatische Philosophie. IWM-Vorlesungen zur modernen Philosophie*. Wien

Rorty, Richard (2003): *Wahrheit und Fortschritt*. Frankfurt

Rorty, Richard (1988): Freud und die moralische Reflexion. In: Rorty, Richard (Hrsg.). *Solidarität oder Objektivität? Drei philosophische Essays*. Stuttgart, S. 38–81

Russell, Mark/Young, James (2001): *Filmkünste: Filmmusik*. Hamburg

Salisch, Maria von/Kunzmann, Ute (2005): Emotionale Entwicklung über die Lebensspanne. In: Asendorpf, Jens B. (Hrsg.). *Soziale, emotionale und Persönlichkeitsentwicklung*. = Birbaumer, Niels/Freiy, Dieter/Kuhl, Julius/Schneider, Wolfgang/ Schwarzer, Ralf (Hrsg.). Enzyklopädie der Psychologie, Themenbereich C (Theorie und Forschung), Serie V (Entwicklungspsychologie), Band 3 (Soziale, emotionale und Persönlichkeitsentwicklung). Göttingen, S. 1–76

Scherer, Klaus R. (1982, Hrsg.): *Vokale Kommunikation. Nonverbale Aspekte des Sprachverhaltens*. Weinheim

Schering, Arnold (1990): Symbol in der Musik. In: Karbusicky, Vladimir (Hrsg.). *Sinn und Bedeutung in der Musik*. Darmstadt, S. 37–46

Schmidt, Burkhard (1985): Empirische Untersuchungen emotionaler Wirkungen verschiedener Tempi bei rhythmisch betonter Musik. In: Musikpsychologie. Jahrbuch der Deutschen Gesellschaft für Musikpsychologie, hrsg. von Klaus-Ernst Behne, Günter Kleinen und Helga de la Motte-Haber. Band 2, Wilhelmshaven

Schmidt, Hans-Christian (1982): *Filmmusik*. Kassel

Schmidt-Atzert, Lothar (1996): Lehrbuch der Emotionspsychologie. Berlin/Köln

Schneider, Albrecht (1995): Musik sehen – Musik hören. Über Konkurrenz und Komplementarität von Auge und Ohr. In: Hamburger Jahrbuch für Musikwissenschaft, Band 13. Hamburg, 123–150

Schneider, Enjott: Der Film als Mutter aller Künste: »Collage« in der Postmoderne. Im November 2007 abgerufen unter: http://www.norbert-schneider.com/pdfs/Collage.pdf

Schneider, Norbert Jürgen (1992): Die Musik zur ARD-Serie »Marienhof«. In: Musik und Unterricht, 3. Jg., H. 17, S. 45–49

Schneider, Norbert Jürgen (1990, EA 1986): *Handbuch Filmmusik I. Musikdramaturgie im Neuen Deutschen Film.* = Kommunikation Audiovisuell, Beiträge aus der Hochschule für Fernsehen und Film München, Bd. 13. München

Schneider, Norbert Jürgen (1989): *Handbuch Filmmusik II. Musik im dokumentarischen Film.* = Kommunikation Audiovisuell, Beiträge aus der Hochschule für Fernsehen und Film München, Bd. 15. München

Schneider, Norbert Jürgen (1997a): *Komponieren für Film und Fernsehen.* Mainz

Schneider, Norbert Jürgen (1997b): Künstlerische Aspekte der Filmmusik. In: Moser, Rolf/Scheuermann, Andreas (Hrsg.). *Handbuch der Musikwirtschaft.* München, S. 349–368

Seewi, Nurit (2001): *Film: Am Anfang war das Wort, der Ton kam später.* = WDR 3.pm, 26.05.2001 – 15:05 – 18:00 Uhr

Seel, Martin (2002): Für einen Holismus ohne Ganzes. In: Georg W. Bertram/Jasper Liptow (Hrsg). *Holismus in der Philosophie. Ein zentrales Motiv der Gegenwartsphilosophie.* Weilerswist, S. 30–40

Seger, Linda (1989): *Making a Good Script Great.* New York

Seifert, Uwe (1995): Soft Science – Hard Problems. Wissenschaft zwischen Politik und Wissen. In: Fetthauer, Sophie/Grauel, Ralf/Matthiesen, Jens (Hrsg.). *Die Standortpresse: Kulturwissenschaften in der Standortdiskussion.* Hamburg, S. 39–43

Silbermann, Alphons (1957): *Wovon lebt die Musik? Die Prinzipien der Musiksoziologie.* Regensburg

Silbermann, Alphons/Schaaf, Michael/Adam, Gerhard (1980): *Filmanalyse. Grundlagen – Methoden – Didaktik.* München

Sloboda, John A./Juslin, Patrik N. (2005): Affektive Prozesse: Emotionale und ästhetische Aspekte musikalischen Verhaltens. In: Stoffer, Thomas H./Oerter, Rolf (Hrsg.). *Allgemeine Musikpsychologie.* = Birbaumer, Niels/Frey, Dieter/Kuhl, Julius/Schneider, Wolfgang/Schwarzer, Ralf (Hrsg.). Enzyklopädie der Psychologie, Themenbereich D (Praxisgebiete), Serie VII (Musikpsychologie), Band 1 (Allgemeine Musikpsychologie). Göttingen, S. 767–843

Smith, Jeff (1996): Unheard Melodies? A Critique of Psychoanalytic Theories of Film Music. In: Bordwell, David/Carroll, Noel (Hrsg.). *Post-Theory. Reconstructing Film Studies.* Madison, S. 230–247

Smith, Murray (1995): *Engaging Characters. Fiction, Emotion, and the Cinema.* Oxford

Smuts, Jan Christiaan (1938, EA 1925): *Die Holistische Welt.* Berlin 1938. Aus dem Englischen von Adolf Meyer

Souriau, Etienne (1951) : La structure de l'univers filmique et le vocabulaire de la filmologie. In: *Revue internationale de Filmologie*, Bd. 7-8, S. 231-240

Sparks, Glenn G. (1996): An Activation-Arousal Analysis of Reactions to Horror. In: James B. Weaver/Ron Tamborini (hrsg.). *Horror Films. Corrent Research on Audience Preferences and Reactions.* New Jersey, S. 125-145

Stern, Dietrich (1977): Musik auf der Suche nach gesellschaftlicher Nützlichkeit. In: Stern, Dietrich (Hrsg.). *Angewandte Musik der 20er Jahre. Exemplarische Versuche gesellschaftsbezogener musikalischer Arbeit für Theater, Film, Radio, Massenveranstaltung.* Berlin, S. 3-9

Strauch, Hedemarie (1980): Der Einfluss von Musik auf die filmische Wahrnehmung am Beispiel von L. Bunuels ›Un Chien Andalou‹. In: Klaus-Ernst Behne (Hrsg.). *Musikpädagogische Forschung Bd. 1.* Laaber, S. 112-126

Stumpf, Carl (1883): *Tonpsychologie,* Bd. 1. Leipzig

Sturm, Hertha (1989): Medienwirkungen – ein Produkt der Beziehungen zwischen Rezipient und Medium. In: Groebel, Jo/Winterhoff-Spurk, Peter (Hrsg.). *Empirische Medienpsychologie.* München, S. 33-44

Stussak, Evita Desiree (1988): Der Filmton. Experimentalpsychologische Untersuchung seiner Bedeutung für die Wahrnehmung des Films als Gesamtheit. In: Ludwig Gesek (Hrsg.). *Primat des Bildes bei Film und Fernsehen. Eine Dokumentation zur Problematik der Komplexerscheinung Tonfilm.* Wien, S. 85-101

Suckfüll, Monika (1997): Film erleben. Narrative Strukturen und physiologische Prozesse – »Das Piano« von Jane Campion. Berlin

Tan, Ed S. (1996): *Emotion and the Structure of Narrative Film. Film as an Emotion Machine.* Übersetzt aus dem Niederländischen ins Englische von Barbara Fasting. Mahwah, New Jersey

Tamborini, Ron (1996): A Model of Empathy and Emotional Reactions to Horror. In: James B. Weaver/Ron Tamborini (hrsg.). *Horror Films. Corrent Research on Audience Preferences and Reactions.* New Jersey, S. 103-123

Temperley, D. (1995): Motivic perception and modularity. In: Music Perception XIII., S. 141-169

Terhardt, Ernst (1998): *Akustische Kommunikation. Grundlagen mit Hörbeispielen.* Berlin

Thiel, Wolfgang (1981): *Filmmusik in Geschichte und Gegenwart.* Berlin

Thom, Randy: *Bekenntnisse eines Film-Sound Designers.* Radiofeature. WDR, Studio Akustische Kunst, gesendet auf WDR 3 am 04.04.1998, 23:00-24:00 Uhr

Thomas, Tony (1985): *Filmmusik.* München

Thompson, Kristin/Bordwell, David (1994): *Film History. An Introduction.* New York

Toeplitz, Jerzy (1973): *Geschichte des Films 1895-1928.* München

Truffaut, François (2003): *Mr. Hitchcock, wie haben Sie das gemacht?* München

Urban, Martin (2002): *Wie die Welt im Kopf entsteht. Von der Kunst, sich eine Illusion zu machen.* Frankfurt a.M.

Wakshlag, Jacob/Reitz, Raymond/Zillmann, Dolf (1982): Selective Exposure to and Acquisition of Information from Educational Television Programs as a Function of Appeal and Tempo of Background Music. In: *Journal of Educational Psychology,* Bd. 74, Nr. 5, S. 666–677

Weber, Max (1924): *Die rationalen und soziologischen Grundlagen der Musik.* München

Weber, Max (1972): *Gesammelte Aufsätze zur Religionssoziologie* (1920), Bd. 1. Tübingen

Wehmeier, Rolf (1995): *Handbuch Musik im Fernsehen. Praxis und Praktiken bei deutschsprachigen Sendern.* Regensburg

Wellek, Albert (1942): *Tonpsychologie und Typologie. Auseinandersetzung mit Wilhelm Wirth.* Leipzig

Weidinger, Andreas (2006): *Filmmusik.* = Praxis Film, Bd. 21. Konstanz

Weis, Elisabeth/Belton, John (1985): *Film Sound. Theory and Practice.* New York

Wilson, Alexandra (2007): *The Puccini Problem. Opera, Nationalism and Modernity.* Cambridge

Wuss, Peter (1999): *Filmanalyse und Psychologie. Strukturen des Films im Wahrnehmungsprozess.* Berlin

Wüsthoff, Klaus (1999): *Die Rolle der Musik in der Film-, Funk- und Fernsehwerbung: mit Kompositionsanleitungen für Werbespots und einer Instrumententabelle der Gebrauchsmusik.* Kassel

Zentner, Marcel/Scherer, Klaus R. (1998): Emotionaler Ausdruck in Musik und Sprache. In: Musikpsychologie. Jahrbuch der Deutschen Gesellschaft für Musikpsychologie, Band 13. Göttingen, S. 8–25

Zimbardo, P. G. (1983): *Psychologie.* Bearbeitet und herausgegeben von W. F. Angermeier, J. C. Brengelmann und Th. J. Thiekötter. 4., neubearbeitete Auflage. Berlin

Zimbardo, P. G. (1992): *Psychologie.* Berlin

Zillmann, Dolf Zillmann (1988): Mood management: Using entertainment to full advantage. In: L. Donohew/H. E. Sypher/E. Tory Higgins (Hrsg.). *Communication, social cognition and affect.* New Jersey, S. 147–171

2) Verzeichnis der Fachbegriffe und Schlagwörter

A
Alltagstheorien 48, 52
Anatomismus 28
Archetypen 75, 78, 138
Assoziationsurteil 51, 75
ästhetische Emotionen 212–216
ästhetische Wertung 38
Atomismus 28
Attribution 53, 71, 251
Audio-Branding 144, 199, 250–251
autonome Zeit 155–156
Avatar 207–227

B
Babysingsang 76
Basisemotion 60
Briefing 42–46, 161

C
Cliff-Hanger 228
Corporate Identity 24

D
Diegese 86, 201, 203
Befragung, direkte 53
dokumentarische Mischung 235

E
Emotion 58–80, 214–216, 223, 228, 232, 242, 250–262
emotionale Mischung 235
emotionale Perspektive der Musik 203
Emotionalisierung 120
Empathie 205–236, 243, 258
empathische Funktion 223
epische Funktion 193
Erfolgsformeln 30, 246

F
Fernseh-Trailer 174
Foreshadowing 154

G
Gefühl 58–71, 157, 187, 227
Gestaltpsychologie 27

H
Hautleitfähigkeit 160
hermeneutische Funktion 183–186
Hermeneutik 35–36, 181–190
Hintergrundparaphrasierung 112, 114
Holismus 26–32, 57, 83–84, 238–242, 250, 261

I
Identifikation 203–243
Identifikationsbestreben 228–232
Identifikationsreise 220
imaginative Zeit 156, 157
Imagining 212–226
Intermodalität 82
Intersubjektivität 55, 58, 77
Introjektion 204–207
Invariantenbildung 132

K
Kausales Hören 198
Klischees 18–19, 138
Kognition 58–59, 65, 75–79, 132, 242, 258
kognitive Dissonanz 19–20, 242
Kognitiv-Unbewusstes 58, 63–65, 242, 246
Konditionierung 78, 147
Konstruktivismus 56, 57
Konstruktivität 56
Kontrapunkt. Siehe Kontrapunktik
Kontrapunktierung 106–118, 167, 180
Kontrapunktik 113
konzeptgeleitete Strukturen 134

L
Leitmotiv 139–155, 250–252
Leitmotivik. Siehe Leitmotiv
Leitmotivtechnik. Siehe Leitmotiv

M
Main Title 66, 165
Mediamorphose 21, 250
mediatisierende Funktion 187
Medienforschung 130–131, 233–235, 250, 252
Metafunktionen 191
MIDI 39
Mischtonmeister 45
Mobilismus 21, 22, 23
Mockup 41
morphologische Filmanalyse 165
Music Supervisor. Siehe Musikberater
Musikanteil, geschätzter 49
Musikberater 24, 42, 192
Musik-Klischees 18

N
narrative Struktur 189
narrative Strukturierung 161

O
objektive Zeit 155
Objektivismus 55–57
Objektivität 55, 260
olfaktorische Spuren 151
On-Sreen-Music 200

P
Paraphrasierung 106–119, 167, 180
Partitur 39
persuasive Funktion 181–186
perzeptionsgeleitete Strukturen 134
Pitch 43
Plot Point 161–162
Polarisierung 106–108, 118, 126, 180
Pötzl-Effekt 149
Pragmatismus 32–34, 242, 259

primäre Emotionen 59–62
Projektion 204–207, 214, 218
Psychoanalyse 164, 209, 258
psychologische Zeit 155–158

R
Raumsimulatoren 39
Raum-Zeit-Kontinuum 195–196
Recall 124, 152
reduziertes Hören 199
Reise des Filmhelden 221
Rekonstruktivismus 58
Rettungsmusik 239
Rhetorik 44–54

S
Sample-Libraries 39
Sampler 39
Sampling 39
Score 44, 255, 259
Semantische Funktion 187
Semantisches Hören 198
Sequencing 39
Sounddesign 144, 196
spätromantische Musikästhetik 40
Spezialisierung 48–51
Spotting-Session 41, 43
Spotting-Sessions 112, 160, 190
stereotypgeleitete Strukturen 134
Stille 129
Stimmung 58, 62, 66, 108–111, 118, 153, 171, 182, 188–190, 193, 227–229, 234
Stimmungen. Siehe Stimmung
Strukturelle Funktion 193
Stummfilm 12, 158–159, 182, 191, 195–196, 200, 259
Subjektivismus 34, 56, 57
Subjektivität 36–37, 55
Suspense 228, 230–231, 243
Suspension of disbelief 211
Sympathie 124, 204, 217–227, 243
Synchronizer 196

syntaktische Funktion 182, 186, 188
systemische Perspektive 26, 135

T
tektonische Funktion 187
Temp-Track 41, 155
Tiefenthema 209
Timecode 41, 197
Tonmischung 45, 235
Totalismus 21, 22

U
Übersummativität 24
unbewusste Wahrnehmung 14, 47, 199
Universalia 78

V
Vektorialisierung 162
Vertikalmontage 82
Vordergrundparaphrasierung 112

W
Wahrscheinlichkeitskrämer 210
Wiedererkennung. Siehe Wiedererkennungstests
Wiedererkennungstests 48–49, 143–151

Z
Zeichen 71
Zeitmanipulation 164, 185

3) Danksagung

Für ihre Hilfe bei der Fertigstellung des vorliegenden Buches danke ich Gisela und Prof. Dr. Arthur Kreuzer. Für ihre Geduld und Nachsicht in der Zeit des Schreibens sowie für ihre besondere Inspiration in jeder Hinsicht danke ich Stephanie Hemeier. Ihre Unterstützung war von unschätzbarem Wert.

Den ersten Anstoß zur Vermittlung zwischen Theorie und Praxis der Medien habe ich von Prof. Dr. Michaela Krützen erhalten, die mir später die Möglichkeit des Unterrichtens an der Hochschule für Fernsehen und Film in München bot und mich auch während meiner Promotion und als Herausgeberin des vorliegenden Buches tatkräftig unterstützt hat. Dafür sei ihr sehr herzlich gedankt. Für die konstante Betreuung meiner Promotion auch über längere – aus Kompositionsverpflichtungen resultierenden – Phasen des Pausierens hinweg danke ich Prof. Dr. Christoph von Blumröder und Prof. Dr. Uwe Seifert von der Universität zu Köln ganz herzlich.

Für Anregungen unterschiedlichster Art danke ich den Studierenden der von mir unterrichteten Kurse u. a. an der Hochschule für Fernsehen und Film (München), der Rheinischen Fachhochschule (Köln) und der Universität zu Köln, die vielfältig zum Entstehen des Buchs beigetragen haben.

Gewidmet ist die Schrift meinen Eltern.

Weiterlesen

Die Standardwerke von Enjott Schneider

Enjott Schneider
Handbuch Filmmusik I
Musikdramaturgie im Neuen Deutschen Film
2., überarbeitete Auflage
1990, 368 Seiten, broschiert
ISBN 978-3-89669-147-7
Kommunikation audiovisuell Band 13

Enjott Schneider zeigt in »Handbuch Filmmusik I« auf, was einst das Faszinosum des Neuen Deutschen Films ausmachte: die Lust an Experiment und Risiko, eine individuelle (oft verquere) Meinung zu formulieren, die Suche nach Neuem, auch wenn damit oftmals ein Scheitern verbunden war. Das Quellenmaterial dazu stammt zum einen aus über hundert Gesprächen mit anderen Filmkomponisten, Regisseuren, Cuttern und zum anderen aus Analysen von über 400 Filmen und aus der eigenen Filmmusikarbeit des Autors.

Enjott Schneider
Handbuch Filmmusik II
Musik im dokumentarischen Film
1989, 362 Seiten, broschiert
ISBN 978-3-89669-149-1
Kommunikation audiovisuell Band 15

Während mit »Handbuch Filmmusik I« noch weitgehend die Musik in Spielfilmen bezeichnet wird, hat »Handbuch Filmmusik II« den Umstand ernst genommen, dass der Einsatz von Musik in nichtfiktionalen Filmen bedeutsamer geworden ist. Diese Entwicklung in den audiovisuellen Medien ist von politischer Brisanz: Bei der Reproduktion von »Realität« fließen durch die Musikuntermalung Wertvorstellungen und Meinungen ein, die der Filmbetrachter sich unbemerkt aneignet.

Enjott Schneider ist Professor für Filmkomposition an der Münchner Musikhochschule. Zudem ist er langjährig als Komponist für Bühne, Konzertsaal und Film (z.B. zu Filmen wie »Schlafes Bruder«, »23«, »Herbstmilch«, »Stalingrad«, »Schwabenkinder« oder »Stauffenberg«) tätig. Er wurde u.a. ausgezeichnet mit dem Bayerischen Filmpreis für die Musik zu »Rama Dama«, dem Bundesfilmband in Gold für Musiken zu »Leise Schatten« und »Wildfeuer« sowie dem Fipa d'or für die »Beste europäische Filmmusik« zu »Jahrestage«.

Klicken + Blättern

Leseprobe und Inhaltsverzeichnis unter

www.uvk.de

Erhältlich auch in Ihrer Buchhandlung.

UVK Verlagsgesellschaft mbH

Weiterlesen

Aus der Praxis

Andreas Weidinger
Filmmusik
2006, 176 Seiten, broschiert
ISBN 978-3-89669-514-7
Praxis Film Band 21

Andreas Weidinger erklärt die einzelnen Arbeitsschritte einer Filmmusikproduktion aus der Sicht des Praktikers. Das Buch will ein besseres Verständnis für das Komponieren von Filmmusik und für das Handwerkszeug von Komponisten schaffen, um Filmemachern und Auftraggebern zu helfen, Geld, Zeit und kreatives Potenzial so effektiv wie möglich zu nutzen. Viele Praxistipps erleichtern deshalb die Anwendung der erworbenen Kenntnisse in der täglichen Arbeit.

Andreas Weidinger ist Filmkomponist und hat neben einigen Kinofilmen Musik zu über 500 TV-Filmen und Serien-Episoden geschrieben. Neben seiner Kompositionstätigkeit ist er ein gefragter Dozent für Komponisten und junge Filmschaffende an Institutionen im In- und Ausland (u. a. an der IFS Köln, Musikhochschule München, FH Salzburg, Goethe-Institute Nairobi und Lima).

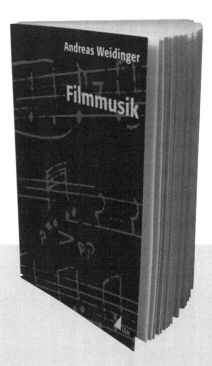

Klicken + Blättern

Leseprobe und Inhaltsverzeichnis unter

www.uvk.de

Erhältlich auch in Ihrer Buchhandlung.

UVK Verlagsgesellschaft mbH